Michael B. Buchholz
Cornelia von Kleist

Szenarien des Kontakts

Reihe
»FORSCHUNG PSYCHOSOZIAL«

Michael B. Buchholz
Cornelia von Kleist

Szenarien des Kontakts

Eine metaphernanalytische Untersuchung stationärer Psychotherapie

Psychosozial-Verlag

Die Deutsche Bibliothek – CIP Einheitsaufnahme

Buchholz, Michael B.:
Szenarien des Kontakts: eine metaphernanalytische Untersuchung stationärer Psychotherapie/Michael B. Buchholz; Cornelia von Kleist. - Gießen: Psychosozial-Verl., 1997
(Reihe »Forschung psychosozial«) ISBN 3-932133-26-9

Friedrichstraße 35, 35392 Gießen
Tel.: 0641/77819, Fax 0641/77742

Umschlagabbildung: M.C. Escher's »Bond of Union«

Umschlaggestaltung nach einem Reihenentwurf des Ateliers Warminski, Büdingen.
Printed in Germany
ISBN 3-932133-26-9

Inhalt

Prolog aus dem Alltag 9

Einleitung: Wie wird Kontakt konzeptualisiert? 15

Qualitative Forschung - Wie und warum? 18

Die Ausdifferenzierung von Profession und Wissenschaft 19

Die wissenschaftliche "Ausbeutung" von Alltagskompetenzen 24

Kleine Methodenlehre sozial-interaktiver Kompetenzen - Alternativen zur "Ausbeutung" 27

Metapher und Darstellung 31

Interaktion der frames: nichtlinear, kontextualisiert und indefinit reflexiv 35

Empirische *Beobachtung von Tatsachen* versus *Organisation von Beobachtungen* durch frames - fundiert in generativen Metaphern 41

Kartographische versus prozessuale Diagnostik 44

Qualitative Forschung im professionellen Handlungssystem: Die Fragestellung 46

Metapherntheorie - Was diese Untersuchung leitet 49

Einleitung 49

Manifeste und konzeptuelle Metaphern 53

Blumenbergs "absolute Metaphern" 54

Kognitive Linguistik 57

Das System metaphorischer Gleichungen 65

Definitionen und metaphorische Gleichungen 68

Strategien der Metapher 71

Leere Konzepte 75

Aspekte einer Metapherntheorie der Kommunikation 82

Die Erforschung der Metaphern der Psychotherapie 86

Die Funktionen der Metapher 89

Der Körper als Bedeutungsspender 94
Das Container-Schema 98
Das Link-Schema 99
Das Kraft-Schema 100
Das Pfad-Schema 102
Aspekte einer neuen Bedeutungstheorie 103
Zusammenfassung: Funktionen, Strategien und Ziele der Metapher 106

Von der Theorie zur metaphernanalytischen Untersuchung 109

Methode und Stichprobe 109
Zum institutionellen Kontext der Untersuchung 110
Methode der Auswertung 113

Ergebnisse 116

Die in den Interviews verwendeten Darstellungsmittel 116
Das metaphorische Zitatformat 116
Kontaktobjekte, Kontaktmedien und Kontaktziele 118
Die Ambivalenz der Kontaktmedien 124
Die "innere" und die "äußere" Dimension des Kontakts 128
Sinnentzug und Sinngebung 129
"Person" und "Kontakt" - die metaphorische Verbindung zweier leerer Konzepte 132

Das Szenario der schrittweisen Annäherung 139

1. Stufe: "Kontaktanzeige" 141
2. Stufe: "Wahrnehmung" 145
3. Stufe: "Zugehen" 150
4. Stufe: "Berühren" 154
5. Stufe: "Eindringen/Öffnen" 159
Das Szenario im Überblick 163
Der Ausgang in "Liebe" 165
Der Ausgang in "Gewalt" 166
Methodische Zusammenfassung 169

Kontaktstörungen: Prozessuale Diagnose und Behandlung
im Szenario der schrittweisen Annäherung 170
Rückgang auf frühere Stufen 171
Zu hohes Tempo 173
Mangel an Orientierung 178
Hemmung 180
Zusammenfassung 182

Das Szenario der elektromagnetischen Kontaktkräfte 184

Prozessuale Diagnose und Behandlung von
Kontaktstörungen im Szenario der elektromagnetischen Kontaktkräfte 193
Zusammenfassung 198

**Kontakt als Verbindung oder: „Vom seidenen Faden
zum reißfesten Tau“ 200**

Die Stufen des Kontakts in diesem Szenario 203
1. Stufe: Kontakte knüpfen und Kontakte aufnehmen 204
2. Stufe: Den Kontakt halten 209
3. Stufe: Den Kontakt festigen/pflegen 214
4. Stufe: Den Kontakt strapazieren: der Kontakt festigt sich oder reißt ab. 219
5. Stufe: Der Kontakt reißt ab oder wird stabiler 222
Prozessuale Diagnose und Behandlung von Kontakt-
und Beziehungsstörungen im Szenario der Verbindung 225

**Das Szenario der Wandlung:
"Sich einlassen" 230**

Das Kontaktgefäß 231
Weichheit und Härte, flüssig und fest: Person und Kontakt
in neuen, kohärenten Darstellungen 232
Denken mit dem Bild 236
Die Stufen des Szenarios der Wandlung 238
Stufe 1: Wahrnehmung der Grenzen; Aufgabe der Kontrolle 238
Stufe 2: Wahrnehmung/Darstellung des Kontakts als "umfassend" 240
Stufe 3: Schwellen und Risikoabschätzung 244
Stufe 4: Sich-Einlassen 246
Stufe 5a: Ausgang als Wandlung 247

Stufe 5b: Ausgang als "Reinfall" 249
Abschließende Diskussion 253

Synopsis: Die Kontaktszenarien in der Interaktion 256

Die antizipative Struktur der Szenarien 261

Kontakttriaden - Kontaktszenario und Ergebnis der Behandlung 263

Maximaler Mißerfolg 266
Die Metaphorisierungen des Patienten 266
Die Metaphorisierungen des Einzeltherapeuten 268
Die Metaphorisierungen der Komplementärtherapeutin 270
Maximaler Erfolg 271
Die Metaphorisierungen der Patientin 272
Die Metaphorisierungen der Einzeltherapeutin 274
Aus dem komplementärtherapeutischen Interview 276
Konkordanz der Beurteilung 279
Die Metaphorisierungen der Patientin 280
Die Metaphorisierungen des Einzeltherapeuten 282
Die Metaphorisierungen der Komplementärtherapeutin 283
Diskordanz der Beurteilung 286
Die Metaphorisierungen des Patienten 287
Die Metaphorisierungen des Therapeuten 290

Epilog - nicht nur für die Theorie 292

Literatur 297

Prolog aus dem Alltag

"Der Mensch lebt in Metaphern; seine Seele ist ein Organ, das Poesie, Mythologie und Geschichte hervorbringt."

(Leonard Shengold 1995, S. 53)

Suchen Sie manchmal Kontakt? Was machen Sie dann? Wie machen Sie das? Und was tun Sie, wenn Sie ihn *gefunden* haben? Sagen Sie dann, daß Sie Kontakt gefunden haben, meinen aber eigentlich einen anderen Menschen?

Haben Sie nicht manchmal mit Menschen zu tun, mit denen Sie gesprochen haben, aber Ihre Rückbesinnung sagt Ihnen, da gab es "keinen richtigen Kontakt"? Oder verwenden Sie dann die Formulierung, die aus dem Englischen eingedeutscht wurde, daß "die Chemie" nicht gestimmt hat? Sie waren dann im Kontakt, und zugleich hatten Sie "keinen Kontakt" bekommen können.

Bevorzugen Sie es, zwar mit anderen Menschen zu sprechen, aber Kontakt ist, wie Sie meinen, nur dann da, wenn es *gefunkt* hat, wenn Sie mit einem anderen auf der gleichen Wellenlänge liegen? Oder gehören Sie eher zu den Menschen, die Kontakte *knüpfen*? So, wie man früher Webarbeiten gemacht hat oder Teppiche? Was, wenn Kontakte *abreißen*? Oder wenn die Kontaktfäden Sie *verwikkeln*? Wenn Sie gar zu spinnen anfangen?

Gehen Sie auf andere Menschen *zu*? Wann halten Sie inne? Bevor es zur Berührung kommt, oder lassen Sie es auf einen Zusammenstoß ankommen? Wenn Sie sich mit einem anderen *berühren*, wie *geht* es dann *weiter*?

Wenn Sie davon sprechen, sich auf einen Kontakt *einzulassen*, haben Sie dann ein Gespür dafür, daß Sie da etwas Riskantes tun? Auf welche Risiken eigentlich lassen Sie sich ein, welche vermeiden Sie? Und wenn Sie sich eingelassen haben, was folgt dann?

Haben Sie schon mal Kontakt *verloren*? Z.B. den Kontakt mit der Realität? Oder den Kontakt mit der eigenen Geschichte, den Kontakt mit den eigenen Gefühlen? Wo haben Sie dann *gesucht*? Was meinen Sie, wo Sie den Kontakt verloren haben könnten?

Und jetzt die Gretchenfrage: Wie würden Sie Kontakt definieren? Können Sie's, wissen Sie's?

Wir sind davon überzeugt, Sie wissen es. Selbst, wenn Sie es nicht *sagen* könnten. Sie tun's. Und Sie tun's sogar ziemlich feinfühlig, mit Sinn für Unterschiede, mit Sinn für Gelegenheiten. Sie kriegen mit, ob's paßt - zu dem andern, mit dem Sie Kontakt haben oder wollen. Aber wie eigentlich kriegen Sie das mit?

Wie kriegen Sie das hin? Wir meinen, Sie müßten nur noch mal genau lesen - dann sehen Sie, wieviele Metaphern für das "Tun" beim Kontakt (die wir hier kursiv gesetzt haben) schon angesprochen sind.

Dann merken Sie, daß da eben schon von einer Menge Unterscheidungen, die Sie feinfühlig nutzen, die Rede war. Wer Kontakt *sucht*, *findet* ihn günstigenfalls. Er (oder sie) bewegt sich dabei. Vielleicht war der Kontakt ja nur *versteckt*. Das ist zweifellos eine andere Tätigkeit, als wenn Sie Kontakte *herstellen* oder *aufbauen*. Wer aufbaut, fängt wie beim Haus unten an, nicht mit dem Dach zuerst - Sie wissen, daß das nicht geht, und Sie wissen auch, wenn Sie's dennoch versuchen, hängt der Kontakt ziemlich in der Luft, oder?

Und wenn Sie Kontakte *knüpfen*, dann betätigen Sie sich wieder anders. Sie wissen dabei, so geknüpfte Kontakte können *abreißen*, man kann sie *schleifen* lassen, sie können sich unentwirrbar *verknoten*, und manchmal hat man Glück. Dann entwickelt sich der Kontakt zu einem reißfesten Tau, das viele Jahre und Stürme übersteht.

Merken Sie, Sie wissen, was Sie tun. Hören Sie nur genau hin. Sie verwenden *Bilder für Methoden*, Kontakte zu suchen oder zu finden, aufzubauen oder zu knüpfen. Sie tun's, und mit Ihren Bildern dokumentieren Sie, wenn auch in gewisser Weise unfreiwillig, was Sie da treiben, wenn Sie Kontakte machen, geschehen lassen oder sich einlassen. Sie dokumentieren es in Ihren Beschreibungen dessen, was Sie tun, aber Sie könnten es nicht sagen - außer in solchen Bildern. Solche Bilder heißen Metaphern. Man kann sie abgrenzen gegen Symbole oder Gleichnisse, aber damit wollen wir uns erst später beschäftigen. Hier ist wichtiger, daß Sie offenbar etwas wissen, von dem Sie nicht wissen, daß Sie es wissen.

Wenn Sie das akzeptieren, haben Sie sich eine wichtige Idee zu eigen gemacht, die der Begründer der Psychoanalyse erstmalig behauptet hatte. Sigmund Freud war der Auffassung, der Träumer wisse, was sein Traum bedeute, aber er wisse nicht, daß er das weiß. Vielfach glauben Patienten, die einen Psychotherapeuten aufsuchen, dieser könne ihnen sagen, was ihr Traum bedeute. Dann sind sie enttäuscht, weil der teuer bezahlte Mann (oder die teuer bezahlte Frau) gar nichts dazu sagt - außer immer dem einen: Du weißt es selbst! Psychoanalytiker, wenn sie das tun, befolgen damit eine alte, von den alten Griechen zu uns gekommene Idee. Sie heißt auf griechisch: "Gnothi sauton", auf lateinisch "Cognosce te ipsum" und auf deutsch: Erkenne Dich selbst. Das ist schön und wenn es gelingt, merken Patienten ein bißchen die Weisheit ihres Therapeuten, als dieser ihnen verweigerte zu sagen, was ihr Traum bedeute. Sie merken, wie viel wichtiger es ist, daß sie/er es selbst immer schon wußte - aber nie zu denken oder nie zu sagen wagte. Sie merken, wenn wir dies noch mal auf lateinisch sagen dürfen, "Tua res agitur!" - "Deine Sache wird hier verhandelt". Man könnte das Lateinische auch noch mal anders - "Du selbst bist Deine Ur-Sache!" - übersetzen.

Er (oder sie) merkt, daß nicht nur der Traum selbst wichtig ist, sondern wie er (oder sie) selbst über ihn denkt. Daß nicht nur der Kontakt "da" ist, sondern die Art und Weise, wie er bebildert und beschrieben wird, irgendetwas Entscheidendes damit zu tun hat, wie er dann realisiert wird. Das Denken hat Methode. Denken ist dabei teils Probehandeln (wie Freud meinte); es ist aber auch *Umwandlung*. Es kann eine unlösbar scheinende Situation in ein lösbares Problem transformieren. Das Denken ändert dann nicht die Situation, sondern die Sichtweise durch ein Bild. Sich von einer Sichtweise zu lösen, ist manchmal schon die Lösung.

Die *Lehre* von solchen Methoden heißt Methodo*logie*. In der so verstandenen Methodologie begegnen sich Bild und Logos. Die hier gemeinte Methodologie ist aber (leider) nichts, was man in Grundkursen des Psychologiestudiums beigebracht bekommt, sondern eine Lehre (-logie) von jenen Methoden, die Sie schon immer kennen, wobei Sie aber nicht wußten, daß Sie das wissen. Sie können das mit den Kontakten vielleicht. Aber es gibt viele Menschen, die das irgendwie nicht können. Will man sie therapeutisch behandeln, muß man wissen, was man dazu eigentlich können muß. Das, was Sie alltäglich und ohne großes Nachdenken, aber dennoch "methodisch" tun, wird durch die Lehre (von den Methoden) sozusagen auseinander gezogen, verlangsamt und macht dadurch das eine oder andere sichtbar. Das wäre doch ein brauchbares Ergebnis einer guten Psychotherapieforschung! Davon handelt unsere Studie. Dann kann man hoffen, denjenigen Menschen zu helfen, die die Kontakte irgendwie nicht so richtig ... ja, wie soll man jetzt fortfahren? Herstellen? Beherrschen? Machen? Können? Aufbauen? Hinkriegen? Abkriegen? Anknüpfen?

Um es bescheiden auszudrücken: Es ist ziemlich wichtig, welches Verb man hier verwendet. Denn wenn einer die Sache mit den Kontakten als "aufbauen" beschreibt, während ein anderer lieber Kontakte "knüpft", dann werden die beiden es nicht ganz leicht miteinander haben. Wenn einer wartet, daß der Funkverkehr auf der richtigen Wellenlänge ankommt, wird er sich leicht mit anderen Amateurfunkern verständigen können, aber wie ist es mit einem anderen, der das mit den Kontakten auffaßt als "zugehen" und dann "ins" Gespräch "kommen"? Das wird schwierig.

Deshalb, wegen dieser Wichtigkeit nicht nur der Sache selbst, sondern wie man über die "Sache" denkt und redet, haben wir eine bestimmte Gruppe von Menschen, eine "Ethnie", nämlich Patienten und Behandler unserer Klinik für Psychotherapie und psychosomatische Medizin, "Tiefenbrunn", interviewt. Dabei kamen natürlich viele Themen zur Sprache, auf die wir hier nicht eingehen werden. Wir haben uns in dieser Studie nur für die Sache mit dem Kontakt interessiert. Und dabei haben wir - wie wir finden - eine interessante Entdeckung gemacht. Es gibt nicht nur Metaphern des Kontakts, die sich in den Verben mitteilen. Es gibt Szenarien des Kontakts - und das wollen wir Ihnen zu Anfang gleich einmal zeigen.

Vielleicht ist es für Sie leichter nachzuvollziehen, was wir unter einem Szenario verstehen, wenn wir die Äußerung einer Patientin (ein "Zitat" aus einem Interview) an den Anfang stellen. Kontakt wird hier als eine Reihe von Ereignissen vorgestellt:

> P 26/5: Also der eine Mitpatient, zu dem hatte ich ein sehr enges Verhältnis, wir haben guten Kontakt gehabt und auch sehr persönliche Sachen haben wir besprochen; es war einfach ein unwahrscheinliches Vertrauensverhältnis da, ohne daß da irgendwie mehr war.

Der Kontakt hat hier eine beschreibbare Reihenfolge - wir sprechen von sequentieller Logik - , auf die wir Ihr Augenmerk lenken wollen. Die sequentielle Logik versteckt sich in dem Wörtchen "mehr". Ein seltsamer Umstand wird erfahrbar. Sie *verstehen* nämlich, was mit "mehr" gemeint ist, aber Sie *wissen* es nicht. Hier wird etwas angezeigt, und der wissenschaftliche Jargon der Ethno-Methodologie (ein kompliziertes Wort, das wir schon etwas zu erläutern versucht haben) spricht hier von der Indexikalität. Das Wörtchen "mehr" *indiziert* etwas. Und das ist ein ziemlich vorteilhaftes Unternehmen, eine Methode, die unsere Sprache uns anbietet. Es braucht nämlich nicht mehr ausgesprochen zu werden, man zeigt nur gleichsam mit dem gedanklichen Zeigefinger darauf, und jeder kann sich dabei vorstellen, was damit gemeint ist. Diese Vorstellung heißt, das wollen wir hier gleich sagen, *Imagination*.

Wenn wir also oben davon gesprochen haben, daß Sie Ihr Wissen vom Kontakt *dokumentieren*, dann wird das jetzt ergänzt. Äußerungen *dokumentieren* das Wissen, aber auf das Wissen muß hingewiesen, es muß *indiziert* werden. Das ist praktisch, weil man nicht immer alles sagen muß, auch manches Peinliche sich erspart. Man kann etwas sagen und hat es dann doch nicht gesagt, weil man ja nur darauf angespielt hat, und der andere hat sich etwas dabei vorgestellt (was er ja auch sollte). Jetzt sind wir mitten drin im Thema vom Kontakt, nicht wahr? Es geht um die Methoden von *Dar*stellung und *Vor*stellung, die den Kontakt *her*stellen - ein Wechselspiel, das nicht allzu fix *fest*gestellt werden darf, weil man sonst die Vorstellung behindern würde.

Die Sprecherin in dem Zitat *indiziert* mit der Phrase "ohne daß da irgendwie mehr war" ihr Wissen um das vollständige Szenario. Der Kontakt ist so "gut", das Verhältnis so "eng", die Besprechungen so "sehr persönlich", das Vertrauen so "unwahrscheinlich", daß eigentlich "mehr" hätte folgen können oder müssen. Wir verstehen "irgendwie", was mit "mehr" indiziert wird. In dieser Tatsache, daß wir verstehen, ohne zu wissen, sehen wir einen starken Beweis für die Existenz der Szenarien.

So ein Szenario ist eine feine Sache. Man kann es indizieren und braucht dann nicht alles zu sagen, weil man sich drauf verlassen kann, daß der andere schon versteht - ohne zu wissen. Man stellt sich etwas vor. Man versteht, was folgen müßte, denn es wird ja mit "mehr" angedeutet. Man versteht, weil man ein Mitglied der gleichen (Sprach-)Kultur ist. So gesehen ist ein Szenario ein Element einer Kultur oder einer Subkultur. Es ermöglicht Gesellschaft. Aber zugleich ist ein Szenario ziemlich flexibel, es bietet jedem genügend Raum für seine ganz persönliche *Darstellung* - und die ist ja nötig, wenn die *Vorstellung* des andern angeregt werden soll. Wie raffiniert das ist! Da sagt jemand nur: "mehr war nicht", und schon schießen die Gedanken - oder sind's Phantasien? - ins Kraut. Je zarter die Andeutung, umso verlockender die Bedeutung, umso herausfordernder für die Deutung. Dazwischen steht die Imagination. Deshalb sprechen wir auch von imaginativen Szenarien.

Haben Sie jetzt eine Idee, worum es in dieser Untersuchung geht? Wir wollen als Psychotherapieforscher ernst genommen werden, und deshalb verlassen wir nun diesen Tonfall der persönlichen Anrede. Aber wir wollten Sie doch zumindest in Andeutungen mit der Grundidee in Kontakt bringen, denn ab jetzt muten wir Ihnen anstrengende gedankliche Kost zu. Wir werden Sie in die Landschaften der Kontroversen zwischen quantitativen und qualitativen Forschern in der Psychotherapie ziehen und hoffen dabei, etwas Geländegewinne für die qualitative Untersuchung der Prozesse in der stationären Psychotherapie machen zu können. Denn zu diesem noch sehr wenig beackerten Feld gehört unsere Untersuchung. Wenn Sie sich hier durchgearbeitet haben, müssen Sie noch das Gebirge der Metapherntheorie überschreiten. Das wird Sie anstrengen, aber sicher auch anregen. Sie könnten sogar zu spielen anfangen. Aber wir können hier nicht selbst spielen, sondern wollen eher herausfinden, nach welchen Methoden das Spiel vom Kontakt gespielt wird. Unser Ziel ist nicht, neue Methoden des Kontakts zu entwerfen, und schon gar nicht, sie irgend jemandem vorzuschreiben. Unser Ziel ist eine Lehre (-logie) von den Kontaktmethoden, die in unserer "Ethnie" verwendet werden. Nicht spielen, sondern Ermittlung der Spielregeln (Das ist natürlich auch ein - als Wissenschaft bezeichnetes - Spiel, aber ein anderes). Wir werden dabei sehen, daß sich das Spiel in Bildern und mit Bildern vollzieht, deshalb die Metapherntheorie. Dies Gebirge zu überschreiten wird nicht leicht sein - aber wir versprechen, daß Sie danach in eine Landschaft der Kontaktszenarien kommen, in welcher Sie sich vertraut bewegen werden, nicht nur weil Sie das alles schon kennen, sondern weil Sie dann auch wissen, *daß* Sie das wissen, *wie* Sie es wissen, und in der Lage sein könnten, Ihr Wissen zu verteidigen und in Anspruch zu nehmen. Geben Sie nicht auf - wir wünschen gute Reise.

Auf unserem Weg haben uns Menschen mit ihren Anregungen und kritischen Stellungnahmen begleitet. Eckard Daser aus Konstanz, Karin Martens-Schmid aus Köln, Ludiwg Reiter aus Wien, Konrad Thomas, Lili Seide, sowie Susanne und Herrmann Staats aus Göttingen, Rudolf Schmitt aus Berlin und Herbert Stein aus Heidelberg haben sich die Mühe gemacht, frühere Versionen des Textes, teils ganz, teils in Ausschnitten zu lesen. Sie haben mit ausführlichen Stellungnahmen reagiert, und wir sind ihnen dankbar für ihre Unterstützung und Ermutigung. Dem Krankenhaus Tiefenbrunn danken wir für die Ermöglichung, eine solche Studie durchführen zu können. Ohne die Bereitschaft der Patientinnen und Patienten und ohne das Interesse unserer Kolleginnen und Kollegen, die sich für die Interviews zur Verfügung gestellt haben, wäre unsere Untersuchung nicht zu machen gewesen. Ihnen gilt unser größter Dank.

Göttingen, im Juli 1997
Michael B. Buchholz und Cornelia von Kleist

Einleitung: Wie wird Kontakt konzeptualisiert?

"Kontakt" dürfte eine der meistgebrauchten Vokabeln der therapeutischen Umgangssprache sein. Sie wird verwendet in kasuistischen Seminaren oder taucht in Falldarstellungen auf. In Supervisionen wird viel Arbeit darauf verwendet, die Art des Kontakts mit Patienten zu verbessern, und Therapeuten wissen, daß nahezu alles im Umgang mit ihren Patienten davon abhängt, ob sie "in Kontakt" mit ihnen kommen. Anlaß für Supervisionen ist häufig, wenn Therapeuten das Gefühl haben, mit ihren Patienten "nicht richtig im Kontakt" zu sein. Das Wort taucht in der Bezeichnung von "Kontakt- und Beratungsstellen" auf, und diese üben wichtige Funktionen in der Vermittlung von Kontaktadressen für ihre Ratsuchenden (Massow 1983) aus. Gesprochen wird vom "Erstkontakt" (z.B. Meltzer 1986), und die auftauchenden Themen, wenn sich Analytiker und Patient nach dem Behandlungsende wieder treffen, werden als "recontact" angesprochen (Hartlaub et al. 1986, Schachter 1990 und 1992). Auch außeranalytische Kontake (Strean 1981, Ganzarain 1991) und ihre Rolle im Behandlungsprozeß werden diskutiert. Zwischen Erstkontakt und Recontact findet man gelegentlich die Beschreibung von professionellen therapeutischen Hilfen als "Kontakt", z.B. macht die Psychiatrie "Kontaktangebote" (Markworth und Wunder 1991) oder bietet "Kontaktgruppen" für besondere Patienten an (Freytag 1990). Das unterstreicht noch einmal, für wie wichtig gerade der Kontakt bei schwerer gestörten Patienten erachtet wird. Die Einschätzung der Kontaktfähigkeit ist insbesondere bei suizidalen Patienten von größter Wichtigkeit (Richman 1979, Kind 1992).

Dem korrespondieren Begriffe wie "Kontaktarmut" (Viemerö 1991) oder "Kontaktschwierigkeit" (Myerson 1979). Beides verweist auf die Dimension des Sozialen; gesprochen wird alltäglich und im Schrifttum oft von "sozialen Kontakten". Duijker (1957) unterschied im Anschluß an die Arbeiten von Buber (1923) zwischen "personalen" und "funktionalen" Kontakten; letztere betreffen etwa das Verhältnis zwischen einem Kellner und seinem Gast, während personale Kontakte den Menschen in seiner Existenz ansprechen.

"Kontakt" wird aber auch noch anders qualifiziert. Rümke (1952) sprach vom affektiven Kontakt, und Casement (1982) diskutiert die Frage körperlichen Kontakts bei schwer traumatisierten Patienten. Der Körper und insbesondere ein wichtiges Organ, die Haut, wird dabei herausgestellt (Montagu 1982, Anzieu 1991, Wirth 1990). Darüber hinaus aber geht es nicht nur um den physisch-körperlichen Kontakt und die dabei auftretenden Verletzungen und möglichen Traumatisierungen, aber auch heilenden Wirkungen. Therapeuten interessieren sich für die "innere Welt" und wollen wissen, wie sie damit Kontakt aufnehmen können (Ornstein 1977, Gay und Hyson 1976)

Wie Kontakt "gemacht" wird, dafür interessiert sich eine Reihe von Studien zum nonverbalen Verhalten, insbesondere zum Blickkontakt (Caparotta 1989, Dalferth 1988, Keller und Zach 1991, Freimuth 1992, Sader 1992 und Fivaz-Deupersinge et al. 1994) in therapeutischen settings. Synonym mit "Kontakt" wird häufiger der schon ältere Begriff des "Rapports" verwendet, dem sich auch die akademische Psychologie mit den Mitteln der empirischen Forschung zuwendet (Tickle-Degnen und Rosenthal 1990). Dies Wissen ums "Machen" von Kontakten", umgangssprachlich formuliert als "Herstellen" von Kontakt, wird dann auch als therapeutische Ressource (Bauer und Modaressi 1977, Havens 1986) einzusetzen versucht.

"Kontakt" scheint ein universelles menschliches Basisverhalten darzustellen, obwohl nicht immer klar ist, wie er geschieht oder was ihn eigentlich stört. In der Psychoanalyse präpariert sich zunehmend die Auffassung heraus, daß "Einsicht" in eine interpersonelle Matrix des Kontakts (Spence 1993) eingebettet sein muß. Daraus resultiert die Einsicht in die Einsicht, daß sie - ohne den adäquaten Kontakt vermittelt - ins Bodenlose und das heißt auch: ins Wirkungslose fallen könnte. Es gibt einen wesentlichen Zusammenhang zwischen unserer mitmenschlichen Erfahrung und der persönlichen Welt der Bedeutungen. Die Dinge der Welt und zwischenmenschliche Ereignisse tragen weder Namen noch Bedeutung auf ihrer Stirn geschrieben. Bedeutung wird im Kontakt mit anderen Menschen vermittelt, und im Umgang mit anderen Menschen entwickeln wir unsere "theory of mind". Sie ist eine *Weise,* die Welt und uns selbst zu sehen.

"Kontakt" darf als zentrales Konzept in der Psychotherapie betrachtet werden. Es scheint allerdings außerordentlich randunscharf zu sein, überlappt mit anderen Konzepten (z.B. Beziehung), und viele Qualifizierungen vergrößern seine Trennschärfe nicht. So ist beispielsweise nicht klar, worin der Unterschied zwischen "affektivem" und "sozialem" Kontakt besteht, zumal dann, wenn man voraussetzt, daß "Kontakt" immer ein soziales Geschehen mitmeint und auch jedesmal von Gefühlen begleitet wird.

Offenbar helfen solche kategorialen Unterscheidungen nicht weiter. Mit "Kontakt" scheint es sich zu verhalten wie mit der "Zeit", von der Augustinus schon sagte, er wisse was sie sei, aber wenn er es *sagen* solle, wisse er es nicht mehr. Ähnliches gilt auch von Konzepten wie "Freundschaft" (Wagner 1994, Schütze und Lang 1993) oder "Liebe" (Buchholz 1996) oder "helfen" (Schmitt 1995). Wir verwenden diese Konzepte, ohne sie klar und konsensuell verbindlich definieren zu können; "irgendwie" verstehen wir dennoch meist zutreffend, was gemeint ist.

Offenbar ist "Kontakt" eine Art passepartout, ein Schlüssel, der viele Schlösser aufschließt, und dies vielleicht gerade deshalb, weil in dieses Konzept Erfahrungen des Körpers (Blick und Haut), des Sozialen und unterschiedlicher situativer Kontexte gleichermaßen mit eingehen und affektiv verarbeitet werden. Es stünde demnach zu erwarten, daß jede *Definition* von Kontakt unvollständig bleiben muß. Was "Kontakt" aber ist, kann sich aus der *Verwendung* dieses Konzepts und aus dessen Beschreibungen erschließen lassen. Diesem Ziel dient die vorliegende Untersuchung. Kontakt als Konzept ist nicht die Landkarte, die etwas abbildet, was auch ohne seine Beschreibung "da" wäre. Er ist nur da, wenn er auch beschrieben werden *könnte*, auch wenn er nicht jedesmal beschrieben werden muß.

Deshalb haben wir uns entschieden, Kontakt als ein ethnomethodologisches Konzept aufzufassen, als eine "Methode" also, mittels derer sich Mitglieder einer gegebenen "Ethnie" über bestimmte Erfahrungen und ihre Interpretation verständigen. Methode heißt hier soviel, daß wir in alltäglichen wie in professionell-therapeutischen Kontakten ein Wissen zur Verfügung haben und nutzen, von dem wir normalerweise nicht wissen, daß wir es wissen. Dennoch verwenden wir es mehr oder weniger gekonnt. Das ist mit "methodisch" gemeint. Qualitative Forschung erforscht, wie Wolff (1994) beschrieb, insofern etwas, das jeder weiß und jeder kann. Hier muß allerdings die Einschränkung angefügt werden, daß "Kontakt" etwas ist, das nicht alle Menschen "haben" oder "können" oder wenigstens doch nicht mit allen Menschen. Aber wenn wir "Kontaktstörungen" sinnvoll diagnostizieren und behandeln wollen, müssen wir auch die Methoden kennen, mit denen Menschen Kontakte machen oder herstellen und dabei stören oder verstört werden. So ist unser Ziel eine Art Methoden-Lehre. Dies zu klären, ist ein klinisch-praktisches Ziel dieser Untersuchung qualitativer Forschung in der Psychotherapie.

Qualitative Forschung - Wie und warum?

"What is now proved was once only imagin'd"
(William Blake)

Die empirische Psychotherapieforschung hat vielfach bestätigen können, daß "die therapeutische Beziehung" ein entscheidender Wirkfaktor im therapeutischen Prozeß ist. Das kann befriedigen. Was aber macht ein professioneller Psychotherapeut mit einem solchen Wissen, selbst wenn man weitere Differenzierungen berücksichtigt? Was weiß man, wenn man das weiß? Praktiker haben manchmal den Eindruck, daß in der Forschung Momente der Psychotherapie deshalb untersucht werden können, weil und solange sie "harte Daten" sind, sie selbst aber schlagen sich eher mit weichen "Daten", mit Interaktionsproblemen herum. Von vielen Autoren (z.B. Jaeggi 1994, Rudolf 1991, Hutterer 1996, Talley et al. 1994) ist festgestellt worden, daß Ergebnisse der empirischen Psychotherapieforschung von Praktikern kaum zur Kenntnis genommen werden. Brockmann (1995) hingegen betont die Relevanz empirischer Forschungsergebnisse für die Praxis. Die von ihm referierten Befunde beziehen sich allerdings auf äußere Rahmenbedingungen (Länge der Therapien, Frequenz etc.). Es ist befriedigend, daß wir mittlerweile wissen können, daß Psychotherapie effizient ist. Dies klärt aber noch nicht, was innerhalb eines gegebenen Rahmens (2 oder 3 Stunden, Analyse oder Psychotherapie) geschieht. Als Kritik am "Einheitsmythos" einer solchen Psychotherpieforschung ist vielfach formuliert worden, daß es eine beträchtliche Variationsbreite innerhalb jeder Psychotherapieform gibt. Strupp (1996) unterstreicht nach vielen Forschungsjahren diesen Punkt erneut und betont die Einzigartigkeit jeder Therapeut-Patient-Dyade. Was eine "Deutung" inhaltlich ist, beginnt man erst allmählich zu untersuchen. Selbst Luborsky (1995) erinnert sich an seine jahrzehntelange Skepsis bezüglich der Praxisrelevanz. Die Frage ist, ob die eigentümliche psychotherapeutische "Kunst" in Begriffen von Variablen formuliert, d.h. überhaupt operationalisiert werden kann. Das Problem ist alt, aber ungelöst.

Im Bereich der akademischen Sozialpsychologie stellte Rosenwald (1986) die Frage: "Why operationism doesn't go away". Die Antwort - nach einer Serie schwer wiegender methodischer Kritiken an diesem Paradigma - sucht er nicht in der wissenschaftlichen Methodologie. "We must seek answers outside the philosophy of science, for instance in the sociology of professions..." (S. 304). Diesem Hinweis wollen wir hier folgen. Es gibt eine Differenz der Handlungslogiken zwischen Forschung und Praxis. Sie hat mehrere Gründe; auf einige wollen wir hier eingehen.

Die Ausdifferenzierung von Profession und Wissenschaft

Das Verhältnis zwischen wissenschaftlicher Forschung und Praxis wird zumeist in einem hierarchischen Modell gedacht, wonach die Wissenschaft als *über* der Praxis stehend verortet wird - eine Vorstellung, die schon in den zwanziger Jahren von Thorstein Veblen (1957) paradigmatisch formuliert wurde.

Veblen stellte die "higher schools" als Forschungsuniversitäten den "lower schools" (vergleichbar etwa unseren Fachhochschulen) gegenüber. Erstere entwickeln systematisch theoretisches Wissen, das von den zweiten, die auch als "schools of application" bezeichnet werden, gebraucht und angewendet wird. Im Feld der Humanwissenschaften, und damit auch der Psychotherapie, wirft das hierarchische Modell mittlerweile eine Reihe von ernsthaften Fragen auf (vgl. McGuire 1983, Moon et al. 1990, Lincoln und Guba 1990, Rosenwald 1986, Smith und Heshusius 1986, Lather 1986). Einige davon wollen wir hier auflisten:

a) Die kritischen Autoren fragen immer mehr nach der "praktischen Relevanz" von Forschungsergebnissen. Die Relevanz wird durch das Reliabilitäts-Validitäts-Dilemma eingeschränkt, und hierfür entwickelt sich auch innerhalb der empirischen Forschung eine zunehmende Sensibiltät (Talley et al. 1994).
b) Die Beziehung zwischen Wissenschaft und Praxis wird im hierarchischen Modell als eine Art "transfer", als "Anwendung von oben nach unten" gedacht - aber entspricht das dem, was Professionelle - selbst in "harten" Bereichen wie Ingenieure oder Manager - tun, wenn sie auf neue und einmalige, instabile und unsichere Lagen (Schön 1983) reagieren? Eine ähnliche Frage gilt auch in anderen Bereichen. Ist "Anwendung wissenschaftlichen Wissens" (etwa in der Pädagogik) eine angemessene und vollständige Beschreibung dessen, was z.B. Lehrer tun?
c) Hat Wissenschaft die Rolle eines Schiedsrichters? Können praktische oder theoretische Probleme der Praktiker durch Wissenschaft entschieden werden?
d) Eine Folge des hierarchischen Modells ist weiter eine soziale Statusdifferenzierung zwischen Forschern mit hohem Ansehen und den "Nur-Praktikern" mit geringerem Ansehen. Das hat zur Folge, daß praktische Probleme nur dann erforscht werden, wenn sie in "wissenschaftliche" Probleme transformiert werden können, was die Praxisrelevanz der Forschung weiter einschränkt.

Die meist implizit bleibende Modellvorstellung einer Hierarchie zwischen "science" und "professions" läßt die Praktiker entweder als *Konsumenten* wissenschaftlicher Ergebnisse oder als deren *Anwender* in Erscheinung treten. Aber eine solche Modellbildung gibt wenig von dem wieder, was Professionelle tun. Professionelle, z.B. Computer-Experten, antworten auf die Frage nach dem, wie sie ein Problem lösen, mit Sätzen wie: "Warte ab, bis ich fertig bin" (Reiter und Steiner 1996). Dieses Modell von der Hierarchisierung bestimmt dennoch die gegenwärtige Diskussion um eine stärkere Verwissenschaftlichung der Psychotherapie hintergründig mit.

Die eigentümliche psychotherapeutische Leistung wird - innerhalb der Wissenschaft - als Realisierung von Variablen gedacht. Wissenschaftliche Ergebnisse haben im Fall der empirischen Psychotherapieforschung ein charakteristisches Format[1]:

> Eine Variable a erzeugt (evtl. in Kombination mit den Variablen b und/oder c) bei einer Gruppe von Patienten vom Typ x mit einer Wahrscheinlichkeit von y% das Ergebnis z.

Prototyp dieses Paradigmas ist die Variable "Verbalisierung emotionaler Erlebnisinhalte", wie sie im Zusammenhang der Gesprächspsychotherapie à la Rogers und Tausch vielfältig untersucht worden ist. Variablen solcher Art werden miteinander (z.B. mit "Echtheit und Selbstkongruenz") kombiniert, und ihre de-facto-Realisierung wird von eigens trainierten ratern eingeschätzt. Auf diese Weise erhält man einen mehrdimensionalen (unabhängigen) Variablenraum für das Verhalten des Therapeuten, dem ein entsprechender (abhängiger) Variablenraum auf seiten des Patienten gegenübergestellt wird. Untersuchungsdesigns messen dann die Veränderungen auf den Variablen im Vergleich vor und nach einer Behandlung. Was dabei metaphorisch als "Messung" bezeichnet wird, ist jedoch eher eine (Ein-)Schätzung der rater, und deren Übereinstimmung läßt sich in Korrelationen formulieren. „Messung“ ist ein Begriff, der der wissenschaftlichen Semantik zugehört.

Soll Forschung Praxisrelevanz haben, muß man die Frage stellen: Kann ein solches hierarchisches Modell beibehalten werden? Bildet es das Verhältnis zwischen Wissenschaft und Profession angemessen ab? Tatsächlich kann man nämlich nachweisen, (Rosenwald 1986), daß wissenschaftlicher Fortschritt ständig von außerwissenschaftlichen, "naiven" Überlegungen angeregt wird. Die neueren wissenssoziologischen Untersuchungen, die v.a. mit dem Namen von Niklas Luhmann (1984, 1990) verbunden sind, zeigen, daß Wissenschaft sich als ein System nicht *über*, sondern *neben anderen* innerhalb der Gesellschaft funktional her-

---

[1] So heißt es bei Stiles (1993) mit kritischem Bezug auf empirische Psychotherapieforschung: "At best, hypotheses are framed in terms of interactions of two or three variables..."

ausdifferenziert hat. Es operiert mit dem Code "wahr/unwahr". Dieser Code gilt z.B. für andere Systeme nicht. In der Kunst und Ästhetik geht es nicht um "Wahrheit", hier trifft man Unterscheidungen mit dem Code "schön/häßlich". Das professionelle Handlungssystem der Psychotherapie hingegen - so sieht es Reiter (1995) - operiert mit dem Code "(klinisch) nützlich/nicht nützlich".

Das Modell der Hierarchie zwischen Wissenschaft und Profession sollte deshalb durch das der "funktionalen Ausdifferenzierung" verschiedener Systeme ersetzt werden. Das heißt soviel wie arbeitsteilige Erzeugung paradigmatischer Diskurse. Jeder Diskurs erzeugt dabei Beobachtungsraster und -strategien für Probleme, die intern, innerhalb jedes Diskurses, prozessiert werden. In der Kunst beispielsweise reagiert der Kubismus auf die ästhetischen Probleme des Impressionismus, und nur vermittelt über diese reagiert er auch auf Wirklichkeit (vgl. Luhmann 1995).

Wegen der Vielfalt der durch ihre Codes voneinander differenzierten Systeme kann sich keines mehr *über* ein anderes stellen. Niemand kann mehr beanspruchen, "die" Gesellschaft als ganze überblicken zu können, ohne sich den Vorwurf, "totalitär" zu sein, gefallen lassen zu müssen. "God's eye view", wie der Wissenschaftstheoretiker Putnam (1993) eine solche Perspektive nennt, ist nicht mehr zu haben. Totalität wird deshalb bei Luhmann durch "Komplexität" ersetzt, um *einer* Welt eine Vielzahl ihrer Beschreibungsmöglichkeiten gegenüberzustellen. Ein solcher Antidogmatismus ist wohltuend - er macht nicht die Wissenschaft, sondern deren Schiedsrichterrolle überflüssig.

Wenden wir diese wissenssoziologischen Befunde auf Psychotherapie und Forschung an, dann kann man nicht mehr von einem hierarchischen Verhältnis sprechen. Forscher und Praktiker haben ihre eigenen Diskurse, ihre eigenen Zeitschriften, zitieren andere Autoren und prozessieren andere Probleme mit unterschiedlichen Strategien. Sie reagieren auf Probleme innerhalb ihres eigenen Feldes, und nur vermittelt über diese können sie wahrnehmen, was sie dann für Wirklichkeit halten. Es gibt zwischen Profession und Wissenschaft personelle Überschneidungen der Zugehörigkeit zu beiden Systemen, aber wer wissenschaftlich *und* klinisch arbeitet, erlebt deutlich die innere Umstellung, die die Zugehörigkeit zu beiden Operationsfeldern notwendigerweise erzwingt. Reiter (1995) hat deshalb den Psychotherapie-Forscher "alten" Typs (sog. Junktim-Forschung) von dem "neuen" Typs unterschieden und damit auch klar stellen wollen, daß beide mit höchst verschiedenen Methoden arbeiten.

Er hat in einer ersten Studie die Ausdifferenzierung beider Systeme empirisch untersucht und dazu die Zitiergewohnheiten in von Professionellen gelesenen Fachzeitschriften gewählt. Tatsächlich werden hier jene Autoren gehäuft zitiert, deren Arbeiten mit dem Code "nützlich/nicht nützlich" rezipiert werden können.

Das professionelle Handlungssystem selektiert Theorien nach eigenen Kriterien und entscheidet so selbst darüber, was als "wissenschaftlich" rezipiert wird und was nicht (vgl. auch Reiter 1991 und 1994). Die Annahme einer funktionalen Differenzierung beider Systeme hat mit Reiters Arbeiten eine wichtige empirische Stützung erfahren. In einer neueren Arbeit haben Reiter und Steiner (1996) die beiden Unterscheidungen (wahr/unwahr; nützlich/nicht nützlich) zu einem Vierfelderschema professionellen Handelns kombiniert. Dabei wird ersichtlich, daß Professionelle nicht nur (empirisch) wahre *und* nützliche Theorien verwenden. Unprofessionell ist eindeutig nur, nicht-wahre und nicht-nützliche Theorien zu vertreten. Die Autoren formulieren deshalb ein abgeschwächtes Kriterium für die Wissenschaftlichkeit in der Psychotherapie: Klinische Theorie dürfe empirisch gesicherten Ergebnissen nicht widersprechen.

Der beanspruchten dominanten Stellung der Wissenschaft gegenüber dem Rest der Welt ist vielfach mit einer Lehre verschiedener Welten entgegnet worden. Habermas (1981) unterscheidet zwischen "System" und "Lebenswelt". Im Feld der Psychotherapieforschung wird eine verwandte Unterscheidung, aber in methodischer Wendung, eingeführt. Danach gehe es im therapeutischen Prozeß um "Verstehen" (mit qualitativ-hermeneutischen Methoden), im wissenschaftlichen Feld hingegen um "Erklären" und "Beweisen" (wobei striktere Anforderungen an die Methodologie, eingelöst durch das Physik-analoge Paradigma des Operationalismus, gestellt werden).

Die Kontroverse zwischen Hermeneutik und "science", zwischen "Verstehen" und "Erklären" ist keine, die allein die Psychotherapie beträfe. Sie hat lange Traditionen in der Philosophie und in den Sozialwissenschaften. Nachdem in den 70er Jahren Alfred Lorenzer auf der tiefenhermeneutischen Seite mit der empirischen Methodologie der "Ulmer" (Thomä und Kächele) im Streit gelegen hatte, war es um diese Kontroverse eine Zeit lang still geworden; unterm Kostendruck lebt diese Kontroverse jetzt erneut auf (Mertens gegen Grawe) - aber es ist schwer zu erkennen, woher neue Argumente kommen könnten? Vielmehr hat man den Eindruck, die alte Kontroverse gehe in eine neue Runde und bleibe unentscheidbar. Smith und Heshusius (1986) dokumentieren eine vergleichbare Kontroverse in den Erziehungswissenschaften und warnen vor einer vorzeitigen Beendigung der Debatte. Die Kontroverse thematisiere zu viel von dem, wie wir uns und unsere Welt, unsere Arbeit und unsere Klienten verstehen, als daß die Akten geschlossen werden könnten. Dem kann man sicher zustimmen - aber wie weiter?

Unser Vorschlag ist hier, die Unterscheidung "qualitativ vs. quantitativ/empirisch" durch eine neue Unterscheidung, die zwischen Wissenschaft und

Profession, zu ersetzen[2]. Unter der wissenssoziologischen Annahme funktionaler Differenzierung wollen wir als *These* formulieren, daß *Wissenschaft und professionelles Handlungssystems der Psychotherapie Umwelten füreinander bilden*[3]. Diese These findet starke Stützung im amerikanischen Schrifttum (Velleman 1989, Schön 1983, Schön 1991, Schön und Rein 1994[4]; aber auch Reiter und Steiner 1996). Hier beginnt sich auch eine Umkehrung der Hierarchie durchzusetzen; man spricht von den "science based professions". Zugleich können wir feststellen: Die Wissenschaft in der Umwelt des professionellen Handlungssystems der Psychotherapie ist selbst keineswegs einheitlich. Neben der Medizin sind hier gewiß auch Philosophie, Pädagogik, Sozial- und Literaturwissenschaften und viele andere zu nennen. Zur Umwelt des wissenschaftlichen Systems gehört umgekehrt v.a. eine erhebliche sozial-interaktive Kompetenz von professionell handelnden Personen. Auch sie verwenden Methoden in genau dem Sinne, wie wir es einleitend skizziert haben (Smith und Heshusius 1986). Psychotherapie hat Wissenschaft "zur Seite" (wie der Psychoanalytiker Stein 1979 formulierte), nicht über sich.

Wir wollen zunächst analysieren, auf welche Weise die Wissenschaft der empirischen Psychotherapieforschung innerhalb des hierarchischen Modells Kontakt zum System der Profession gewinnt. Es gibt hier eine Kontaktstelle der Berührung beider Systeme. An dieser operieren die rater; sie transformieren qualitative Befunde in wissenschaftliche, quantifizierbare Daten um, indem sie im Rahmen empirischer Untersuchungen psychotherapeutische Interaktionen zum Zweck der wissenschaftlichen Evaluation einschätzen.

---

2 Wolff (1994) hat gezeigt, und dem werden wir uns im folgenden anschließen, daß die Unterscheidung eigentlich nur "mehr oder weniger qualitativ" heißen kann. Denn auch empirisch-quantitative Forschung muß, bevor gerechnet werden kann, qualitative Daten erheben. Das geschieht im Fall der Psychotherapie durch die Einschätzungen der rater. Darauf kommen wir noch zu sprechen.

3 Diese These haben Ludwig Reiter, Wien, und Buchholz in gemeinsamen Gesprächen entwickelt, Gespräche, die dem Ziel dienen, die Psychotherapie einmal professionstheoretisch "durchzudeklinieren". Veröffentlichungen dazu sind in Vorbereitung, teils schon erfolgt (Buchholz und Reiter 1996, Reiter und Steiner 1996, Buchholz 1997).

4 Da die Namen dieses Autorenduos im Deutschen etwas andere Assoziationen nahelegen (schön und rein), soviel zur Information: Donald A. Schön ist Ford Professor Emeritus am Massachusetts Institute of Technology (MIT). Er hat sich über viele Jahre mit der Arbeit von Professionellen in den verschiedensten Bereichen (Lehrer, Ingenieure, Manager, psychotherapeutische Supervisoren etc.) sozialwissenschaftlich beschäftigt. Martin Rein ist ebenfalls Professor am MIT und Experte für Stadtplanung und Sozialreformen.

Die wissenschaftliche "Ausbeutung" von Alltagskompetenzen

Versuchen wir zu beschreiben, welche Leistungen die rater methodisch zu erbringen haben. Sie haben Vielfältiges zu beurteilen. Sie müssen verschiedene Kategorien voneinander differenzieren, eine Äußerung im Kontext verstehen oder den Kontext erschließen, zeitliche Verzögerungen kalkulieren (etwa wenn ein Patient erst "spät" auf eine Äußerung seines Therapeuten reagiert) und dabei Zusammenhänge interpretierend herstellen, Vieldeutigkeiten zu vereindeutigen suchen, um sie einer Kategorie zuordnen zu können, oder sie müssen unvollständige Äußerungen komplettieren. Diese Beschreibung läßt erkennen, daß es sich bei all diesen Leistungen um sozial-interaktive Kompetenzen handelt, die auch im günstigen Fall eines "guten" Trainings nur dann verfeinert werden können, wenn sie "als solche" schon vorhanden sind. Es handelt sich um interpretative Leistungen des Verstehens eines interaktiven Geschehens, an dem sie aus der Perspektive beobachtender Dritter (am Video oder am Transkript) teilnehmen. Diese Kompetenzen werden, wie Wolff (1994, Wolff und Meier 1995) formulieren, in einer solchen Methodologie systematisch *ausgebeutet*; sie werden eingesetzt, benutzt und in Zahlen umformuliert - aber sie werden nicht als Leistungen sozial-interaktiver Kompetenz erkannt. Als sozial-interaktive Kompetenzen des Verstehens dialogisch-kommunikativer Vorgänge sind sie *nicht grundsätzlich* verschieden von denen, die auch von den Beteiligten - Therapeuten und Patienten - selbst eingesetzt werden. Damit eignet sich das Wissenschaftssystem professionelle Wirklichkeit an, aber zugleich wird diese gemäß den systemeigenen Möglichkeiten umgewandelt. Forschung wandelt deren Komplexität durch die Leistung der rater in Variablen um. Solche Kompetenzen zu *nutzen* ist fraglos eine mögliche Strategie in der Forschung. Der Preis dafür ist allerdings zu entrichten. Die Formulierung von Variablen kann immer nur unterkomplexer sein als die sozial-interaktiven Kompetenzen, die in sie eingehen. Abstraktionsgewinne müssen mit Informationsverlusten bezahlt werden, die sich dann auswirken, wenn umgekehrt gefordert wird, wissenschaftliche Befunde im professionellen Handlungssystem anzuwenden.

Die akademische Psychologie bewies durchaus schon früh ein Problembewußtsein für diese Frage. Wir wollen ein Beispiel nennen: Die renommierten amerikanischen Sozialpsychologen Aronson und Carlsmith (1968) erörterten, daß viele experimentelle Studien in ihrem Gebiet nicht durch theoretische Ableitungen angeregt waren, sondern durch den psychologischen Alltagsverstand. Die Autoren zeigen, daß viele der dann entwickelten Operationalisierungen außerordentlich vieldeutig sind; sie können von den Versuchspersonen mit höchst unterschiedlichen Bedeutungen interpretierend ausgestattet werden. Die methodische Unterstellung, daß ein experimenteller Reiz für alle Versuchspersonen gleiche Bedeutung habe, beruhe auf höchst konventionellen Annahmen über das Verstehen sozialer Situationen. Sie beutet diese also aus. Deshalb unterschieden Aronson und Carlsmith zwischen "experimental realism" und dem "mundane realism" und kommen hier schon der Einsicht sehr nahe, daß der "experimental realism" soziale Realiät immer nur unterkomplex abbilden kann. Die Autoren favorisieren allerdings eine technische Lösung, wenn sie die Verbesserung der Operationalisierungen fordern. Sie verblieben damit, wenn auch skeptisch, innerhalb des Paradigmas des Operationalismus.

Eine andere Lösung forderten Gottman und Markman schon 1978 (S. 27). Therapeutische Interaktion sei als "reciprocal social influence process" zu beschreiben — und diese Autoren warnten schon damals, daß die Verwendung von ratern "to operationalize process notion is an extreme crude swipe at ... a reasonable process relationship" (S. 28). Ihre Begründung ist interessant, sie fügt sich in die hier entwickelte Konzeption: Interaktion finde immer innerhalb von Kontexten statt und erneuere diese beständig.

Im professionellen Handlungssystem werden solche Kompetenzen ebenfalls angewendet. Wenn sie dort scheitern oder versagen, zwingt das den Professionellen zu einer Revision, die aber innerhalb des professionellen Handlungssystems verbleibt und nicht umstandslos die von der Wissenschaft angebotenen Lösungsstrategien mit einbeziehen kann. Neben der genannten Unterscheidung haben Wissenschaft und Profession auch noch eine ganz andere Zeitstruktur. Dies deshalb, weil die Lösung professioneller Probleme nicht zeitfrei gestellt ist. Professionelle können nicht erst eine wissenschaftliche Untersuchung planen und durchführen und zuvor die Literatur studieren, sondern müssen relativ rasch reagieren. Der Unterschied der Zeitstruktur ermöglicht der Wissenschaft gewiß bestimmte Reflexionsleistungen; sie sind aber nicht besser, sondern einfach anders als diejenigen Reflexionsleistungen, die das professionelle Handlungssystem zur Lösung seiner Probleme fordern muß.

Zur Revision und Reflexion von professionellen Kompetenzen mit dem Ziel ihrer Verfeinerung gibt es deshalb andere Prozeduren, in denen diese Kompetenzen selbst zur Diskussion gestellt werden können. Dafür stehen z.B. Supervisionen, auch solche sozialwissenschaftlicher Art - wie Wolff (1994) forderte - zur Verfügung.

Unsere Frage ist: Wie könnten die sozial-interaktiven Kompetenzen der rater, von denen wir sagen, daß sie nicht grundsätzlich von denen der Professionellen unterschieden sind, selbst *Thema,* wie könnten sie *zum Gegenstand* einer Forschung werden, die sie nicht lediglich "ausbeutet"?

Sie könnten, wie wir meinen, nur dann zum Gegenstand der Forschung werden, wenn man sozial-interaktive Kompetenzen nicht "ausbeutet", sondern beobachtet. Das impliziert eine Ebenenverschiebung; gemeint ist eine Beobachtung höheren Typs, eine Beobachtung der Beobachter. Man kann dann Professionelle beobachten, man muß nicht rater beobachten (lassen). Die Metapher des "Höhersteigens", die hier häufig verwendet wird, täuscht jedoch. Würde man sie wörtlich nehmen, würde man sich zugleich einen erheblichen Teil jener Probleme, die mit dem Modell einer Hierarchie von wissenschaftlicher Beobachtung "über" anderen Beobachtungen verbunden sind, wieder einhandeln. Klärend ist die Vergewisserung darüber, daß die Beobachtung professioneller Kompetenzen ebenso gut als "Abstieg" zu den Alltäglichkeiten gefaßt werden kann. Dennoch behalten wir hier die eingebürgerte Bezeichnung einer Beobachtung höheren Typs bei.

Wie ist eine solche Beobachtung sozial-interaktiver Kompetenz möglich? Qualitative Forschung verwirklicht diese Ebenenverschiebung durch Verfolgung anderer Fragestellungen. Sie sind dreifach. Sie will wissen,

a) *wie* macht man es und *wie* weiß man es? (Die Methode)
b) *wie* kann man das "Wie" (des Machens und Wissens) selbst wiederum sichtbar machen? (Die Lehre von den Methoden)
c) welcher Perspektive zeigt sich was? (Der Standort)

So gesehen, will qualitative Forschung nicht ein fixes Ergebnis produzieren, das dann von anderen angewendet werden könnte. Sie ist vielmehr prozessual ausgerichtet (vgl. Buchholz und Streeck 1994). Damit ist folgendes gemeint: Diese Ansätze wenden Forschungsmethoden gleichsam auf sich selbst an. Sie machen keinen grundsätzlichen Unterschied zwischen dem wissenschaftlichen Menschen und dem des Alltags, zwischen dem Subjekt und dem Objekt der Forschung. Was die Forschung über menschliche Interaktionen ermittelt, muß deshalb seinerseits auch in die Interaktionen des Wissenschaftlers mit seinem Objekt eingehen und dort methodisch gewendet werden. Denn nicht nur Therapeuten und Patienten, sondern auch Forscher bewegen sich immer in einem interaktiven Feld, dem sie wechselnd und wechselseitig Bedeutungen geben[5].

Hier kommen die "anderen Methoden", jene, die kompetente Interaktionsteilnehmer immer schon beherrschen, zum Zuge; einige davon wollen wir beschreiben.

---

[5] Wie Strategien qualitativer Forschung in klinischen Institutionen diesen Gesichtspunkt methodisch berücksichtigen können, hat Buchholz (1993) beschrieben. Greenberg (1994) hat in überzeugender Weise gezeigt, daß gerade die Multiperspektivität, die *gleichzeitige* Einnahme heterogener Perspektiven konstitutives Moment psychotherapeutischer Professionalität ist; wer hier (wie Luborsky 1994) durch Anwendung nur *einer* Beobachtungsmethode Einheitlichkeit schaffen wollte, würde gerade ein zentrales Moment professionller Praxis eliminieren - der Preis für die Einheit der Beobachtung wäre das Verschwinden des Professionellen.

Kleine Methodenlehre sozial-interaktiver Kompetenzen — Alternativen zur "Ausbeutung"

Eine erste Methode ist, sozial-interaktive Ereignisse zu organisieren *und* zu verstehen. Dies geschieht, wie Schegloff (1987) gezeigt hat, stets "sinnvoll" *und nicht* auf der Basis der Anwendung von (statistischen) Gesetzmäßigkeiten. Sinn wird auf einer "case-by-case"-Basis (Schegloff 1987, S. 102) entwickelt; man sammelt Episoden, Ereignisse, Erfahrungen und bringt diese in sinnvolle Vergleiche.

> Jeder, so ein Beispiel von Schegloff, kennt die Art, wie Vorträge gehalten werden. Nun stellt Schegloff die Frage: "But if a lecturer should begin producing bizarre behavior, it is unlikely that those present would find it sufficient to set this aside as just a statistical anomaly. It would not suffice to consider that all the previously attended lectures followed one or another canonical form; that there was bound to be a case which deviated; and that this is it. Rather, observers find themselves making some sense or other what is going on..."

Natürliche Interaktionsteilnehmer "verrechnen" Erfahrungen nicht über Einzelfälle hinweg. Eine solche quasi-statistische Methode hätte zur Folge, daß einzelne Ereignisse nur als "Devianz vom Durchschnitt" gewertet werden könnten. Interaktionsteilnehmer statten vielmehr jede einzelne Erfahrung mit Sinn aus, und das ermöglicht es ihnen, handlungsfähig zu sein: zu wissen, wann gelacht wird, wann eine Zwischenfrage gestellt werden kann usw. Sie operieren "on reflection", wie Schegloff formuliert.

Ereignisse und Erfahrungen werden - das ist eine weitere Methode - "kategorisiert". Ein 14-jähriger ist für den einen noch ein Kind, für den anderen schon ein Jugendlicher. Einen Hinweis hat der Vorgesetzte als Chef gegeben - und dann ist der Hinweis eine Ermahnung; ein anderer aber kategorisiert anders und meint, das habe der Chef doch eher freundschaftlich gemeint - und dann ist der Hinweis ein Tip. Solche Kategorisierung muß nicht ausdrücklich formuliert werden, wird es meistens auch nicht. Entscheidend ist: Jeder Kategorisierung erscheint dasselbe anders. Was ist hier eine Tatsache?

Menschliche Interaktions-Erfahrungen werden - das ist eine dritte Methode - narrativ organisiert (z.B. Bruner 1987 und 1990). Man gibt ihnen eine - tragische, komische, dramatische, epische oder andere - Form. Die Form der story bewirkt viel.

In einer tragischen Form muß es einen *scheiternden* Helden geben, aber kann man dann nicht ebenso gut fragen, ob der Held nicht eine Erfindung der Form ist? Ohne Tragödie kein scheiternder Held - und umgekehrt. Wir wollen diesen Gedanken, der professionellen Psychotherapeuten nicht immer vertraut ist, an Beispielen illustrieren.

Prototyp des tragischen Helden ist Ödipus, der in voller Kenntnis des ihm von den Göttern geweissagten Schicksals diesem zu entkommen versucht und gerade deshalb die Prophezeiung erfüllt. Im Zeitalter moderner Individualisierung sind wir es gewohnt, den Akzent auf die Person des Handelnden zu legen. Ebenso berechtigt wäre es, ihn im Konflikt verschiedener Kontexte zu situieren. Der eine Kontext ist der des Mythos, worin individuelle Authentizität einem Verbrechen gleichkommt, weil es gegen die göttlichen Gesetze verstößt; der andere Kontext ist der des Logos mit seiner gerade gegenteiligen Forderung nach individueller Autonomie. Der Psychoanalytiker Levenson (1991) weist darauf hin, daß "Authentizität" im Griechischen neben der uns bekannten Bedeutung noch eine andere, die des Mörders, habe: Wer authentisch ist, wendet sich gegen die im Mythos fundierte Gemeinschaft und "mordet" deren Gesetze. Die Tragödie ist so gesehen eine Form zur Darstellung eines allgemeineren menschlichen Schicksals, nicht eines individuellen. Sie bedient sich bloß eines Helden, um an ihm (s)ein Scheitern darstellen zu können.

In der dramatischen Form gibt es einen Helden, der sich an der Ermittlung des Tatsächlichen entwickelt. Er bricht aus mythischen oder traditionellen Bindungen aus und stößt zu den Tatsachen vor. Er verhält sich in deutlicher Analogie zu einem empirischen Forscher. Er scheitert dann nicht, wenn er den Ausweg findet, Tatsachen zu erkennen und anzuerkennen - aber er kann nie sicher sein, was die Tatsachen sind, und meist enden Dramen tödlich.

Prototyp dieser Form ist der Kriminalroman mit Detektiven à la Sherlock Holmes oder Miss Marple. Hier siegt noch verläßlich das Gute. In modernen Krimis wird diese Form allerdings aufgeweicht, und ein tragisches Element taucht auf. Sie zeigen den Ermittler zutiefst in seine Ermittlungen verstrickt.

Die Betrachtung der Form hat Tiefe, weil sie zeigt, daß der individuelle Held eine Exemplifizierung einer allgemeineren menschlichen Problemkonfiguration ist. Die Analyse der narrativen Form legt somit eine Psychologie nahe, die über den Individualismus hinausweist. Deshalb ist die Frage berechtigt: Ist es die Form, die sich den Helden erfindet? So fragen so unterschiedliche Autoren wie der Jungianer Hillman (1983) und der Psychologe Bruner (1987). Und weiter: Wenn wir diesen Gedanken auf die Analyse individueller Biographien und Lebenläufe anwenden, dann wird die Frage sinnvoll, ob die individualisierende Psychologie des Helden als eine Fiktion der Form aufgefaßt werden muß? Könnte, so wollen wir gedankenexperimentell anregen, eine erfolgreiche psychotherapeutische Behandlung sich daran zu erkennen geben, daß ein Patient am Ende seine Geschichte als Drama oder in Teilen auch als Komödie mit humorvollen Distanzierungen erzählen kann, die ihm zu Beginn als ausweglose Tragödie erschien? Was also sind die von einer narrativen Form produzierten Tatsachen?

Die genannten Methoden der Organisation von Erfahrung, mit denen wir Ereignissen einen Sinn geben, sie typisieren und narrativ organisieren, werden unproblematisch verwandt; sie "geschehen", sie "operieren" einfach. Dabei bringen sie Überzeugungen über die Gegebenheiten der Welt hervor, die selbst wiederum als unproblematisch erscheinen und die Methoden ihrerseits bestätigen. Pollner (1976, 1979) nannte das die "mundane" Einstellung der Welt gegenüber: Die Welt *ist*. Und zwar so, wie ich sie sehe. Diese mundane Einstellung kann verstört werden, wenn unterschiedliche Organisierungen oder Kategorisierungen einander konfrontiert werden. "Ist" der 14-jährige noch ein "Kind" oder schon ein "Jugendlicher"? Alltägliche Interaktionspartner versuchen solche Fragen in mundaner Einstellung durch Zusammentragen von Fakten zu klären. Sie berichten Episoden mit dem 14-jährigen, sie führen Tatsachen als Beweise für die eine oder andere Sicht an - und unterscheiden sich in dieser mundanen Einstellung nicht von der entsprechenden wissenschaftlichen Verfahrensweise.

Pollner (1976, 1979) kennt aber noch eine andere Lösung, die er als "radikale Einstellung" bezeichnet: Man kann den Blick von den Fakten weg auf die Art der Organisiertheit dieser Fakten, auf die Kategorisierungsstrategie selbst wenden. Dann sieht man: die Kategorisierung "Jugendlicher" ist nicht eine, die allein an den Fakten entschieden werden kann. Sie ist eine Weise der Organisation von Fakten, die durch sie erst zu Fakten werden.

Die Unterscheidung "mundan/radikal" verweist auf verschiedene "Realismen". Wir haben schon gesehen, daß es auch einen "experimental realism" gibt.

Wenn wir diese Unterscheidung mit der von Pollner zusammenfügen, dann haben wir mindestens drei "Realismen". Ein Weg führt vom "starting point" der Alltagswelt zum "experimental realism", der Weg der Reduktion in Variablen. Aber es gibt auch den *anderen* Weg vom "mundane realism" zu der von Pollner sog. "radikalen" Einstellung - als "Sprung" über die Konzeptualisierungen des Alltags, aber nie aus ihm heraus, sondern als Lehre von den Methoden all der präzisen Leistungen, mit denen wir es beständig fertigbringen, daß unsere Welt uns so erscheint, wie wir sie *fest*stellen, obwohl wir sie - vom „radikalen" Standpunkt aus - beständig *her*stellen und als solche *dar*stellen. Die radikale Einstellung bleibt Teil des Alltags, Schegloff (1987) nannte sie "on reflection".

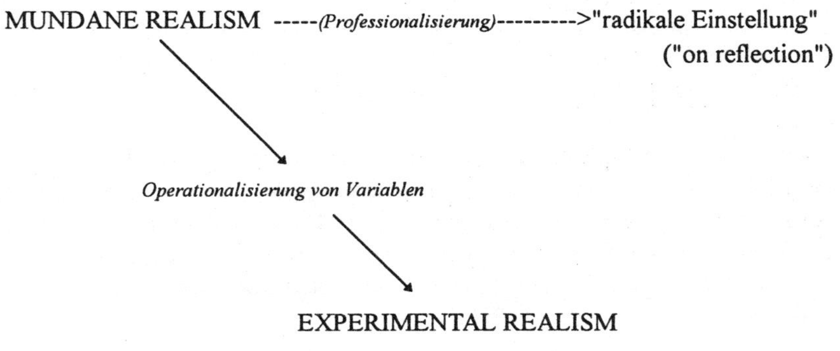

Mit dieser Darstellung, so glauben wir, kann die Kontroverse zwischen qualitativen und quantitativen Methoden zu einer zwischen "Wissenschaft" und "Profession" im Sinne unseres Vorschlags verschoben werden. Damit öffnen sich neue Gesichtspunkte, andere Argumente können entwickelt und Anschlüsse an Befunde von Nachbarwissenschaften, insbesondere der Mikrosoziologie der Interaktionen, erreicht werden.

Was hier "radikal" heißt, ist allerdings nicht mit dem "radikalen Konstruktivismus" zu verwechseln. Eher wäre es angemessen, von einem explikativen Konstruktivismus zu sprechen - einer Lehre, die die ständigen methodischen Leistungen expliziert, mit denen wir unsere Erfahrungen so konstruieren, daß sie uns als "natürliche" erscheinen. Es sind Methoden zur Beglaubigung des Seins der Welt, die den Effekt haben, daß wir uns in dieser Welt zumeist problemlos verständigen können. Als interaktive Hervorbringungen müssen sie *nicht ständig* zum Thema werden, und das ermöglicht uns den unproblematischen konsensuellen Zugriff auf eine gemeinsam geteilte Welt, die wir mit anderen gleichermaßen bewohnen. Wenn allerdings ein Mensch aus diesem basalen Grundkonsens herausfällt und deshalb in psychotherapeutische Behandlung kommt, wird es außerordentlich hilfreich sein, eine "radikale" Einstellung zur Verfügung zu haben, die ihm und uns zu erkennen gestattet, wie außerordentlich vorraussetzungsreich die Leistung der "Normalität" ist (Sacks 1984).

Explikation der methodischen Her- und Darstellungen unter dem Primat der Interaktion - dieser ethnomethodologische Grundgedanke ist in der Zwischenzeit von vielen konversationsanalytischen Studien gut bestätigt worden, gerade im Feld von Psychiatrie (z.B. Bergmann 1992, Fengler und Fengler 1980) und Psychotherapie (Willke 1992, Wolff und Meier 1995, S. Streeck 1989, U. Streeck und Dally 1995). Eine der Gründerfiguren der Ethnomethodologie, Erving Goffman, wies allerdings schon auf die Bedeutung des Tagtraums für die Regulierung von Interaktionen hin (vgl. dazu Wehrspaun 1989), die in der Phantasie noch einmal durchgespielt oder vorweggenommen werden. Insofern sollte der methodologische Rigorismus der Konversationsanalyse, die sich allein auf die formale Analyse der Organisation von Interaktionen beschränkt, aufgebrochen werden durch Berücksichtigung der Welt der Vorstellungen, der Imagination, der Phantasie.

Wir schlagen vor, diesen Anspruch einzulösen, indem wir der ethnomethodologischen Konversationsanalyse die Metaphernanalyse auf dem Niveau der Unterscheidung zwischen mundaner und radikaler Einstellung an die Seite stellen. Die Konversationsanalyse wie auch die soziologische Systemtheorie akzentuieren die Differenz der Einheit; die Metaphernanalyse akzentuiert die Einheit der Differenz.

Metapher und Darstellung

Wie uns diese Integration von "Interaktion" und "Kognition" vorschwebt, wollen wir entwickeln, indem wir weitere Methoden der Her- und Darstellung interaktiver Wirklichkeiten zu beschreiben versuchen.

Wir hatten gesagt, daß Menschen ihr Wissen in narrativer Form organisieren. Narrative enthalten *und* kontextualisieren sie strukturierende Leitmetaphern - eine vierte Methode. Geschichten werden erzählt, um an ihnen *exemplarisch* (Mishler 1990) die Geltung einer Metapher zu dokumentieren, wie z.B. die MEIN LEBEN IST EINE LAST, MEIN LEBEN IST EINE REISE, MEINE EHE IST EIN KAMPF usw. (vgl. Straub und Sichler 1989, Buchholz 1996). Die zentrale Leitmetapher ihrerseits strukturiert das Narrativ, sie dokumentiert sich in den einzelnen Äußerungen. Sie organisiert durch Kontextualisierung auch das Verstehen des Hörers.

> Nehmen wir an, ein Sprecher hat bislang seine zentrale Leitmetapher DAS LEBEN IST EIN KAMPF dokumentiert, und nehmen wir weiter an, er schildert seine weit zurückliegende Scheidung mit den Worten: "Und dann war das Problem gegessen". Nehmen wir zum Vergleich weiter an, ein anderer Mensch, der bislang seine Leitmetapher DAS LEBEN IST GEMÜTLICHKEIT dokumentiert habe, sage den gleichen Satz. Wir hören höchst verschiedene Dinge, imaginieren andere Bilder. Einmal erscheint das "Essen eines Problems" als aggressiver Akt, als Erledigung oder Beseitigung, im andern Fall werden Bilder von satter Zufriedenheit evoziert. Die Metapher dokumentiert sich in den Äußerungen, und diese indizieren umgekehrt die Metapher.

Die Metaphernanalyse schließt in einer spezifischen Weise an die Konversationsanalyse an. Wie diese bleibt auch sie zunächst am manifesten Text und nimmt ihn wörtlich. Sie geht damit sogleich über ihn hinaus, wenn sie konzeptuelle Metaphern in Form von Gleichungen (wie z.B. oben: MEINE EHE IST EIN KAMPF) formuliert und zeigt, wie die darin enthaltenen Implikationen die Deutung der Situation bestimmen und dann wiederum interaktiv wirksam werden. Am Beispiel einer durchgeführten Metaphernanalyse eines Therapiegesprächs haben wir (Buchholz und v. Kleist 1995) gezeigt, daß die "Interaktion der Bilder" konstitutiver Bestandteil des Dialogs ist.

Während die Konversationsanalyse die Redeorganisation, das turn-taking, die Präferenzorganisation usw. formal analysiert, verzichtet sie auf die interaktive Bedeutung von Inhalten. Sie beschreibt z.B., wer zuerst spricht, wer sein Rederecht *wie* durchsetzt (Wolff und Meier 1995); aber sie kann nicht beschreiben, aus welchen Gründen jemand ein bestimmtes Thema einführt. Psychotherapie hat bestimmte Aufgaben, und wir meinen, daß man ohne deren inhaltliche Bestimmung hier nicht weiter kommen wird. Es fehlen der Konversationsanalyse bislang Kriterien, die Angemessenheit eines Themas in bezug auf solche Aufgaben zu bestimmen. Sie kann beschreiben, *wie* ein Thema eingeführt wird, aber nicht welches.

Es ist außerordentlich erhellend, sich konversationsanalytisch darüber belehren zu lassen, welcher Interaktionsmuster sich Professionelle bedienen, um ein psychotherapeutisches Gespräch anzufangen oder zu beenden (Wolff 1996), oder die vielfachen Reformulierungen oder Satzreparaturen in ihren interaktiven Effekten zu beobachten (Bergmann 1992). Aber auch die inhaltlichen Aufgaben, die sich einer solchen Interaktion stellen, sind von Bedeutung. Die Metaphernanalyse versucht hier zu beschreiben, wie sie kognitiv und bildhaft konzeptualisiert werden.

Gerade wenn man psychotherapeutische Interaktionen untersuchen will, kann auf Absichten, Themen und Aufgaben nicht verzichtet werden, weil deren Scheitern zum zentralen Thema der Psychotherapie gehört. Das Spezifische der Psychotherapie gegenüber anderen Dialogformen geht verloren, wenn man nur zeigt, wie und daß es weitergeht. Thema der Psychotherapie ist interaktives Scheitern, ihre Aufgabe dessen Bewältigung und Veränderung - selbstverständlich in und durch Interaktionen.

Das werden wir im Detail im metaphernanalytischen Teil vorführen. Die sich in Redeformen dokumentierende konzeptuelle Metapher *erzeugt* eine Perspektive, einen frame, der den Dingen ihre Bedeutung gibt. Zwei solcher frames haben wir im Beispiel beschrieben; Gemütlichkeit oder Kampf kontextualisieren eine, und zwar "die gleiche" Äußerung in höchst unterschiedlicher Weise. Dabei handelt es sich nicht um einen äußerlich gegebenen Kontext, sondern um einen *inneren* Kontext, der mit und durch die Äußerungen selbst erzeugt wird. Er gibt Verstehensanweisungen für einen Hörer und bestimmt dessen Bild vom Sprecher; der Hörer liest gleichsam die Persönlichkeit des Sprechers aus dessen frames heraus. Solche naive Psychologie ist für Interaktionen unverzichtbar. Die Sprache, genauer: die "Interaktion der Bilder", kreiert eine unsichtbare Art eines physiognomischen Porträts - neben allen anderen sicht- und hörbaren Momenten.

Ohne ein gleichzeitiges Verstehen des frames, der als Leitmetapher formulierbar ist, könnte auch ein Hörer nicht wissen, was ein solcher Satz wie der vom "gegessenen Problem" bedeutet. Sätze haben ganz verschiedene Bedeutungen, je nachdem, in welchem von der zentralen Leitmetapher erzeugten inneren Kontext der Bedeutungsgebung sie gesprochen werden.

Äußerungen erzeugen demnach innere Kontexte, die festlegen, wie die Äußerung aufgefaßt werden soll. Sie haben eine mehr oder minder starke *implikative Macht* der Kontextgenerierung. Wer "zugibt", diese oder jene Gedanken zu haben, schafft einen Kontext wie in einem Verhör. Er befindet sich nicht nur innerhalb einer Rahmung (Goffman 1977), er selbst *erzeugt* mit einer solchen Formulierung einen frame (Schön und Rein 1994). [6] Der innere Kontext hat dann ähnliche limitierende Effekte, wie wir sie von äußeren Kontexten her kennen. Diese haben eine mehr oder minder *selektive Macht*, die (Diskurs-)Regeln des weiteren Gesprächs zu bestimmen (Buchholz 1988). Vor Gericht ist klar, wer die Fragen stellt und wer zu antworten hat (Garfinkel 1967). Beim Arzt darf einer den andern auffordern, sich zu entkleiden, nicht aber umgekehrt. Beide Arten des Kontextes befähigen Interaktionsteilnehmer, zu wissen, "was los ist". Die Möglichkeit zur Erzeugung eines inneren Kontexts bietet die Chance, eine Interaktion individuell zu färben und dies auch dann, wenn der äußere Kontext vorgegeben ist. Man kann auch vor Gericht mit dem Staatsanwalt zu flirten versuchen...

Bedeutung wird demnach Ereignissen durch doppelte Kontextualisierung zugewiesen. Um die Rolle der inneren Kontextualisierung hervorzuheben, wird es sinnvoll, zwischen Ereignissen und Erlebnissen zu unterscheiden[7]. Ereignisse werden durch innere Kontextualisierung in Erlebnisse umgewandelt. Dabei verwenden wir eine fünfte Methode. Auf Erlebnisse können wir nicht deiktisch mit einem "da!" hinweisen. Wir benutzen vielmehr ersatzweise Varianten der Form: "Ich *sehe* dies *als*..." und verwandeln dadurch das Ereignis in ein Erlebnis. Was der eine *als* Streit *sieht, sieht* der andere *als* reinigendes Gewitter oder *als* wissenschaftliche Diskussion. Die konversationsanalytisch beschriebene Typisierung vollzieht sich, wie wir jetzt sehen können, durch Metaphorisierung. Das gilt exemplarisch für Äußerungen, von denen wir beispielsweise sagen oder zum Ausdruck bringen: "Dies ist ..." (ein Angriff, eine Erklärung, eine Vermittlung, ein Geständnis usw.)

Die Methode des "sehen als" zieht unterschiedliche Handlungskonsequenzen nach sich. Sie unterscheidet sich vom Kategorisieren. Nicht Ereignisse, die "schon da" sind, werden hier *kategorisiert*; hier werden Erlebnisse "gesehen als..." und damit unter Verwendung von Metaphern *konstruiert*. Nehmen wir das

---

[6] Goffman (1977) sprach hier von "Rahmungen" und meinte damit so etwas wie austauschbare Requisiten auf einer Theaterbühne. Wir sprechen von frames, weil wir etwas in bzw. an den Mitteilungen selbst meinen, das Kontexte herstellt. Wir wollen den leichten Verfremdungseffekt, den das Wort "frame" im Deutschen hat, akzentuieren und behalten deshalb die englische Version bei. Übrigens war Goffman schon früh der Auffassung, daß "eine Metaphernsprache" (1969, S. 42) zur "frame reflection" (Schön und Rein 1994) sozialer Interaktionen wesentlich beitragen könnte (vgl. Buchholz 1996). Goffman's "Frame Analysis" und Schön und Reins "Frame Reflection" sind in dieser Hinsicht einander sehr nahe.

[7] „Aber wie kann ich's erklären, wie kann ich's Euch erklären? Ihr werdet's weniger verstehen, wenn ich's erklärte. Denn was ich euch vielleicht verständlich machen könnte, Sind nur Ereignisse: nicht, was wirklich geschah. Und Menschen, denen nie was Wirkliches geschah, Begreifen nie die Unwichtigkeit von Ereignissen.", so läßt T.S. Eliot seinen Helden Harry in „Der Familientag" sagen.

Beispiel der Symptome. Dann läßt sich die folgende - unvollständige - Liste aufstellen:

Symptome werden *gesehen als*

- Kompromißbildungen - in der Neurosenlehre, mit einem Bildfeld aus der Verhandlungsführung
- Waffen - im interaktionellen Feld, mit einem kriegerischen Bildfeld
- Lösungen - bestehender Probleme, mit dem Rätselparadigma
- Krankheiten - mit einem Bildfeld aus der Medizin
- Bedeutungen - mit einem Bildfeld aus der Sprache, usw.

Diese Methode des "sehen als" verwendet immer eine Metapher zur Konzeptualisierung. Das jeweilige Konzept (des Symptoms) wird üblicherweise in Redeformen jedoch nur indiziert. Es muß nicht expressiv verbis formuliert werden. Aber wenn es formuliert wird, hat es eine figurative Form, die als Metapher dargestellt werden kann. Hier sehen wir, wie wichtig es ist, die Methode der Herstellung eines Erlebnisses zu kennen, um Patienten behandeln zu können.

Wo eine Metapher verwendet wird, wird mehr als kategorisiert. Ein Ereignis erscheint durch die Metapher in einem bestimmten Licht und wird so zum Erlebnis. Mit dem Kategorisieren hat diese Methode gemeinsam, daß sie das Potential hat, in mundaner Einstellung ebenfalls einen "Seinsglauben" (Pollner) zu erzeugen. Dann werden, um beim Beispiel zu bleiben, Symptome nicht *gesehen als*...; dann heißt die Formel: Symptome *sind*... Wenn man sich aber zur radikalen Einstellung entschließt, kann man die Konstruktion des frames rekonstruieren. "Sehen als" ist eine Art, durch konzeptuelle Metaphern frames zu erzeugen. Wer Symptome *nur* als Kompromißbildungen sähe, verzichtet auf die Möglichkeit, andere frames interaktiv zu realisieren. Wer sie *nur* als Krankheiten sähe, fällt ihnen als Waffen umso leichter zum Opfer.

Die verwendete Metapher dokumentiert nicht das Ereignis, sondern sie erzeugt eine *Sicht*. Diese Sicht wandelt um. Damit kommt unübersehbar die subjektive Perspektive des Sehenden ins Spiel, die das Ereignis in ein Erlebnis verwandelt. Diese Fähigkeit zur Umwandlung, dies poetische Potential der Metapher muß Psychotherapeuten und die Erforscher therapeutischer Prozesse wegen des Bezugs zur therapeutischen Wandlung brennend interessieren.

Organisation oder Kategorisierung von Ereignissen, Typisierung, narrative Form, Kontextualisierung und metaphorisches "sehen als" sind ein Teil unseres methodischen Repertoires, unsere Erfahrungen mit Sinn auszustatten. Sinn ist in diesem Sinne keine "knappe Resource" (Habermas 1985). Verknappung oder Reichtum von Sinn ist gebunden an die Anzahl verfügbarer Perspektiven, die wiederum davon begrenzt wird, was kommunikativ anschlußfähig ist oder durchgesetzt werden kann. Wir wollen dieses methodische Repertoire als "naming and framing" (mit Schön und Rein 1994) zusammenfassen. Bedeutungsgebung ist somit eine äußerst komplexe kognitive Strategie - und dennoch beherrschen wir sie meist problemlos, jedenfalls ausreichend für viele interaktive Situationen.

Wir müssen allerdings die Beschreibung dieser Komplexität sozial-interaktiver Kompetenzen noch etwas verkomplizieren - denn was geschieht, wenn so konstruierte Bedeutungen kommuniziert werden? Wie ist bei heterogenen frames noch Kommunikation, Reden, Verständigung möglich? Wir stellen die Frage anders: Wie werden die Differenzen prozessiert, ohne daß ihnen der Prozeß gemacht wird?

Interaktion der frames: nichtlinear, kontextualisiert und indefinit reflexiv

Wie bei einem Schachspiel spielt in sozialen Interaktionen eine Rolle, was MacIntyre "indefinite reflexivity" genannt hat: Jeder nimmt an, daß auch der andere annimmt, daß er seine eigene Aktion in Antizipation der Reaktion des anderen vollzieht und sie vorwegnehmend darauf abstimmt. Soziale Interaktionen müssen deshalb auch als nichtlinear angesehen werden. Sehr wohl bekannt ist, daß die indefinite Reflexivität jene Phänomene erzeugt, die als "self-fullfilling-prophecies" beschrieben werden. Man sagt einem anderen, daß er sich wie ein wütender Berserker verhalte (typisiert ihn und "sieht ihn als...") und erhält die wütende Bemerkung zurück, er sei doch gar nicht wütend! Indefinite Reflexivität beruht auf *Annahmen* über die soziale Umwelt, die diese Umwelt aktiv *herstellen*. Innerhalb sozialer Interaktionen kann der Glaube gelegentlich Berge versetzen, denn die Umwelt kann durch "beliefs" hergestellt werden[8]. Ein weiteres Beispiel: Man glaubt keine Chance zu haben, einen Anderen zu einer anderen Meinung zu bringen und führt deshalb den Disput von vorneherein defensiv ohne das Ziel, den andern zu überzeugen - und so bleibt der Andere dann auch bei seiner Meinung. Handlungen können durch Überzeugungen des Handelnden über seine Umwelt limitiert werden. Interaktionspartner müßten demnach in manchen Situationen ein außer-ordentliches Interesse daran haben, herauszufinden, ob ihre Umwelten selbsterzeugt sind oder nicht. Dies Interesse hatte Pollner als "radikal"

---

[8] So, um nur ein Beispiel zu nennen, March und Olsen (1989). In der Psychotherapieforschung haben Weiss und Sampson (1986) gezeigt, daß der unbewußte Plan, pathogene "beliefs" zu widerlegen, den psychotherapeutischen Prozeß steuert. Wir betrachten dies als ein Beispiel für die interaktive Realisierung der von Pollner so bezeichneten "radikalen" Einstellung.

bezeichnet. Aber sie können dies Interesse immer nur innerhalb von Interaktionen mit diesen "Umwelten" verfolgen. Immer nur unter Umständen kann über Umstände reflektiert werden.

Wenn Interaktionen so komplex sind, welche Rolle spielen dann die Fakten? Kann es eine *Tatsache* geben, die den Streit, ob der 14-jährige "noch Kind" oder "schon Jugendlicher" ist, entscheidet? Oder die beweisen könnte, ob der andere "wirklich wütend" ist? Was ist ein Symptom "wirklich"? Umgekehrt: Wie entkommt man dem Vorwurf des Relativismus, wenn man aus radikaler Perspektive behauptet, daß nur durch "naming and framing" interaktive Tatsachen geschaffen werden können? Wir wollen das an Beispielen für frame-Konflikte diskutieren:

- Hahn und Jacob (1994) berichten über eine empirische Studie zur Einstellung gegenüber AIDS. Danach läßt sich eine Gruppe von Menschen unterscheiden, für die AIDS ein *Risiko* ist. D.h., die Chance zu erkranken, wird dem eigenen Verhalten zugerechnet. Risiken können durch geeignete Maßnahmen beschränkt oder vermieden werden. Eine andere Gruppe sieht AIDS eher als *Gefahr*, die von außen kommt. Erkrankung ist für diese Menschen, die meist aus einem ländlichen Milieu mit starker religiöser Einbindung stammen, eine von außen gesandte Gefahr der Ansteckung, obwohl sie ein faktisch geringeres Ansteckungsrisiko haben als die erste Gruppe. Für die eine Gruppe gilt, so Hahn und Jacob, die Auffassung (die wir hier als frame in Form einer Metapher formulieren): KRANKHEIT IST FOLGE VON FEHLVERHALTEN. Deshalb kann man die Erkrankung durch geeignetes Verhalten selbst vermeiden. Für die andere Gruppe gilt KRANKHEIT IST FOLGE VON ANSTECKUNG (oder eines von "außen" einwirkenden anderen Ereignisses). Hier wird man von der Krankheit "betroffen", ein Bezug zum eigenen Verhalten wird nicht hergestellt. Die objektiven Daten werden von beiden Gruppen höchst unterschiedlich wahrgenommen. Die erste Gruppe nutzt die Fakten als "Information", um ihr eigenes Verhalten darauf einzustellen. Die zweite Gruppe sieht darin eher das Heraufbeschwören von Gefahren. Die mundane Einstellung, "Fakten" zu präsentieren, hilft bei der Lösung des frame-Konflikts wenig. Entscheidender wäre, die frames selbst zu thematisieren, und dazu ist eine Vorbedingung, sie zu formulieren - das werden wir als Leistung der Metapherntheorie verfolgen.

- Ein anderes Beispiel für einen frame-Konflikt: Im Zusammenhang der ökologischen Bedrohung wird "Angst" von der einen Seite als inhaltliches Argument eingebracht, von der andern Seite jedoch als Diskussionsstrategie aufgefaßt, mit der lediglich Druck erzeugt werden solle (Luhmann 1986). Angst kann nicht bewiesen und nicht widerlegt werden. Sie bedarf, um in der Kommunikation berücksichtigt zu werden, der Beglaubigung - oder sie wird in der Kommunikation nur als Störung typisiert.

Objektiv ist hier nichts zu entscheiden; Angst *wird* Faktum erst in der und durch die Kommunikation. Soll diese nicht abgebrochen werden, bevor sie zustande kommen konnte, bietet sich als möglicher Ausweg an, den Dialog durch Thematisierung der frames von einer anderen Perspektive aus zu führen.

– Beispiele für weitere frame-Konflikte liefern Schön und Rein (1994): Sie zitieren Städteplaner, die die Sanierung eines slum-Gebietes metaphorisch als Ausmerzung eines Krebsgeschwürs beschreiben. Andere hingegen idealisieren die dort vorfindliche Subkultur der Nachbarschaftsethik, des Gemeinwesens usw. Was den einen als angemessene Maßnahme der Sanierung erscheint, ist für die anderen Zerstörung.

– Auch die Kontroverse zwischen Anna Freud und Melanie Klein im London der vierziger Jahre, die bis heute ihre Auswirkungen hat, kann als frame-Konflikt interpretiert werden. Brühmann (1996) zeigt in einer höchst kenntnisreichen Arbeit, daß zwei Kontexte unentwirrbar die Diskussion bestimmten: Der Kontext der Wissenschaft forderte Revisionen der Theorie soweit neue Fakten dies erzwangen; der Kontext der Loyalität gegenüber Freud verbot solche Revisionen, da es gleichzeitig darum ging, wer sich noch als Psychoanalytiker bezeichnen durfte. Brühmann zeigt nun, daß eine einfache Lösung zugunsten der "Fakten" nicht durchführbar war, weil das, was im einen Kontext als neue Fakten präsentiert wurde, innerhalb des anderen Kontextes nicht rezipierbar war. Wenn Kleinkinder in ihrer Behandlung einen Eisenbahnzusammenstoß spielen, ist es für die eine Seite ein Faktum, daß damit die Urszene dargestellt wird, die andere Seite bezweifelt genau dies, weil damit das ödipale Geschehen, anders als Freud es gesehen hat, in der psychosexuellen Entwicklung weit vordatiert wird. Der frame entschied auch hier darüber, ob und wie "etwas" in den Rang eines anerkannten Faktums aufsteigen konnte.

– Ein mehr therapeutisches Beispiel zeigt die gleiche Struktur des frame-Konflikts: Ein Patient kommt zu spät zu einer analytischen Sitzung. Er erklärt dies mit dem Verkehrsstau. Sein Therapeut sieht den Verkehr in der Stunde blockiert. Beide sehen das gleiche Verhalten, das gleiche Ereignis innerhalb verschiedener frames. Der Patient benutzt als frame die "Tatsachen", der Therapeut die "Übertragung". Welche Bedeutung hätte hier ein Versuch, aufzuklären, was "wirklich" war? Selbst wenn es "wirklich" eine Verkehrsbehinderung auf den Straßen gegeben hat - hätte das eine Bedeutung für den therapeutischen Prozeß? Oder ist nicht viel wesentlicher als die "Tatsache" die Art und Weise, *wie* im therapeutischen

Prozeß diese Tatsache selbst kommuniziert wird, wem sie zugerechnet wird, mit welcher Bedeutung sie durch frames ausgestattet wird?[9]

Wir sehen, wie problematisch es ist, wenn so hochgradig komplex organisierte Interaktionen im therapeutischen Feld als "Wirkfaktoren", "Effektgrößen" und "Variablen" konzipiert werden. Problematisch heißt: die Komplexität muß systematisch reduziert werden, um als "Variable" vom professionellen Handlungssystem der Psychotherapie in das der Wissenschaft übergehen zu können.

Stiles und Shapiro (1989) haben die wissenschaftliche Methodologie, das therapeutische Geschehen in "Wirkfaktoren" und "outcome" aufzulösen, als "drug-metaphor" beschrieben und kritisiert, eine Methodologie, die die Wirkung einer dem Patienten verabreichten "Dosis" (an Psychotherapie) zu messen beansprucht. Die Metapher PSYCHOTHERAPIE IST VERABREICHUNG EINER DOSIS (an Gesprächsmedikamenten, deren Menge gemessen werden könne), hat hochgradig limitierende Effekte. Sie *sieht* Psychotherapie *als*... aber man kann Psychotherapie mit guten Gründen auch anders sehen. Die wissenschaftliche Methode erzeugt mit dieser Metapher einen frame, den die Wissenschaft prozessieren kann, nicht aber der professionelle Praktiker. Mit der Absicht, solche verengten Sichtweisen zu öffnen, hat Stiles (1993 und 1994) erneut auf die Notwendigkeit hingewiesen, qualitative Ansätze auch in der psychotherapeutischen Prozeßforschung verstärkt zu berücksichtigen. In Übereinstimmung mit einem breiten Korpus an Literatur im deutschsprachigen Raum forderte er notwendige Änderungen bzw. Ergänzungen der Forschungsparadigmen.

Eine Konzeption von therapeutischer Interaktion und Beeinflussung als DOSIS gibt das "naming und framing" des Wissenschaftssystems wieder, welches nun seinerseits als *eine* spezielle Strategie zur Reduktion interaktiver Komplexität erscheint. Dies ist unbezweifelbar legitim, insofern die Wissenschaft in der Umwelt des professionellen Handlungssystems eine kritische Funktion, etwa hinsichtlich der Effektivität eingesetzer therapeutischer Mittel, ausübt. Aber ihre Strategien zur Reduktion der interaktiven Komplexität sind selbstverständlich andere als die von Professionellen verwendeten; und auch deren Strategien sind legitim. Problematisch wird es lediglich dann, wenn sich *eine* Strategie dominant durchsetzen will. Die Wissenschaft ist ein "naming und framing" - *neben* anderen. Diskrepanzen zum "naming und framing" des professionellen Handlungssystems ergeben sich aus der Verwendung unterschiedlicher frames. Diese frame-Konflikte sind möglicherweise durch "Frame Reflection" (Schön und Rein 1994)

---

[9] Wie beide trotz so divergierender Bedeutungsgebungen in der "Arbeit am Widerstand" dennoch kommunikativ aneinander anschließen, hat Buchholz (1993) analysiert. Dabei läßt sich unproblematisch zeigen, wie nicht die "Tatsachen", sondern die "Darstellung der Tatsachen" Gegenstand des Dialogs ist.

lösbar. Wir sind nicht wissenschaftsfeindlich, sondern plädieren für ein polyzentrisches Paradigma mit der Möglichkeit, ein "soziales Ereignis" wie Psychotherapie aus verschiedenen Perspektiven zu konzeptualisieren. Das polyzentrische Programm ist mit Mitteln der qualitativen Forschung am Beispiel einer therapeutischen Sitzung (Buchholz 1995) sowie an der Re-Analyse einer Teamsupervision (Buchholz und Hartkamp 1997) durchzuführen begonnen worden.

Einer (wissenschaftlichen) Strategie, die Dominanz beansprucht, entgeht etwas für psychotherapeutische Prozesse Entscheidendes: daß und *wie* Ereignisse in Erlebnisse umgewandelt und erst dadurch psychotherapeutische Tatsachen hergestellt werden. Dominanz beanspruchende Strategien können immer nur mundan sein, weil sie ihren Überlegenheitsanspruch durch Berufung auf Tatsachen begründen. Solange der "Sprung" zur von Pollner so genannten radikalen Einstellung nicht vollzogen wird, solange die mundane Einstellung dominiert, kann jeder frame, also auch das wissenschaftliche Variablen-Paradigma nicht sehen, daß es nicht sieht, was es nicht sieht. Wird der "Sprung" allerdings vollzogen, rangiert die Wissenschaft nicht mehr über, sondern neben anderen Systemen.

Nun ist die Reduktion des psychotherapeutischen Prozesses auf "Wirkfaktoren" innerhalb mancher Bezirke der Wissenschaft selbst als fragwürdig erkannt worden. Insofern interpretieren wir die Kontroverse zwischen qualitativen und quantitativen Ansätzen sowohl als eine wissenschaftlich institutionalisierte Form der frame-Reflexion als auch des frame-Konflikts. Bedauerlich wäre, wenn die Diskussion zugunsten des Variablen-Paradigmas abgebrochen würde. Denn mit einer vollständig erreichten Verwissenschaftlichung müßte die Profession mit systematisch unterkomplexen Variablen operieren. Dies ist allerdings in manchen Kontexten möglich.

Unter beschreibbaren Umständen können Interaktionen mit deterministischen Modellen abgebildet werden und verlieren ihre Nichtlinearität. Je formalisierter und hierarchisierter ein äußerer sozialer Kontext strukturiert ist, desto linearer verlaufen sie auch und können zutreffender prognostiziert werden. Das ist prägnant in militärischen Befehlssträngen der Fall. Davon jedoch unterschieden sind alltägliche Interaktionen, die ihrerseits nur zum Teil Bezirke der Stabilität ausbilden und sogar ausbilden müssen, um in anderen erhöhte Freiheiten und "Spielräume" zu erhalten. Der Verlust solcher Spielräume führt Patienten in die Psychotherapie, die die Aufgabe erhält, solche "stabilen" Bezirke wieder zu dynamisieren. Gerade der Versuch, psychotherapeutische Wirkfaktoren vollständig zu erfassen und Therapeuten nach Art der rater zu trainieren (etwa durch Manuale), würde, wenn er erfolgreich wäre, ein Moment der Fixierung in die Interaktion hineintragen[10]. Professionelle Psychotherapie muß aber interaktiv Freiräume für Gedanken, Erleben und "Spiel" erzeugen, trifft dann aber auf das Problem, daß Interaktionen in solchen Freiräumen nicht prognostizierbar sind. Auch wenn Gedanken und Erlebnisse Gründe haben, können sie nicht vorhergesagt werden.

Stellt man sich auf solche Freiräume ein, findet man eine weitere Komplizierung: Soziale Interaktionen können *gegen* die Zeit operieren; sie können zukünftige Zustände antizipieren, auf die sie bereits reagieren, ohne daß diese als Ereignisse eingetreten sind. Es kann Erlebnisse ohne äußere Ereignisse geben. Deshalb können noch nicht eingetretene Ereignisse in der Zukunft als Erlebnisse "Ursache" von gegenwärtigen Verhaltensweisen sein[11]. Interaktionen haben rückwirkende Effekte; eine Handbewegung kann dem Gespräch einer ganzen Stunde eine andere Bedeutung geben.

Kommen wir noch einmal auf unseren Ausgangspunkt, die Unterscheidung von Profession und Wissenschaft, zurück, dann können wir nun sagen: Die Nichtlinearität von Interaktion, ihre Nicht-Prognostizierbarkeit und ihre "indefinite reflexivity" schließen die Konzeptualisierung einer professionellen Psychotherapie als Realisierung von Variablen aus, nicht aber die Anwendung einer solchen paradigmatischen Vorstellung in der Forschung, z.B. im Fall von Vorher-Nachher-Vergleichen oder anderen outcome-assessments. Zwischen dem professionellen Handeln und seiner wissenschaftlichen Erforschung muß es zwangsläufig eine Systemdifferenz geben. Solange die Wissenschaft den Einfluß von Wirkfaktoren messen will, muß sie sich linearer Modelle bedienen. Der psychotherapeutische Professionelle reagiert nichtlinear in einer komplexen, instabilen und je einmaligen Situation. Er kann Wirkfaktoren nicht linear realisieren, weil er die Wirkung seines Verhaltens nicht sicher prognostizieren kann. Was ein Patient hört, ist keineswegs immer das, was ein Therapeut sagt oder meint (Friedman 1988).[12] Beide verwenden ein unterschiedliches "naming and framing", und ein wesentlicher Teil der therapeutischen Arbeit besteht darin, mit seinem Patienten einigermaßen kohärente names and frames zu erarbeiten. Über die Rhetorik dieses Teil der therapeutischen Beziehung wissen wir noch erstaunlich wenig.

---

[10] Dafür bildet sich in der Forschung ein zunehmendes Problembewußtsein heraus, wie der von Talley, Strupp und Butler (1994) herausgegebene Band nachhaltig dokumentiert.

[11] Stiles (1993) formuliert: "In Psychotherapy, for example, therapists continually adjust their behavior in light of what seems to be working, so that process and outcome are interdependent." Diese Formulierung deutet an, daß Therapeuten ihre Aktionen in Antizipation von Zielen her organisieren; Zukünftiges steuert die Gegenwart.

[12] Ein Wort von Sartre paraphrasierend können wir formulieren, daß es darauf ankommt, was einer daraus macht, was die Umstände aus ihm gemacht haben.

Empirische *Beobachtung von Tatsachen* versus *Organisation von Beobachtungen* durch frames – fundiert in generativen Metaphern

Die Notwendigkeit, rater als "Augen der Forschung" zu verwenden, verweist darauf, daß die sozial-interaktiven Kompetenzen als Methoden gebraucht werden. Warum also die natürlichen Kompetenzen nur "ausbeuten"? Warum sie nicht auch zum Gegenstand von Untersuchungen machen (Kühnlein 1993, 1995; S. Streeck 1989; U. Streeck 1994; Bergmann 1987; Hildenbrand 1988, 1990, Spence 1993 und 1995; Stiles 1993; Buchholz und v. Kleist 1995, Wilke 1992 u.v.a.)? Mit dem Konzept des Konflikts verschiedener frames, die als Metaphern formulierbar sind, wird nun auch ein empirischer Befund interpretierbar, der sonst eine gewisse beunruhigende Qualität haben könnte.

> Raue et al. (1995) haben die Einschätzungen des Arbeitsbündnisses therapeutischer Gespräche durch psychodynamisch und cognitiv-behavioral orientierte rater miteinander verglichen. Sie finden, daß die *theoretische Orientierung* der rater einen durchschlagenden Effekt auf die Beurteilung hat, selbst bei einem so klar (durch einen Fragebogen, WAI) definierten Konzept, wie es die "working alliance" darstellt. Die Autoren schreiben abschließend: "For example, more precise instructions on how to rate phenomena such as negative transferential reactions might conceivably bring coders' view closer together." (S. 342) Dann aber tut sich ein Dilemma auf: "The question, however is, whether this would be artificially requiring some coders to rate in a way that does not conform to their conceptions and judgements" (ebd.).

Wenn man die interrater-Korrelationen durch Trainings erhöht, hat man nicht mehr ihre "conceptions and judgements". Sie würden nur „artificially" vereinheitlicht. Das, was wir hier als "sozial-interaktive Kompetenzen" ausgezeichnet haben, wird aber benötigt. Die Schlußbemerkung dieser Untersuchung lautet: "Finally, our results apply only to the coding system that we employed in the study, the Working Alliance Inventory. We suspect that other measures of the alliance, if they have not been developed from a transtheoretical conceptualization, may result in greater discrepancies between coders of different orientations." Wir sehen, daß ein solcher Rekurs auf eine geforderte "transtheoretische" Orientierung die gleiche technische Lösung wiederholt, wie sie Aronson und Carlsmith in der Sozialpsychologie bereits vorgeschlagen hatten. Die Operationalisierungen zu verfeinern, führt aus dem Dilemma des Variablen-Paradigma nicht heraus.

Wir versuchen aus diesem Dilemma keine resignative, sondern eine konstruktive Konsequenz zu ziehen. Jeder frame erzeugt einen "special way of seeing" (Schön und Rein 1994). Was innerhalb des einen frame eine bedeutsame Tatsache darstellen mag, wird innerhalb eines anderen vielleicht nicht einmal bemerkt.

Solche frames, so die These von Schön und Rein, sind fundiert in Metaphern. Sie organisieren Erfahrungen immer nur partiell. Solange sie nicht *als* frame thematisch werden, müssen sie diese Selektivität unsichtbar machen und die partielle Erfahrungsorganisation totalisieren. Sowohl die Metapher SLUMS SIND KREBSGESCHWÜRE als auch die andere SLUMS SIND UTOPIEN DER GEMEINSCHAFT[13] erzeugen ein "naming and framing", das den Dingen Namen und Werte gibt und Entscheidungen bestimmt, ohne von einem objektiven "Meta"-Standpunkt aus falsifiziert werden zu können. Schön und Rein (1994, S. 30) schreiben im hier interessierenden Zusammenhang:

> "For all these reasons, there is no possibility of *falsifying* a frame; no data can be produced that would conclusively disconfirm it in the eyes of all qualified, objective observers. The reason for this is that if *objective* means frame-neutral, there *are* no objective observers. There is no way of perceiving and making sense of social reality except through a frame, for the very task of making sense of complex, information-rich situations requires an operation of selectivity and organization, which is what 'framing' means."

Frames sind demnach nicht selbst Beobachtungen, sie *organisieren* Beobachtungen. Ein Faktum ist immer ein "Gemachtes", vom frame erzeugt und nur innerhalb dieses frames beobachtbar[14]. Die entscheidende und weiterführende Frage lautet nun: Wenn nichts ohne frame wahrgenommen oder beobachtet werden kann - wie kann man dann einen frame beobachten? Unsere Antwort lautet: Der frame selbst kann formuliert werden - als Metapher. Dies zu beobachten ist Teil der "radikalen" Einstellung. Wie das Beispiel der slums zeigt, gibt es für (beinah) alles immer mehrere metaphorische frames.

Im bisher Gesagten haben wir schon stillschweigend Metaphern gegenübergestellt. Wenn wir vom frame als einer *Sicht* sprechen, verwenden wir eine Metapher. Sie heißt WISSEN IST SEHEN. Das Bildfeld des optischen Sehens wird auf das Wissen "übertragen". Das schließt - wenden wir die frame reflection sofort an - selbstverständlich ein, daß es andere Arten des Wissens geben muß.

Wir haben die Metapher THERAPIE IST VERABREICHUNG EINER DOSIS mit der anderen Metapher THERAPIE IST INTERAKTION konfrontiert und innerhalb des so erzeugten frame weitere Metaphern konzeptuell verwendet. Die Metapher THERAPIE IST PROBLEMLÖSEN haben wir erweitert durch eine

---

[13] Konzeptuelle Metaphern (im Unterschied zu manifesten Metaphern, s.u.) werden von uns in GROSSBUCHSTABEN geschrieben.

[14] Im psychoanalytischen Dialog ist das von größter Bedeutung. Die Fähigkeit, Fakten zu *konstruieren*, ist Teil jener professionellen Kompetenz, die den Prozeß ermöglicht. Cooper (1996, S. 256) schreibt: "...all analysts, even those who conceptualise the analytic process as providing 'repair' rather than 'growth' ... implicitly integrate conceptualisations of influence into their use of formulation and interpretation. This makes a good fact hard to find and rarely does a fact emerge in psychoanalytic thinking that does not already come with a point of view".

andere Metapher THERAPIE IST PROBLEMTYPISIEREN und THERAPIE IST REKONTEXTUALISIEREN. Der Umstand, daß ein Gegenstand ("Therapie") innerhalb verschiedener frames verschieden konzeptualisiert werden kann, erzeugt unterschiedliches Wissen und unterschiedliche Fakten. Frames erzeugen unterschiedliche Probleme, stellen sie unterschiedlich dar und privilegieren unterschiedliche Problemlösungen. Die Interaktion mit dem Gegenstand freilich provoziert auch Wechsel der frames; dieselbe "Therapie" kann eben durch höchst verschiedene Metaphern konzeptualisiert werden, und das ist es, was professionelle Therapeuten flexibel, Situationen angepaßt, tun. *Wie* solche Frame-Wechsel zustande kommen - auch darüber wissen wir noch sehr wenig. Aber wir vermuten stark, daß der Wechsel der frames bei Therapeuten *und* Patienten den therapeutischen Wandel sowohl bewirken als auch abbilden könnte (erste Untersuchungen dazu bei Buchholz 1996).

Indem man frames in Metaphern formuliert, können sie als Beobachtungorganisierende Form ihrerseits beobachtet werden - innerhalb anderer metaphorischer frames und im Kontrast zu diesen. Eine Metaposition gibt es nicht, auch wenn ein neuer frame in der Interaktion, eben weil er anders ist, als solche erscheinen mag. Diese Überlegung gilt nicht nur für die großen politischen Kontroversen - die das Thema der mit "frame reflection" betitelten Untersuchung von Schön und Rein (1994) sind. Sie gilt auch für die Konstruktion von kontroversen Bedeutungen in Interaktionen. Innerhalb welcher frames wird "Kontakt" gesehen und gewertet? Und da "Bedeutung" nicht nur meint, was "los", sondern auch, "was zu tun ist", kommt einer solchen frame-reflection höchst praktische Relevanz zu.

Wenn wir uns somit von der Dominanz des frame der Objektivität lösen, dann können wir, orientiert an den Methoden der Interaktion, formulieren: Ob ein therapeutischer Wirkfaktor ein Wirkfaktor *wird*, wird in der Interaktion entschieden; es hängt nicht unwesentlich vom Patienten ab. Der Wirkfaktor läßt sich nicht kontextfrei bestimmen. Insofern kann es eigentlich keine "allgemeine", sondern im Gegensatz dazu immer nur individuelle Psychotherapie[15] geben, wobei der Ausdruck "individuell" sich auf das jeweilig in Frage stehende therapeutische Interaktionssystem bezieht, nicht auf den einzelnen Patienten allein. Aber die Individualität jeder Therapeut-Patient-Dyade kann hinsichtlich der Methoden des namings und framings, als wechselseitige Bewirkung, als interaktive Herstellung in allgemeinen Konzepten beschrieben werden.

---

[15] Auch Strupp (1996) fordert nach vielen Forscherjahren den Abschied von gruppenstatistischen designs und plädiert für eine erneute Zuwendung zur Untersuchung individueller Therapeut-Patient-Dyaden.

Diese Überlegungen haben eine Konsequenz hinsichtlich der Möglichkeiten, wie diagnostiziert werden kann. In "moderner" Diagnostik werden üblicherweise "stabile" Bezirke des Interaktionsrepertoires eines Patienten zum Ausgangspunkt des Diagnostizierens so wie früher dessen Symptome. Welche Schwierigkeiten das statische Denken dabei produziert, wollen wir kurz diskutieren und unsere Alternative skizzieren.

Kartographische versus prozessuale Diagnostik

Die paradigmatische Idee, Wirkfaktoren in Form von Variablen zu realisieren, gründet in einer diagnostischen Vorstellung, Interaktion in einer ähnlichen Weise vermessen zu können, wie es die ältere diagnostische Tradition mit Patienten getan hat. Auch hier werden vorgegebene Kategorien zur Vermessung von Patientenvariablen verwendet, um sich eine Landkarte[16] von seinem Zustand machen zu können. Wir wollen diesen Typ der Diagnostik deshalb als kartographisch bezeichnen (vgl. Buchholz und Seide 1995), und zwar unabhängig davon, ob "der Patient" oder "die Interaktion des Patienten" vermessen wird. Ihr Nutzen im professionellen Handlungssystem ist offen. Die Kritik an der allein auf den Patienten bezogenen Diagnostik hat die empirische Forschung erbracht:

> Seit den Darlegungen von Kächele und Fiedler (1985) wissen wir, daß die Beschreibung von Patientenvariablen nicht mehr als 8-9% der Varianz des Therapie-Outcomes zu prognostizieren gestattet, ein Befund, den Bachrach et al. (1991) in ihrem groß angelegten Überblick über angloamerikanische Studien bestätigen.

Auch Kliniker bezweifeln den Zusammenhang zwischen Diagnose und "treatment". So meint Helmchen (1991, S. 19) mit Bezug auf professionelle Diagnosesysteme wie z.B. das ICD-9:

> "Im allgemeinen ist die Spezifität der Beziehung zwischen diagnostischen Klassen und bestimmten Behandlungen ziemlich begrenzt. Mit anderen Worten: je individueller das Behandlungsziel ist, um so weniger brauchbar ist eine der gegenwärtigen psychiatrischen Diagnosen, und umgekehrt."

In professioneller Behandlung findet Interaktion mit all den angedeuteten Komplexitäten statt. Deshalb ist Helmchens Auffassung eine Bestätigung für die These von der funktionalen Ausdifferenzierung: Die Diagnose erstelle Daten für Verwaltungszwecke, vermittle die Finanzierung von Behandlung und Versorgung, mache günstigenfalls auf die Notwendigkeit einer Behandlung aufmerksam, aber helfe im individuellen Fall nicht, eine Entscheidung über die notwendige Behand-

[16] Die Metapher der Landkarte taucht in diesem Zusammenhang regelmäßig auf.

lung zu treffen. Im besten Fall organisiere die Diagnose die Befunddaten mehr oder weniger angemessen. Auch im umgekehrten Fall gelte, daß gleiche (psychopharmakologische) Behandlungen bei höchst unterschiedlichen Diagnosen durchgeführt werden[17]. Helmchen (und ganz ähnlich Wälte et al. 1996) beklagt die Heterogenität der Diagnosesysteme mit der Folge multipler Diagnosen beim gleichen Patienten, die "Willkür" der Diagnosevergabe[18], die Inflation diagnostischer Systeme und den Mangel an prädiktiver Validität aus einem Mangel an Einsicht "in die instrumentelle Natur psychiatrischer Diagnosen". Schneider und Freyberger (1990) sind ganz ähnlicher Auffassung. Sie formulieren die klinische Erfahrung, daß im Laufe einer Behandlung alle 6 Monate eine neue Diagnose gestellt werden könnte, diskutieren die Geschichte des Ein- und Ausschlußes psychodynamischer Gesichtspunkte in Diagnosesysteme und stellen in Frage, ob eine an Beschwerden orientierte Diagnostik mit prozessualen Gesichtspunkten vereinbar sei. Arbeitsgruppen zur Entwicklung einer operationalisierten psychodynamischen Diagnostik (OPD) haben hier Abhilfe zu schaffen versucht; inwieweit Lösungen zu erwarten sind, muß derzeit noch abgewartet werden. Diagnostik reduziert immer die Komplexität eines Interaktionsprozesses, und sie hat rückwirkende Effekte auf diesen Prozeß (Streeck 1983). Wir schlagen deshalb als Alternative vor, die Metapher der Diagnose so auf die Interaktion zu übertragen, daß der spontan bildgebende Prozeß auf beiden Seiten, der diese reflektierend begleitet, selbst als Teil der Interaktion, ja sogar als Kernstück der Diagnose, aufgefaßt werden kann. Interaktion wird immer in Metaphern beschrieben; neben der "offiziellen" Nomenklatur verwenden Therapeuten alltagstheoretische Konzeptualisierungen. Streeck (1986) spricht von "Hintergrundannahmen", die als nicht ganz theoriefähige Beschreibungsmittel gelten. Sie sprechen von Patienten z.B. als "Schlawiner" oder bezeichnen eine Patientin als "Diamanten". Sie beschreiben (unter stillschweigendem Rückgriff auf die Metapher des Hauses[19]) den "Aufbau" einer Persönlichkeit oder fühlen sich in ihren Bemühungen "untergraben", kurz, sie verwenden die beschriebenen Methoden des "namings and framings". Patienten ihrerseits fassen eine Therapie als "Beichte" oder als "Reinigung" (Katharsis) auf, und wir glauben, daß solche Bildgebungen Teil von

---

[17] Wälte et al. (1996) finden, daß es einen scheinbaren Zusammenhang zwischen bestimmten Diagnosegruppen und der Dauer des stationären Aufenthalts gibt. Die Varianzanalyse zeigt jedoch, daß die Streuungen *innerhalb* der Diagnosegruppen "auffälliger (waren) als die Unterschiede zwischen den Gruppen" (Wälte, Kröger und Petzold 1996, S. 42)

[18] Damit meint er ganz klar: "Von Autor zu Autor oder von einem Expertengremium zum nächsten wechselndes und regelloses Vorherrschen solcher verschiedenen Aspekte bei der Definition psychiatrischer Diagnosen enthüllt die Natur bisheriger psychiatrischer Diagnosen als diejenige von Konventionen..." (S. 20)

[19] Zur weiten Verbreitung der architektonischen Metaphern, der Bilder des Hauses für die Darstellung anderer Zielbereiche ("Menschen mit Dachschaden") vgl. die materialreiche Arbeit von Rigotti (1995).

etwas sind, das als prozessuale Diagnostik beschrieben und untersucht werden kann. Solche Bilder steuern ihrerseits die Interaktion und das "treatment" in einer wahrscheinlich viel effizienteren Weise, als es formal klassifizierende Diagnosesysteme tun. Dies gilt auch für die Diagnose des Kontakts.

Qualitative Forschung im professionellen Handlungssystem: Die Fragestellung

Wir schlagen nach all dem Gesagten vor, nicht die "Tatsachen" des Kontakts zu untersuchen, denn was ist daran Tatsache? Kontakt ist etwas, das sich genau auf der Grenzlinie zwischen Ereignis und Erlebnis abspielt. Er wird nur dann ein Ereignis, wenn er zugleich ein Erlebnis ist; nur wenn er erlebt wird, ist er "da". Nur wenn er "da" ist, kann er mitgeteilt werden. Solche Mitteilung muß sich der Methoden des "namings und framings" bedienen. Nur wenn er mitgeteilt wird, kann er vom Anderen beobachtet werden (oder von Beteiligten in der Position von Dritten). *Wie* er mitgeteilt wird, bestimmt wiederum, was erlebt wird und was sich ereignet. Kontakt ist eine virtuelle Realität; sie ist "da", wenn man sie "sieht", und insofern Winnicotts Übergangsobjekten vergleichbar. Es wäre unangemessen, in Zweifel zu ziehen, ob jemand "wirklich" Kontakt hatte; es reicht, wenn er ihn als solchen auszeichnet. Aber *wie* er das tut, indiziert mit zwanglosem Zwang seine Konzeptualisierung des Kontakts.

Kontakt muß konzeptualisiert und beschrieben werden (wenn auch nicht jedesmal und nicht jedesmal in wohlformulierten Worten), und in solchem "naming and framing" müßte sich zeigen, wie Professionelle tatsächlich Kontakte haben und Diagnosen von Kontaktstörungen stellen, welche wie auch immer "naiven" und unexplizierten Systeme sie dabei verwenden, wie sie sie ändern und schließlich, wie sie sie formulieren. Professionelle machen sich Bilder vom Patienten. Sie ziehen Vergleiche zwischen verschiedenen Patienten oder entdecken in Aspekten einer Lebensgeschichte die von antiken Vorbildern. Sie sprechen in einem großen Reichtum an Metaphern und Bildern. Dies darf man durchaus als Diagnosen bezeichnen. Solche prozessuale Diagnostik ist eingebunden in eine konkrete Interaktionserfahrung, bildet sie unter Rückgriff auf konventionalisierte Sprachbilder und alltägliche Wissensbestände ab, versucht irritierende und widersprüchliche Aspekte handlich zu bündeln und ist dabei selbst keineswegs widerspruchsfrei. Sie dient der Bewahrung von Erinnerungsdetails und organisiert ihrerseits die Wahrnehmung - und dann auch Behandlung - des Patienten.

> Forscher wie Krause (1992) untersuchen die gesichtsmimischen Reaktionen von gesunden Versuchspersonen im Gespräch mit Patienten (verschiedener Art) und beobachten dabei, daß die Gesunden sich rasant schnell in ihrem Ausdrucksverhalten synchronisie-

ren. Krause zögert nicht, dies als Stellen einer Art von vorbewußter Diagnose zu bezeichnen. Taxifahrer und Kneipenwirte sowie viele andere "alltägliche Helfer" (Nestmann 1988) stellen ihrerseits Diagnosen ihrer Kunden über zu erwartende Problemgespräche. Welchen Platz sucht sich der zögerlich hereinkommende Gast aus? Was ist mit dem, der erst zweimal aufs Taxi zu- und wieder weggeht, bevor er einsteigt?

Könnte es nun sein, daß Kliniker, die gleichsam Angehörige einer bestimmten "Ethnie" sind, ihrerseits in solchen eher umgangssprachlichen Wendungen ein System zur prozessualen Diagnose von Kontakt- und Beziehungsstörungen methodisch verwenden? Methodisch, d.h. im hier schon entwickelten Sinne: ohne zu wissen, *wie* sie es wissen? Verwenden sie ihr Wissen "systematisch"? Wie selbstverständlich erscheint es ihnen? Wieviel fachliche Theorie, wieviel Umgangsdialekt ist darin zu erkennen? Eine Methodo*logie* dieses klinischen Wissens wäre dringend erforderlich und hilfreich, will man Menschen mit Kontakt- und Beziehungsstörungen (eine der häufigsten Diagnosen!) behandeln.

Da Kontakt aber ein interaktives Geschehen ist, wird es nicht genügen, nur die eine Seite der Interaktion, die der Therapeuten, zu untersuchen. Deshalb müssen sich weitere Fragen anschließen: Wie diagnostizieren *Patienten* bei sich selbst (oder bei anderen) Kontaktstörungen? Wie beschreiben sie überhaupt "Kontakt"? Unterscheiden sich ihre Beschreibungen von denen der Professionellen?

Und weil stationäre Psychotherapie ein Geschehen ist, an dem nicht nur ein Einzeltherapeut und sein Patient beteiligt ist, sondern viele weitere Personen, wollen wir diesem Gesichtspunkt wenigstens dadurch nachkommen, daß wir fragen: Wie formulieren andere therapeutische Mitarbeiter aus Bereichen wie Gestaltungs- und Körpertherapie oder aus dem Pflegebereich solche Kontaktlagen? Wie beschreiben sie, wie sie sie meistern?

Mit solchen Fragen beschäftigt sich diese qualitative Untersuchung. Indem wir so ansetzen, wollen wir untersuchen, was Sandler (1983) gefordert hat und von Streeck (1987, 1994) als "Hintergrundannahmen" beschrieben worden ist. Die Metaphernanalyse kann hier eine Methodologie zur Verfügung stellen: Auch Hintergrundannahmen sind metaphorisch formulierbare frames. Damit kommen wir in die Lage zu untersuchen, was professionelle Kliniker tun, wenn sie auf komplexe, instabile, unsichere und vieldeutige Lagen (Schön 1983) reagieren, von denen sie selbst ein Teil sind. Mit diesen Merkmalen beschreibbare Situationen schließen, wie gesagt, die *Anwendung* von wissenschaftlich gefundenem Wissen aus, denn sie sind jedesmal neu, einzigartig und erfordern individuell zugeschnittene Antworten. Damit ist angedeutet, daß das Ziel einer "tailor-made"-Psychotherapie, zugeschnitten auf jeden individuellen Patienten, im professionellen Kontext immer schon auf anderen als den von Grawe im wissenschaftlichen Kontext vorgezeichneten Wegen angegangen wird. Es gibt gar keine andere als "tailor-made"-Psychotherapie, aber deren Metaphern können natürlich mehr oder weniger passen.

Wissenschaft wird mit einem solchen Ansatz, der den Schwerpunkt auf die Profession legt, nicht aus dem Umfeld der psychotherapeutischen Praxis herausgedrängt. Doch außer der wissenschaftlichen Kompetenz kommen noch viele andere Kompetenzen in dieser Umgebung vor. Diese kann man durchaus wissenschaftlich-qualitativ erforschen.

Unsere Generalfrage ist: *Wie* kann man diese Kompetenzen, die Methoden des Kontakts, selbst wiederum beobachten? Wir gehen den Weg der Metaphern*analyse*, weil wir gesehen haben, daß die Metapher Weisen des Sehens, Sichten, frames *generiert*. Sie können ihrerseits als Metaphern *formuliert* werden. So hoffen wir, Methoden des therapeutischen Kontakts beobachten zu können, die ihrerseits metaphorisch hergestellt, vorgestellt und dargestellt werden.

Wenn wir so die Metapher und ihre Analyse favorisieren, dann werfen wir die Frage auf, wie viel Wissenschaft noch in dem enthalten ist? Denn der Wissenschaft gilt das metaphorische Reden als höchst verdächtig, als nicht wahrheitsfähig; es entzieht sich präzisen Definitionen, arbeitet mit Bildern, ist eher Alltagssprache als wissenschaftliche Begrifflichkeit.

Deshalb müssen wir nun den Weg über das Gebirge der Metapherntheorie einschlagen mit dem Ziel, die Metapher in der Wissenschaft zu rehabilitieren und hoffähig zu machen. Wir hoffen, für diese Expedition etwas gerüstet zu sein, und locken damit, manchmal auch auf, wie uns scheint, faszinierende Ausblicke verweisen zu können. Wir werden topoi, Orte, streifen, die wir schon etwas kennen - aber natürlich aus einer anderen Sicht. Danach folgt eine Beschreibung der Stichprobe unserer Untersuchung, der Auswertungsmethode und dann der Kontaktszenarien. In jedem Szenario beschreiben wir die Art der prozessualen Diagnose und der therapeutischen Behandlung. Und schließlich wenden wir uns einer wichtigen Frage zu: Wenn Kontakt ein interaktives Geschehen ist, gibt es dann einen Zusammenhang zwischen dem naming and framing der Teilnehmer am Kontakt und dem Behandlungsergebnis? Dieser Frage nach der Beziehung zwischen "Kontakt" als Prozeßgröße und dem "outcome" werden wir uns abschließend wiederum mit qualitativen Mitteln zuwenden. Das Buch beendet dann ein Epilog für die Praxis. Denn wir wollten etwas für die professionellen Praktiker erforschen...

Metapherntheorie - Was diese Untersuchung leitet

"What seest thou else?"
(Prosper
o)

"Gifted analysts see beyond the constraints and limitations of their theories. Yet all tend to think that their own fuller vision is actually contained in and dictated by the theory they use. They do not appreciate that they know much more than any conceptual framework can possibly hold. So each of us believes that his theory is the fullest, deepest, most broadly encompassing; we see much more clearly the boundaries and shortcomings of other perspectives." (Stephen A. Mitchell, "Editorial Philosophy" des ersten Heftes der Zeitschrift "Psychoanalytic Dialogues: A Journal of Relational Perspectives", 1991, S. 2)

Einleitung

Die Geschichte der Metapher und der Auseinandersetzung mit ihr ist mehr als 2000 Jahre alt. Folgt man den von anderen Autoren verfaßten Überblicken (z.B. Johnson 1981, Haesler 1991, Otabe 1995), dann geht es um zwei wesentliche und zentrale Grundfragen: Ist die Metapher wahrheitsfähig? Und, da es sie nun schon mal gibt: Wofür ist sie gut? Seit der von Aristoteles inaugurierten Diskussion ist die Metapher stets abgewertet worden zu einem Element der Rhetorik, der Verführung von Massen, zu eloquenter Ornamentik - Wahrheit könne von ihr nicht erwartet werden[20]. Sennett (1995) bringt diese Auffassung von der Metapher in eine interessante Verbindung mit der antiken Stadtkultur und den zeitgenössischen Auseinandersetzungen. Von den Menschen der damaligen Zeit seien Ausdrücke wie "eine hitzige Auseinandersetzung" nicht metaphorisch, sondern buchstäblich verstanden worden - auf dem Hintergrund einer medizinischen Theorie, wonach im Körper kalte und warme Flüssigkeiten zirkulieren, die in einem ausgewogenen Verhältnis zu halten seien, wolle man die persönliche Ge-

[20] Aristoteles hält die Metapher gleichwohl auch für ein Moment des Genies, worauf Fiumara (1995) und Radman (1995) hinweisen.

sundheit *und* die des Staatswesens erhalten. Die kalten Flüssigkeiten wurden dem Männlichen, die warmen dem Weiblichen zugerechnet, und deshalb konnten Metaphern oder andere bildhafte Redeformen die Menschenmassen, die zu politischer Auseinandersetzung auf der Agora zusammentrafen, körperlich in Erregung und ihre Vernunft außer Kraft setzen. Metaphern störten in diesem Sinne das Gemeinwesen, die ausgewogene Balance zwischen Vernunft und Leidenschaft. Denn dort, wo die hybris - als körperliche Leidenschaft verstanden - zunimmt, sprengt sie die sozialen Ordnungen, die sich sowohl in der Anlage der Stadt als auch in der Angemessenheit der Sprache formulieren müssen. Denn der Körper des Bürgers ist ungeschützt und der Stimme des Redners hilflos, d.h. nackt, ausgeliefert. Noch für Sokrates fallen Wahrheit und Lüge mit den Unterscheidungen von Gesundheit und Krankheit zusammen und deshalb ist ihm die verführerische Rede eine Droge, die etwa Alkibiades erklären läßt, daß ihm bei solchen Reden das Herz heftiger schlage (Schneider 1994). Deshalb darf die Metapher in der antiken Auffassung bestenfalls ein rhetorisches Mittel der Veranschaulichung sein, schlimmstenfalls ist sie demagogisch, nie ist sie wahrheitsfähig. Stockungen der Rede finden dann bei der Inquisition höchstes Interesse als jene nonverbalen Anzeichen des Körpers, die die Wahrheit sagen und zugleich verbergen wollen (Schneider 1993).

Andere Traditionen hingegen, wie die von Vico oder Nietzsche, haben den Wert der Metapher ganz anders eingeschätzt und darauf hingewiesen, daß nichtmetaphorisches Sprechen so gut wie unmöglich ist. Mit entzückter Genugtuung haben viele Metaphernfreunde immer wieder festgestellt, daß ihre Gegner ihre Feindschaft mit einer Fülle metaphorischer Wendungen begründen (vgl. Kurz 1993).

Muß man also kapitulieren und der Metapher, dieser schillernden Figur, den Platz überlassen? Wird dann nicht mehr entschieden werden können, was Wahrheit ist oder Betrug? Der Literaturwissenschaftler Kurz (1993) resümiert, daß der Begriff "wörtlich" mindestens ebenso schwierig sei wie der Begriff "metaphorisch", und der amerikanische Poet Ralph Waldo Emerson hat mehr als einmal gesagt, die Metapher sei der fruchtbare Boden der Sprache. Ihr bloß literalisiertes ("wörtliches") Verständnis sei hingegen der Friedhof, worauf die Metaphern als tote Begriffe zu Grabe getragen und beerdigt werden.[21]

Eine ausführliche Darstellung dieser Entwicklungen findet sich bei Buchholz (1996), weshalb wir hier nicht auf alle Detaillierungen und Verzweigungen der Metapherntheorie eingehen wollen. In den letzten Jahren hat die Beschäftigung

---

[21] Eine Geschichte solcher Beerdigungen hat der Kulturhistoriker Peter Burke (1993) zu schreiben begonnen - es geht um eine zunehmende Tendenz des "Wörtlichnehmens", um einen Verlust sinnbildhaften Verstehens mit zunehmender Modernisierung.

mit der Metapher erneut erheblichen konjunkturellen Aufwind erfahren. Die an textuellen Merkmalen durchgeführten Unterscheidungen zwischen der Metapher einerseits, dem Symbol, der Allegorie oder dem Gleichnis andererseits haben sich nicht strikt durchführen lassen, wie Kurz (1993) und ebenso Lakoff und Turner (1989) festhalten; die Wissenschaftstheorie (Hesse 1970 und 1995, Goodman 1984) hat feststellen müssen, daß die Paradigmen jeder Einzelwissenschaft[22] in ihrem Kern von Leitmetaphoriken durchzogen sind[23] und sich nicht anders formulieren lassen; die Anthropologie (Lutz 1988) findet, daß Kulturen und Subkulturen danach differenziert werden können, welche verschiedenen Metaphern einzelne Bereiche strukturieren. Die Linguistik hat über den linguistic turn hinaus zu einem "cognitive turn" gefunden, wonach Kognitionen bildhaft formulierbare Ablaufschemata sind, die ihrerseits eine konstitutive Kraft für die Erfahrung der Wirklichkeit haben; das Studium des wirklichen Sprechens wirklicher Akteure in wirklichen Situationen hat die noch bei Chomsky[24] anzutreffende normative Orientierung überwinden lassen. Entscheidender als die Formulierung von Wahrheitskriterien durch die Wohlgeformtheit von Sätzen wird die Frage, wie sich Menschen tatsächlich miteinander verständigen, obwohl sie - gemessen an solchen Kriterien - gerade nicht wohlgeformt, gerade nicht "wahr", gerade mit multipler Referentialität sprechen. Und dabei kommt der Metapher eine ausgezeichnete Stellung zu. [25]

Schließlich findet innerhalb der Psychoanalyse die Forderung nach einer Psychoanalyse der Psychoanalyse immer mehr Gehör (Carveth 1993, Friedman

---

[22] Für die Pädagogik vgl. dazu Holton (1995), für die Wissenschaft im allgemeinen Soskice und Harré (1995)

[23] Danziger (1990, S. 343) faßt seine historische Diskussion zusammen: "In any case, it is clear that root metaphors or archetypes are theory-constitutive." Hier gründet, wenn auch nicht formuliert, die Idee, daß frames als konzeptuelle Metaphern formuliert (und beobachtet) werden können.

[24] Chomsky unterschied zwischen Sprachkompetenz und -performanz mit der Folge, daß wirkliches Sprechen nur insofern interessant wurde, als man darin die grammatikalische Tiefenstruktur erkennen konnte. Das wirkliche Reden erschien dann als eine Art "Devianz" (vgl. Wolff und Meier 1995).

[25] Das gilt sogar für *das* Paradigma der "harten" Wissenschaft, die Teilchenphysik. Knorr Cetina (1995) hat in ihren wissenssoziologischen Beobachtungen in solchen Laboratorien festgestellt, daß Wissenschaftler neben ihrer technischen Sprache eine metaphorische Rekonfiguration verwenden, mit der sie die Transformation "natürlicher" Objekte in "epistemische" Objekte darstellen. Der Computer "antwortet" oder "spinnt", und auch Detektoren werden als Personen beschrieben, die Ereignisse "wahrnehmen" oder "verarbeiten". "Detectors cooperate and communicate and can be played off against each other, but they are also *moral* and *morally responsible* beings" (S. 341). Und sie schlußfolgert: "This has strong implications for the orientation of physicists toward this instrument, for what it means, in this science, to do empirical work, and so on" (S. 347). Pylyshyn (1979) hatte bereits zuvor gezeigt, daß die "top-down"-Forschungsstrategie ohne Metaphern nicht auskommt und sich die Ungenauigkeit der Metapher zunutze macht.

1988, Goldberg 1990, Mitchell 1988, Plaut 1993, Pohlen und Bautz-Holzherr 1993), die fordert, sich jener Restriktionen zu entledigen, die von *bestimmten* Metaphern dem theoretischen Denken aufgezwungen sind. Man sieht, daß generative Metaphern frames sind; manche sind verbraucht, und deshalb kann man fordern, daß sie durch neue ersetzt werden.

Offenbar ist unser gesamtes Denken und Sprechen im Alltag wie in der Wissenschaft durchzogen von metaphorischen Verweisungen, die auf Bedeutungen anspielen, die in der Rede manifest gar nicht vorkommen müssen oder aber als Metaphern gar nicht mehr erkannt werden. Wie wir in unserem einleitenden Zitat vom Wörtchen "mehr" schon gesehen haben, indizieren sie Positionen innerhalb eines als kulturell verbindlich angenommenen Ablaufschemas, wodurch die Imagination des Hörers so stimuliert wird, daß er mit einer Fülle von bildhaften Verweisungen antworten könnte. Doch weil dies die Kommunikation und die Kognitionen des Zuhörers übermäßig strapazieren würde, werden diese ihrerseits lediglich in Indizierungen kommuniziert. Hier macht sich die Kommunikation eine Art ökonomisches Prinzip der Sparsamkeit zunutze. Selbst ein so einfaches Wörtchen wie "da" in einer Frage wie z.B. "Und was denkst Du da?" enthält noch die deiktische Geste des metaphorischen Zeigens auf einen imaginären Raum, innerhalb dessen sich etwas befindet; und es ist der Körper, der hier immer mitspricht[26]. Der Körper ist in der traditionellen Erkenntnistheorie systematisch eskamotiert worden, und diese Leistung war bestimmt von der antiken Tradition, die Gefahren aufzeigte, um sich vor ihnen warnend ins Recht zu setzen. Bilder und Hitze - das waren v.a. Elemente des Leidenschaftlichen und dann auch des Weiblichen, in dessen Gestalt bekanntlich häufiger der Versucher gesehen worden ist. So mußte Denken "kühl" werden, mußte sich als eine Fähigkeit darstellen, die unabhängig von der Person, vom Alter, vom aktuellen Zustand oder auch vom Geschlecht zu richtigen, sprich wahrheitsfähigen Aussagen gelangen wollte. Das Denken wurde ohne den Denkenden gedacht - und mittlerweile darf es wohl durchaus als ein Fortschritt der Wissenschaft bezeichnet werden, daß hier Zweifel an der erkenntnistheoretischen Richtigkeit eines solchen körperaversiven Modells formuliert worden sind. Erkenntnis diente hier erkennbar auch der Verdrängung[27].

---

[26] Eine beeindruckende Fülle von Material hatte hierzu schon Cassirer (1923) zusammengetragen.

[27] Eine an den Metaphern solcher Verdrängung ausgerichtete Geschichtsschreibung findet sich bei Keller (1986). Die Autorin zeigt unter Hinweis etwa auf Francis Bacon, daß die Verbindung zwischen dem Naturwissenschaftler und seinem "Objekt", der Natur, in der Tat als Ehe metaphorisiert wurde, in welcher der kühle Forscher seinem "dunklen Kontinent" die Geheimnisse entringt; eine theoriekonstituierende Metapher, deren Tradition in sozialer Unbewußtheit, d.h. unerkannt, bis zu Freud reichte, worauf Rohde-Dachser (1990, 1993) nachdrücklich aufmerksam gemacht hat.

Wenn es nun eine Theorie gäbe, die den Körper als Bedeutungsspender wieder rehabilitierte? Eine Auffassung von der Metapher, die vom traditionellen Antagonismus zwischen "wahr" und "verführerisch" entlasten würde? Die den Körper im Reden wieder sichtbar, das Denken des Körpers hörbar, die Methoden der sozialen Kontakte darstellbar machte? Nicht nur in der Theorie, sondern in den Beziehungen selbst? Das wäre gewiß attraktiv - aber in welcher Weise wäre es noch eine Theorie? Es wäre eine Theorie, die nicht Fakten erklärt, sondern den "frame", mittels dessen Beobachtungen organisiert werden - durch einen anderen frame. Cassirer (1923) hatte diesen polyzentrischen Zugang als Philosophie der symbolischen Formen beschrieben.

Wir wollen im folgenden den Versuch machen, das Theoriengebäude der Metapherntheorie der kognitiven Linguistik in seinen verschiedenen Etagen darzustellen und für unsere Zwecke auszubauen. Dabei beginnen wir ganz "oben", an der manifesten Oberfläche der Metaphern. Wir werden vielfach an Beispielen diskutieren, die immer illustrativen Wert für die Gegenwart des Körpers und seiner sinnlichen Anschauungsmodi haben. Erst viele verschiedene Beispiele aus heterogenen Bereichen erlauben es, ein Muster zu erkennen. Ein Muster sieht man nicht beim ersten Mal. Wer sich systematisch weiter informieren will, sei auf die zitierten Arbeiten verwiesen. Wir beginnen mit der Unterscheidung zwischen manifesten und konzeptuellen Metaphern.

Manifeste und konzeptuelle Metaphern

Nahezu alle Theorien der Metapher lassen sich, wie Johnson (1981) in seinem Überblick zeigt, im wesentlichen als Varianten der Substitutions- oder Ähnlichkeitstheorie aufweisen. Metaphern bestehen grundsätzlich aus zwei Elementen, einem bild*gebenden* und einem bild*empfangenden* Bereich. Manche Autoren wählen andere Bezeichnungen (wie z.B. die Unterscheidung zwischen "Vehikel" und "Thema", Paprotté 1985), die aber grundsätzlich den gleichen Sachverhalt meinen: Eine Sache werde mit Hilfe eines *Wortes* beschrieben, das normalerweise eine andere Sache bezeichnet[28]. Wenn wir sagen, der Mensch ist ein Wolf, dann ist "Mensch" das Thema bzw. der bildempfangende Bereich, "Wolf" ist das Vehikel bzw. der bildgebende Bereich. Wir sprechen hier der Kürze halber von Zielbe-

[28] Später werden wir sehen, daß ein Aspekt der Neuerungen, die durch die Metapherntheorie der kognitiven Linguistik erreicht werden, darin besteht, daß bei der Metapher nicht ein *Wort* durch ein anderes Wort ersetzt, sondern ein *Konzept* durch ein anderes *Konzept* dargestellt wird. Konzepte werden dabei aufgefaßt als weitreichende Vorstellungsstrukturen, die auf sinnlicher Körpererfahrung aufruhen, eine imaginative Struktur haben und in sozial-interaktiven Szenarien verankert sind.

reich und Quellbereich bzw. noch kürzer von Ziel und Ursprung. Die genannten Theorien nehmen nun an, daß die Metapher eine wohlgeformte lexikalische Ausdrucksform lediglich substituiere - der Mensch müßte dann eigentlich mit solchen Prädikaten wie „wild“, „reißerisch“, „einsam“ etc. beschrieben werden - oder aber, daß es eine Ähnlichkeit in der Sache zwischen Ziel und Ursprung gebe. Die Ähnlichkeit bestehe in einer Schnittmenge von Prädikaten, die von der Metapher nur andeutend formuliert werde und besser begrifflich präzise gefaßt werden sollte.

Beide Theorien situieren die Metapher bzw. das metaphorische Sprechen in einer grundsätzlichen Oppositionsstellung zu lexikalisch korrekten Formen; die Theorie fordert implizit dazu auf, die Metapher lediglich als Ornament einer "eigentlichen", einer "wahrheitsfähigen" Rede aufzufassen. Sie erhält hier eine marginale Position zugewiesen und wird normativ von der Wahrheitsfähigkeit ausgegrenzt. Verschiedene weitreichende Einwände sind gegen diese Oppositionsstellung von Metaphorik und lexikalischer Wohlgeformt- und Wahrheitsfähigkeit vorgebracht worden. Mit einigen davon wollen wir uns beschäftigen.

Blumenbergs "absolute Metaphern"

Der Philosoph Hans Blumenberg hat sich in mehreren, begriffsgeschichtlich orientierten Arbeiten um den Nachweis "absoluter Metaphern" bemüht. Sein Plädoyer für die Metapher lautet: *Könnte* tatsächlich alles begrifflich, d.h. nichtmetaphorisch im strengen Sinne definiert werden, dann *müßte* auch alles so definiert werden - mit dem Ziel einer "endgültigen Terminologie" (Blumenberg 1960, S. 286). Begriffsgeschichte könnte dann nur destruieren, was in früheren Zeiten gleichsam unvollständig oder "falsch" verstanden worden ist, und wenn terminologische Endgültigkeit erreicht wäre, wäre dies auch - hier zieht Blumenberg die logische und zugleich radikale Konsequenz - das Ende der Wissenschaft. Blumenberg weist demgegenüber auf Vico hin, der einem solchen, dem "Begriff" verpflichteten Programm eine "Logik der Phantasie" gegenübergestellt hatte, und er fragt:

> "Was bleibt dem Menschen? Nicht die 'Klarheit' des Gegebenen, sondern die des von ihm selbst Erzeugten: die Welt seiner Bilder und Gebilde, seiner Konjekturen und Projektionen, seiner 'Phantasie' in dem neuen produktiven Sinne, den die Antike nicht kannte" (S. 286).

Das "selbst Erzeugte" - hier begegnen wir dem Thema von der poetischen Kraft der Metapher wieder. Sie erzeugt eine Sicht, Bilder und Gebilde, ein "Mehr an Aussagekraft". Dieser sinnlich-imaginative Überschuß der Vorstellung

("Phantasie") lasse sich nicht in Begrifflichkeit auflösen, denn - hier folgt Blumenberg Kant - der Realitätsgehalt der Begriffe muß anschaulich vermittelt werden. Empirische Begriffe können durch Beispiele illustriert, abstrakte müssen mit einer Vorstellung unterlegt werden, die mit dem Gemeinten die "Form der Reflexion" (Kant) gemeinsam haben. Und es ist die Metapher, die pragmatisch diese Form der Reflexion auf einen Gegenstand "überträgt", dem keine sinnliche Anschauung entsprechen kann - eben weil er abstrakt ist. Illustriert wird dies am Beispiel des despotischen Staates[29], der mit einer mechanischen Metapher als Handmühle beschreibbar ist, weil sich die Ähnlichkeit auf die Form der Reflexion über beide Gegenstände, den abstrakten und den anschaulichen, erstrecke. Mit "Form der Reflexion" meint Kant eine Relation: Der despotische Staat und seine Bürger bilden die eine Relation und das Mahlwerk und die Körner die andere. Beide Relationen werden noch einmal so in Beziehung gesetzt, daß der Staat seine Bürger zermalme wie die Mühle die Körner.

Aber was *ist* hinsichtlich der Tatsächlichkeit der Staat? Was ist das "Sein" des despotischen Staates? Das kann nicht anders als durch eine Metapher (oder eine andere) erläutert werden. In diesem Sinne sind Metaphern "absolut".

Blumenberg (1979) ist konsequent darin, Bausteine zu einer Theorie der "Unbegrifflichkeit" zusammenzutragen, denn es muß zwingend einen "Unbegriff" geben, sozusagen eine Unterbauung des logischen Begriffs, auf welche die "Form der Reflexion" nur anspielen kann. Die Metapher hilft aus genau dieser Verlegenheit der Logik heraus; empirische und abstrakte Begriffe müssen durch die Form der Reflexion anschaulich gemacht werden, und eben diese Korrespondenz der Reflexionsform dokumentiert sich an der Metapher. Die Metapher verweist auf Reflexion, aufs Denken und die Imagination; das aber kann sich umgekehrt nur an ihr dokumentieren. Eine brisante Verschiebung des Interesses an der Metapher zeichnet sich damit ab: die Metapher ist kein Element des Textes mehr, kann nicht mehr allein als Antagonist des wahrheitsfähigen Begriffs gedacht werden, sie emanzipiert sich zu einem Element der Reflexion, des Denkens - und damit des Denkenden. War die Metapher bislang bloß Ornament, wird sie jetzt zentral. Die Frage lautet nun, ob es überhaupt nicht-metaphorisches Sprechen geben könne? Man kann sie mit "selbstverständlich, ja" beantworten. Denn natürlich haben wir eindeutig nicht-metaphorische Sätze zur Verfügung, die jedoch nicht ein "Mehr an Wahrheit" liefern. Zugleich stellen sie nur einen geringfügigen Teil aller möglichen Aussagen dar.

---

[29] Bei Brown (1976) finden sich zahlreiche Hinweise auf politische und sozialwissenschaftliche Theorien, die in ihrem Zentrum eine Metapher verwenden. Am bekanntesten ist die Organismus-Metapher für die Gesellschaft, die Johannes von Salisbury im Jahre 1159 buchstäblich formulierte, als er erklärte, der Staat sei ein Körper. (Vgl. auch Gergen 1990)

Der Einwand gegen die Beschäftigung mit den Metaphern, ob denn damit die Wahrheitschancen negiert würden, kann insbesondere dann als wenig relevant aufgefaßt werden, wenn man sich mit den Kognitionen befassen will. Deshalb formuliert Lear (1990, S. 2) seine These:

> "All *knowledge* is ultimately rooted in metaphorical (or analogical) modes of perception and thought" (unsere Hervorhebung, MBB und CvK).

Die Metapher formuliert Wissen, auch wenn es sich als falsch, überholt oder noch nicht bewußtseinsfähig herausstellen mag. Zur Analyse der Metapher schlagen Lakoff und Turner (1989, S. 203) vor, sie als triadisch strukturiert aufzufassen:

> "A metaphor, after all, is not a linguistic expression. It is a mapping from one *concept domain* to another, and as such it has a three-part structure: two endpoints (the source and the target schemas) and a bridge between them (the detailled mapping)." (Unsere Hervorhebung, MBB und Cvk)

Hier geht es nicht mehr um die Übertragung von *Worten* aus einem in den anderen Bereich. Die Metapher wird an die Kognition gebunden, und es ist das Subjekt des Denkens, das die "Brücke" zwischen dem Ziel- und dem Ursprungsbereich erzeugt - oder eben nicht. Damit bietet die Metapher eine Chance, das Subjekt des Denkens so in die Theorie einzuholen, daß auch die "Unbegrifflichkeit" mit ihrer Fundierung in Sinnlichkeit und Anschauung thematisch werden kann. Das ist eine Verbindung zum psychoanalytischen Interesse, in welchem die "Unbegrifflichkeit" in die Nähe des Unbewußten gerückt wird, das seinerseits doch immer nur an und in der Sprache zu "haben" ist[30]. Es ist das Subjekt, das sich seine Welt in Bildern und Gebilden "selbst erzeugt", wie Blumenberg formulierte und dabei vom Gegebenen, den sprachlichen und ikonographischen Mitteln, Gebrauch macht. Der Wissenschaftsphilosoph Nelson Goodman (1984) rehabilitiert in genau diesem Sinne unter Rückgriff auf die Arbeiten von Cassirer (1923) solche Bildgebungen am Beispiel künstlerischer und ästhetischer Gebilde als "Weisen der Weltkonstruktion".

Wir wollen das durch einen Vergleich zwischen Allegorie und Metapher verdeutlichen. Eine Allegorie ist beispielsweise die Darstellung einer nackten Schön-

[30] "How close the philosopher comes to ideas which are familiar in therapeutic circles", rufen Cox und Theilgaard (1994, S. 23) zufrieden aus. Diese Autoren würdigen in angemessener Form die Imagination im therapeutischen Dialog. Sie schreiben Bücher mit flair, feiner Sinnlichkeit und voller Sinn für die professionellen Handlungsprobleme, die sie nicht als "Variablen" formulieren. Das liegt ihnen auch fern, denn ihre Bücher entstehen kooperativ zwischen einem sensiblen Psychotherapeuten und einer ausgewiesenen Shakespeare-Regisseurin.

heit bei Botticelli; sie "steht für" den Frühling. Metapher und Allegorie haben gemeinsam, daß sie über "etwas" sprechen, als wäre es etwas anderes. Die Allegorie verdankt sich einem doppelten Diskurs der die Kenntnis einer Unterscheidung zwischen dem Manifesten und dem Latenten voraussetzt. Sie erfordert die Leistung einer Übersetzung, wobei der Übersetzer die Übertragungsrelation als feststehende kennen muß. Die Metapher hingegen hält die beiden Stimmen zusammen; wird sie "übersetzt", bricht etwas auseinander. Wer eine Metapher als Metapher verwendet, weiß, daß er das eine durch das andere sagt, aber wenn es übersetzt werden sollte, geht eine spezifische Qualität verloren. Sie kann nicht übersetzt werden, ohne daß dafür ein Preis in Form des Verlustes sinnlicher oder poetischer Anschaulichkeit entrichtet werden müßte. Diese Anschaulichkeit kann eigenständig nicht formuliert werden, und es genügt, wenn die Metapher sie durch Erregung der Imagination andeutet. Übersetzung zielt auf Kontrolle durch Vergewisserung, Imagination darauf, Ereignisse als Erlebnisse zu erfahren. Wenn wir sie so erfahren, erhalten sie einen seelischen Inhalt. Dazu muß die Imagination sie gestalten mittels ihrer Poiesis, die Distanz und Nähe zugleich ermöglicht. Sie erlaubt uns, Erlebnisse nicht auf Ereignisse zu reduzieren, sondern sie als Bilder zu sehen. Die Imagination steht auf halbem Wege zwischen der Welt des Jetzt und dem Unsichtbaren. Imagination ist nicht Inhalt, sondern eine Weise etwas zu sehen. Sie erzeugt einen Ort des Seins. Sie sagt etwas und weist sogleich darüber hinaus. Aufregend ist, wie sehr dies nicht nur in literarischen und poetischen Texten geschieht, sondern stillschweigend, dauernd, immerfort. Die Frage ist, ob dafür ein methodischer Sinn entwickelt werden kann? Dazu wollen wir uns von der kognitiven Linguistik belehren lassen.

Kognitive Linguistik

Deutet sich hier schon in überzeugender Weise eine Bindung der Metapher und anderer figurativer Sprechformen an die Kognition an, so fahren Lakoff und Johnson (1980) auf dieser Linie fort. Sie beziehen ihr Anschauungsmaterial allerdings weniger aus der Philosophie, sondern aus dem alltäglichen Sprachgebrauch. Diese Autoren zeichnen sog. "Orientierungsmetaphern" als einen ersten Typus aus. Das wollen wir an einem Beispiel zeigen:

> Kinder machen beispielsweise Erfahrungen folgender Art: Füllt man Wasser in ein Glas, steigt der Wasserspiegel nach oben. Sie werden älter und dabei größer und richten sich vom Krabbeln zum aufrechten Gehen auf.

Solche sinnlich-anschaulichen Erfahrungen bilden den körperlichen Ursprungsbereich, aus dem heraus dann durch "metaphorische Projektion" eine Reflexionsform gebildet wird. Die eine Relation ist hier wieder: Ich, das Kind, wachse und werde größer. Die andere Relation ist: wenn etwas mehr wird, steigt der Wasserspiegel im Glas nach oben. Diese beiden Relationen werden dann durch das Denken, orientiert am sinnlichen Körper des Erfahrenden, in Beziehung zueinander gesetzt nach der Form: A verhält sich zu B wie C zu D. Diese Relationierung von Relationen ist die kognitive Struktur der metaphorischen Projektion. Interessant ist nun die These, daß damit nicht nur eine kognitive Funktion abstrakt beschrieben wird, sondern deren Funktionsweise selbst als Metapher OBEN IST MEHR formuliert werden kann, die dann auch die sprachlichen Darstellungen in weniger anschaulichen Bereichen orientiert; sie operiert als Orientierungsmetapher.

Als solche findet sie sich in sprachlichen Formulierungen wie z.B. "Der Dollar steigt" - ein Satz, der wörtlich-begrifflich genommen das Gemeinte gerade nicht verstehen liesse. Um verstanden zu werden, benötigt ein solcher Satz eine Imagination beim Rezipienten, die sich an der Metapher OBEN IST MEHR orientiert. Was bei Lakoff und Johnson "imagination" heißt, kommt dem von Blumenberg ausgezeichneten Bereich der "Unbegrifflichkeit" deshalb nahe, weil hier die sinnliche körperliche Erfahrung immer schon *präkonzeptuell* als Grundlage des sprachlichen Verstehens angesetzt wird.

Solche Bindung an die körperlich-sinnliche Primärerfahrung läßt sich auch an anderen Orientierungsmetaphern in sprachlichen Äußerungen zeigen. Wir sprechen z.B. davon, etwas "klären" zu wollen, "blicken nicht durch", "tappen im Nebel", "sehen" nach einem erklärenden oder belehrenden Hinweis den "Punkt", auf den es ankommt - kurz: alle diese Äußerungen dokumentieren die Metapher WISSEN IST SEHEN. Redeformen, wie z.B. etwas "klären" zu wollen, lassen sich nicht in Begriffe *übersetzen*, weil eine solche Übersetzung, wenn sie denn gelänge, einen spezifischen Informationsverlust in Kauf zu nehmen hätte: die sinnlich-anschauliche Qualität. Sie sind in Blumenbergs Sinn absolute Metaphern.

Metaphern wie WISSEN IST SEHEN oder OBEN IST MEHR sind Beispiele für einen neuen Typus von Metaphern; er kommt in manifesten, alltäglichen Redeformen nur sehr selten oder gar nicht vor, wohl aber in Texten, die sich mit der Analyse von Metaphern beschäftigen. Sie lassen sich deshalb von den uns zumeist vertrauten *manifesten* Metaphern unterscheiden; ein berühmtes Beispiel für letztere ist Quintillians *pratum ridet* - die Wiese lacht. Andere Beispiele dürften für jeden leicht zu finden sein. Es ist nicht schwer, hierin eine metaphorische Formulierung zu finden, denn eine lachende Wiese kann es in einem wörtlichen Sinne nicht geben. Wir verstehen auch diese unproblematisch, indem wir die Wiese sinnlich-körperlich als "Gesicht" zu imaginieren veranlaßt werden.

Mit der Einführung des neuen Typus von Metaphern emanzipiert sich die Metapher von einem textuellen Element zu einem der Kognition bzw. der "Reflexionsform". Diese Emanzipation der Metapher ist konstitutiv für den "cognitive turn". In einem Text können selbstverständlich manifeste Metaphern auftreten. Sie bleiben Gegenstand der Analyse, illustrieren aber nur in besonders sinnfälliger Weise jene metaphorischen Prozesse, die auch bei konzeptuellen Metaphern zu finden sind. Die kognitive Linguistik erweitert damit beträchtlich das Feld dessen, was analysiert werden kann. Redeformen werden hinsichtlich der aus ihnen erschließbaren metaphorischen Konzepte analysiert.

Konzepte sind Anschauungsformen, die einen Gegenstandsbereich strukturieren und situationsgerecht flexibel verwendet werden. Die manifeste sprachliche Äußerung *indiziert* das verwendete Konzept, das sich seinerseits in der Sprache *dokumentiert*. Konzeptuelle Metaphern helfen, bei Lakoff und Johnson ebenso wie schon bei Blumenberg, aus einer logischen Verlegenheit, denn sie werden verwendet, wo begriffliche Definitionen versagen müssen. Wir stellen als Beispiel hier eine Liste einiger Redeformen über die Liebe zusammen. Liebe läßt sich nicht definieren, dennoch haben wir Konzepte davon. Diese dokumentieren sich in den sprachlichen Formen. Die konzeptuellen Metaphern schreiben wir in Großbuchstaben, die Redeformen stehen als Beispiele dahinter:

LIEBE IST MACHT: Liebe ist stärker als der Tod; sie haut mich um; eine Sexbombe; wir wurden zueinander hingezogen; "ein jeder kennt die Lieb' auf Erden, ein jeder muß ihr Sklave werden" (aus Tschaikowsky's Oper "Eugen Onegin")

LUST IST EIN TIER: Er ist ein Wolf (Jack Nicholson); sie ist im Bett eine Tigerin; du weckst das Tier in mir; ich bin ganz wild auf sie;

LIEBE IST HITZE: sie ist ein heißes Gerät; sie ist eine heiße Mutter; ich erwärmte mich für ihn; er wurde von Sehnsucht verzehrt; sie ist eine alte Flamme; sie ist frigide; sei nicht so kalt zu mir; er brannte vor Begierde; er ist ganz heiß auf dich; sie schmolz hin

LIEBE IST EIN SPIEL: mal sehn, ob ich heute bei ihr zum Zuge komme; ein Wort gab das andere; Liebesspiele, Vorspiele; ich hab 'nen netten Mann abgekriegt

VERLIEBTE SIND EINE MASCHINE: Du turnst mich an; ich gab Gas; mein Motor läuft, Baby; es sprangen elektrische Funken über; er konnte seine Gefühle nicht abschalten

LIEBE IST KRIEG: Er ist bekannt für seine Eroberungen; sie becircte ihn; er floh vor ihren Avancen; sie ergab sich ihm; so wie Du aussiehst, sinken alle Männer (Frauen) vor Dir hin

SEXUALITÄT IST EINE PHYSISCHE KRAFT: er hat eine Menge Anziehungskraft; die Männer fliegen auf sie; wenn sie erwachsen ist, wird ihre Schönheit alle umhauen; ihm konnte keine Frau widerstehen;Triebtäter; er hatte einen starken Trieb; wir hatten beide vibrations

LIEBE IST GEISTESKRANKHEIT: Hans ist in Lisa wahnsinnig verknallt; sie ist verrückt nach ihm; er ist sexbesessen; sie ist süchtig nach Sex.

Dieser - gewiß unvollständigen - Liste läßt sich das Wechselspiel von Indizierung der konzeptuellen Metapher und Dokumentation in der Rede leicht entnehmen. Situationsgerechte Flexibilität der hier als konzeptuelle Metapher bezeichneten Anschauungsform zeigt sich darin, daß solche Konzepte ineinander verschachtelt vorkommen können; sie müssen dann kohärent sein. Liebespartner haben die "stillschweigende" Aufgabe, solche Kohärenzmöglichkeiten zu überprüfen bzw. zu erzeugen. Quinn (1982) hat gezeigt, daß Ehepartner mit Konflikten eher inkohärente konzeptuelle Metaphern für ihre Ehe benutzen; man kann sich ja auch leicht vorstellen, daß jemand, der die Ehe als "ökonomisches Unternehmen" betrachtet, mit jemandem, der sie als "Reise" oder "Weg" betrachtet, in Konflikte geraten wird. Eckert et al. (1989) haben die "Konsensfiktionen" bei jungen Eheleuten in eben diesem Sinne untersucht.

Hier könnten wir nun auch problemlos die Liste dessen, *als* was ein "Symptom" *gesehen* werden kann, wieder aufnehmen. Wir wollen jedoch die Reichweite dieser Überlegungen noch an weiteren Beispielen verdeutlichen; Beispiele verfremden radikal unseren mundanen Alltagsverstand, und deshalb fügen wir hier das System metaphorischer Gleichungen für "Verstehen" ein. Wir wählen mit Absicht ein Verb, um daran deutlich zu machen, daß es Systeme metaphorischer Gleichungen keineswegs ausschließlich für Substantive gibt. Wir bilden eine Liste konzeptueller Metaphern für "Verstehen" und schreiben umgangssprachliche Verwendungen dazu:

- VERSTEHEN IST ÜBERSETZEN: Wir verstehen uns nicht, weil wir nicht die gleiche Sprache sprechen; Ich verstehe ihre Idee nicht, weil sie es in einer so eigenartigen Sprache ausdrückt; Kannst Du das nicht in einfachen Worten sagen?
- VERSTEHEN IST KATEGORISIEREN: Herr X ist ein Fall von...; Ich versteh das, was er da sagt, als ein Beispiel für...
- VERSTEHEN IST ZUSTIMMEN: Versteh mich doch!; wenn ich in Deiner Lage wäre, würde ich genau so handeln
- VERSTEHEN IST AUSLEGEN: Verstehst du, was in dieser Gebrauchsanweisung drin steht?; Hier, lies mal Kant. Was meint er nur mit transzendentaler

Synthesis?; Im allgemeinen gilt doch die Regel[31], daß man andere ausreden lassen soll. Manchmal aber ist das falsch. Verstehst Du den Unterschied?

- VERSTEHEN IST SEHEN: Kann man das denn so sehen?, Versuch mal, das von meinem Standpunkt aus zu sehen; Ich blick nicht durch
- VERSTEHEN IST VERGLEICHEN: Stimmt, mir fällt dabei eine andere Situation ein, bei der war es genau so; Der Peter, den versteh ich, der macht's genau wie Marie, nur umgekehrt; Ich versteh, was ein Kategorienfehler ist. Das ist dasselbe, als würde ein Bauer sein Feld beackern, um Pellkartoffeln anzubauen
- VERSTEHEN IST RECHTFERTIGEN: Wenn Du mich verstehen würdest, würdest Du mir nicht solche Vorwürfe machen!; ich habe dann nach einiger Zeit verstanden, daß er sich von mir getrennt hat; Wieso verstehst Du nicht, daß er Dich da angreifen mußte?

Dieses Repertoire[32] ist ein selbstverständlicher Teil unserer sozial-interaktiven Kompetenzen und Methoden, mit denen wir verstehen, was mit "verstehen" gemeint ist. Wir können es in der Form konzeptueller Metaphern - stets unvollständig - abbilden und dadurch dokumentieren, daß wir im Alltagssprachgebrauch kontextsensibel die jeweils angemessene Bedeutung von "verstehen" verstehen. Und wir generieren manifeste Äußerungen der verschiedensten Art, die sich *einer* konzeptuellen Metapher zuordnen lassen, auch wenn sie zugleich mit anderen konzeptuellen Metaphern kohärent sein können. Ja, wir können sogar eigenwillige Bedeutungen oder Witze kreieren.

Die Differenzierung zwischen manifesten und konzeptuellen Metaphern läßt sich in ihrer Bedeutung kaum überschätzen. Sie führt die hier mit Blumenberg begonnene Linie der Doppel-Bindung der Metapher an Kognition *und* sinnliche Erfahrung weiter und zieht die ganze Diskussion zugleich aus den Höhen der philosophischen Abstraktion auf den Boden alltäglichen Sprechens. Aber damit ist keineswegs gesagt, daß wissenschaftliches Formulieren metaphernfrei sei. Nicht nur in der Mathematik (Soskice und Harré 1995, Hesse 1995) spricht man beispielsweise von den "Schenkeln" eines Dreiecks oder vom "Schnitt"punkt

---

[31] Daß Bedeutungsidentität auf einheitlichem Regelgebrauch basiere, stellt bereits Wittgenstein (Phil. Untersuchungen, § 68 und § 69) in Frage. Er weist darauf hin, daß es Begriffe ohne feste Begrenzungen gibt, für die nur Anwendungsbeispiele gegeben werden können. Wie beim Gödel'schen Theorem kann keine Regel ihren eigenen Anwendungsbereich vollständig festlegen; deshalb bedarf es der Auslegung, ob ein bestimmtes Verhalten als Regelbefolgung zu gelten hat oder nicht. Kant nannte das dabei zur Anwendung kommende Vermögen die "Urteilskraft", die nur "geübt", nicht aber durch Regeln "belehrt" werden könne. Darauf spielt der Beispielsatz an.

[32] Eine beinah direkte Formulierung der metaphorischen Gleichung findet sich bei W.v.Humboldt: "Alles Verstehen ist daher immer zugleich ein Nicht-Verstehen, alle Übereinstimmung in Gedanken und Gefühlen zugleich ein Auseinandergehen"

zweier Mengen, viel allgemeiner sprechen wir von "Ebenen" oder "levels" einer Theorie, formulieren, daß Theorien einen "Ausblick auf..." gestatten oder den Blick verstellen, dringen "tiefer" in ein Thema ein oder sprechen von "hoher" Abstraktion - kurz, wir *sehen* Abstraktionen oder Strukturen und dokumentieren unser Verständnis des Gesehenen durch Indizierung der konzeptuellen Metapher THEORIEN SIND GEBÄUDE, zwischen deren einzelnen Stockwerken wir uns dann induktiv oder deduktiv, auf- oder absteigend bewegen - und manchmal verirren. Die Wissenschaftstheoretikerin Mary Hesse (1966/1970 und 1995) radikalisierte diesen Gesichtspunkt schon vor längerer Zeit zu der These, daß alle Theorien "im Kern" überhaupt Metaphern seien[33]. Thomas S. Kuhn rückte sie (1979) in die Nähe der "Paradigmen", von denen auch er annimmt, daß sie konzeptuelle Metaphern seien. In einer Überblicksarbeit über Freuds Metapherngebrauch kommt der Psychoanalytiker Edelson (1983) zu folgendem Schluß:

> "A scientific theory is a metaphor for reality. On the realist interpretation of science, we can never directly know the object of the scientific theory (e.g. the mind, in the case of Freud's topographic and structural theories). We can only say that *it is like so-and-so*, the secondary subject of the metaphor. The metaphors of science constitute a disguise for reality in much the same way that dreams are a disguise for our unconscious wishes. On the one edge, metaphors and dreams prevent us from observing that which we want to see directly, but never can. On the other edge, an understanding of how metaphors and dreams work can bring us closer to that which we want to obtain. It is only through our study of dreams that we can find that which is unconscious within us. Similarly, it is only through our studies of the *metaphors of science* that we can come to find that which is real" (S. 57; unsere Kursivierung MBB und CvK)

Hier konvergieren verschiedene Entwicklungen. Der Realismus wird aufgegeben zugunsten einer Einsicht, daß wir es sind, die - durch in konzeptuellen Metaphern formulierbare frames - Konstruktionen von der Wirklichkeit anfertigen, und diese Einsicht stärkt das Subjekt als Erzeuger seiner Welt (Putnam 1993) und eröffnet die Möglichkeit, die Kernmetaphern, selbst die der Wissenschaft, zu analysieren - durch die Entwicklung neuer Metaphern. Aus der unreflektierten Gültigkeit eines Paradigmas wird im Licht eines anderen die begrenzte Gültigkeit eines Para-Dogmas - zeitweilig toleriert, dann aber verabschiedet[34]. Nicht aber

---

[33] Vgl. Hoffman (1980), der sich um eine Fülle von Einzelnachweisen bemüht

[34] Debatin (1995) diskutiert unter philosophischem Aspekt die „Rationalität der Metapher". Er kommt wie auch wir zu dem Schluß, daß der Metapher die Wahrheitsfähigkeit auch in der Wissenschaft nicht abgesprochen werden kann; entscheidend ist für ihn, ob ein metaphorisches generiertes Paradigma sich einem Prozeß der kommunikativen Reflexion aussetzen kann, oder aber ob es sich verdinglicht, damit para-dogmatisch wird und sich damit der *Metaphernreflexion* entzieht. Debatin spricht der Metapher eine rationale Vorgriffsfunktion zu und schätzt sie insbesondere wegen ihres kreativ-innovativen Gehaltes. Aber er ist nicht ganz eindeutig in der Frage, wie die Reflexion geschehen kann - durch etwas außerhalb der Metapher oder, wie wir meinen, immer nur durch andere Metaphern.

wird damit die Wahrheit als Ziel aufgegeben, sondern die Bindung der Wahrheit an das sie konstruierende Subjekt und seinen Diskurs (das kann auch "die Wissenschaft" sein) betont. Haben wir auch Bretter vor dem Kopf, so bedeuten sie uns doch die Welt.

Ein jeder solcher Diskurs hat neben Erkenntnissen auch Erkenntnis ver- oder behindernde Dogmen hervorgebracht, die im historischen Abstand analysiert werden können. Aber es sind gerade Psychoanalytiker, die sich erstaunlich schwer damit tun, die Dogmatik des Realismus aufzugeben (Nasser 1994); so, als würde die neue Möglichkeit, unsere Konstruktionen zu explizieren, nicht ein genuin psychoanalytisches Interesse zum Ausdruck bringen: das Interesse daran, daß nicht nur unsere Patienten, sondern auch wir selbst die Welt erzeugen, an der wir dann auch wieder leiden.

Andere ziehen die Konsequenz der radikalen Anerkennung der Metapher. Dafür zwei Beispiele: In der Geschichtsschreibung der Psychologie etabliert sich eine Richtung, die den Nachweis führt, daß die psychologischen Theorien sich mit den konzeptuellen Metaphern wandelten: von der Seele als Licht oder Harmonie (bei den Griechen) zur Seele als Fluidum (im Mesmerismus) zur Seele als Uhrwerk im aufkommenden technischen Zeitalter, vom Unbewußten als Dampfkessel über das feed-back-Modell der Zentralheizungen zur Computer-Metapher (Leary 1990; Sammet 1993, Sontag 1977, Gentner und Grudin 1985)[35].

Harré, Clark und deCarlo (1985) begründen ihr "new paradigm" in der Psychologie mit der Forderung, daß die Psychologie von figurativen Formen, insbesondere der Metapher, Gebrauch zu machen habe, um jene Prozesse zu beschreiben, die die Handelnden selbst weder beschreiben noch beobachten können. Das aber ist nicht gemeint im Sinne einer neuen Verfügung über die handelnden Subjekte, sondern im Sinne einer Vermittlung zwischen "actions", jenen intendierten Bewegungen, Artikulierungen und Handlungen, durch die eine Person sich öffentlich ausdrückt; und "acts", den öffentlichen Bedeutungen solcher Handlungen.

---

[35] Äußerst kritisch zu dieser Tradition der Maschinenmetaphern auch Brown (1994), der deutlich macht, welche limitierenden Effekte solche metaphorischen Gleichungen erzeugen. Ein historischer Überblick findet sich bei Danziger (1990). Wilshire (1982) hat in einer verdienstvollen Arbeit seinerseits darauf hingewiesen, daß die Psychologie von Theater-Metaphern durchzogen ist. Sie haben nur eine begrenzte Reichweite, weil die Erfahrung des Spielens die des Nicht-Spielens voraussetzt. Mutter-Kind-Interaktionen, die der Herstellung eines Identitätsgefühls dienen sollen, können nur schwer mit der Theater-Metapher interpretiert werden. Die neuere Kognitionstheorie reflektiert ihre eigene Entwicklung von vorneherein als eine von konzeptuellen Metaphern. Strohner (1995) gliedert den Kognitionsbegriff in seinem Buch unter den Gesichtspunkten der Metaphern der kognitiven Tektonik, der kognitiven Dynamik und kognitver Genetik - die Darstellung selbst folgt der von ihm in Deutschland vertretenen kognitiven Linguistik. Auf die limitierenden Funktionen der Metaphern kommen wir später zu sprechen.

Ein Beispiel: So berichtet ein Patient am Ende der Behandlung, daß er um Kontakt zu bekommen, andere "festgehalten habe". Diese hätten das entgegen seinen Intentionen als "Angriff" verstanden, d.h. “gesehen als“. Nachdem er dieses Mißverständnis in der Behandlung hat anerkennen können, konnte er sich davon distanzieren und faßt im Rückblick zusammen: "Ich wollte die anderen wohl als Marionette vor mir haben." Erst ist er im Griff der Metapher; dann kann er die Metapher sehen und hat dann die Metapher im Griff.

Dies Beispiel zeigt, daß "die" Bedeutung einer Handlung sich nicht definitiv feststellen läßt. Die Autoren schlagen mit der Unterscheidung von "acts" und "actions" vor, alle Handlungen in mindestens zwei Bedeutungsrahmen zu *sehen.* Wir interpretieren diese Unterscheidung als frames, als Methode, jede Handlung im einen *und* im anderen frame zu sehen. Sie sind nicht aufeinander reduzierbar, können aber durch metaphorisches und analoges Denken miteinander in Verbindung gebracht werden.

Bei den Autoren wird deshalb konsequent mit einem methodischen Individualismus auch in der Psychologie, der allein das Innenleben einer Person mit ihren bewußten wie unbewußten Absichten thematisieren würde, gebrochen. Als "most fundamental" wird in diesem Paradigma die Idee ausgezeichnet, "that thought is first of all a social and collective activity, created in conversation" (S. 21). Gegenstand der Psychologie ist die Integration beider Bedeutungsgebungen. Ein Mittel zur Bewerkstelligung dieser Integration sind konzeptuelle Metaphern, und wir werden sehen, daß auch "Kontakt" sich dieser Beschreibung einfügt.

Die Theorien der "Bedeutung" müssen, so Paprottés und Dirvens (1985) Schlußfolgerungen, dem Umstand, daß in ihrem Kern eine Metapher zu finden ist, Rechnung tragen und ihre Ziele, Methoden und Bereiche neu definieren. Nöth (1985) kommt in diesem Zusammenhang zu einer Definition: Metaphern seien "experience based mental facts". Eine solche Definition schließt an die hier beschriebene Entwicklung an: sie bindet den metaphorischen Prozeß an die sinnliche Erfahrung eines Subjekts ("experience based"), und zugleich beschreibt sie die Metapher als der kognitiven Domäne ("mental facts") zugehörig. Die Emanzipation der Metapher vom Text ist vollzogen, und zugleich versöhnt die Metapher die unüberwindlich scheinende Kluft von Sinnlichkeit und "logischem", sprich "wissenschaftlichem" Denken.

Nicht also um Eliminierung von Metaphern zugunsten des reinen Begriffs kann es gehen, denn ein solches Programm wäre, so schon Blumenberg, gerade wenn es mit der Etablierung einer endgültigen Terminologie erfolgreich würde, das Scheitern - weil Ende - der Wissenschaft. Im Prozeß der Wissenschaftsentwicklung hätte es darüber hinaus zur Folge, daß auf jene Kreativität verzichtet würde, die die Metapher als kognitive Strategie fördert und dokumentiert.

Das System metaphorischer Gleichungen

Wissenschaft verfährt nicht so, daß sie Wahrheit "entdeckt" - das ist eine metaphorische Redeweise, die von der Weg-Metaphorik strukturiert ist[36]. Dann sehen wir die Wahrheit irgendwo in der Zukunft vor uns "liegen" und müssen unsere Begriffswerkzeuge verwenden, um die Reise dorthin zu ermöglichen[37]. Solche Theorien der Wissenschaft geben vielleicht eher in dramatischer Form den Eroberungsgeist eines Francis Drake wieder, als daß sie beschreiben, wie sich Wissenschaft realiter vollzieht. Tatsächlich entwickelt sich Wissenschaft prozeßhaft. Sie generiert - zumindest in den Sozial- und Geisteswissenschaften[38] - stetig neue Sichtweisen auf die gleichen "alten" Gegenstände. Das genau ist die Leistung, in der alle genannten Theoretiker die spezifische Leistung der Metapher erblicken: sie ermöglicht ein "sehen als...": Die Liebe kann *als* Krieg, Spiel, Wahnsinn, die Seele *als* Maschine, Dampfkessel oder Computer gesehen werden, die Gesellschaft als Organismus oder als System. Es entstehen so metaphorisch generierte Paradigmen, welche die Veränderungen von Sichtweisen sowohl anregen als auch dokumentieren. Hinsichtlich dieser generativen Funktion (Danziger 1990, Schön 1979) unterscheiden sich wissenschaftliche Innovationen nicht von alltäglichen "naiven" Theorien. Wissenschaftliche Theorien lösen einander ab, alltägliche bleiben meist länger unverbunden nebeneinander bestehen. Aber hier wie dort sind es neu erzeugte Perspektiven, welche die Limitierungen alter und verbrauchter metaphorischer Paradigmen überhaupt erst zu sehen gestatten und deren Begrenzungen selbst wiederum durch neue paradigmatische Metaphern in den Blick genommen werden können. Die Anerkennung der zentralen Stellung der Metapher in unseren alltäglichen und wissenschaftlichen Konzeptualisierungen, die den "Begriff" entthront, muß also nicht auf Wahrheit verzichten, wenn sie sich ein prozessuales Verständnis wissenschaftlichen Operierens zu eigen macht. Aber mit solcher Anerkennung ist das Wissen verbunden, daß Wahrheit immer nur innerhalb eines metaphorischen Leitparadigmas, eines frame, zu haben - oder aber

---

[36] Putnam (1981, S. 129) analysierte die Phrase "science seeks the truth". Dies sei ein "empty statement", wenn das Wissen darüber fehlt, "what people consider a rational way to pursue inquiry, what their standards of objectivity are, when they consider it rational to terminate an inquiry, and what grounds they will regard as providing good reasons for accepting one verdict or another on whatever sort of questions they may be interested in." Er formuliert (S. 130) prägnant: "Truth is not the bottom line", denn Wahrheit hat ihren Stand in Abhängigkeit von den Zielen, die man vorab für erforschenswert hält, von den angewandten Kriterien usw.

[37] Blumenbergs Arbeit dazu hat den schönen Titel "Schiffbruch mit Zuschauer".

[38] Aber wohl auch in den Naturwissenschaften, wie wir mit einem erneuten Hinweis auf die wissenssoziologischen Arbeiten, insbesondere von Karin Knorr Cetina belegen wollen.

nicht zu *sagen* - ist[39]. Aber wir *sehen* - wenn wir "sehen" metaphorisch sehen -, was wir nicht sagen können.

Die Unterscheidung von manifesten und konzeptuellen Metaphern ist auch hier von großer Bedeutung. Wir wollen das am Beispiel der Zeit illustrieren (vgl. auch die Sammlung von Zeitmetaphern bei Rigotti 1986). Augustinus schon beschreibt in seinen "Confessiones" (lib XI, cap. 17) das Problem:

> "Was also ist Zeit? Wenn niemand mich danach fragt, weiß ich's; will ich's aber einem Fragenden erklären, weiß ich es nicht."

Wie verfahren Menschen, wenn sie "Zeit" erklären? Sommer (1990, S. 167) beschreibt ein mögliches Szenario:

> "Einer möchte wissen, was Zeit ist. Man hat gerade keine Definition zur Hand, aber eine Uhr in der Tasche. Man hält sie dem Fragesteller hin, der sich wehrt: er habe nicht wissen wollen, wie spät es sei, sondern was Zeit ist. Nun muß man durchhalten und auf Anblickung der Uhr mit verstärkender Geste bestehen: 'Dies ist eine Anschauung dessen, wofür mir gerade der Begriff fehlt.'"

Andere haben es sich einfacher gemacht. Benjamin Franklin weiß, was Zeit ist:

> "Bedenke, daß die Zeit Geld ist...Bedenke, daß Geld von einer zeugungsfähigen und fruchtbaren Natur ist. Geld kann Geld erzeugen, und die Sprößlinge können noch mehr erzeugen und so fort...Wer ein Mutterschwein tötet, vernichtet dessen Nachkommenschaft bis ins tausendste Glied. Wer ein Fünfschillingstück umbringt, mordet alles, was damit hätte produziert werden können , ganze Kolonnen von Pfunden Sterling" (zit. nach Gekle 1992, S. 499)

In diesem Zitat erscheint die *konzeptuelle* Metapher ZEIT IST GELD im *manifesten* Text. Aber wir kennen zahlreiche Redeformen, in welchen wir unser Verständnis des hier metaphorisch formulierten Konzepts indizieren, etwa wenn wir davon sprechen, daß wir Zeit "sparen", "einteilen", "verschwenden" usw. In der physikalischen Welt der theoretischen Symmetriebrüche (Jantsch 1982) dokumentiert sich die konzeptuelle Metapher ZEIT IST EINE GERADE, die mit dem anderen Konzept von der Irreversibilität der Zeit kohärent ist, während in der Welt des Mythos (Cassirer 1924) die Zeit ein KREIS ist, eine Struktur, die die Formel "incipit vita nova" dokumentiert. Der Ablauf der Jahreszeiten gibt hier ebenso wie die stetige Wiederkehr von Sonnenaufgang und -untergang die sinnliche Anschauung für diese konzeptuelle Metapher. In anderen Redeformen ("der Zahn der Zeit nagt am Kölner Dom") konzeptualisieren wir Zeit metaphorisch als

---

[39] So heißt es, um nur einen weiteren Beleg beizubringen, in Batesons "Ökologie des Geistes" (1981, S. 16) fast gleichlautend mit der Aussage von Augustinus: "ich war oft ungeduldig mit Kollegen, die unfähig schienen, zwischen Trivialem und Wichtigem zu unterscheiden. Wenn mich aber Studenten um eine Definition dieses Unterschiedes baten, verschlug es mir die Sprache."

tierisches Wesen mit Zähnen, eigenem Willen und eigener Kraft; wiederum in anderen indizieren wir das Konzept von der Zeit als STROM. Wir können uns wohl Beispiele für das Konzept ZEIT IST EIN RAUM sparen[40]. In seiner Autobiographie "Erinnerung, sprich" verwendet Nabokov (1995, S. 22) eine seltenere, aber uns problemlos verständliche Metapher, wonach Zeit ein GEFÄNGNIS ist:

> "Anfangs merkte ich nicht, daß die Zeit, die auf den ersten Blick so grenzenlos scheint, ein Gefängnis ist".

Diese Metapher scheint ein eher individuelles Konzept zu formulieren; es enthält ein Gefühl des Eingeengtseins und der Trauer und zugleich eine gewisse implizite Anthropologie als Lehre vom Menschen, der seine von der Zeit gesetzten Grenzen nicht überschreiten kann. In seiner Neurosenlehre weist Fenichel (1945) darauf hin, daß Menschen mit Arbeitsstörungen ebenfalls die Zeit als Gefängnis erleben können, gegen dessen Begrenzungen sie sich symptomatisch zur Wehr setzen und sich verhalten, als hätten sie grenzenlos Zeit - und dann erfüllen sie anstehende Aufgaben nicht. Nabokov zeigt uns allerdings auch eine Seite weiter, daß er nicht an dieses Konzept gebunden ist:

> "...fühlte ich mich mit einem Male in ein strahlendes und bewegliches Medium gestürzt, das nichts anderes war als das reine Element Zeit. Man teilte es - genau wie erregte Schwimmer das flimmernde Meer - mit Wesen, die anders waren als man selber und einem doch verbunden durch den allen gemeinsamen Strom der Zeit, eine Umgebung, die grundverschieden war von der des Raumes, welchen nicht nur der Mensch, sondern auch Affen und Schmetterlinge wahrnehmen können."

Und schließlich (S. 47) dokumentiert Nabokov noch ein weiteres Konzept der Zeit:

> "...wenn sie (die Mutter) meine Aufmerksamkeit auf irgendetwas in Wyra lenkte, das sie liebte - auf eine Lerche, die an einem trüben Fühlingstag in einen Himmel aus Dickmilch stieg, auf das Wetterleuchten, das des Nachts Aufnahmen von entfernten Baumreihen machte, auf die Palette der Ahornblätter auf braunem Sand, auf die keilschriftförmigen Spuren eines kleinen Vogels im Neuschnee. Als fühle sie, daß in wenigen Jahren der greifbare Teil ihrer Welt untergehen würde, kultivierte sie einen außergewöhnlichen Sinn für die Spuren der Zeit..."

Die Poesie dieser Texte spricht für sich, sie spricht an. Der Autor *kann* nicht *sagen*, was das "reine Element Zeit" *ist*; er stellt es kunstvoll durch eine Fülle von metaphorischen Verweisungen dar. Wir verstehen, wenn wir in uns eine Imagina-

---

[40] In der Zeitschrift "Psychological Inquiry" hat eine interessante Diskussion über die Metaphern der Zeit stattgefunden, die die paradigmatische Grundlage für wissenschaftliche Konzeptualisierungen abgeben könnten. Vgl. dazu die Diskussionen des Beitrages von Overton (1994).

tion entstehen lassen, aber ob unsere Imagination *genau* dieselbe ist wie die von Nabokov, brauchen wir nicht zu wissen. Die Metaphern präsentieren eine *Deutung* des Nicht-Sagbaren, die verstanden und kommuniziert werden kann, ohne definitiv zu wissen.

Definitionen und metaphorische Gleichungen

Konzeptuelle Metaphern wie die der Zeit können, ebenso wie schon am Beispiel der Liebe oder des Verstehens ersichtlich, als - wie wir das nennen wollen - *metaphorische Gleichungen* formuliert werden. Sie müssen von wissenschaftlichen Definitionen unterschieden werden. Definitionen sind dadurch definiert, daß auf der rechten Seite der Gleichung das Gleiche steht wie auf der linken; beide Elemente können sich gegenseitig ersetzen. Ein Beispiel sind Definitionen der mathematischen Mengenlehre. Diese haben folgende Form:

$$M_k = \{K_1, K_2, K_3 \ldots K_n\}$$

Die Menge aller K besteht aus den Elementen $K_{1 \ldots n}$. Das Gleichheitszeichen hat hier die strenge Implikation, daß in einem mathematischen Ausdruck das eine durch das andere ohne Informationsverlust ersetzt werden kann. Definitionen haben einen eindeutigen Referenten und suchen danach, Randunschärfen der Bedeutungsgebung zu vermeiden bzw. diese einzugrenzen oder zu eliminieren[41]. Seltsam genug, aber solche angestrebte Präzision erzeugt auch ihre Mythen. Die Dialektik der Aufklärung wird wissenschaftlich beobachtet. Radman (1995) beschreibt den "Mythos der Steno-Sprache", die Annahme, man könne sich durch wissenschaftlich formulierte Definitionen "clare et distincte", und damit auch schneller und effizienter verständigen. Er fordert demgegenüber anzuerkennen, daß Metaphern eine "precision of meaning" eigne, die es gestatte, neue Bedeutungen zu kreieren oder neue im alten zu sehen. Im wissenschaftlichen Prozeß ist das unverzichtbar, kann aber ohne Anerkennung der Metapher nicht beschrieben werden. Hier füllt die Metapherntheorie eine echte Lücke. Ambiguität muß nicht

---

[41] In einem berühmten Beispiel hat der Logiker W.v. Quine darauf hingewiesen, daß das Format der Definition (*dies* und nicht *das!*) solche eindeutige Referentialität nur vortäuscht; sein Beispiel ist der Satz: "Dies ist ein Hase!". Die deiktische Geste "dies!" scheint solche Eindeutigkeit anzugeben, aber Quine macht darauf aufmerksam, daß ein solcher Satz für einen Jäger eine andere Bedeutung haben muß als für einen Koch oder für einen Spieler am Spieltisch oder für den Besucher eines Nachtclubs. Sprachliche Bezeichnungen und ihre Gegenstände verhalten sich nicht zueinander wie Name und Person (Kurz 1993), darüber ist sich die gesamte sprachanalytische Philosophie seit Jahren einig (vgl. z.B. Putnam 1993, S. 135 ff.). Daß dies aber nicht Beliebigkeit der sprachlichen Bezeichnungen impliziert, wollen wir später noch zeigen (vgl. Holenstein 1980 und 1994).

wegdefiniert, sondern in kreative Kontexte gestellt werden. "The paradoxical idea that specification of meaning may occur not in spite of vagueness and ambiguity but actually due to them, can itself be reasonably resolved only within metaphorical language. " (Radman 1995, S. 236)

Metaphorische Gleichungen operieren deshalb anders als Definitionen. Sie verwenden die *Form* der Gleichung, aber die Form ist selbst Metapher. Sie wird nur im übertragenen Sinn als Gleichung zur Erzeugung eines frame verwendet. Wenn wir das Konzept LIEBE = WAHNSINN in Redeformen dokumentieren, dann läßt sich das Konzept als Gleichung formulieren, es ist aber zugleich eine Ungleichung, denn wir wissen natürlich, daß auch gilt: LIEBE ≠ WAHNSINN. Liebe ist ja auch Krieg oder Spiel. Metaphern bauen für ihren Zielbereich (hier: Liebe) multiple Referenten (hier: Wahnsinn, Krieg und Spiel) auf, und zugleich ist der Zielbereich selbst randunscharf. Definitionen versuchen genau dies zu vermeiden. Der Bedeutungsumfang metaphorischer Gleichungen läßt sich nicht eindeutig bestimmen, er "franst" an den Rändern gleichsam "aus". Sie sind zugleich Ungleichungen, und erst dies doppelte Verständnis läßt sie uns als Metaphern sehen:

(Beispiel: Liebe ist/nicht Wahnsinn)	L = W	+	L ≠ W
(Das allg. Format der met.Gleichung)	Gleichung	+	Ungleichung ==> Metapher

Schon früh formulierte deshalb einer der ersten empirischen Metaphernforscher (Stählin 1914), die Metapher erfordere eine "Bewußtseinslage der doppelten Bedeutung" - und diese Bindung des Verstehens von Metaphern an die "Bewußtseinslage" bestätigt erneut ihre Bindung an die Kognition[42]. Nur wenn uns der Kontext ein metaphorisches Verstehen nahelegt, werden wir gewahr, daß wir es mit einer Metapher zu tun haben.

[42] Unter professionstheoretischen Gesichtspunkten (Schön 1983, 1991) wird hier von "virtueller Realität" gesprochen. Sie ist flüchtig, ist kein "Abbild" von "etwas dort draußen", sondern Leistung eines (Diskurs-)Subjekts, die dem, was in der Psychoanalyse seit Winnicott als "Übergangsphänomen" bezeichnet wird, entspricht. Man sieht etwas "so" - und nur wenn man es sieht, ist es "da" (und dann aber auch zuverlässig). Linden (1985, S. 389) faßt die Metapher in diesem Sinn als Übergangsphänomen. Dieser klinischen Beschreibung korrespondiert die sprachphilosophische Sicht von Ricoeur (1988, S. 251), der keine andere Möglichkeit sieht, „dem Begriff der metaphorischen Wahrheit gerecht zu werden, als die kritische Spitze des (wörtlichen) 'ist nicht' in die ontologische Vehemenz des (metaphorischen) 'ist' einzuschließen". Die - im Sinne Debatins - nicht-reflektierte Metapher tritt ontologisierend auf; sie behauptet etwas als so und nicht anders, als „wirklich", von dem erst ihre Analyse zeigen kann, daß es auch „nicht ist". Die Metapher schiebt in den binären Schematismus von „ist" *oder* „ist nicht" weitere Möglichkeiten ein; es kann etwas sein *und zugleich* nicht. Das entspricht in der Tat jener Dimension, die Winnicott (1979) als Übergangsphänomene ausgezeichnet hatte.

> Hören wir z.B. einen Satz wie "Peter ist ein Kind" oder "Hans ist ein Schauspieler", dann könnten wir zunächst auf Definitionen oder definitorische Subsumptionen schließen. Leicht aber sind Kontexte vorstellbar, die uns ein metaphorisches Verständnis nahelegen, etwa wenn wir zugleich wissen, daß Peter ein Erwachsener und Hans von Beruf kein Schauspieler ist. Auch sind Sätze leicht konstruierbar, die kontextabhängig beide Lesarten zugleich gelten lassen. Hören wir etwa, jemand wohne in einem Glashaus, dann kann das sowohl metaphorisch wie "wirklich" gemeint sein.

Die Unterscheidung zwischen Definitionen und metaphorischen Gleichungen kann man leicht durch den Umkehrtest herausfinden. Würden wir dann z.B. finden: KRIEG IST LIEBE, dann wäre die Unsinnigkeit einer solchen "Definition" offensichtlich[43]. Der metaphorische Prozeß verfährt asymmetrisch: Er gleicht das bildempfangende Konzept dem bildspendenden Bereich an mit der Folge, daß der Bedeutungsüberschuß invisibilisiert wird, er scheint zu verschwinden. Sieht man jedoch - und das ist die Einmischung der Kognition in die Kommunikation - die Ungleichung und nutzt den "unused part" der Metapher (Lakoff und Johnson 1980), dann kann der Bedeutungsüberschuß wiederbelebt werden und regt die Kommunikation erfrischend oder irritierend an.

Wir halten fest, daß selbst die *Form* der Gleichung in einer konzeptuellen Metapher metaphorisch verwendet wird. Diese Form läßt leicht übersehen, daß es notwendig ist, metaphorische Gleichungen von Definitionen zu unterscheiden, ohne allerdings deren Leistungen zu verspielen. Wird der Unterschied bemerkt, kann man die versteinernde, fest-legende Wirkung von Definitionen umgehen, und das ist eine exquisite Chance im therapeutischen Prozeß. Die Unterscheidung der beiden frames, eine konzeptuelle Metapher als metaphorische Gleichung oder als Definition aufzufassen, ist eine Funktion der Kognition, die dann die Kommunikation anreichern kann. Die Realisierung der Metapher *als* Metapher in der Kommunikation betonte Black (1970), indem er den metaphorischen Prozeß an die *emphatische* Verwendung von Metaphern und deren *resonante* Aufnahme im Gespräch band. Wir glauben, daß sich sein Begriff der Emphase auf die definitorische Verwendung der Metapher bezieht (Beispiel bei Black: "I did not say he is *like* an echo, I said and meant he *is* an echo"), während der Begriff der Resonanz ein Bewußtsein des paradoxen Charakters metaphorischer Gleichungen verlangt. Ein Hörer, der nur darauf hinweisen würde, daß ein Mensch doch kein Echo *ist*, würde nicht nur dokumentieren, daß ihm der Sinn für metaphorische Prozesse abgeht, sondern auch zum baldigen Abbruch der Kommunikation beitragen[44].

---

[43] Obwohl man sich auch Kontexte, etwa der politischen Rhetorik, einfallen lassen mag, in denen eine solche umgekehrte konzeptuelle Metapher ihren Sinn macht (KRIEG IST LIEBE - zum Vaterland, zu Allah, zu Gott, etc.)

[44] Hier noch einmal Radmans Schlußfolgerung: "Paradoxical as it may seem, *multiplicity of speculative options increases the potential to make meaning more precise*" (1995, S. 255 f.).

Strategien der Metapher

Aus diesen Überlegungen läßt sich nun eine weitere Differenzierung gewinnen. Jede einzelne konzeptuelle Metapher stellt ihrem Zielbereich bildgebende Anschauungen zur Verfügung, aber jeder *einzelne* Ursprungsbereich bleibt gegenüber dem, was er veranschaulichen will, systematisch unterkomplex. Die Zeit als ein Gefängnis zu beschreiben, ist wohl möglich und läßt veranschaulichende Imaginationen im verstehenden Nachvollzug entstehen. Damit wird die Komplexität des Zielbereichs für den Moment und für die eigenwilligen Zwecke der Darstellung reduziert, und das ist eine der kognitiven Strategien der Metapher. Sie entlastet damit Kommunikation und Selbstverständigung von den kognitiven Strapazierungen, die ein Operieren mit zureichenden Definitionen - zumal in der alltäglichen Verständigung[45] - erzeugen würde. Würden wir eine einzige metaphorische Gleichung allerdings wörtlich nehmen und nur den frame der Definition gelten lassen, hätte das Folgen: "By thus taking a metaphor literally we turn it into a myth" (Hesse 1966, S. 167). Eben dieser Gefahr der Mythologisierung des Denkens arbeiten Metaphern durch ein *offenes System metaphorischer Gleichungen* entgegen, welches die Unterkomplexität jeder einzelnen konzeptuellen Metapher zu *kompensieren* in der Lage ist. Die eine Strategie - Reduktion von Komplexität im Dienste der verständigungssichernden Anschaulichkeit - wird so durch eine zweite, eine Kompensations-Strategie mit einer Fülle von metaphorischen Gleichungen austariert. Diese Kompensationsthese läßt sich an den schon genannten Beispielen für "Liebe" oder "Zeit" als graphisches System abbilden:

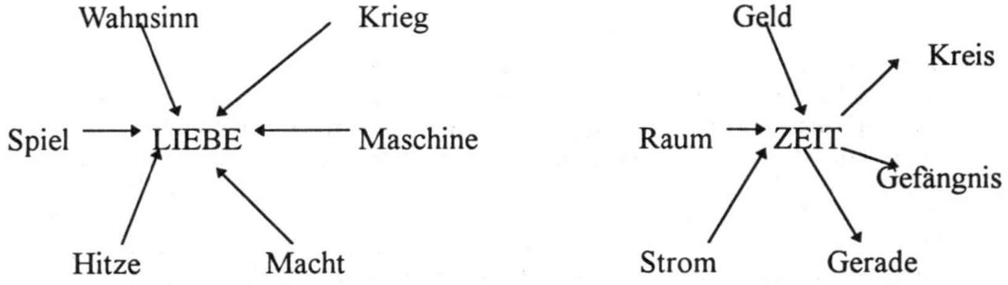

Das System metaphorischer Gleichungen ist offen, d.h. es ist im Prinzip nicht vollständig zu machen. Es können stets neue Bedeutungsgebungen konzeptualisiert werden, die nicht von sprachlichen Eigentümlichkeiten, sondern von den Kognitions- und Imaginationsfähigkeiten und den situativen Kontexten beschränkt werden.

[45] Mary Hesse (1966, S. 165): "Models, like metaphors, are intended to communicate".

Systeme metaphorischer Gleichungen eignen sich nicht nur für die Veranschaulichung abstrakter Zielbereiche in der Wissenschaft[46], sondern auch für alltagspsychologische Konzepte, wie z.B. "Seele", "Geist", "Kommunikation" oder "Therapie". Eben dort werden sie auch verwendet und finden sich in Hülle und Fülle. Reddy (1979) hat eine Metapher, die wir im alltäglichen Reden über Kommunikation verwenden, analysiert. Er nennt sie "conduit"-Metapher und meint damit, daß wir in einer Fülle von Redeformen unser Konzept dokumentieren, wonach Kommunikation eine postalische Versendung von Gedanken oder Ideen in einer Art Verpackung durch Worte seien, die der Empfänger auszupacken habe, um den Inhalt zu entnehmen[47]. So sagen wir z.B.

- Ich versuchte, ihm diese Idee rüberzubringen
- Er sagte unheimlich viel, aber seine Worte enthielten nichts
- Sprichs aus!
- Deine Worte haben mich erreicht
- Irgendwie sind das leere Worte, was sie sagte
- Es steckt viel in dem, was sie sagte
- Seine gute Idee ist in zu vielen Worten vergraben

Hat jemand nicht gut zugehört, dann kann er sich damit entschuldigen, er sei gerade "abwesend" gewesen (als die verbale Post eingeworfen wurde). Aber der Zielbereich "Kommunikation" kann noch in vielen anderen Worten sinnlich-

---

[46] Hier kann der Einwand, daß damit der Beliebigkeit Tür und Tor geöffnet sei, nicht greifen. Ähnliche Dilemmata sind auch aus der Physik bekannt. Die sog. "Kopenhagener Deutung" der Quantentheorie (vgl. Heisenberg 1981) wurde von Nils Bohr zur Lösung einer vergleichbaren Lage vorgeschlagen. Licht kann demnach sowohl als "Korpuskel", als auch als "Welle" beschrieben werden mit der Folge höchst unterschiedlicher, sich widersprechender Prognosen. Beide Theorien sind experimentell validiert, aber es gibt kein Entscheidungsexperiment. Bohr schlug ein "Sowohl-als-auch" vor und v. Weizsäcker (1981) meint, die Gegensätzlichkeit der Korpuskel- und der Wellentheorie des Lichts könne vom Forscher nur in einer Einstellung ertragen werden, die der Meditation nahe komme. Gentner und Gentner (1982) haben gezeigt, wie angehende Physiker lernen, die jeweils "passende" Theorie auszuwählen. Diese Fähigkeit zum Ertragen von Widersprüchen - oder anders formuliert: sich in verschiedenen Kontexten zugleich zu bewegen und "das gleiche" in verschiedenen frames zu sehen - müssen nicht nur Schüler im Physikunterricht erlernen (Bamberger 1991), sie scheint auch ein besonderer Aspekt psychotherapeutischer Professionalität zu sein (Reiter 1995).

[47] Wo in *wissenschaftlichen* Modellbildungen ein Sender-Empfänger-Modell für die Kommunikation verwendet wird, so darf man also schließen, wird nur die *alltägliche* Theoriebildung der conduit-Metapher elaboriert, aber nicht eine Theorie, die paradigmatisch unterschieden wäre vom Alltagsverständnis, hervorgebracht. Das wissenschaftliche Sender-Empfänger-Modell ist so mundan wie das alltagstheoretische - und deshalb in der Kommunikationswissenschaft verabschiedet (Sucharowski 1996, Lenke, Lutz und Sprenger 1995).

veranschaulichend beschrieben werden. Wir sprechen von einer "Blockade", von einem "Knoten" oder "Verwirrung" in der Kommunikation; in wissenschaftlichen Texten der Konversationsanalyse finden wir, daß Sätze von Sprechern "repariert" werden - kurz, eben weil wir nicht nicht-metaphorisch *definieren*[48] können, was Kommunikation ist, benutzen wir ein offenes *System* metaphorischer Gleichungen, bestehend aus einer Vielzahl konzeptueller Metaphern. Erst mit einem solchen System erfüllen Metaphern ihre doppelte Strategie: die Komplexität mit einer einzelnen Gleichung zu reduzieren und zugleich durch eine Fülle von verschiedenen Metaphern die Unterkomplexität jeder einzelnen zu kompensieren, die für sich genommen das Potential hätte, zum Mythos, mindestens aber zu einer Verdinglichung zu werden.

Wir haben die von der kognitiven Linguistik vertretene Emanzipation der Metapher von ihrer textlichen Gestalt, die in der allgemeinen These gefaßt werden kann, sie sei eine kognitive Strategie, dargestellt. Wir konnten diese in weitere Strategien differenzieren und haben die Reduktion von Komplexität und die Kompensation durch ein offenes System metaphorischer Gleichungen an Beispielen herausgestellt. Reduktion von Komplexität hat einen eher schließenden, die Kompensation einen eher öffnenden Charakter.

Eine dritte Strategie der Erzeugung von Bedeutungen fängt eine andere Bewegung ein. Sie soll von uns als *Präfiguration* der Erlebens- und Handlungsmöglichkeiten durch *Steigerung der Wahrnehmungsdimensionen* bezeichnet werden. Wir können sie sehen, wenn wir den Blick noch einmal vom System metaphorischer Gleichungen wegwenden auf die Operationsweise einer einzelnen konzeptuellen Metapher. Es läßt sich dann erkennen, welchen Unterschied es macht, ob die Liebe als Wahnsinn oder als Spiel, ob die Zeit als Gefängnis oder als Gerade, ob die Störung der Kommunikation als "Blockade" oder als "Knoten" konzeptualisiert wird. Eine Blockade muß weggeräumt, ein Knoten kann entheddert oder aufgelöst werden. Metaphorische Konzeptualisierungen entfalten ihre Effekte in drei Bereichen; sie präfigurieren Handlungsfolgen, Interpretationen von Situationen und Identitäten.

> Zur Illustration noch einmal die Städteplaner (Schön 1979, Schön und Rein 1994). Diese sprechen von suburbanen Slumgebieten mit einer Medizin-Metapher als Krebsgeschwür mit der Folge, daß sie sie "auszumerzen" trachten ohne zu bedenken, welche Folgen dies für die entstandenen subkulturellen Bildungen, wie Systeme wechselseitiger Hilfen oder Nachbarschaftsethiken, hat. Die Medizinmetapher hat Folgen: Der Städeplaner mutiert zum Arzt, der nicht mehr einfach die Handlung des "Städteplanens" ausführt, sondern eine chirurgische Operation; sein Operationsfeld ist nicht mehr ein Stadtteil, sondern ein "kranker Organismus", die Bewohner müssen "anästhetisiert" werden. Die Handlung des "Städteplanens" erhält so bereits durch eine einzige konzep-

---

[48] Etymologisch gesehen ist auch "de-finieren" eine Metapher, nämlich ein Versuch, imaginäre Grenzen (eines Begriffs, eines Territoriums, eines Besitzes) festlegen zu wollen.

tuelle Metapher folgenreich weitere Dimensionen angefügt. - Wir wollen noch einmal darauf hinweisen, daß Knorr Cetina (1995) ganz ähnliche Beobachtungen in den Labors der Teilchenphysiker machen konnte.

Wird der Zielbereich (slums) durch Bildfelder (der Medizin) metaphorisch konzeptualisiert, dann werden andere Dimensionen herangetragen; die sinnlichen Dimensionen des Zielbereichs werden gesteigert, weshalb wir von einer *Steigerung der Dimensionalität* als der dritten Strategie der Metapher sprechen.

Es folgen andere Bewertungen und andere Handlungsoptionen, als wenn der Zielbereich mit *anderen* Bildgebungen *anders* dimensioniert würde. Die Steigerung der Dimensionalität hat Folgen für unsere Auffassung des frame, die wir jetzt darstellen wollen. Ein frame, so finden wir jetzt, ist mehr als nur eine Weise des "sehen als...". Ein frame privilegiert und selektiert Handlungen und hat ein Potential, die Identität des Handelnden und sein affektives Erleben des Zielbereichs zu verwandeln. Hochschild (1983) hat am Beispiel von Stewardessen deren "Gefühlsmanagement" und "Gefühlsarbeit" beschrieben. Stewardessen werden darin trainiert, Flugpassagiere als "persönliche Gäste" und/oder "Kinder" zu sehen, sich selbst als "Gastgeberin" oder "Mutter", um krisenhaften Situationen nicht-aggressiv begegnen zu können. Flugpassagiere, die sich betrinken oder sich in anderer Weise "daneben" benehmen, sollen von ihnen als "ungezogene Kinder" betrachtet werden. Ein solcher frame verändert die gefühlshafte Verarbeitung der Stewardessen in tiefgreifender Weise, weshalb Hochschild die entsprechenden Trainingsprozessse als "deep acting"[49] versteht. Ein frame ist somit nicht nur ein "sehen als", sondern auch ein "handeln als" und ein "fühlen als".

„'Sehen heißt nicht glauben', sagte er endlich, wieder lächelnd, 'sehen heißt philosphieren.'", läßt Cathleen Shine in ihrem Roman „Rameaus Nichte" einen Protagonisten äußern. Der Maler David Hockney sagte es so: „Eine neue Art zu sehen, bedeutet eine neue Art zu fühlen." (ZEIT v. 5.7.96, S. 47)

Ein Stadtplaner, der den slum als Krebs sieht, wird für dessen Bewohner eher wenig Mitgefühl aufbringen können. Dennoch werden wir weiter der Kürze halber vom "sehen als" sprechen und implizieren die anderen Aspekte mit, die über eine rein erkenntnistheoretische Problemstellung weit in den Bereich einer professionellen Praxeologie hinaus weisen. Mit der Wahl eines bild*gebenden* Bereichs werden die Dimensionen des bild*empfangenden Bereichs* so gesteigert, daß Identitäten erzeugt, Handlungsimplikationen nahegelegt und alternative Interpretationen von Situationen ausgeschlossen werden. Schön (1979) formuliert, das "problem setting" präfiguriere das "problem solving".

---

[49] Hochschild verwendet hier einen Begriff aus der Schauspiellehre Stanislawskis, der seine Schauspieler in einer spezifischen Weise anwies, sich zur Ausführung einer Rolle in analoge Gefühlslagen aus dem eigenen Leben zu versetzen.

Wir wollen zur Differenzierung klarstellen: Die Steigerung der Dimensionalität wird nicht erst dadurch erzeugt, daß viele Metaphern ein offenes System metaphorischer Gleichungen erzeugen. Jede einzelne konzeptuelle Metapher bereits realisiert diese Strategie. Aber das fällt naturgemäß erst dann auf, wenn der gleiche Zielbereich im Licht einer anderen konzeptuellen Metapher *gesehen* wird *als*... Daß und "wie" ein Zielbereich überhaupt dimensioniert wird, "sieht" man nur im Licht einer anderen konzeptuellen Metapher. Die zweite (und jede weitere) Metapher hat hier eine korrigierende Funktion innerhalb des Systems metaphorischer Gleichungen, sie öffnet bisoziativ[50] andere Optionen.

Der bildgebende Bereich trägt sinnliche Anschauung in den Zielbereich hinüber und muß das tun, gerade dort, wo Definitionen versagen. Ein weiteres Beispiel dafür ist das Leben, das wir vielfach als TAG konzeptualisieren ("Lebensabend") und damit die imaginativen Dimensionen und die Reflexionsformen, die sich mit dem Ablauf und der Gestalt eines Tages verbinden, auf die Zeitstruktur des Zielbereichs LEBEN übertragen. Daß wir damit eine unterkomplexe Bildgebung gewählt haben, ist klar, weil ein Tag Teil des Lebens ist, nicht bereits das Leben selbst. Diese Unterkomplexität kann auch hier wieder durch andere Metaphern *kompensiert* werden, aber *schon jede einzelne* konzeptuelle Metapher steigert die Dimensionalität des Zielbereichs und reduziert in einer gegenläufigen Bewegung dessen Komplexität. Das ist insbesondere dort gut erkennbar, weil und soweit die Zielbereiche leere Konzepte sind.

Leere Konzepte

Wenn wir nicht *definieren* können, was Zeit, Liebe oder Kommunikation ist, dann können wir nun sehen, daß Metaphern uns aus dieser "logischen Verlegenheit" (Blumenberg) heraus helfen, indem sie mit den drei kognitiven Strategien der Komplexitätsreduktion, der Kompensation durch eine Vielzahl von frames und der Präfigurierung durch Dimensionalitätssteigerung ein offenes *System* metaphorischer Gleichungen erzeugen, das uns dennoch gestattet, über Bereiche zu sprechen, über die wir anders kaum etwas sagen könnten. Wir haben bislang einige der Strategien und Ursprungsbereiche beschrieben, mit denen die Metapher - als Figur abgelöst von einem rein textlichen Verständnis, emanzipiert zu einer universellen kognitiven Strategie - dies bewerkstelligt. Wir wollen uns nun den Zielbereichen zuwenden, jenen Bereichen, die auf diese Weise veranschaulicht und kommunikabel gemacht werden.

---

[50] "Etwas" in zwei frames gleichzeitig zu sehen hatte A. Koestler als "Bisoziation" bezeichnet.

Mit Mary Hesse haben wir gesehen, daß eine einzelne metaphorische Gleichung zur *Fest*stellung fixiert werden kann, mit der Folge, daß aus ihr ein Mythos wird. Andere Autoren haben das gleiche Problem auf der Ebene des manifesten Textes durch die Unterscheidung zwischen "toten" und "lebendigen" Metaphern angesprochen.

Eine "tote" Metapher ist beispielsweise die Rede vom "Tischbein". Wir merken nicht mehr, daß wir eine Übertragung der gestalthaften Konfiguration von einem Satz wie: "Der Hund hat vier Beine" auf den Tisch mit seinen vier Beinen gemacht haben; die Metapher ist konventionalisiert und wird deshalb auch als "tot" bezeichnet.

Wenn neuere Autoren (Closs-Traugott 1985, Ricoueur 1986) diese Unterscheidung aufgreifen, dann mit der Absicht, sie als *kognitive* Unterscheidung zu reetablieren[51]. "Tot" sind demnach solche Metaphern, denen wir kognitiv nicht mehr mit der "Bewußtseinslage der doppelten Bedeutung" begegnen, die wir nicht mehr *als* Metaphern erkennen. Aus einem Mittel der *Dar*stellung ist dann eine *Fest*stellung geworden. Sie will ohne *Vor*stellung auskommen können. Die Unterscheidung "tot"/"lebendig" hinsichtlich des Konventionsgrades der Metapher ist nicht mehr eine Sache des Textes, sondern der Lesart, d.h. des frame.

Vor einigen Jahren konstruierte ein italienischer designer Tische, deren Untergestell aus einer auf den Knien liegenden Frau bestand; die Tischplatte ruhte auf ihrem Rücken auf. Auch diese Revitalisierung einer toten Metapher rief erhebliche Gefühle hervor.

Erst wenn mindestens zwei metaphorische Gleichungen miteinander verglichen werden können, gewinnen wir unser Wissen davon, daß der gleiche Zielbereich auch mit anderen metaphorischen Gleichungen konzeptualisiert werden kann. "Tote" Metaphern werden dann wieder "lebendig" und entmythologisiert. Aus einer kontextfreien *Fest*stellung kann dann wieder eine rekontextualisierte *Dar*stellung werden. Diese, in der Wissenschaft wie auch in therapeutischen Gesprächen relevante kognitive Strategie soll den Namen der *Revitalisierung* erhalten. Sie eröffnet eine Option neuer frames für Identitäten, Handlungsbeschreibungen und Situationsinterpretationen durch Erzeugung eines *Systems* metaphorischer Gleichungen. Ermöglicht wird die Vorstellung des gleichen Zielbereichs mit einem anderen Sinn, etabliert werden verschiedene imaginative Kontexte, ohne die sich einem Hörer Bedeutungen verschließen würden.

Isaja Berlin (1982) hat diese Strategie unter Bezugnahme auf Giambattista Vico mit bewundernswerter Klarheit formuliert. Es geht nicht um zeitlose Wesenheiten oder die Deskription eines Objekts in einem bestimmten Zustand; es geht nicht um ein Wissen von Fakten oder Beobachtungen mit dem Ziel technischer Um-

---

[51] So heißt es bei Closs-Traugott (1985, S. 19): die Untersuchung "konventioneller" Metaphern sei "important for the insights they give us into the conceptual processes that allow for the development of mental representations..."

setzbarkeit[52]. Berlin formuliert: "Es entspricht eher dem Wissen, wie wir einen Freund zu kennen behaupten, seinen Charakter, seine Denk- und Handlungsweisen....Um solches Wissen zu erwerben, muß man über Imaginationskraft beträchtlichen Maßes verfügen, wie sie Künstler und insbesondere Romanautoren benötigen." Schon O'Flaherty (1980) nannte es "Metaphernwechsel", wenn auf diesem Wege des *Verstehens als Vorstellung* frische Sichtweisen mit einem neuen "frame of reference" erzeugt werden, und der Autor betont, daß auch bei der Lösung wissenschaftlicher Probleme solcher Wechsel zu noch nicht zu Begriffen erstarrten konzeptuellen Metaphern erforderlich ist.

Wahrnehmen wäre somit eine Kunst, die mit dem reflexiven Durchgang durch frames und offene Systeme metaphorischer Gleichungen gefördert werden kann. "Zeit" *ist* eine Gerade, ein Kreis, ein Gefängnis usw. - und sie *ist* dies alles nicht. In diesem Sinne soll der Maler Matisse seine Schüler aufgefordert haben, nach draußen zu gehen und eine Blume "zum ersten Mal zu sehen". In Rilkes *Aufzeichnungen des Malte Laurids Brigge* (1910) findet sich eine Stelle, die diesen Zusammenhang bestätigt. Wie soll man von einer Frau erzählen, fragt sich der Erzähler und dann heißt es: "Damals zuerst fiel mir auf, daß man von einer Frau nichts sagen könne; ich merkte, wenn sie von ihr erzählten, wie sie sie aussparten..." Und dann gewinnt sich die Fähigkeit zur Vorstellung unter Umständen zurück: "*Sehen* eigentlich konnte ich sie nur, wenn Maman mir die Geschichte erzähte, die ich immer wieder verlangte."

Und noch ein literarischer Hinweis, erneut aus T.S. Eliot's "Familientag", wo der Protagonist Harry sagt: "...als läge Glück nicht darin, daß man bekommt, was man sich wünscht, oder loswird, was nicht loszuwerden ist. Sondern in einer anderen Sicht".

Cox und Theilgaard (1987, S. 99) sekundieren dieser wissenschaftlichen und künstlerischen Sicht mit ihrer Beschreibung der Metapher beim therapeutischen Wandel: "Metaphor exerts its mutative effect by energizing alternative perspectival aspects of experience." Aber ein Unterschied zwischen dem wissenschaftlichen und therapeutischen Kontext soll doch festgehalten werden. Im ersteren mag man trotz Blumenbergs Einwänden der Vorstellung folgen, es komme darauf an, ein letztes Wort zu finden; im letzteren hingegen geht es immer um das Finden des nächsten - und das ermöglicht der Metaphernwechsel, der eine Revitalisierung in mehr als einem Sinne einleitet.

[52] Hier ist der Zusammenhang zur von uns vorgeschlagenen prozessualen Diagnostik, den wir mit einem literarischen Zitat andeuten wollen. Am Ende einer dramatischen Erzählung besinnt sich die Protagonistin: „Das stärkste Gefühl war dabei, daß ich sie jetzt alle kannte. Daß, während sie sechsunddreißig Jahre lang um mich herumgechwommen waren in komplizierten Mustern, die ich bestenfalls unklar durch trübes Wasser wahrgenommen hatte, jetzt alles klar war. Ich sah jeden von ihnen von allen Seiten auf einmal. Ich brauchte ihnen kein Etikett aufzukleben ...: 'Selbstsüchtig', 'gemein', 'eifersüchtig'. Das Etikett hinderte einen geradezu daran, sie zu erkennen. Alles, was ich zu tun hatte, war, sie mir vorzustellen..." (So Jane Smiley in ihrem Roman „Tausend Morgen", S. 385)

Aber warum eigentlich kann die Imagination durch Wechsel der konzeptuellen Metapher revitalisiert werden? Unsere Antwort lautet: weil und soweit die Zielbereiche *leere Konzepte* sind. Sie bezeichnen den *Ort* eines imaginierbaren Inhalts, der als solcher aber nicht kommuniziert werden kann, weil die Kommunikation auf diesen Inhalt immer nur anspielen kann. Nie können wir vollständig *sagen*, was wir denken. Gedanken begleiten die Kommunikation immer im Überschuß. Sie sind der Kontext, die Umwelt der Kommunikation. Hier hat Luhmann (1985) recht. Deshalb stellt die Kommunikation nicht einen Inhalt zur Verfügung, sondern *markiert* Orte[53] im semantischen Raum, die von Sprechern und Hörern mit unterschiedlicher Imagination besetzt werden können. Diese "Orte" bezeichnen wir als *leere Konzepte*. Sie ermöglichen die Fortsetzung der Kommunikation dann und gerade dann, wenn unterschiedliche Bedeutungsgebungen erfolgen. Was ein Sprecher und ein Hörer bei Worten wie "Person/Persönlichkeit", "das Unbewußte", "die Schönheit", der "Trieb", "Freundschaft", "Identität", "Liebe", "Symptom", "Sünde", "Natur", "Glück", "böse", "gemein", "Kultur", "Gott", "denken" oder "verstehen" verstehen, kann füreinander nie vollständig transparent gemacht werden

Das ist freilich anders bei nicht-leeren Konzepten. "Etwas zugeben" hat eine hohe implikative Macht; wer diese Formulierung verwendet, indiziert mit implikativer Macht, daß er den Kontext als einen wie bei einem Verhör auffaßt. Wer "dürfen" verwendet, impliziert ein Verhältnis der autoritativen Über- und Unterordnung. Wer "fragt", erwartet konditionell relevant[54], wenn auch mit minderer implikativer Macht, in den meisten Fällen eine Antwort. Aber schon wer "flirtet", kalkuliert mit einer produktiven Unsicherheit und versucht, die Ressourcen der Ambivalenz auszubauen zu einem Spiel, welches kommunikative Eindeutigkeit gerade durch imaginative Füllungen zu vermeiden sucht. Der Flirt[55] endet, wenn er diese Grenzen überschreitet. Deshalb kann die Frage, ob "es" sich um einen Flirt gehandelt habe, nur aus der Distanz von Beobachtern oder aus zeitlicher Distanz der Teilnehmer gestellt werden, nicht von den Beteiligten selbst "in actu". Diese Frage würde die Imagination leerer Konzepte stören. Der Flirt ist keine

---

[53] Kant (KrV B 672) sprach hier vom "focus imaginarius", der dazu da sei, den Verstand "zu einem gewissen Ziele" zu richten.

[54] Die Konversationsanalyse (Wolff und Meier 1995) beschreibt als "konditionelle Relevanzen" solche "pairings" wie bei Fragen und Antworten oder Gruß und Gegengruß; sie bieten eine einzigartige kommunikative Chance: Bleibt der „zweite Redezug“ unbesetzt, wird durch Nicht-Kommunikation dennoch kommuniziert. Wer auf Fragen die "normalerweise erwartbare" Antwort nicht gibt, wer den Gruß nicht erwidert, kommuniziert dennoch - durch Auslassung.

[55] Eine lesenwerte Studie "On Flirtation" stammt von dem britischen Psychoanalytiker Phillips (1994).

Tatsache - außerhalb der Kommunikation. Wer will, könnte hier eine Gradierung "voller" bis "leerer" Konzepte entwickeln.

Die Kommunikation nutzt die imaginativen Differenzen leerer Konzepte gleichermaßen für ihre Anschluß- wie Selektionszwänge durch eine Logik der Abstimmung. Denn nie kann man *ganz sicher* sein, wirklich richtig und vollständig verstanden zu haben oder zu werden - und deshalb geht die Kommunikation weiter. Sie würde als überflüssig beendet, wo solche vollständige Übereinstimmung die Differenz zwischen Sprecher und Hörer eliminieren würde, denn dann versteht man sich ja. Eine endgültige Terminologie - so haben wir bei Blumenberg gesehen - wäre das Ende auch der wissenschaftlichen Kommunikation. Die Verwendung leerer Konzepte löst *und* erneuert dies Problem der Kommunikation beständig und gestattet, daß die Imagination in die Kommunikation dimensionalitätssteigernd "einschießen" kann. Mit dieser Verlockung erzeugen leere Konzepte verschiedene paradigmatische Diskurse, im Alltag wie in der Wissenschaft. Denn über nichts kann man sich so lange streiten oder unterhalten wie über den Streit, Gemeinheiten oder die Schönheit, Freundschaften, Institutionen oder Gesellschaft, über Kontakt oder über Therapie. Unsere These schließt hier an: Auch Kontakt ist ein leeres Konzept, das imaginativ gefüllt wird, und diese Füllungen erzeugen, formulierbar als verschiedene konzeptuelle Metaphern des Kontakts, die frames, mittels derer wir bestimmte Ereignisse als "Kontakt" bezeichnen und andere nicht.

Wir können leere Konzepte nicht nur durch Abgrenzung von "vollen" erläutern. Auch andere Abgrenzungen sind möglich. So verhalten sich leere Konzepte und Rätsel genau spiegelbildlich zueinander. Rätsel oder Fragen bezeichnen ein System von metaphorischen und syntagmatischen Verweisungen, denen der Zielbereich noch fehlt.

> Das Kinderrätsel: "Es hängt an der Wand, gibt Dir jeden Morgen die Hand. Was ist es?" illustriert eine anschauliche Szene, die das Kind kennt. Es muß zur Lösung nur noch das richtige Zeichen einsetzen.

Ein leeres Konzept hingegen ist ein deiktisches Zeichen für den Zielbereich - arm an Dimensionen. Ihm können gerade umgekehrt metaphorische und syntagmatische Deutungen zugewiesen werden, die einen neuen Kontext erzeugen, um es so an den einen oder den anderen Ort im Netzwerk weiterer Bedeutungen zu rücken. Damit wird es mit anderen Bedeutungszusammenhängen kontextuell neu verknüpft[56]. Die Metapher weist dem leeren Konzept aus ihren bildgebenden,

---

[56] Wittgenstein hat in seinen *Bemerkungen über die Philosophie der Psychologie* (Nr. 381) am Beispiel des Lächelns der Mona Lisa formuliert, dessen Rätsel bestünde darin, jene Kontexte zu finden, in denen so gelächelt werden könne. Gäbe es *eine* Lösung, wäre es tatsächlich ein Rätsel. Genau umgekehrt wie beim Handtuchrätsel ist das Zeichen da,

imaginativen Bereichen Bedeutung konstituierende Kontexte zu. Leere Konzepte sind wie der Wunderblock (Freud 1925), auf dem die Imagination sich einschreiben kann. Ein nächster Sprecher kann sie dann löschen und durch eine eigene ersetzen, aber die Spur bleibt. Sie bieten sich als kontinuierliche Verlockung der Imagination deshalb dar, weil ihre Leere stetig die Kraft hat, neue Diskurse und damit neue kommunikative Anschlüße zu provozieren. Diese Kraft ist die "activity of filling lexical gaps" (Soskice und Harré 1995, S. 304).

Als ein Beispiel für ein "leeres Konzept" hat Buchholz (1990 und 1993) die "Familie" beschrieben. Seitdem wir eine Fülle verschiedenster Familienformen in historischer Ungleichzeitigkeit vor Augen haben, ist unser Bewußtsein dafür, daß "Familie" für jeden etwas anderes bezeichnet, enorm gewachsen. Familien sind für den Soziologen Institutionen, für den Therapeuten Verschiebebahnhöfe transgenerationeller Delegationen. Für andere ist sie ein feed-back-System wie der Heizkörper, für den Interaktionstheoretiker ein Ort mystifizierender oder fragmentierter Kommunikationen, für ihre Mitglieder bergen sie nach einem Wort Max Horkheimers "die Ahnung eines besseren Zustands" in sich, für andere ist sie die Hölle - kurz, wir erhalten ein System metaphorischer Gleichungen. Angesichts der historischen Vielfalt kann man "Familie" nicht verbindlich definieren, ohne auf begründeten Widerspruch zu stoßen, sie läßt sich nur durch frames wahrnehmen. Der Zielbereich "Familie" ist ein "leeres Konzept", offen für die vielfältigsten Bedeutungsgebungen, und niemand könnte entscheiden, welche davon "wahrer" sei als andere.

Ein anderes Beispiel für ein leeres Konzept ist der Ödipus-Komplex. Lear (1990, S. 10 f.) formuliert es klar: "The idea of the Oedipus complex permeates Western culture, yet we remain all but ignorant of it. For the concepts that express it are, on their own, empty casks. Until a person is able to fill up those concepts with their manifestations in his own life, his understanding of those concepts will be hollow."

Sogar das Selbst wird als „leer" beschrieben. Während Cushman (1990) in der Leere des Selbst eine moderne Konstellation sieht, die von westlicher Kultur nach der Erosion von Traditionen und überlieferten Glaubenssystemen erzeugt worden ist und die ihm deshalb als beklagenswert erscheint, rücken Rosenbaum und Dyckman (1996) in die Leere des Selbst die Bedeutungen ein, die Leere im Buddhismus hat - dann ist selbst die Leere leer. Das aber wird, anders als bei Cushman, positiv gewertet; es ist meditatives Ziel. Gemeint ist damit, „daß das Selbst keine endgültig festgelegten, definierenden 'dinglichen' Merkmale besitzt.

---

aber die Kontexte fehlen. Da diese Frage aber nach jahrhundertelanger Diskussion keine eindeutige Antwort findet, denken wir, man könnte das berühmte "rätselhafte Lächeln der Mona Lisa" als sinnliches Beispiel für leere Konzepte auffassen. Fragen und Imagination gehen weiter, die Leere lockt.

Individuum und Familiensystem manifestieren ihr Selbst in dieser Leere, in der es keine Dichotomie zwischen dem Selbst und dem Anderen gibt." (Rosenbaum und Dyckman 1996, S. 373) - Leere bezeichnet einen Ort der sozialen Einschreibung. Sie wiederzugewinnen wäre ein positiver Wert - aber sie ist selbst nicht kommunizierbar, weil sie in dieser Sicht zugleich Fülle und Überfülle ist.

Ein weiteres Beispiel: In der schon erwähnten Arbeit von Schegloff (1987, S. 112) schreibt der Autor: "In the final analysis, a notion like 'context' will have to remain substantively contentless and uncommitted to any prespecified referent, and be instead 'programmatically relevant' - relevant in principle, but with a sense of always-to-be-discovered rather than given-to-be-applied".

Das ist eine zutreffende Beschreibung: Ohne Kontext keine Bedeutung, aber "Kontext" ist, wie auch "Person" oder "Identität", ein substantiell inhaltsfreies Konzept ohne vorab bestimmten Referenten. Es ist programmatisch relevant, wenn man dabei einen Sinn behält für die Notwendigkeit, ihn stetig neu zu entdecken, nicht die Begriffe "Kontext" oder „Selbst" einfach "anwenden" zu wollen. Diese Beschreibung eines speziellen leeren Konzepts kann man getrost verallgemeinern. Ein "leeres Konzept" markiert als bildempfangender Bereich der metaphorischen Gleichung einen Ort im semantischen Raum, der programmatisch zur Aufladung mit Bedeutung durch Anschauung - aus der Erfahrung im weitesten Sinne - einlädt. An diesen Platz kann sich die "Person" setzen und ihrerseits dann weitere (Be)-Setzungen vornehmen. Hier können Bedeutungen deponiert und kommunikativ anschlußfähig gehalten, hierauf kann angespielt oder verwiesen, aber es kann selbst nicht ausgesagt werden - es sei denn durch eine konzeptuelle Metapher, die sich dimensionalitätssteigernd sinnlicher Anschauungsformen bedient. Dann reduziert zwar die Metapher die Komplexität des leeren Konzepts zu handlicher Anschaulichkeit, riskiert aber zugleich immer, aus einem kognitiven Mittel der Dar- zu einer Feststellung zu mutieren mit der Folge des Verlusts der Vorstellung.

Auch Velleman (1989) kommt unseren Unterscheidungen aus einer philosophischen Perspektive sehr nahe. Zwischen Praxis und Denken, so beginnt dieser Autor seine Argumentation, werde normalerweise eine Zeitdifferenz angenommen; das Denken bereite die Praxis vor oder nach. Velleman weist nun demgegenüber darauf hin, daß frames bereits das Denken *im* Handeln organisieren und, wenn sie unterschiedlich sind, zu (Be-)Handlungskonflikten führen können - hier ist die Nähe zu den Arbeiten von D.A. Schön deutlich. Wir illustrieren dies an Beispielen aus dem klinischen Feld, denn auch in der klinischen Praxis können sich frame-Konflikte manifestieren. So kann die Psychoanalyse als eine Variante der grundlegenden Idee verstanden werden, daß Handeln determiniert ist und Ursachen hat. Gleichwohl ist sie als Therapie nur möglich, wenn sie den Patienten auch die Freiheit zuspricht, ihre Symptome zu unterlassen und ihre Fixierungen aufzulösen; darin realisiert sich die Idee einer menschlichen Autonomie. Beide frames, der der Kausalität und der der Autonomie, werden in der klinischen Theorie und im therapeutischen Alltag verwendet, oft ohne deren Diskrepanz zu realisieren. Auch in der Psychoanalyse werden allgemeinere menschliche Probleme verhandelt. Was z.B. ist die Freiheit einer Entscheidung? Hat sie Gründe und/oder Ursachen? Wenn ja: was ist mit der Freiheit, wenn die Entscheidung dann doch als determiniert angenommen werden muß? Wenn nein: gibt es dann eine Klasse von Handlungen wie z.B. "Entscheiden", die keine Gründe oder Ursachen haben? Kann die Selbstreflexion hier weiter führen? Velleman (1989, S. 6) empfiehlt eine Lösung, die unserem Konzept von den leeren Konzepten sehr nahe kommt: "For example, we sometimes fear that we don't know what we mean by the word 'free' precisely because there's nothing we can *imagine* that would count as a free action or a free will. We begin to suspect that our textbook definitions of freedom are *empty* in the sense that we have no idea what an instantiation of them would be like. In such a case the task of elucidating a concept coincides with that of showing its realization to be possible" (Unsere Kursivierung, MBB und CvK). Wir verweisen auf diese Arbeit, weil wir annehmen, daß viele Leser sich mit der Idee leerer Konzepte schwer tun könnten und wir uns deshalb etwas Geleitschutz an die Seite holen wollen. Aber wir hoffen auch, daß der erhebliche Gewinn für die klinische Profession sichtbar wird, der mit der Annahme leerer Konzepte verbunden ist: wir können die individuellen "Füllungen" solcher Konzepte "sehen" lernen, wenn wir Vellemans generelle These akzeptieren: "If you want to know what a rational agent might be like, just look in the mirror" (S. 3).

Aspekte einer Metapherntheorie der Kommunikation

Darstellung erfolgt immer gegenüber einem Anderen, dessen Vorstellung (Imagination) bestätigt, oder aber irritiert und dann angeregt werden kann. Feststellungen beenden die Vorstellung. Leere Konzepte erfüllen eine wesentliche kommunikative Funktion. Sie lassen sich mit einem Katalysator in einer chemischen Prozedur vergleichen - ohne sie könnte man sich nicht darüber verständigen, worüber (der Zielbereich der Metapher) gesprochen werden soll; ohne den Katalysator würde die chemische Reaktion nicht ablaufen, aber er selbst bleibt verfügbar für weitere Abläufe. Freud verwandte diese metaphorische Selbstbeschreibung therapeutischen Handelns im Anschluß an Ferenczi: "Der Arzt spielt bei dieser Reaktion nach einem vortrefflichen Worte von Ferenczi die Rolle eines katalytischen Ferments, das die bei dem Prozeße frei werdenden Affekte zeitweilig an sich reißt" (GW VIII, S. 55). Interessant scheint uns, daß auch Therapeuten anderer schulischer Ausrichtung diese Metapher verwenden, so z.B. in der Familientherapie Elkaim (1985, S. 162).

Die therapeutische Praxis erzeugt Bilder der Selbstdeutung dieser Praxis, die der Reduktion der erheblichen Komplexität dienen und insofern ein Mittel der Herstellung der Behandelbarkeit darstellen - auf seiten des Therapeuten wie des Patienten. Therapeuten "think in action", und damit dokumentieren sie ihre Professionalität (Schön 1983). Würden sie nicht von solchen Möglichkeiten der metaphorischen Selbstdeutung Gebrauch machen, würde das Geschehen in allzu strapaziöser Komplexität ablaufen. Würden weiter die metaphorischen Deutungen von interaktiven Ereignissen auf seiten der Therapeuten mit denen ihrer Patienten vollständig übereinstimmen, käme nichts Neues mehr zustande. Wo man sich einig ist und versteht, braucht nicht mehr gesprochen zu werden; das Ende der Analyse wäre erreicht. Man wirft den Psychoanalytikern vor, daß sie sich an bestimmte Metaphern (die Ödipalität, das Vater-Mutter-Kind-Schema, den Phallus, die Brust usw.) ihrer Theorie haben fixieren lassen, teils sehen sie selbst in diesen Metaphern ihre Identität bestimmt. Solche theoretische Fixierung würde die immer gleichen Steigerungen der Dimensionalität an leere Konzepte herantragen und damit die Möglichkeit zur Erzeugung eines *offenen Systems* metaphorischer Gleichungen abblocken, das auf seine eigene Transzendenz verweisen kann. Professionalität in der Psychotherapie besteht demgegenüber u.a. darin, *neue* Bedeutungen zu *er*finden, und darin sind sich viele klinische Autoren einig (Hobson 1985, Siegelman 1990, Cox und Theilgaard 1987 und 1994). Schön (1991) nennt dies den "reflective turn" - die Fähigkeit, die *Erzeugung* des "Gegenstandes" durch eigene Konzeptualisierungen zu reflektieren und *neue* Erzeugungen zu ermöglichen.

Auch das - gute psychoanalytische Tradition. Freud sprach in seiner Arbeit über den "Witz" (GW VII, S. 163) von der "Verbildlichung für das Unbekannte", wenn er Begriffe wie "Abfuhr" oder "Energie" verwende, um sich sein Thema "philosophisch zurecht zu legen". Tatsächlich ist Energie *definiert* als Masse multipliziert mit dem Quadrat der Geschwindigkeit - und niemand würde wohl darauf bestehen, diese Definition im Fall einer psychischen Energie verwenden zu wollen. Energie ist hier Metapher für "Stärke" der Gefühle oder Intensität des Erlebens. "Verbildlichung für das Unbekannte" - hiermit benennt Freud seine theoretische Strategie als eine *metaphorische*. Das Problem entsteht dort, wo seine Metaphern wörtlich genommen und als Definitionen verstanden werden. Man kann anfügen, daß dies auch teils bei ihm selbst schon der Fall ist. Die Bindung der psychoanalytischen Theorie an manifeste Metaphern des 19. Jahrhunderts (Kitcher 1992) brauchen wir nicht mehr mit zu vollziehen, sie bestimmen die essentials der Psychoanalyse nicht. Aber die *Dar*stellungs-Strategie Freuds, die Verbildlichung für das Unbekannte, wird sich nicht vermeiden lassen. Die gegenwärtige Aufgabe dürfte eher darin zu sehen sein, neue und frische Metaphern für die Konzeptualisierungen der eigenen Praxis zu ermöglichen und eine Theorie dafür zu finden, wie das eigentlich geht - dazu kann die Metapherntheorie einen Beitrag liefern.

Kommunikation, die nicht an ihrer eigenen Komplexität zusammenbrechen oder aber sich selbst überflüssig machen soll, braucht eine Differenz. Auf diese hatten Harré et al. (1985) mit der Unterscheidung zwischen "acts" und "action" abgehoben. Mit "Differenz" ist nicht gemeint, daß über Verschiedenes gesprochen wird - dann hätte man einfach zwei oder mehr Themen und müßte sich lediglich einigen. Die hier gemeinte Differenz besteht vielmehr darin, daß über "dasselbe" verschieden, darstellbar durch unterschiedliche konzeptuelle Metaphern, gesprochen wird. Dies "etwas" stellt das leere Konzept zur Verfügung, es markiert das "Gleiche" an den verschiedenen Möglichkeiten, es metaphorisch zu konzeptualisieren. Die Differenz wird von metaphorischen Gleichungen generiert, die den gleichen Zielbereich mit unterschiedlichen Bildgebungen aufladen.

Stellen wir uns - lediglich zur Illustration - einen Dialog der folgenden Art vor. Eine Frau sagt zu ihrem Mann: "Wir müssen miteinander mal sprechen, denn wir haben eine Krise". Das Wort "Krise" ist das leere Konzept, mit dem sie einen Zustand ihrer Beziehung *markiert*, ohne ihn inhaltlich zu füllen. Wenn der Mann nun antwortet: "Krise? Wie, was? Es ist doch alles in Butter!", dann zeigt er damit seinen Unwillen an, dies Thema weiter zu sondieren. Antwortet er jedoch: "Ja, wir haben eine Krise. Du machst abends den Abwasch nie!", dann gibt er dem von seiner Frau angebotenen leeren Konzept eine konkrete Füllung, worauf sie ihrerseits sagen könnte: "Nein, ich meine etwas anderes. Du kommst immer so spät nach Hause, daß wir nie zusammen abend essen können". Sie füllt das leere Konzept anders, aber beide benutzen es überhaupt als Depot für die Verständigung. Die Kommunikation kann bei äußerst heterogenen Bedeutungsgebungen des leeren Konzepts "Krise" weiter gehen.

Geteilte Bedeutungen sind nicht *Voraussetzung* gemeinsam geteilter kommunikativer Handlungen, wie es der Alltagsverstand will. Donellon et al. (1986) haben überzeugend gezeigt, daß die Fortsetzung des Austauschs vielmehr umgekehrt "shared meanings" *erzeugt* und *trotz* heterogener Bedeutungsgebungen, trotz verschiedener frames, Handlungskoordinierungen möglich werden.

Bei den Autoren ging es um die Simulation eines Mangementproblems; der Chef der einen Abteilung ordnete etwas an, was den Mitarbeitern einer anderen Abteilung nicht gefiel. Einige interpretierten diese "Maßnahme" (das leere Konzept) als bloßen Ausdruck von dauernder Unfreundlichkeit, andere als Machtmißbrauch, dritte sahen eine Strategie der Unterdrückung wie im Nationalsozialismus, vierte empfanden sich unterdrückt wie durch den bösen Johann in "Robin Hood", und alle diese höchst unterschiedlichen metaphorischen Konzeptualisierungen des leeren Konzepts "Maßnahme" resultierten dennoch in der Idee, "Streik" sei angesagt.

Insofern sind leere Konzepte vorzügliche Verständigungsmittel zur Fortsetzung des Austauschs, gerade weil sie sich der multiplen Referentialität und Randunschärfe von Metaphern bedienen können. Sie ermöglichen, daß der Dialog weiter geht, auch wenn divergente Bedeutungsgebungen prägnant erkennbar sind. Sie sichern die Anschlußfähigkeit gerade dadurch, daß sie die Imagination ins Spiel bringen. Denn wo man nicht verstehen kann, weil Bedeutungen nie eindeutig sein können, zugleich aber verstehen muß, weil sonst der Abbruch droht, gerät die Kommunikation in eine systematische Krise. Sie kann durch die Möglichkeit abgefangen werden, Formate der Verständigung bereitzustellen, die aus dem Rückgriff auf Standardrepertoires der Situationsdeutung stammen und individuell modifiziert werden können. Formate der Verständigung[57] entlasten die Kommunikation, weil und soweit sie das Verhalten des anderen als Routine indizieren und typisieren. Verstehen ist ein unwahrscheinlicher Fall, aber daß dies bemerkt wird, noch unwahrscheinlicher. Jede Kultur mit ihren Subkulturen bietet eine Fülle von Formaten der Verständigung, die dieses sichern. Auf sie greifen wir selbstverständlich und gleichsam bewußtlos zurück, um das ständig drohende Scheitern unseres Stammelns zu bewältigen. Wir können kommunizieren ohne zu verstehen.

Solche Formatierungen stehen in einem widersprüchlichen Verhältnis zur Imagination. Im einen Extremfall können sie diese vollständig ersetzen; dann wird die Kommunikation erfahrbar leer; im anderen Extrem, wenn von keinerlei Routinen Gebrauch gemacht würde und die idiosynkratische Imagination dominiert, droht das kommunikative Chaos. Erfahrung ließe sich dann nicht mehr teilen und mitteilen. Das Finden der Balance zwischen diesen Extremen stellt die eigentliche kommunikative Leistung dar; deren Wiederherstellung beschreibt auch einen zentralen Aspekt therapeutischer Professionalität. Sie muß für solche Prozesse Metaphern finden und erfinden und im konkreten Austausch mit einem Patienten passende Metaphern vorschlagen, andere thematisieren können und Strategien des Metaphernwechsels entwerfen[58]. Darüber müssen wir noch sehr viel mehr wissen, wenn wir anderen Menschen in ihren Kontaktstörungen psychotherapeutisch beistehen wollen. Eine wohlbekannte Strategie mit dem Ziel, in der Psychotherapie die allzu rasche Verständigung zurückzudrängen, damit sich die Imagination darstellen kann, firmiert unter den Stichworten der "Abstinenz" und der "Neutralität". Wir interpretieren diese Konzepte nicht als individuell zu realisierende "Haltung" des Therapeuten, sondern als methodische Prinzipien der Ver-

---

[57] Man beginnt Telefongespräche in einer bestimmten Weise, klinkt sich mit typischen Nachfragen als Dritter in ein Gespräch ein, verabschiedet sich in beschreibbaren Sprechformaten usw.

[58] Arlow (1969) formuliert deshalb, der psychoanalytische Prozeß sei ein "enterprise of mutual metaphoric stimulation".

weigerung von Verständigungsroutinen durch Sprechformate. Es gibt außer für die Eröffnung und Beendigung einer Behandlungsstunde (Wolff 1996) keine angemessene Routine für die Typisierung der Situation, die wir als "Therapie" bezeichnen. Vielmehr soll die systematische Krise der Kommunikation sichtbar gemacht werden. *Unsere These lautet, auch Therapie ist ein leeres Konzept.* Das ist die Voraussetzung dafür, daß die Imagination sich an diesen Ort einschreiben kann. Therapie ist dann "Beichte", "ärztliches Gespräch", "Aufklärung", "Hilfe", "Problemlösen" usw. - und dies alles nicht, sondern Analyse solcher konzeptueller Metaphern und vieler weiterer aus der individuellen Imagination.

Die Erforschung der Metaphern der Psychotherapie

Obwohl die Metapher die verschiedensten Disziplinen beschäftigt (cognitive science, Literaturwissenschaft, Philosophie, Sprachwissenschaften, Geschichte, Kultur-Anthropologie), obwohl es Bibliographien gibt, die riesige Bestände zum Thema umfassen, obwohl Psychotherapie ohne Metapher schlechterdings nicht vorstellbar wäre, obwohl im therapeutischen Alltag ständig metaphorisch gesprochen wird, obwohl alle diese Gründe und noch einige andere auf die eminente Bedeutung der Metapher für die Psychotherapie stetig verweisen, ist ihrer Erforschung im Feld der Psychotherapie noch nicht sehr viel Aufmerksamkeit gewidmet worden. Schmitt (1995) hat in einer der wenigen metaphernanalytischen Arbeiten, die innerhalb der qualitativen Psychotherapieforschung bislang vorliegen, gezeigt, daß Einzelfallhelfer die von ihnen angebotene Form der Hilfe selbst metaphorisch konzeptualisieren. Die von ihm gefundene Liste kann man so zusammenfassen. Einzelfallhilfe ist:

- "auf den Weg bringen"
- "unterstützen"
- "Begleitung"
- "Geben" (von Zuwendung und "nehmen" von Supervision z.B.)
- "Herstellen" (von Beziehungen)
- "Aufarbeitung" (von Defiziten)

Diese Liste repräsentiert das System metaphorischer Gleichungen, wie es die von Schmitt befragten Interviewpartner zur Darstellung anboten. Eine solche Liste hat eine ganz ähnliche Struktur wie die von anderen Autoren gefundene. Die Studie von Berlin et al (1991) hatte folgende in der Psychotherapie verwendeten Metaphern für relevante Zielbereiche ergeben:

- Psychotherapie ist Kampf (sensu: Auseinandersetzung)
- Die Seele, der Geist ist ein zerbrechliches Objekt
- Die Beziehung ist ein verbindendes Rohr

Die Studie von Najavits (1993) fokussiert aus der Befragung von 30 Psychotherapeuten der verschiedensten Schulen und von unterschiedlichem Erfahrungsstand auf "Therapie" als Zielbereich der konzeptuellen Metapher. Eine Faktorenanalyse führt sie zu folgenden Gruppenbildungen. Therapie ist in der Gruppe der aufgabenorientierten Metaphern: Lehren/Lernen/Unterricht, Detektivarbeit, Wissenschaft. Eine zweite Gruppe von Metaphern nennt sie "primal, fantasy" und ordnet ihr folgende Metaphern zu: Therapie ist Krieg, Spiritualität oder Spiel. In weiteren Untergruppen wird der Zielbereich "Therapie" mit den Metaphern "hard labor", "parenting", Kunst, Heilung oder philosophischer Dialog beschrieben.

Die Autorin betont, daß die Wahl der von den jeweiligen Therapeuten bevorzugten Metaphern weder mit deren schulischer Ausrichtung noch mit deren Erfahrung kovariiert; in eigenen Untersuchungen (v. Kleist 1987) haben wir verwandte Metaphoriken (Therapie ist Schule z.B.) auch aus den Redebeiträgen von Patienten entnehmen können. Psychosomatische Patienten scheinen darüber hinaus Therapie als ein "Fitneßtraining" zu konzeptualisieren (Buchholz 1996).

Zur Illustration der klinischen Bedeutung, wie die konzeptuelle Metapher als frame Identitäts- und Situationsdefinitonen generiert, wollen wir die folgenden Beispiele einfügen: Wenn gilt: THERAPIE IST FITNESS-TRAINING, dann gilt auch DER THERAPEUT IST EIN TRAINER und DER PATIENT IST EIN TRAINEE. Dann mag ein Patient vielleicht sein Behandlungsziel mit den Worten darstellen: "Was ich hier erwarte ist, daß mir gezeigt wird, wie ich meine Schwäche (des Kreislaufs, die Herzangst o.ä.) in den Griff kriegen kann". Wenn gilt: THERAPIE IST SCHULE, dann gilt auch: DER THERAPEUT IST EIN LEHRER und DER PATIENT IST EIN SCHÜLER. Dann mag ein Patient seine Stunde vielleicht mit den Wort beginnen: "Das letzte Mal sind wir ja stehen geblieben bei...". Das therapeutische Ziel der Revitalisierung, der (Wieder-?)Herstellung eines offenen Systems metaphorischer Gleichungen (für Therapie, Therapeut und Patient) könnte durch Nietzsches Satz formuliert sein: "Man vergilt es einem Lehrer schlecht, wenn man immer nur sein Schüler bleibt." Und entsprechendes gilt für die anderen, als konzeptuelle Metaphern formulierten frames.

Gerade der Umstand, daß ein solcher Thesaurus von Metaphern für "Therapie" sich der Vollständigkeit höchstens annähern kann, läßt uns einen Beweis darin erblicken, daß Therapie ein "leeres Konzept" ist. Wir wollen diese Behauptung an einer Definition überprüfen, die als allgemein akzeptiert gelten kann. Strotzka (1975, S. 4) formuliert, daß

"Psychotherapie ein bewußter und geplanter interaktioneller Prozeß zur Beeinflussung von Verhaltensstörungen und Leidenszuständen ist, die in einem Konsensus (möglichst zwischen Patient, Therapeut und Bezugsgruppe) für behandlungsbedürftig gehalten werden, mit psychologischen Mitteln durch Kommunikation, meist verbal, aber auch averbal..."

Eine solche Definition der Psychotherapie trachtet danach, verschiedene schwierig zu integrierende Aspekte zu verbinden, insbesondere das Moment der bewußten Planung mit dem "interaktionellen Prozeß". Beide dürften nicht leicht zu vereinbaren sein. Dem Konsensus dürfte selbst wiederum ein interaktioneller Prozeß vorangegangen sein, um ihn zu erzeugen[59]; dieses Element der Definition kann selbst wiederum auf Interaktion zurückgeführt werden. Die psychologischen Mittel bleiben unspezifiziert - ein "leeres Konzept" -, und dann folgt der Hinweis auf die verbale und averbale Kommunikation. Reduziert man diese Definition der Psychotherapie auf ihren Kern, erhält man die metaphorische Gleichung PSYCHOTHERAPIE IST INTERAKTION (UND KOMMUNIKATION). Macht man den Umkehrtest, merkt man, daß hier keine Definition vorliegt. Die tatsächliche Gehaltlosigkeit (im Sinne eines "leeren Konzepts") der Strotzka'schen "Definition" verdankt sich dem Umstand, daß sie auf sinnliche Anschauung verzichten will. Dann bleibt nur als ihr allgemeinster Nenner die leere Abstraktion - denn wenn man umkehrend sagt, Interaktion ist Psychotherapie, dann muß man darunter *auch* Strafpredigten, Verhandlungen oder Liebeserklärungen, dienstliche Anweisungen oder Selbsterfahrungsgruppen fassen - kurz: alles - und nichts ist dann als Psychotherapie herausgehoben. Manchmal findet Psychotherapie auch so statt, aber wollte Strotzka das sagen? In einem politischen Kontext hingegen wird Therapie ja auch durchaus als "Versorgung" unter Zuhilfenahme eines medizinisch-pflegerischen Bildfeldes definiert. Dieser Kontext schließt geradezu die Thematisierung der Interaktion aus.

Strotzkas Beschreibung - mit ihrem sympathischen Hinweis auf die Interaktion - ist deshalb sinnvoll als leeres Konzept, nicht aber als Definition. Als Markierung eines leeren Konzepts bietet sie die Möglichkeit, sich den von der Imagination erzeugten wechselnden Kontexten flexibel zu adaptieren.

Wir ziehen es deshalb vor, anzuerkennen, daß "Psychotherapie" ein "leeres Konzept" ist, das nicht definiert werden *kann*. Es kann von den Beteiligten immer nur im Vollzug her- und dargestellt werden - und damit *wird* professionelle Therapie auch zu einem Gegenstand empirischer Forschung. Nicht so sehr normative Festlegungen - was "gute" Therapie sei, welcher Wirkfaktor realisiert sein *sollte* - sind interessant, sondern was die Beteiligten bei der Erzeugung dessen, das sie dann "Therapie" nennen, *tun*. Die von Schmitt, Berlin et al., Najavits, Buchholz

---

[59] Man kann sich diese Notwendigkeit zur Konsensfindung an Freuds Metapher, Psychoanalyse sei wie ein Schachspiel (zumindest in den Anfangsphasen der Behandlung), klarmachen; denn um Schach zu spielen, muß man sich dazu verabreden. Aber die Verabredung ist kein Teil des Schachspiels.

und v. Kleist gefundenen Metaphern sind *nachträgliche* Beschreibungen eben dieser Darstellung und dienen als Referenzpunkte für die erneute Herstellung von Therapie. Gäbe es den mit dem leeren Konzept "Therapie" markierten Ort im sozialen und semantischen Raum nicht, dann würden sich Menschen in Not unter Voraussetzungen einer anderen sozialen Praxis treffen. Was sie dann her- und darstellen, bezeichnen wir als "Seelsorge", als kulturelles Reinigungsritual[60], als philosophischen Dialog, als Wiederherstellung voller Funktionstüchtigkeit, als detektivische Wahrheitssuche, als Bevaterung oder Bemutterung usw. - wir würden ähnliche Bildspender wie in den genannten Untersuchungen finden, aber der Zielbereich der konzeptuellen Metapher wäre ein anderer; mit Folgen, die man sich ausmalen kann. Ein Pfarrer darf für seine seelsorgerischen Interaktionen keine Bezahlungen beanspruchen; ein Reinigungsritual erfordert vielleicht eine spezielle, schamanistische Verkleidung; Bemutterung riskiert Infantilisierung; "parenting" endet vielleicht mit Pflegschaftsverhältnissen etc. Der (als konzeptuelle Metapher formulierbare) frame erzeugt, was ein Faktum ist, was getan wird, wie es bewertet wird und welche Folgen es hat. Ähnliche Ursprungsbereiche, aber unterschiedliche Bildempfänger - und das macht einen Unterschied.

Die Funktionen der Metapher

Beobachtungen zur Wirkungsweise der Metapher, die wir schon gemacht haben, wollen wir nun unter einer vereinheitlichenden Terminologie zusammenfassen.

Je nachdem, wie ein "leeres Konzept" durch metaphorische Gleichungen aufgeladen wird, um es darstellen zu können, folgen unterschiedliche Bedeutungsgebungen und Handlungen; wir sprechen von der *operativen Funktion* der konzeptuellen Metapher. Wird Therapie als "Detektivarbeit"[61] metaphorisch konzeptualisiert, sind damit zugleich Rollenfunktionen für die Beteiligten beschrieben, die sich deutlich von denen unterscheiden, die gelten, wenn man Therapie als

---

[60] Man denke nur an Anna O., die die Behandlung bei Joseph Breuer als "talking cure" in eben diesem Sinne metaphorisierte, und an die genau entsprechende Beschreibung, die Freud und Breuer dafür formulierten: Katharsis. Was bei der Patientin dann allerdings als "Phantasie" bezeichnet wird, heißt bei den Wissenschaftlern "Theorie", obwohl dasselbe nur mit einem griechischen Namen belegt wird (so sieht es Lear 1990).

[61] Lorenzer (1985) beschrieb den Psychoanalytiker noch als einen Detektiv, während Spence (1993) ebenso wie Shepherd (1985) die limitierende Funktion einer solchen Festlegung mit der Folge der autoritativen Dekretierung *einer* ermittelten Wahrheit als Sherlock-Holmes-Metapher in der Psychoanalyse scharfsinnig kritisieren. Freud beschrieb den Analytiker in einem beinah alphabetisch auflistbaren System metaphorischer Gleichungen: als Aufklärer und Archäologen, Bergführer, Chirurgen, Dämonenbekämper...Lehrer, Spiegel usw. (Vgl. Carveth 1993, Edelson 1983)

"parenting" entwirft. Die operative Funktion der konzeptuellen Metapher steuert wechselseitige Verhaltenserwartungen, das "geistige Programm" (Plaßmann 1986), das die Behandlung organisiert.

Damit im Vollzug verbunden, aber theoretisch unterscheidbar, ist die *evaluative Funktion* der konzeptuellen Metapher. Die Wahl einer Metapher bewertet unweigerlich den je angesprochenen Zielbereich. Fraglos macht es eine evaluative Differenz, ob wir sagen, der Mensch sei ein Wolf oder er sei Gott; aber darin erschöpft sich die evaluative Funktion noch nicht. Sie markiert imaginäre Grenzen dessen, was in einer gegebenen Interaktion als zulässig und tolerabel und was als Devianz angesehen werden soll. Wird eine Therapie als "Detektivarbeit" metaphorisch von den Beteiligten konzeptualisiert, dann laufen Ereignisse wie gehäuftes Lachen, humorvolle Wendungen oder stille Anteilnahme Gefahr, als "uneigentliche" Therapie dargestellt zu werden, günstigenfalls als bloße Zugabe, schlimmerenfalls als etwas, das vermieden werden muß, will man "wirklich" Therapie machen.

Die evaluative Funktion einer konzeptuellen Metapher ist wiederum eng mit ihrer *selektiven Funktion* verbunden. Diese muß in doppelter Weise verstanden werden. Zum einen limitiert jede konzeptuelle Metapher das, was gedacht werden kann, weil jede etwas erhellt und zugleich etwas anderes verbirgt; Lakoff und Johnson (1980) sprechen von "highlighting" und "hiding". Diese selektive Funktion als Moment der Metapher kommt unter allen kontextuellen Bedingungen zur Geltung, jedoch in unterschiedlicher Weise. Sie kann in ihrer beschränkenden Wirkung aufgehoben werden, wenn kontextuell Imagination und Kognition genügend Variation gestattet wird. Wenn Kontexte aber verbieten, die selektive Funktion an ihren Wirkungen wahrzunehmen, dann zeigen sich diese am deutlichsten. Die gewählte konzeptuelle Metapher wird zur Schablone, die die Entwicklungsmöglichkeiten der Imagination stillstellt und deren Anregungen für die Kommunikation limitiert. Das Denken kann eine Metapher im Griff haben, sich aber auch umgekehrt im Griff der Metapher befinden (Carveth 1993). Wenn es einen Wirklichkeitssinn gibt, so Robert Musil im "Mann ohne Eigenschaften", dann müsse es auch einen Möglichkeitssinn geben. Eben dieser will sich als *System* metaphorischer Gleichungen darstellen.

Diese drei Funktionen haben wahrscheinlich die kritischen Urteile über die Metapher und deren scharfe Entgegensetzung zum logischen Begriff begründet. Operative, selektive und evaluative Funktion wurden solange aufs Negativkonto der Metapher gebucht, als das erkenntnistheoretische Modell "Abbildung" forderte. Der "Begriff" sollte, wie wir gesehen haben, aus den Fallstricken Metaphern-induzierter Wirklichkeitsverzerrungen heraushelfen. Solange man "Abbilder" oder "Korrespondenzen" anvisierte, konnte man neue Paradigmen noch als Schritt hin zur Wahrheit begrüßen. Die kreative Funktion der Metapher wurde gleichsam unbewußt ausgebeutet, transzendente Fragen wurden nicht gestellt. Seitdem man weiß, daß das begrifflich-wissenschaftliche Denken in seinen Paradigmen selbst von Metaphern durchzogen ist, ist diese Lösung nicht mehr haltbar, und das erkenntnistheoretische Modell muß revidiert werden. Wenn wir deshalb im folgenden auf kreative und transzendente Funktionen der Metapher hinweisen, heißt das noch lange nicht "anything goes". Diese Funktionen wollen wir jetzt beschreiben und wie auch schon bei den bisherigen Funktionen im Auge behalten, daß die von ihnen erzeugten Effekte an Kontexte und an einen "sense of fitting" gebunden sind.

Das Gegenstück zu den selektiven Funktionen von Metaphern bildet deren *kreative Funktion*. Metaphern formulieren ja nicht sprachliche Abbilder einer vorab existierenden Erfahrung; vielmehr wandeln sie Ereignisse auf eine sinnstiftende Weise in die Erlebnisse "unserer Erfahrung" um. Diese Umwandlung ist ambivalent und kann in zwei Richtungen geschehen. Einmal kann sie dazu dienen, die Erfahrung des Neuen so zu reduzieren, daß es als das immer schon Bekannte erscheint; auch die neue Freundin ist nur eine Wiederkehr "meiner Mutter". Umgekehrt können aus bildgebenden Bereichen Strukturen und Organisationsmuster an Zielbereiche so herantragen werden, daß neue Bedeutungen des Alten - auch: der „Alten" - emergieren. Johnson (1987, S. 98) nennt dies die Projektion einer Struktur. Ricoeur (1986) drückt es poetischer aus, wenn er vom "Träumen der Worte" in der Metapher spricht. So kann Mallarmés Satz "Der Himmel ist tot" verstanden werden, obwohl wir wissen, daß das Prädikat "tot" nur auf lebende Objekte angewendet werden darf. Ein solcher Satz ist nur dann eine "Abweichung", solange wir daran festhalten, daß die Struktur der Sprache die der Wirklichkeit abbilden müsse. Der Entkoppelung dieses Verhältnisses verdankte die moderne Linguistik in der Saussure'schen Begründung ihre Entstehung. Die Metapher hingegen thematisiert es erneut. Ricoeur zeigt, daß das Sprechen (parole) einen Sinn formulieren kann, der weder auf die "wirklichkeitsfreie" Sprache (langue) noch auf die äußere Wirklichkeit reduziert werden kann, sondern den Abgrund zwischen beiden zu überbrücken beansprucht. Die Metapher stellt einen nicht-buchstäblichen Bezug zur Sprache und einen nicht-abbildenden Bezug zur Wirklichkeit her. Sie ist die Lösung des Rätsels, nicht das Rätsel selbst (Ricoeur 1981). Nun kann Ricoeur (1986, S. 87) sie definieren als "das Verfahren, durch das der Sprecher die Abweichung reduziert, indem er den Sinn eines der Wörter verändert". Der Sprecher verändert die Sprache durch eine kreative Verschiebung und erzeugt mit seiner Metapher eine neue Sagbarkeit von Sinn.

Weil dieser Prozeß nicht abgeschlossen werden kann, wollen wir die *transzendente Funktion* der Metapher gesondert herausheben. Sie ist manifesten und konzeptuellen Metaphern zugleich eigen. Jede Metapher spricht von etwas, von dem man nur in Sonderfällen sagen kann, daß es ohne Sinnverlust auch in literalisierter Form ausgedrückt werden könnte; sie spielt auf etwas Unsagbares an. Dessen Präsentation in der Metapher hat Black (1977) mit der Metapher der "Resonanz" gefaßt. Die Musik ist dort Musik, wo sie nicht Bild ist, sondern Stimmung. Das Sprachbild weist so stets über sich selbst hinaus auf einen Sinn, den es nur vor- und darstellen kann, der aber jenseits seiner liegt. Keats hat dies in seinem berühmten Brief von 1817 als "negative capability" beschrieben:

> "several things dove-tailed in my mind, and at once it struck me what quality went to form a Man of Achievement especially in Literature and which Shakespeare possessed so enormously - I mean *Negative Capability,* that is, when a man is capable of being in uncertainties, mysteries, doubts, without any irritable reaching after fact and reason." (zit. nach Cox und Theilgaard 1987, S. 63)

In solcher Fähigkeit, Ungewißheiten und Unsicherheiten zu ertragen, ohne Fakten und Gewißheiten mächtig einzufordern, sieht auch die Psychotherapeutin Elaine Siegelman (1990) unter Hinweis auf die Arbeiten des britischen Psychoanalytikers Wilfried Bion (1992) eine wesentliche Funktion der Metapher. Das behandlungstechnische Äquivalent der "negative capability" wird in der Psychoanalyse als "gleichschwebende Aufmerksamkeit" bezeichnet.

Wenn die Metapher mit ihrer transzendenten Funktion weit über sich hinausweist, erlaubt sie uns u.a. einen flüchtigen und vergänglichen Blick auf das Subjekt und dessen Zentrum[62]. Wir können es mit einem "leeren Konzept" als Seele oder Selbst markieren, müssen aber auch gewahr werden, daß die Seele aussagt, aber daß sie nicht *sich* aussagen kann[63] - es sei denn, durch die Metapher. Die braucht einen sinnlichen Sinn für ihre transzendente Funktion. Sie stößt nicht unmittelbar "ins innerste Innere des Subjekts" vor, sondern streift es gleichsam nur tangential - das aber immerhin. Indem das System der metaphorischen Gleichungen viele solcher Tangenten anlegt, wird auf das, was nicht positiv ausgesagt, auf das nur "gedeutet" und das dadurch erfahren werden kann, hingewiesen[64]. Dabei müssen Ungewißheit und Unsicherheit ertragen werden. So vollzieht sich der therapeutische Prozeß in einem akzentuierenden Wechsel, im Durchar-

---

[62] Karl Bühler nannte dies Zentrum in seiner Sprachtheorie "origo", und psycholinguistische Forschungen (Klein 1994, Grabowski 1994) weisen nach, daß schon bei den räumlichen Bezeichnungen (vor, hinter) der von der "origo" konstituierte subjektive Raum in der Sprachverwendung bedeutsamer ist als der physikalisch-objektive; die Autoren betonen, daß "unten" dort ist, wo die Füße sind - eine andere Festlegung als durch die metaphorische Bezugnahme auf den Körper ist nicht möglich. Der Körper ist Bedeutungsspender.

[63] "Spricht die Seele, so sprich, ach!, schon die Seele nicht mehr", heißt es in Schillers berühmtem Distychon.

[64] Deshalb beschreibt Winnicott (1973) das wahre Selbst als ein "stilles, schweigendes Zentrum".

beiten verschiedenartigster konzeptueller Metaphern (etwa der Liebe), der die Identitätslogik[65] kreativ transzendiert; der Prozeß gelingt, wenn er sie nicht wieder an seinem Ende zementiert. Deshalb konnte Wright (1976) in Anlehnung an die berühmte Freud'sche Formel sagen, daß, wo Symptom war, wieder Metapher werden solle - kein positives Ich.

Nachdem wir bis jetzt die Theorie der Metapher mit der Unterscheidung zwischen manifesten und konzeptuellen Metaphern, ihre Strategien, die Theorie der leeren Konzepte und Funktionen von Metaphern beschrieben haben, dürfte klar sein, wohin unser Untersuchungsprogramm zielt: Wir wollen auch "Kontakt" als ein leeres Konzept auffassen, das in konkreter Interaktion her- und dargestellt werden muß.

Weil aber leere Konzepte die Eigenschaft haben, daß sie nicht auf "etwas" verweisen, von dem sie nur den Namen oder die Bezeichnung bilden, muß hier noch eine Unterbauung der Metapherntheorie erfolgen. Bei leeren Konzepten gilt offenbar die Metapher vom Territorium der Wirklichkeit und der Landkarte der Erkenntnis nicht mehr dergestalt, daß die Landkarte ein irgendwie geartetes Abbild des Territoriums darstellt. Vielmehr markieren leere Konzepte jene Orte im semantischen Raum, mit deren Hilfe wir gerade umgekehrt Territorien durch Landkarten erzeugen[66]; es gibt eine Landkarte, aber kein Territorium, das außerhalb dieser Landkarte vermessen werden könnte. Die Aufladung leerer Konzepte durch konzeptuelle Metaphern verweist vielmehr auf die konstruktive Leistung der Sprechenden und ihrer Körper, und solche Konstruktion kann expliziert und analysiert werden - im Lichte anderer Metaphern und deshalb nicht beliebig. Das heißt, daß Kommunikation - wenigstens im alltäglichen oder psychotherapeuti-

---

65 "Identität" ist sowohl logisches wie psychologisches Konzept, mit dem Unterschied, das es in der Psychologie "leer" ist. Da es "das Gleiche im Verschiedenen" meint, kann es leicht zu einem Synonym für Wandlungsunfähigkeit werden und es ist fraglich, ob eine Psychotherapie, die Wandel erzeugen will, auf einem solchen Konzept überhaupt aufbauen sollte. Seine Identität bewahren wollen ist möglicherweise ein konzeptuelles Motiv für den sog. Veränderungwiderstand.

66 Austin (1989) hatte schon in seiner Sprechakttheorie darauf hingewiesen, daß es sog. performative Sprechakte gibt, solche, mit denen wir nicht "auf etwas" verweisen, sondern die Handlung im Sprechen vollziehen, z.B. wenn wir ein Versprechen geben, tun wir das, indem wir sagen: "Ich verspreche Dir..." Oder die Handlung, ein Paar zu trauen: "Ich erkläre Euch für Mann und Frau..." Dies ist ein Teil des Paradigmenwechsels, wonach sprachliche Landkarten nicht Landschaften abbilden, sondern sie erzeugen können. - Vielleicht ist es einer der heilsamsten Kunstgriffe, daß die Psychoanalyse "das Unbewußte" - als eine Landschaften erzeugende Landkarte - fand. Dies Konzept schafft dem therapeutischen Dialog vielfache Möglichkeiten, seelische Landschaften neu zu (er-)finden, sie neu zu "sehen als...", Ereignisse anders zu typisieren usw. Es ist im übrigen nicht "unpsychoanalytisch", die Dinge so zu sehen; man vergleiche nur die Diskussionen bei Nasser (1994), Schlesinger (1995), Roiphe (1995), Hoffman (1992), Ghent (1992), Brodbeck (1995) u.v.a.

schen Bereich - nicht durch die Bezugnahme auf außerhalb ihrer liegende Sachverhalte gedeutet werden kann (Shanon 1989). Worte sind keine Namen für Sachen. In Übereinstimmung mit weiten Bereichen der kognitiven und sprachwissenschaftlichen Theoriebildung müssen wir aufhören, die referentielle Funktion der Sprache gegenüber ihrer konstruktiven überzubetonen. Auf "etwas" wird referiert, aber das sind öfter als uns lieb ist, leere Konzepte, die wir mit sprachlichen Mitteln, vorzugsweise der Metapher, mit Sinn füllen. Die Sprache erzeugt Landschaften, in denen man sich zurechtfinden, aber natürlich auch verirren kann. Sie benutzt dabei leere Konzepte als Kristallisationspunkte im kommunikativen Fluß (das ist Shanons Metapher), die sich dem sinnlichen Sinn, d.h. der Imagination zur Deposition anbieten. Hier kann die Kommunikation innehalten und verweilen, aber wenn sie sich nicht lösen kann, wird aus der Kristallisation eine Fixierung. In unserer Terminologie wird aus einem System metaphorischer Gleichungen eine solistisch privilegiert. Wenn so die referentielle Funktion der Sprache depotenziert erscheint, was tut die Kommunikation dann? Legt sie nicht fest? Ist alles nur ein beliebiges Spiel der Signifikanten?

Der Körper als Bedeutungsspender

> "A sigh isn't just a sigh. We inhale the world and breathe out meaning. While we can. While we can."
> (Salman Rushdie, The Moor's Last Sigh)

Kommunikation setzt Körper in Beziehung zueinander. Das ist die These des Essener Literaturwissenschaftlers Manfred Schneider (1994), der sie am Anfang seines Buches über die Liebe - und "die Sprachen des Verlangens" - so formuliert:

> "Es gibt keine Äquivalenz von Gefühlen, Affekten, Gedanken und ihrem verbalen Ausdruck: Es gibt höchstens den Zufall und das Glück, daß der Ausdruck so klingt wie die Wahrheit. Das ist die Kunst und der unvermeidliche Betrug. Wer ihn denunziert, möchte das endgültige Schweigen über die Welt verhängen; wer ihn anerkennt, versucht Frieden zu schließen mit der Tatsache, daß die Sprache Verbindungen herstellt zwischen Körpern, aber niemals zwischen Sachverhalten." (S. 10)

Die Füllungen leerer Konzepte stammen aus der Anschauung sinnlicher Körper - aber wie kann man sich das eigentlich vorstellen? Mit dieser Frage lösen wir uns vom Thema der Metapher als einer *kognitiven* Strategie und wenden uns jenem anderen Bereich der Doppelbindung der Metapher zu, den wir bislang als sinnliche Anschauung angesprochen haben. Die Metapher bildet, nach der Formulierung von Lakoff und Turner (1989), jene Brücke, auf der ein Subjekt als Produzent von Bedeutungen zwischen seiner Körperlichkeit und seinem Denken steht. Das cartesische "Cogito" wird hier umgedreht zu einem "Ich bin, also denke ich".

Lange bevor Freud (1923) in "Das Ich und das Es" formulierte, das Ich sei weitgehend ein körperliches, stellte er Überlegungen zum Zusammenhang zwischen Körperermpfinden und sprachlichen Formen an. Über eine hysterische Patientin schreibt er in den "Studien über Hysterie" (Taschenbuchausgabe 1991, S. 201):

> "Indem sie den sprachlichen Ausdruck wörtlich nimmt, den 'Stich ins Herz' oder den 'Schlag ins Gesicht' bei einer verletzenden Anrede wie eine reale Begebenheit empfindet, übt sie keinen witzigen Mißbrauch, sondern belebt nur die Empfindungen von neuem, denen der sprachliche Ausdruck seine Berechtigung verdankt. Wie kämen wir denn dazu, von dem Gekränkten zu sagen, 'es hat ihm einen Stich ins Herz gegeben', wenn nicht tatsächlich die Kränkung von einer derartig zu deutenden Präkordialempfindung begleitet und an ihr kenntlich wäre?"

Freuds Deutung steht durchaus im Einklang mit der hier entwickelten Annahme: die Patientin "belebt die Empfindungen von neuem"; sie revitalisiert - in unserer Terminologie - eine "tote" Metapher. Aber eben noch nicht so, daß sie schon wüßte, daß es sich um eine körpergenerierte *Metapher* handle; es fehlt noch die "Bewußtseinslage der doppelten Bedeutung". Die Patientin nimmt den sprachlichen Ausdruck wörtlich, erneuert seinen körperlichen Ausdrucksgehalt. Indem sie auf eine sprachliche Schablone zugreift, die kulturell angeboten wird und in der Sprache existiert, macht sie deutlich, daß auch in der verbalen Kränkung, deshalb wählen wir dies Beispiel, es tatsächlich zwei Körper sind, die kommunizieren. Wer im objektivierenden frame denkt, will wissen: Ist es der Körper, der sich eines sprachlichen Ausdrucksangebots bedient, oder formt umgekehrt das sprachliche Ausdrucksbild die körperliche Reaktion? So denkt Freud gerade nicht. Er sieht, daß die Patientin eine Bedeutung konstruiert, und darin ist sie, von ihm anerkanntes, Subjekt.

Man kann sich von den Henne-oder-Ei-Fragen, die der objektivierende frame erzeugt, entlasten, wenn man sich einer Theorie bedienen könnte, die - nicht nur bei Hysterie - sich um den Nachweis bemüht, daß körperliche Erfahrungen generell und systematisch das Sprechen konstruieren. Johnson (1987) hat mit dem programmatischen Titel seines Buches "The Body in the Mind" eine solche Theorie vorgeschlagen[67]. Sie ist in der Lage, klinische Erfahrungen hervorragend abzubilden. Buchholz (1996) hat sich am Transkript einer vollständigen stationären Therapie um den Nachweis der Körpergebundenheit im therapeutischen Dialog bemüht. Wir wollen die klinische Bedeutung der Körpergebundenheit des

---

[67] Im psychoanalytischen Feld sind es Autoren wie Stolorow und Atwood (1991, 1995), die sich ganz ähnlichen Fragestellungen zuwenden.

Sprechens und der Sprache an einigen Beispielen aus dem Buch "Making Contact" des amerikanischen Psychoanalytikers Leston Havens (1986) illustrieren.

Havens unterscheidet zwischen aktiver und passiver Empathie. Die aktive Empathie sucht den anderen - eine zentrale Aufgabe jeden therapeutischen Verstehens. "Conversely, passive empathy is a waiting, sentient attitude, echoing some of the patient's statements and, above all, supporting and reflecting his emotions" (S. 17). Die Reflexion - als "Spiegelung" übersetzt könnte sie dann auch das Spekulative mitmeinen - arbeitet nun, wie Havens illustriert, mit körperlichen Reaktionen. Erinnert werden kann an das Praecoxgefühl der Psychiater, "the eerie feeling one gets in the presence of the schizophrenic person, sometimes accompanied by erection of the small hairs at the back of the observer's neck. Your blood runs cold". Aber solche Reaktionen sind nicht nur auf schizophrene Störungen bekannt. Havens beschreibt Klinikern wohl vertraute Beobachtungen:

Betritt man einen Konferenzraum, in dem soeben ein depressiver Patient interviewt wurde, "you can read the diagnosis off the forlorn faces of the interviewers." (S. 17) Bei psychopathischen Patienten findet man eine andere Reaktion vor: die Interviewer verteidigen ihren Patienten, während die Gruppe ihn angreift. Hysterikerinnen werden von Männern verteidigt, "and women scoff" - oder umgekehrt. Und Havens teilt eine heikle Beobachtung von Sullivan mit, die das Thema der körperlichen Kommunikation ausdrücklich festhält:

> "Sullivan once claimed that he could recognize a homosexual by a tightening of the anal sphincter. A foolish listener asked, 'Whose?' as if anyone but a proctologist knew much about the patient's sphincter. There is also Hendrick's assertion that a male therapist will feel scrotal and penile movement in the presence of a hysterical woman." (Havens 1986, S. 18)

Wir wollen nicht auf die Details solcher Beschreibungen eingehen, sondern festhalten, daß körperliche Reaktionen hier als Teil der Kommunikation beschrieben werden; Havens spricht von einer "fossile diagnosis", weil der Patient wie ein Fossil im Gestein einen charakteristischen "Ein-Druck" - unsere sprachübliche Metapher faßt dieses körperlich-anschauliche Moment hervorragend - hinterlasse. Wichtig in unserem Zusammenhang ist seine Schlußfolgerung: "you take the empathic reading off the dial of your own reactions".[68] Diese klinische These läßt sich mit den Ergebnissen von Arbeiten zu mimisch-gestischen Kontextualisierungen auch in alltäglichen Interaktionen weiter ausbauen: Nestmann (1988) beobachtete, daß "alltägliche Helfer" wie Taxifahrer, Kneipenwirte oder Friseure die

[68] Wir lesen dies nicht als Beispiele für eine Diagnostik aus der Gegenübertragung allein, sondern als Beispiele für allgemeine Interaktionsphänomene, von denen bei Havens nur die eine Richtung dargestellt ist. Auch Therapeuten hinterlassen "Ein-Drücke" bei ihren Patienten - so hoffen wir jedenfalls.

Bereitschaft oder Fähigkeiten ihrer Kunden zu "Problemgesprächen" an körperlichen Merkmalen "diagnostizieren" (Kneipenwirte z.B. an der Sitzplatzwahl im Lokal). Krause (1992) stellte nicht nur fest, daß Interaktionspartner von Menschen, die an verschiedenen seelischen Störungen litten, gleichsam "naive" Diagnosen stellen. Ihr eigenes körperliches Ausdrucksverhalten synchronisiert sich mit dem ihrer Gesprächspartner in Sekundenbruchteilen. Eine Reihe von mikroethnographischen Untersuchungen der Kommunikation hat bestätigen können, daß solche Synchronisation nicht nur die Gesichtsmimik betrifft, sondern auch Gesten wie z.B. das rasch nacheinander folgende Kratzen am Kopf innerhalb kleiner Zeiteinheiten. Mit Gesten werden verbale Mitteilungen kontextualisiert. Am Ende einer "argumentation" wird die Sitzposition verändert, Handbewegungen links und rechts "unterstreichen" das verbal mitgeteilte "einerseits-andererseits". Streeck und Dally (1995) haben diese mimisch-gestischen Kontextualisierungen am Beispiel eines therapeutischen Dialogs kenntlich gemacht.

Der Körper und seine Reaktionen werden empathisch verwandt; zwar nicht so, daß es eine "Körpersprache" gäbe, deren Symbole lexikalisch gelernt werden könnten, aber doch so, daß körperlicher Ausdruck der Beziehungsdefinition und der Kontextualisierung des Gesprochenen (etwa zur Unterscheidung von Ironie und Ernst) dient. Die Metapherntheorie der kognitiven Linguistik geht hier radikal weiter. Sie nimmt nicht nur an, daß Kommunikation von Gesten umrandet, gleichsam flankiert wird. Sie behauptet, unter Hinweis auf eine Fülle empirischer Studien (dargestellt bei Lakoff 1987), daß der Körper in der Sprache spricht.

Den Körper in die Theorie der Bedeutung einzuführen impliziert kein reduktionistisches Programm. Sprache soll nicht auf den Körper und dessen Physiologie zurückgeführt werden. Es geht nicht um den medizinischen Körper (O'Neill 1990), sondern um den Körper als Bedeutungsgenerator, um den lebendigen Körper eines Subjekts, das Erfahrungen macht und diese ordnet, weil ohne Ordnung die Erfahrung sowohl chaotisch als auch nicht kommunikabel wäre. Solche Ordnung, so die These von Lakoff (1987) und Johnson (1987), ist bereits präkonzeptuell von Schemata strukturiert. Schemata sind dynamische, aber abstrakte Muster der Erfahrungsorganisation. Sie sind eine kontinuierliche Leistung einer organisierenden Aktivität. Sie dürfen nicht mit den reichhaltigen Bildern oder Metaphern selbst verwechselt werden. Sie liefern ihnen vielmehr die Form der Organisation. Als Schemata können sie identisch an verschiedenen konkreten Metaphern aufgewiesen werden. Das wird an Beispielen gleich erläutert.

Da eine ausführliche Darstellung dieser Theorie durch Buchholz (1996) kürzlich erfolgt ist, können wir uns hier auf wesentliches beschränken. Wir stellen nur einige der Schemata in aller Kürze[69] dar.

Das Container-Schema

Um die abstrakte Struktur des Schemas herauszuarbeiten, scheint uns am geeignetsten die Wahl einer graphischen Darstellung. Mit einer graphischen Struktur verbindet man noch keine Inhalte, erst die Beispiele werden zeigen, daß es sich stets um dasselbe Schema handelt.

Das Schema besteht aus drei Elementen: Ein *Außenbereich* wird von einem *Innenbereich* durch eine *Begrenzung* abgehoben; etwas, x, befindet sich innerhalb oder außerhalb des Containers. Diese einfache schematische Struktur sehen Lakoff und Johnson als in der Körpererfahrung fundiert an. Wir erfahren unseren Körper als Behälter körperlicher Sensationen, aber auch er selbst wird erfahren als Bestandteil anderer "container", wie z.B. Räumen. In Umarmungen durch seine Mutter erfährt das Kleinkind sich als "contained", während es selbst bald seine Spielsachen mit Händen umfaßt. Solche Erfahrungen organisieren präkonzeptuell, d.h. vor der Entwicklung der Symbolisierungsfähigkeit, unseren Weltzugang[70]. Solche Ordnungsleistungen erbringen die Schemata dann auch durch Übertragung, Lakoff und Johnson sprechen von "metaphorical projection", in andere Bereiche. Wir sprechen davon, *aus* dem Schlaf aufzuwachen, und behandeln den Schlaf als container. Wir wollen jemanden *in* den Blick nehmen. Wir bitten als Hinzukommende, uns *in* ein Gespräch *ein*mischen zu dürfen, formulieren, daß wir dies oder jenes den Bemerkungen des andern "entnehmen", wollen heikle Themen "aus" dem Dialog "entfernen" oder verwenden umgekehrt den therapeutischen Jargon des "Einbringens". Die Kategorie "Kategorie" selbst wird

[69] Damit ist gemeint: auf die Fülle theoretischer Verweisungen und experimenteller Belege der hier dargestellten Theorie werden wir hier nicht eingehen; wir wollen eine gewisse anschauliche Nachvollziehbarkeit bieten. Wer es genau wissen will, sei auf die Primärquellen verwiesen.

[70] Auf ein Desiderat der Metapherntheorie muß hier freilich hingewiesen werden; es gibt kaum entwicklungspsychologische Arbeiten über den Erwerb metaphorischen Verstehens bei Kindern. Die Arbeit von Winner (1988) stellt einen ersten Versuch dar, allerdings hat diese Autorin die hier angesprochenen Arbeiten von Lakoff und Johnson noch nicht rezipiert.

nach dem Container-Schema gebildet; so verstehen wir, weshalb eine Kategorie ihrerseits Exemplare enthält, die sich von nicht zur Kategorie gehörigen Exemplaren unterscheiden müssen. Die Elemente befinden sich innerhalb des von der Kategorie gebildeten containers. "We experience our bodies both as containers and as things in containers (e.g. rooms) constantly" (Lakoff 1987, S. 272). Das ermöglicht dann auch die metaphorische Projektion in die Bereiche der Logik: Ich liege in einem Bett, das Bett steht in einem Zimmer, also liege ich im Zimmer. Die schematisierte Körpererfahrung ist das präkonzeptuelle "Vorbild" für die Logik der Transitivität: Wenn $A < B$ und $B < C$ dann auch $A < C$.

Mit diesen Beispielen soll die Logik und Reichweite des Container-Schemas nur angedeutet werden. Nun andere Schemata:

Das Link-Schema

Es hat eine einfache graphische Struktur:

•------------------------•
A   Link   B

Das Schema besagt: Etwas wird mit etwas verbunden.

Johnson (1987, S. 117) beschreibt das Schema mit den folgenden Worten: "Without links, we could neither be nor be human. We come into existence tethered to our biological mothers by umbilical cords that nourish and sustain us. But this merely physical linking is never the full story of our humanity, which requires a certain nonphysical linking to our parents, our siblings, and our society as a whole. The severing of the umbilical cord launches us into an ongoing process of linking, bonding, and connecting that gives us our identity."[71]

Hier wird die Körpererfahrung präkonzeptuell angesetzt. Das abstrakte Schema verbindet zwei Bereiche A und B miteinander. Man kann dann zeitliche, kausale und personale Verbindungen voneinander differenzieren oder semantische Worte wie "auch" auszeichnen, mit denen wir häufig in Sprechformaten Verbindungen indizieren ("Das hab ich auch so gesehen"). Dieses trivial scheinende Schema ist die Grundlage für die Entwicklung unserer Konzepte wie Ähnlichkeit oder Gleichheit und ermöglicht die kognitive Operation des Vergleichs. Was wir als eine Struktur (von etwas) bezeichnen, ist eine mentale Abstraktion, die in ihrer einfachsten Form eine Vielzahl von Links darstellt, die wir dann mit einer manifesten Metapher als Netzwerk bezeichnen. Dabei können zusätzlich "oben-

---

[71] Auf die Bezüge zur Bindungsforschung können wir hier nur verweisen (Überblick bei Schmidt und Strauß 1996)

unten"-Verbindungen unter Verwendung der Orientierungsmetaphern als personale oder konzeptuelle Hierarchie imaginiert werden. Aber wir kennen auch radiale Strukturen, die ein "Zentrum" oder eine "Nabe" haben (vgl. Hoffman 1984, Radden 1985). Das Link-Schema generiert auf nicht-triviale Weise kognitive Konzepte, die in Form von Metaphern dargestellt werden können. Nicht-trivial heißt: die organisierende Aktivität bildet nicht nur eine Verbindung zwischen a und b; sie *überträgt* die Form dieser Verbindung auf andere, dann auch abstrakte Bereiche c und d; wir erhalten wieder die von Kant schon als "Reflexionsform" bezeichnete Relationierung der Relationen: A:B=C:D. Beispiel: Als abstrakte imaginative Struktur unterscheidet sich die Verbindung, die zwischen einem Buch und seiner Leserin hergestellt wird, nicht von der Nabelschnur zwischen Mutter und Kind, und es ist diese abstrakte Struktur, die die metaphorische Projektion möglich macht. Damit ergibt sich eine andere Sicht auf psychoanalytisch gut bekannte Sachverhalte: Ist das eine auch psychogenetisch früher als das andere, so ist es doch nicht "primitiver". Die organisierende Aktivität des Schemas bleibt auch in hochentwickelten abstrakten Bereichen dieselbe.

In logischen Systemen wird die Verbindung durch "und", "oder" bzw. durch "wenn-dann"-Verknüpfungen her- und dargestellt. Wird sie abstrakt interpretiert, erhält man Ähnlichkeitsrelationen oder funktionale Einheiten; wird sie metaphorisch interpretiert, erhält man abstrakte Objekte oder Verbindungen, denn die Verbindung selbst ist "nicht-gegenständlich". Sie konstituiert eine gestalthafte Konfiguration. Diese ungegenständlichen Verbindungen können dann wieder durch Metaphern (Beispiel: Netzwerk) illustriert werden. Solche metaphorische Interpretation des Schemas befähigt uns, Zusammenhänge zu verstehen und diese mit sprachlichen Ausdrücken zu belegen. Die Verbindung, die die Metapher zwischen Ursprungs- und Zielbereichen herstellt, entsteht ihrerseits durch Verwendung des Schemas.

Das Kraft-Schema

Die Einwirkung von Kräften erfahren wir zuerst am eigenen Körper. Kinder, die noch nicht laufen können, spüren die von ihnen aufzuwendende Kraft, wenn sie etwas erreichen wollen. Ihr Gesichtsausdruck teilt uns das mit. Gehend fällt uns die Notwendigkeit zur Kraftaufwendung meist dann erst auf, wenn wir einen Hügel ersteigen. Die Wirkung der Schwerkraft erfahren wir - bevor wir etwas von Galilei wissen - , wenn uns etwas zu Boden fällt. Der Magen drückt uns mit körperlicher Kraft, wenn wir zuviel gegessen haben. Das Schema hat eine einfache Gestalt:

K-------------------------> X - - - - - - - - - - ->

Kraft hat in diesem Schema die Qualität eines *Vektors:* Sie wird immer als *Wirkung* oder als Möglichkeit dazu erfahren; sie zeigt sich beim Bewirkten. Sie folgt einem *Pfad* der Bewegung, der von einem *Ursprung* ausgeht, mit unterschiedlichen Graden der *Intensität* auf *Ziele* gerichtet ist und so bereits präkonzeptuell die Logik der *Kausalität* impliziert.

Durch metaphorische Projektion dieses Schemas in abstrakte Bereiche sprechen wir von der "Kraft" der Argumente, vom "Gewicht" einer Person (wenn wir deren sozialen Status meinen), aber auch von der körperlichen Anziehungskraft anderer Personen. Das Kraft-Schema organisiert auch das metaphorische Modell der zwischenmenschlichen Anziehung, die als eine Kraft jenseits der Personen erfahren werden kann. "This same structure is present, when we feel ourselves physically attracted to some other person", schreibt Johnson (1987, S. 47). An diesem Beispiel läßt sich sehen, wie das Schema die bereits beschriebene konzeptuelle Metapher LIEBE IST MACHT generiert. Körperliche Anziehungskraft wird als "physische Attraktivität" konzeptualisiert. Dabei findet eine interessante historische Umkehrung statt. Für Newton noch war es so, daß die Anziehung von physikalischen Körpern aus dem menschlichen Körper heraus verständlich wurde (vgl. Leary 1990); der menschliche Körper war ihm noch bild*gebender* Bereich. Wir drehen heute dieses Verhältnis zwischen bildempfangendem und bildgebendem Bereich um und sprechen von menschlicher Anziehung, als handle es sich um die Kraft physikalischer Körper. Häufiger dann mit der Folge, daß wir uns gegen die quasi-natürliche "Anziehung" glauben, nicht zur Wehr setzen zu können; die entstehende konzeptuelle Metapher der Liebe kann dann unter Umständen zur Rechtfertigung verwendet werden - wenn wir nicht anders konnten, als uns der Kraft der Anziehung anheim zu geben.

Johnson (1987) zeigt in einer genauen sprechakttheoretischen Analyse, daß wir die Modalverben *können, dürfen, müssen* so verwenden, daß sich an ihnen das Schema der Kraft dokumentiert (Beispiel: "ich *muß* jetzt gehen" heißt: "es gibt eine Kraft, die mich zum Gehen zwingt".) Die Sprache formuliert diesen Zusammenhang wiederum in einer manifesten Metapher, etwa wenn wir jemandem etwas verbal "an den Kopf werfen". Wenn wir sagen: "Ich kann meine Aufgaben nicht erledigen" dann heißt das, daß es eine Kraft gibt, die uns daran hindert. Wenn der Brautführer bei der Hochzeit sagt: "Sie dürfen jetzt die Braut küssen", dann beseitigt er mit seinen Worten die Kraft, die diese Handlung bislang behindert oder aufgeschoben hatte. Das Schema generiert die konzeptuelle Metapher NORMEN SIND EINE KRAFT:

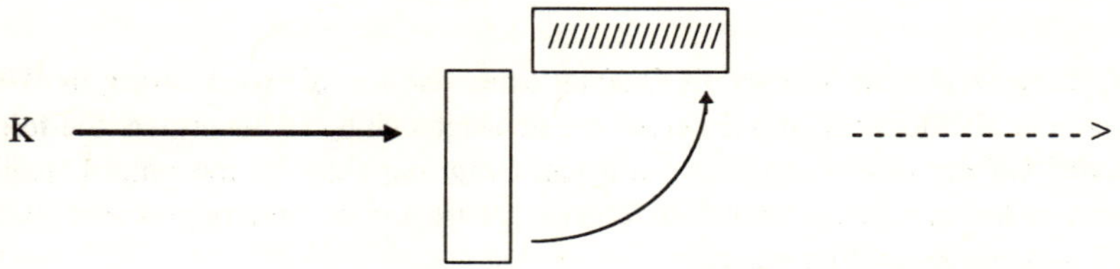

Die Kraft in dieser Variante des Schemas kann z.B. die der elterlichen Autorität sein, die den Kindern etwas erlaubt oder verbietet.

Das Pfad-Schema

Dieses Schema dürfte universell sein, auch wenn seine konkrete Ausgestaltung immer kulturspezifisch Verwendung finden wird. Seine graphische Struktur:

•---------------------------------->

A B

Auch hier spielt unsere frühe Erfahrung auf präkonzeptuellem Niveau organisierend ihre Rolle. Etwas, das verlockend "vor uns liegt", müssen wir schon als krabbelnde Kleinkinder nicht nur mit Kraftaufwendung erreichen, sondern auch einen Pfad, ausgehend von einem "Start" (A) zu einem "Ziel" (B), zurücklegen und dabei die richtige Richtung einschlagen. Das Schema wird auf andere Bereiche wieder übertragen. So ist auch "Entwicklung" ein leeres Konzept, das fast immer durch das Pfad-Schema illustriert wird - fast: denn wir beschreiben kontextuell adaptiert "Entwicklung" auch als Geburten aufeinander folgender Selbstzustände (z.B. Mahler et al. 1978). Überall gehen wir von einem Anfang über einen Weg zu einem Ziel, und die Sprache bewahrt diesen Zusammenhang auf, wenn wir etwa die Zeit als einen Pfad konzeptuell metaphorisieren und abstrakte Ziele mit den Worten beschreiben, daß sie "vor uns liegen". Bei komplizierten Gedankengängen lassen wir uns leicht vom "Weg" ablenken. Ziele werden vom Pfad-Schema als räumliche Punkte in einem abstrakten Zeit-Raum konzeptualisiert. Da Absichten in der Zukunft realisiert werden, erhalten wir die konzeptuelle Metapher ABSICHTEN SIND ZIELE. Wenn wir im therapeutischen Jargon davon sprechen, daß jemand nach vielen Analysestunden die Absicht, seine Persönlichkeit zu verändern, realisiert habe, dann dokumentiert auch diese Sprachverwendung die Wirksamkeit des Pfad-Schemas. Wir sprechen oft von Therapiezielen, von der Dauer, die das Zurücklegen eines Weges erfordert, und nehmen selbstverständlich an, daß die Therapie lange dauern muß, wenn ihre Ziele anspruchsvoll sind. Das Pfad-Schema formiert unsere Konzeptualisierungen. Ein "Mehr" an Therapie wird wie selbstverständlich mit dem Zurücklegen eines längeren Weges, mit der Vorstellung "weiter gekommen" zu sein, verbunden. Und Freud sah in der Traumdeutung die „via regia“ zum Unbewußten.

Auch in unzähligen anderen Wendung ("in der Mitte des Lebens erreicht man die Höhe seiner Leistungskraft") lassen wir erkennen, daß wir eine weitere, vom Pfad-Schema generierte, konzeptuelle Metapher ZUSTÄNDE SIND ORTE umstandslos gebrauchen. Die Verräumlichung so vieler Sprachformen, die schon Cassirer (1923) aufgefallen war und die er anhand der damals verfügbaren sprachanalytischen Untersuchungen dokumentiert hat, hat in diesem Schema ihren Bedeutungsgenerator.

Aspekte einer neuen Bedeutungstheorie

Diese hier nur in äußerster Verkürzung dargestellte Schematheorie läßt doch immerhin erkennen, daß eine solche Sicht der Bedeutungstheorie wesentlich Neues beisteuern kann. Wir wollen einige Punkten herausheben:

1. Schemata sind dynamische, aber abstrakte Strukturen, die sich in konkreten Redeformen und der Sprachverwendung dokumentieren; diese indizieren ihrerseits das Schema. Eine solche Sicht unterstreicht ein ähnliches Wechselverhältnis, wie wir es schon zwischen der Metapher und der Kognition herausgestellt haben. Metaphern erweisen sich als in körpergenerierten Bedeutungen fundiert, ohne daß dabei ein wie immer geartetes reduktionistisches Programm verfolgt werden müßte. Vielmehr werden Bedeutungen als gestalthaft organisiert angesehen. Das bedeutet, daß die einzelnen Elemente eines Schemas nicht unabhängig voneinander existieren. Beim Container-Schema kann es keinen Innenraum ohne die gleichzeitige Vorstellung eines Außenraums und einer Abgrenzung zwischen beiden geben. Die gestalthafte Konfiguration selbst ist bedeutungsvoll. Hier kann man an die älteren Forschungen der Gestalttheorie anknüpfen. Eine Konsequenz für die Bedeutungslehre wollen wir herausstellen. Konfiguration meint eine ideelle Struktur, die sich nicht reduzieren läßt auf ihre Elemente. Es kommt nicht nur darauf an, *was* zueinander gruppiert wird, sondern relevant wird das *Wie*. Es konfiguriert die Gestalt. Diese ist nicht nur *mehr* als die Summe ihrer Teile, sondern - wie schon v. Humboldt in seiner Sprachtheorie wußte - *früher* als ihre Teile. Kinder formulieren zwar Stammellaute, aber diese werden von Erwachsenen als (Ein-Wort-)*Sätze* aufgefaßt. Erwachsene verstehen, weil sie "naiv" annehmen, daß Kinder die ganze Gestalt *meinen*, auch wenn sie sie noch nicht *sagen* können.

2. Auch die Rolle der Imagination wird in einer Weise aufgewertet, die Psychoanalytiker zwar nicht überraschen muß, die freud-ig aber von ihnen doch begrüßt werden könnte; sie kommt dem, was in der Psychoanalyse "Phantasie" heißt, sehr nahe. Die Psychoanalyse hatte immer schon die Rolle der Phantasie als konstitutiv für die Bedeutungsgebung angesehen; hier wird diese Position in systematischer Weise unterstützt. "Imagination" kann theoretisch in untersuchbare Komponenten auseinandergenommen werden. Der Hinweis auf die gestalthafte Konfiguration verhindert zugleich, daß aus der lebendigen Anschauung nur noch tote Elemente nach einer solche Analyse übrig blieben. Imagination - Lakoff (1987, S. 449) spricht deutlich genug von "unconscious images" - baut auf den Schemata als allgemeinem und verkörpertem Wissen von Ereignisstrukturen auf. Sie kann mit dem Konzept der metaphorischen Projektion den Weg beschreiben, wie diese Schemata auf andere Bereiche übertragen werden. Die körperlichen Schemata liefern die abstrakten Gestaltvorlagen, die dann durch kulturelle Einschreibungen zu Szenarien ausgebaut und untereinander verknüpft werden. Die Imagination bindet Schema und Szenario zusammen durch narrative Strukturen (Bruner 1987); denn die Ereignisse müssen in ihrem Ablauf erzählt werden, um imaginativ rekreiert werden zu können.

3. Damit ist auch eine Theorie der Kommunikation impliziert. Zwar kann Verstehen basal an den Körperschemata ansetzen, die sich in der Sprache dokumentieren und deshalb kommuniziert werden können, aber Verstehen ergänzt das Mitgeteilte durch Rekreation äquivalenter Szenarien.

> Das soll an einem kurzen Beispiel illustriert werden: Der SPIEGEL meldete kürzlich einen ironischen Hinweis, daß jemand formuliert habe, die Westdeutschen würden von den Ostdeutschen "gemolken wie eine Weihnachtsgans". Das ist offensichtlicher Metaphernsalat, denn Weihnachtsgänse kann man nicht melken, sondern nur "ausnehmen", während man Kühe melken, nicht aber - im hier gemeinten Sinne - ausnehmen kann.

Dennoch *verstehen* wir ohne Schwierigkeiten - und das ist erstaunlich! Erstaunlich genug, um die Theorie des Verstehens daran zu erproben. Die hier beschriebene Metapherntheorie der kognitiven Linguistik kann das elegant erklären: Wir verstehen, weil wir das Szenario des "Ausnehmens" kennen, das hier lediglich indiziert wird. "Ausnehmen" dokumentiert das Container-Schema insofern, als es sich um einen imaginierten Innenraum handelt, der in diesem Kontext illegitim - die evaluative Funktion der Metapher - von einer Person aus dem Außenraum entleert wird. Dieses Szenario des illegitimen Entleerens kann dann funktional äquivalent auch durch das "Melken" indiziert werden; es genügt in solchen Fällen die Indizierung des Szenarios, damit dem Hörer bzw. Leser sich der Sinn des Gemeinten verstehend erschließt; denn das Container-Schema hat er selbst aus eigener Anschauung zur Verfügung. *Verstehen* ist in dieser Sicht gebunden an die Rekreation funktional äquivalenter Szenarien, die aber selbst nicht vollständig in der Rede enthalten sein müssen. Die Indizierung des Szenarios genügt in der alltäglichen Verständigung, um Verstehen zu ermöglichen.

Szenarien sind ethnotheoretische, (sub-)kulturell eingebundene Ablaufschemata, auf die mittels charakteristischer Worte angespielt wird. Mit funktional äquivalenten Szenarien meinen wir die Möglichkeit, daß einzelne Elemente eines Szenarios ausgetauscht oder weggelassen werden können, aber dennoch *die Gestalt erhalten bleibt*. Ein Sprecher mag bei dem Satz: "Er fauchte vor Wut" einen Drachen, ein Hörer mag einen Löwen oder einen Kater imaginieren. Diese Differenz bleibt fürs alltägliche Verstehen indifferent. Entscheidend fürs Verstehen wird die Imagination der gestalthaften Konfiguration des Szenarios.

Freud hat sehr häufig einen zentralen Bestandteil seiner Behandlungstechnik mit dem Wort "erraten" beschrieben. Die Leistungsfähigkeit unserer Konzeption für die professionelle psychotherapeutische Praxis wird u.a. erkennbar daran, daß dies "Erraten" beschreibbar wird. Wir wollen das an einem Beispiel illustrieren:

> Linden (1985) erinnert an ein Fallbeispiel von Arlow (1969). Sein in der analytischen Behandlung weit fortgeschrittener Patient habe sich daran erinnert, wie er als Student während einer Konferenz seinem hochverehrten Professor zusah, wie dieser unter dem Tisch mit dem Fuß unbeholfen nach seinem Schuh angelte. Der Patient verstand nicht, warum er mit extremer Peinlichkeit, irritiert und beschämt, reagiert hatte und dieses Verhalten obszön, "daneben" fand. Er berichtet diese Szene seinem Analytiker. Arlow kommentiert nun, der Patient habe zwar gesehen, wie sein Professor die Schuhe anzog. Dies aber nahm er auf eine metaphorische Weise wahr; er reagierte, als habe er seinem Vater beim Geschlechtsverkehr zugesehen.

Was das "Erraten" möglich macht, ist die Übertragung der Reflexionsform einer ganzen Szene: Der unbeholfene Professor, die Schuhe und der verstohlene Beobachter bilden die eine Szene, der Vater, seine Partnerin und wieder der verstohlene Beobachter die andere. Das "Erraten" stützt sich auf die Invarianz der Konfiguration und "sieht" die gemeinsame Gestalt. Arlows Deutung "erklärt" die Gefühle der Peinlichkeit in dem Sinne, als diese ein "passendes" Moment der einen, nicht aber der anderen Szene sind. Es wäre natürlich ganz verkehrt, wollte man daraus schließen, daß "Geschlechtsverkehr" die "eigentliche und wahre" Bedeutung der professoralen Szene sei. Die professionelle Leistung besteht vielmehr darin, die abstrakte szenische Konfiguration so hervortreten zu lassen, daß zunächst unverständlich scheinende Elemente sich zu einer gefühlshaft stimmigen Gestalt zusammenfügen. Eben darauf wird im Alltag zumeist verzichtet, hier genügt die Indizierung des Szenarios.

Wir werden sehen, daß es Szenarien des Kontakts gibt, die kompliziert aufgebaut sind, eine dynamische Ablaufstruktur haben und auf Schemata als verkörpertem und zugleich abstraktem Wissen von Ereignisstrukturen Bezug nehmen. Es muß verschiedene solcher Szenarien geben, um Alternativen zu ermöglichen und weil sie sonst nicht indiziert werden müßten.

Die Fähigkeit zur Bezugnahme auf konventionalisierte Szenarien des Kontakts stellt sich als "normale" Kontakt- und Beziehungsfähigkeit dar. Was Klinikern als Kontaktstörung imponiert, stellt entweder eine subjektiv motivierte Variation von Kontaktszenarien dar oder aber eine eigenwillige, individuelle Neu-Kreation, die andere nicht kennen und deshalb nicht beantworten können. Deshalb zeigt sich gerade hier Individualität und Subjektivität prägnant. Wir glauben also, daß "Kontakt" als leeres Konzept untersucht werden kann, das mit Metaphern, Schemata und Szenarien so gefüllt wird, daß unter "normalen" Umständen alles "gut geht".

Zusammenfassung: Funktionen, Strategien und Ziele der Metapher

Noch einmal wollen wir die bislang dargestellte Theorie der Metapher zusammenfassen:

1. Die Metapher ist nicht notwendigerweise Element des Textes, kann dies aber sein. Die hier entwickelte, umfassendere Theorie faßt sie als eine kognitive Strategie. Die Metapher wird an körperbasierte, sinnliche Anschauungsformen und an Kognition doppelt gebunden und von einem textlichen Verständnis emanzipiert. Dabei wird ihre triadische Struktur erkennbar.
2. Konzeptuelle Metaphern *dokumentieren* den Gebrauch von Konzepten in der Sprachverwendung, während die Formen konkreten Sprechens die konzeptuellen Metaphern *indizieren*. Das hat Folgen für die Kommunikation: sprechend kann auf konzeptuelle Metaphern verwiesen werden, ohne daß diese manifest als solche im Text erscheinen müssen. Sie werden erschlossen.
3. Metaphern haben transzendente, selektive, operative, evaluative und kreativ/generative Funktionen. Die in den Formen konkreten Sprechens dokumentierten konzeptuellen Metaphern steuern Interaktion, Verstehen und Kommunikation, indem sie Szenarien indizieren.
4. Die allgemeine Beschreibung der Metapher als kognitiver Strategie haben wir durch Einführung der Theorie leerer Konzepte differenziert. Wir haben im einzelnen die Komplexitätsreduktion, die Kompensation der Unterkomplexität, die Präfiguration durch Dimensionalitätssteigerung sowie die Revitalisierung als Strategien der Metapher ausführlich beschrieben. Nebenbei sind wir auf die *Verräumlichung* zum Zweck der Anschauung, häufig mit der *Substantialisierung* oder *Personifizierung* abstrakter Phänomene als Strategien der Veranschaulichung zu sprechen gekommen.

5. Die Verwendung von Metaphern dient erkennbar Zielen. Sie präfiguriert Problemlösungen dadurch, daß sie aus einem *System* metaphorischer Gleichungen *eine* privilegiert und andere als irrelevant erscheinen läßt. Eine - auch therapeutisch nutzbare - Strategie zur Öffnung von Deutungs-Optionen haben wir als Revitalisierung von "toten" Metaphern beschrieben. Darüber hinaus beschreibt die Metapher Handlungsgestalten, die zugleich Szenarien zu imaginieren gestatten. Auf diese Weise kann die Metapher als ein methodisches Instrument bei der mikrostrukturellen Herstellung sozialer Ordnung fungieren, dessen Handhabung wir nicht künstlich zu erlernen brauchen, sondern dessen wir uns ständig, ohne es zu bemerken, mehr oder weniger gekonnt bedienen. Mit Metaphern werden überindividuelle Deutungsschablonen von Ereignisstrukturen prozessiert, auf die sich die Interaktionsteilnehmer beziehen können. So gesehen allerdings ließen sie keinen Platz für individuelle Subjektivität. Darüber hinaus bieten Metaphern, indem sie Imagination provozieren, die Chance, neue, subjektiv-spezifische Bedeutungsgebungen in die Verständigung einfließen zu lassen. Soziale und psychische Systeme sind, wie Luhmann (1984, 1990) beschrieben hat, Umwelten füreinander, aber nicht so, daß sie hermetisch voneinander abgeschlossen sind. Die Metapher bietet sich als jene Brücke an, über die die ihre Erfahrungen und Erlebnisse interpretierenden Subjekte in beide Richtungen schreiten können und so Anschlußfähigkeiten herstellen, die innovativ sein können. Auf der psychischen Seite kann das Erleben sich auf neue Leitmetaphoriken als Paradigmen der Selbst- und Weltinterpretation einstellen oder neu orientiert werden. Nach der Seite des Sozialen hin können kreative und originelle Interpretationen kommuniziert werden und sich der dialogischen Überprüfung aussetzen. Das ist eine Chance, die therapeutische Dialoge professionell nutzen können. Sie ist schon in alltäglicher Verständigung vorgeformt.

Auf diese Weise kann die Metapherntheorie der kognitiven Linguistik in der von uns hier beschriebenen Form Ansatzpunkte zur Erklärung des Neuen bieten; sie kann darüber hinaus Anstöße für die Erzeugung des Neuen im therapeutischen Dialog geben, denn sie bricht zugleich mit dem "nothing-but"-Reduktionismus, der das Neue immer nur als aus schon Bekanntem hervorgegangen sehen möchte. Metaphern mit ihrer Körperbasierung in den Schemata, ihren Strategien und Funktionen sowie den von ihnen indizierten Szenarien sind nicht "archaisch" oder "früh". Sie stellen keine irgendwie als "primitiv" abzuwertende Redeform dar. Sie sind ein vorzügliches Instrument des Denkens, der Veranschaulichung und der Kommunikation. Metaphern dokumentieren unbewußte Konzeptualisierungen der Selbst- und Welterfahrung, und ihre in therapeutischen

Dialogen mögliche Analyse durch Erweiterung des Systems metaphorischer Gleichungen bietet Chancen zur Entwicklung eines Konzepts von therapeutischem Wandel.

Von der Theorie zur metaphernanalytischen Untersuchung

> "The process of analyzing can be compared also to destabilize a politicial organization. There is something revolutionary about analyzing. It may not be the most palatable image, but it is a characteristic of both living organisms and social organizations that, if left to themselves, they tend to stabilize. All bureaucracies, and with Schafer (1973) I include the neurotic personality as a species of bureaucracy, tend toward self-serving stagnation."
>
> (Herbert J. Schlesinger 1995, S. 670)

Methode und Stichprobe

Der hier vorgelegte Bericht ist Teil eines Projekts, dessen Anlage Schöttler und Buchholz (1993) vorgestellt haben. Wir stellen ins Zentrum die "Behandlung", an der Patienten, Einzelpsychotherapeuten und Komplementärtherapeuten (aus Gestaltungs- und Bewegungstherapie z.B. sowie Krankenpfleger und -schwestern) beteiligt sind. Über ihre Behandlungserfahrungen haben wir unausgewählt 30 Patienten ein bis zwei Tage vor ihrer Entlassung mit dem "Tiefenbrunner Abschlußinterview" befragt und in sehr enger zeitlicher Nachbarschaft dazu die jeweiligen Einzelpsychotherapeuten und eine Komplementärtherapeutin; in einigen Fällen kam es auch zu Interviews mit Vertretern des Pflegepersonals über die "gelaufene" Behandlung. Zu jeder der Behandlungen haben wir somit drei Interviews, die ein "Interviewset" ergeben und einen synoptischen rückwärtigen Blick auf eine Behandlung gestatten.[72] Das Interview aktualisiert, wie es jedes Interview tut, Konzepte der Erfahrungsorganisation; es entsteht gleichsam aktualgenetisch ein zwangloser Zwang für den Interviewten, seine Erfahrung zu organisieren und sie mittels impliziter Konzepte darzustellen. Die Erfahrung des Kontakts kann nicht unmittelbar wiedergegeben (vgl. dazu z.B. Schütze 1973, Bude 1985 und 1989, Hopf 1991), sie muß erzählt werden.

Diese Interviews wurden zunächst hinsichtlich der aus ihnen erschließbaren "Prozeßphantasien" (Plaßmann 1986) analysiert, weil wir die Überzeugung gewonnen

[72] Aus organisatorischen Gründen konnten wir nicht zu jedem Patienten alle Behandler befragen; unser Material besteht aus 30 Patienteninterviews; 28 Interviews mit den Einzelpsychotherapeuten und 24 Interviews aus dem komplementärtherapeutischen Bereich.

hatten, daß Patienten und Therapeuten über das, was im therapeutischen Prozeß hilfreich sein würde, unterschiedliche Vorstellungen ausbilden. Über die "Passung" von Prozeßvorstellungen zwischen Therapeut und Patient hat Buchholz (1996) Einzelfallauswertungen vorgelegt. Die dabei entwickelte metaphernanalytische Methode ist in der Zwischenzeit auch an Therapie- und Supervisionsitzungen, also an anderem Datenmaterial erprobt (vgl. Buchholz 1993, 1996, 1997 sowie Buchholz und v. Kleist 1995).

Wir setzen nicht an mit der Frage, was Kontakt "ist", sondern wollen empirisch Beobachtungen beobachten und fragen: Wie wird über Kontakt gesprochen, und zwar sowohl von Behandlern wie von Patienten? In welchen Kontexten wird dieses Konzept verwendet? Welche impliziten oder "naiven" Modelle haben die an einer stationären Behandlung Beteiligten zur Darstellung von Kontakt zur Verfügung? Welche frames werden verwendet und wie sind sie in Metaphern fundiert? Die behandlungspraktischen Implikationen einer solchen Fragestellung liegen auf der Hand: Wenn es unterschiedliche Modelle und Interpretationen auf seiten von Patienten und Behandlern gibt, dann sollten diese sich in einem mittleren Überschneidungsbereich begegnen können, weil sonst die Vorstellungen von dem, was " Kontakt" heißt, zu weit divergieren. Diese Überlegungen werden wir nach der Darstellung der Szenarien überprüfen.

Für die metaphernanalytische Auswertung größerer Mengen an qualitativen Daten, wie es ein so umfangreiches Textkorpus von Interview-Sets darstellt, mußte eine andere Methode gefunden werden, die wir noch darstellen werden. Nach Abschluß der Erprobungsphase an "echtem" Material (Transkripte, nicht Interviewdaten) wurde mit der Auswertung der Interviews mit dieser Methode begonnen. Dabei ergab sich eine Möglichkeit zur Klärung der Konzepte des "Kontakts", über die hier berichtet werden soll. Wir untersuchen Kontakt als frame. Da wir aber soviel über Kontexte gesagt haben, versteht es sich fast von selbst, daß wir - wie das in qualitativen Studien üblich ist - mit ein paar Worten unseren institutionellen Kontext beschreiben.

Zum institutionellen Kontext der Untersuchung

In unserer Klinik werden zahlreiche Patienten mit sog. "Schweren Persönlichkeitsstörungen" behandelt, eine Diagnose, die immer auch auf "Kontakt- und Beziehungsstörungen" verweist. In den Überweisungsbriefen werden letztere jedoch selten als Einweisungsgrund genannt. Für deren Diagnose ist eher ein subjektives Urteil über Normalität und Fähigkeiten zur Anpassung an soziale Normen gefordert als gesichertes professionelles Wissen. Die in den diagnostischen Leitlinien zum ICD-10 zu "spezifischen Persönlichkeitsstörungen" gegebene Operationalisierung zeigt das recht unverblümt in Formulierungen wie:

"Deutliche Unausgeglichenheit ... in den Beziehungen zu anderen", "das abnorme Verhaltensmuster ist ... in vielen persönlichen und sozialen Situationen eindeutig unpassend", "die Störung ist meistens mit deutlichen Einschränkungen der ... sozialen Leistungsfähigkeit verbunden" (S. 213). Ein Diagnostiker kann nur aufgrund seiner Alltags-Kompetenzen als Gesellschaftsmitglied entscheiden, ab wann er die Art der Beziehungsgestaltung für "unausgeglichen", "eindeutig unpassend" oder die soziale Leistungsfähigkeit für "deutlich eingeschränkt" hält. Wir vermuten, daß solche Alltagskompetenz auch konstitutiv ist bei der Indikation für eine stationäre Psychotherapie, aber sie wird im professionellen Kontext häufig unsichtbar gemacht. Erwartet wird, daß die räumliche Distanzierung von der gewohnten Umgebung eine Entlastung für den Patienten und sein soziales Umfeld herbeiführt und/oder daß durch das Milieu der Klinik der "soziale Anteil" psychischer Störungen besser zu behandeln ist.

Kliniksintern schlägt sich die Bedeutung der Kontakt- und Beziehungsstörungen in der Verwendung der entsprechenden Kategorien in der für jeden Patienten auszufüllenden Dokumentation (Sachsenröder et al. 1993) nieder. Sie tauchen selten als Leitsymptom auf, aber sehr häufig in der Rubrik der "übrigen Symptome". Die Unschärfe des Konzeptes, so ist zu vermuten, verbannt es in die unteren Ränge der Symtomhierarchie. Seine praktische Bedeutung für die Therapie allerdings sorgt dafür, daß es dort eine große Rolle spielt.

Der stationäre Aufenthalt versetzt Patienten, bezogen auf die Kontaktmöglichkeiten, in eine Art Treibhausatmosphäre. Viele bilden einen Gegensatz zwischen "Zuhause" und "Klinik" aus. Immer wieder werden in den Interviews die folgenden spezifischen Erfahrungen thematisiert:

- Zu Hause müsse man selbst aktiv etwas unternehmen, um "nicht allein" zu sein. In der Klinik seien viele Kontaktpartner "da". Hier sei es eher schwierig, auch mal "allein zu sein".

- Zu Hause sei man überwiegend oder ausschließlich von "Gesunden" umgeben. In der Klinik von lauter "ebenfalls Kranken". So habe man mit den Mitpatienten etwas gemeinsam, aber werde auch von deren Leiden "heruntergezogen".

- Zu Hause könne man sich sein Leben selbst einrichten. In der Klinik müsse man sich an vorgegebene Regeln wie z.B. die Hausordnung halten und sich mit dem Personal auseinandersetzen, das sie vertrete. Mitarbeiter seien manchmal "kleinlich", man werde wie "unmündige Kinder" behandelt. Die Anwesenheit der Mitarbeiter als Ansprechpartner gebe aber auch Schutz.

- Zu Hause könne man sich die Menschen, mit denen man den Kontakt wolle, selbst wählen. In der Klinik müsse man auf engem Raum auch mit jenen zusammenleben, die man sich "nie ausgesucht" hätte. Das sei manchmal lästig, biete aber auch die Möglichkeit, eigene Vorurteile zu prüfen und abzubauen.

Als Kontaktraum wird die Klinik hauptsächlich dadurch charakterisiert, daß sie mehr Gelegenheit für Kontakt biete und dessen Vermeidung beinahe unmöglich werde. Nur Patienten, die zurückgezogen bleiben möchten, beklagen dies als Nachteil. Die meisten - und Therapeuten schon qua Profession - betrachten aber das stationäre setting durchaus als Experimentierfeld, in dem "Kontaktstörungen" nicht nur besonders deutlich hervortreten, sondern auch Veränderungen in der Gestaltung von Kontakten und neue Strategien erprobt werden können.

Eine in den uns vorliegenden Interviews mit Patienten mehrfach angesprochene und offenbar subjektiv bedeutsame Strategie hat erkennbar zum Ziel, die Beziehungen zum Personal zu enthierarchisieren. Nur dort, wo dies gelingt, wird von Kontakt gesprochen. In hierarchischen Beziehungen wird von "Gesprächen", "Konferenzen", "Besprechungen" gesprochen; in diesem Kontext werden Probleme nicht als solche des Kontakts, sondern als "Kommunikationsstörung", "Mißverständnis" o.ä. beschrieben. "Kontakt" scheint eher ein Konzept zu sein, das in nichthierarchischen Beziehungen Verwendung findet oder in Verbindung mit Abstrakta (z.B. Kontakt mit der Realität). Zuschreibungen, die Patienten von sich aus machen, folgen zunächst nicht einem Modell der "Übertragung" von Beziehungsmustern aus der Herkunftsfamilie auf die neue Umgebung; sie bleiben allgemeiner. Die Mitarbeiter der Klinik werden eher als "Autoritäten" wahrgenommen, zu denen sich ein Vertrauensverhältnis erst entwickeln muß, damit eine Übertragung im engeren psychoanalytischen Sinne sich entfalten kann. Patienten scheinen hier eine *Helferübertragung* zu haben, die aus Vorerfahrungen mit anderen professionellen Helfern stammt (Buchholz und Seide 1995). Mitpatienten werden dagegen unproblematisch zu "Übungspartnern".

Erfolgreich wird das Bemühen um Kontakt zu den Mitarbeitern erst dann, wenn es gelingt, diesen Kontakten eine häufig als "menschlich" bezeichnete Qualität zu geben. Damit wird indiziert, daß die Szenarien des Kontakts "greifen" und nicht vom Autoritätsgefälle der Helferübertragung übersteuert werden. Auch Mitarbeiter müssen als "Menschen" und nicht nur als Funktionsträger wahrnehmbar geworden sein.

Wir wollen also wissen, wie unsere Interviewpartner von Kontakt sprechen, wie sie ihn metaphorisch konzeptualisieren, und dabei wissen wir selbstverständlich nicht, wie "Kontakt" von anderen Interviewpartnern in anderen sozialen Kontexten verwendet würde; wir halten das für eine offene empirische Frage. Unsere

Ergebnisse unterliegen hinsichtlich der Stichprobe natürlich einer solchen Einschränkung.

Methode der Auswertung

Um "Kontakt" in der sprachlichen Verwendung eines Interviews als Szenario analysieren zu können, bietet es sich an, bei ihm als dem Zielbereich, nicht bei den bildgebenden Ursprungsbereichen anzusetzen. Dazu wurden sämtliche Interviews nach einer einfachen Methode transkribiert. Weil prosodische Äußerungen nichts Relevantes zur Art und Weise der Füllung des leeren Konzept beitragen, genügte uns eine solche Transkription. Sie war bezüglich der sprachlichen Äußerungen genau, enthielt Satzreparaturen, Neustarts von Sätzen, Abbrüche und hielt auch "hms" fest. Aber der auf- oder absteigende Tonfall, die "overlaps" zwischen Interviewerin und Interviewtem, wurden nicht notiert.

Die Interview-Sets wurden mit Hilfe des ATLAS-Programms analysiert. Dieses Programm wurde von Thomas Muhr, Berlin, entwickelt in Anlehnung an die Erfordernisse qualitativer Forschungen, wie sie v.a. Strauss (1991) für die "grounded theory" formuliert hat. Einzelne Textstellen können als "Zitate" markiert und einem Code zugeordnet werden, die Codes können dann in hierarchische oder baumartige Darstellung gebracht, Zitate mit anderen Zitaten als hyperlinks verknüpft werden. Das Programm bietet vielfältige Möglichkeiten.

In einem *ersten* Arbeitsschritt sahen wir einige Interviews durch und entschieden uns dann für einen einfachen Suchstring, der auf syntaktischer Ebene automatisiert nach dem Wort "Kontakt" und Synonymen (Rapport, Begegnung) sucht. Gebeugte und temporalisierte Verbformen wurden dabei mit aufgenommen. Das Programm zeigt dann jene Zitate aus dem jeweiligen Interview, in denen das Gesuchte erscheint. Die Zitate müssen in einem *zweiten Arbeitsschritt* auf ihre Kontextualität hin überprüft, zu sinntragenden Einheiten ergänzt und damit meist umfangreicher gemacht werden. Die Erstellung des Suchstrings hat eine fokussierende Funktion für die weitere Untersuchung. Sie entscheidet darüber, welche Textstellen automatisch markiert werden und sich dadurch als zum Thema gehörig erkennen lassen. Die Auswahl des einfachen Suchstrings mit nur wenigen Elementen stellte deshalb auch eine interpretatorische Vorentscheidung dar. Wir wollten "Kontakt" von dem verwandten, inflationär gebrauchten Konzept "Beziehung" abgrenzen, weil Kontakt eher als ein nur kurzzeitig zustande kommendes Geschehen verstanden wird und, anders als "Beziehung", an Gegenwart und Gleichzeitigkeit gebunden ist. Diese Bedingung schien uns nur noch das Wort "Begegnung" und "Rapport" zu erfüllen. In einem *dritten Arbeitsschritt* haben wir zusätzlich die Interviews von Hand codiert und jene Zitate hinzugefügt, in denen ebenfalls von Kontakterfahrungen berichtet wurde, ohne daß die Suchbegriffe manifest im Text erschienen. Beispiele dafür wird man später leicht erkennen.

Man erhält auf diesem Wege eine umfangreiche Liste von Zitaten zum Zielbereich "Kontakt". Dieser Phase der *Sammlung von Zitaten* folgt ein eigentlich *interpretierender Arbeitsschritt*, der sich wiederum in zwei Abschnitte unterteilt. Zunächst wurden konzeptuelle Metaphern für den Kontakt konstruiert. Ist etwa in einem Zitat die Rede davon, daß jemand gelernt habe, auf einen anderen "zuzugehen", um Kontakt zu haben, konstruierten wir die konzeptuelle Metapher KONTAKT IST ZUGEHEN. Wenn ein anderer davon schwärmt, mit einem Mitpatienten einen Kontakt gehabt zu haben, "der mich sehr berührt hat", dann konstruierten wir die Metapher KONTAKT IST BERÜHREN. Die Art und Weise der Konstruktion konzeptueller Metaphern wird anhand der Zitate noch detailliert beschrieben. Solchen konzeptuellen Metaphern wurden dann weitere Zitate als Belege zugeordnet.

Der zweite interpretierende Schritt besteht darin, einen Blick dafür zu entwikkeln, daß die konzeptuellen Metaphern des Kontakts in einer Art Reihenfolge angeordnet sind. Bevor man sich "berühren" kann, muß man aufeinander "zugehen". Dabei wurde uns klar, daß die konzeptuellen Metaphern Stufen[73] eines Szenarios indizieren und einer sequentiellen Logik folgen. Wir fanden auch, daß konzeptuelle Metaphern u.a. verwendet werden, um sich implizit darüber zu verständigen, auf welcher Stufe des Kontakts man sich befindet, ob weitere Stufen folgen sollen oder nicht.

Im Prozeß der Interpretation ergibt sich eine außerordentlich interessante Iteration; man "entdeckt" ein Szenario, und dann scheinen plötzlich viele Äußerungen dazu zu passen - bis man die Entdeckung eines anderen Szenarios macht, mit der Folge, daß Neu-Codierungen erforderlich werden, Umgruppierungen sich anbieten, die ihrerseits in neuen Sichtweisen resultieren. Ein wichtiger Arbeitsschritt besteht deshalb darin, all jene Zitate zu identifizieren, die nicht zum entwickelten Szenario passen und sie daraufhin zu prüfen, ob sie ein eigenes Szenario darstellen. Wir legten eine Sammlung von zu den Szenarien passenden Zitaten an.

Schließlich waren die Szenarien zu formulieren und ihre innere Logik, illustriert durch geeignete Zitate, darzustellen.

Solches Oszillieren zwischen Text und Interpretation ist von vielen qualitativen Forschern beschrieben worden und wir haben den Eindruck, daß solche Arbeitsschritte unumgänglich sind, will man nicht einfach oberflächliche Kategorien über

[73] Wir haben die Idee der "Stufen" dem Interview mit einer Patientin entnommen, die expressis verbis davon sprach.

Inhalte bilden. Bude (1989, 1990) stellt der "pedantischen Genauigkeit" klarer Kategorienbildung eine "phantastische Genauigkeit" (des subjektiven Vorstellens, das in der Interaktion mit dem Material zur Disposition gestellt wird) gegenüber. Qualitative Forscher brauchen - wie alltägliche Interaktionsteilnehmer auch - einen sinnlichen Sinn für die in ihrem Material präsentierten Gestalten, Verweisungen, Anschlüße. Sie müssen sich anregen lassen, abwegigen Einfällen nachgehen, Thesen als "bricolage" kreieren und festhalten und diese dann immer wieder überprüfen. Dazu bietet das ATLAS-Programm die von uns in extenso genutzte Möglichkeit, solche Ideen in Memos niederzulegen. Willkürliche Interpretationen haben wir durch Arbeit in Gruppen einzugrenzen versucht.

Vielfach hängt die Präsentation qualitativ gewonnener Ergebnisse von der Evidenz ab, die durch die Darlegung des Originalmaterials erzeugt wird. Dazu reichen oft weder Platz noch Geduld des Lesers. Wir präsentieren deshalb eine Auswahl derjenigen Zitate, die unserer Auswertungsgruppe als prototypisch erschienen sind. Die Zitate selbst können nur Illustrationen sein; unser Ziel bestand in der Erschließung derjenigen Szenarien, mit deren Hilfe unsere Interviewpartner ihr Konzept "Kontakt" zur "Darstellung" - wie es in der Ethnomethodologie heißt (vgl. Weingarten und Sack 1976, aber auch Buchholz und Streeck 1994) - brachten. Wir beanspruchen, dem Leser hinreichend Material zu bieten, damit er sich seinerseits als distantes Gruppenmitglied etablieren und seine kritischen Lesarten erproben kann.

Die Fundstellen werden dabei folgendermaßen angegeben: P 1/23 bedeutet, daß es sich um das 23. Zitat aus dem Interview mit dem ersten Patienten handelt; die Ziffer 23 besagt aber nicht, daß es sich um das 23. Zitat zum Bereich Kontakt handelt. Wir haben die Interviews auch hinsichtlich anderer Aspekte ausgewertet, über die an anderer Stelle berichtet werden soll; aber das Programm vergibt automatische Zitatziffern, die wir nicht umstellen wollten. Die Numerierung schließt also andere Codierungen mit ein.

Die Angabe T 1/15 besagt dann, daß es um das 15. Zitat aus dem Interview mit dem Therapeuten des ersten Patienten geht. Für die komplementärtherapeutischen Bereiche gilt entsprechendes; hierbei wird der Buchstabe K verwendet. Es dürfte für Leser auf diese Weise leicht sein, die Interviewsets einander zuzuordnen. Wir behandeln aber *zunächst* die Zitate insofern als homogen, als wir für die Darstellung der Szenarien keine Unterscheidung zwischen den Gruppen der Interviewpartner machen; diese Unterscheidung spielt erst im Abschnitt über die "Passung" von Patienten und Behandlern eine Rolle. Zunächst also behandeln wir es als gleich gültig, ob ein Patient oder ein Behandler Kontakt als "zugehen" konzeptualisieren.

Ergebnisse

Wir präsentieren unsere Ergebnisse in der folgenden Reihenfolge: Zunächst untersuchen wir die Mittel der Darstellung in den Zitaten, dann die von unseren Interviewpartnern verwendeten formalen Unterscheidungen und Dimensionen des Kontakts, schließlich dessen Szenarien.

Die in den Interviews verwendeten Darstellungsmittel

Das metaphorische Zitatformat

Anstelle von vielen wollen wir ein einziges Zitat eines Therapeuten hier an den Anfang stellen. Es geht thematisch um die Therapieziele. Sie steuern die therapeutische Interaktion mit. Können sich Therapeut und Patient darüber nicht einigen, müssen sie innerhalb der Interaktion verhandelt werden. Eine solche Verhandlung wird im folgenden Zitat unter Verwendung besonderer Darstellungsmittel geradezu dramatisch dargestellt.

> T 8/1: sein Therapieziel war, das paßt überhaupt nicht mit meinem Therapieziel zusammen, sein Therapieziel war, ich möchte völlig angstfrei werden, so phobische Ängste und so und Sicherheit im Kontakt mit Menschen, hohes Mißtrauen gegenüber Menschen, Angst vor Auslieferung und so, ich möchte angstfrei die Klinik verlassen, damit ich möglichst schnell meinen Beruf als ... schaffe und möglichst schnell Macht, eine machtvolle Position, Betriebsleiter oder was oder weiß ich, Parteivorsitzender so wie Hitler, Macht, eine machtvolle Position, gerade damit ich Macht ausüben kann, das war sein Ziel.

Das Zitat zeigt einige Charakteristika therapeutischen Sprechens. Vielfach treten Satzreparaturen auf, die die eigentümliche "Offenheit" der Bedeutungsgebungen, die vielfachen assoziativen Anspielungen abbilden, häufig, wie auch hier, unter Verwendung des Zitatformats. Das Zitatformat ist ein eigenes Sprechformat[74] unter anderen. Das wörtliche Zitatformat, besonders von Bergmann (1987) in seiner Untersuchung über den Klatsch herausgestellt, wird in der Konversation

[74] Solche Sprechformate, etwa bei der Begrüßung am Telefon oder bei Verabschiedungen, bei Einführung neuer Themen in ein Gespräch haben wir bereits dargestellt (vgl. Heritage 1984, Wolff und Meier 1995). Sprechformate sind in der Verständigung außerordentlich wirksam. Interaktionsteilnehmer beherrschen sie mehr oder weniger gekonnt. Sie sichern den Ablauf, denn jeder der Beteiligten ist in gewissem Maße orientiert, was "los ist", "was jetzt kommt" oder noch "zu erwarten" ist.

durch sog. verba dicendi ("Und da sagte er: '...'"), durch intonatorische Markierung oder andere kleinformatige Äußerungen indiziert. Es erfüllt immer einen bestimmten Zweck. Es wird verwendet, wenn Menschen einen erhöhten Anspruch auf Glaubwürdigkeit darstellen wollen. Sie machen dadurch jedermann verständlich, daß sie die Dinge so wiedergeben wollen, wie sie tatsächlich vorgefallen sind, denn sie zitieren ja wörtlich. Eine weitere Absicht kann mit der Verwendung des Zitatformats realisiert werden. Man kann z.B. tabuisierte Worte verwenden, die man ja "nur wiedergibt". Das wörtliche Zitatformat ist raffiniert; man verletzt eine Norm - und zugleich erkennt man an, daß sie besteht.

Wir finden hier eine Sonderform, die wir als *metaphorisches Zitatformat* bezeichnen wollen. Das metaphorische Zitatformat wird manchmal durch Äußerungen wie: "...so nach dem Motto...", "der Tenor war..." indiziert, aber häufig fallen diese Indizierungen auch weg. Das metaphorische Zitatformat muß dann kontextuell erschlossen werden.

Im genannten Zitat aus dem Interview wird die *Form des Zitierens* selbst noch einmal *metaphorisch* verwendet. Der Therapeut sagt, "ich möchte Parteivorsitzender so wie Hitler werden" - aber er meint den Patienten. Der Therapeut gibt gerade nicht *wörtlich* - gleichsam in Anführungszeichen - wieder, was der Patient tatsächlich gesagt hat. Vielmehr faßt er zusammen, was der Patient hätte sagen *können*, wenn er es hätte *sagen* können. Auch das *metaphorische Zitatformat* ist raffiniert. Es bietet einem Sprecher die Möglichkeit, zusammenfassende Formulierungen anzubieten, wobei *er* Autor dieser Zusammenfassungen ist. Durch die Verwendung der *Form* des Zitierens kann jedoch diese Autorenschaft gleichsam unsichtbar germacht werden. Die *Form* des Zitierens wird dabei so verwendet, daß der Referent des Sprechens ("ich") wechselt, was uns befähigt, überhaupt zu erkennen, daß etwas zitiert, "im übertragenen Sinne: wörtlich", wiedergegeben werden soll. Aber Ich, das ist der Andere. In dem Fragment "gerade damit ich Macht ausüben kann" meint der Therapeut ja nicht sich selbst, sondern gibt den Patienten wieder. "Ich" ist hier der Patient.

Das metaphorische Zitatformat bietet weiter die Möglichkeit der expressiven Intensivierung. Es wird nicht "wörtlich" wiedergegeben, sondern nur die *Form* des Zitierens "im übertragenen Sinne" verwendet, um unter Beibehaltung des Glaubwürdigkeitsanspruchs die komplexitätsreduzierende Strategie der Metapher zur Darstellung bringen zu können. Intensiv wird vom Therapeuten der Wille zur Macht bei diesem Patienten dargestellt, den er dann durch Verwendung einer manifesten Metapher ("Parteivorsitzender so wie Hitler") zu einer Figur bündelt. Die Intensivierung geschieht durch Stimulierung der Vorstellungen des Hörers bzw. Lesers. Würde man sich als Kontrast vorstellen, der Therapeut hätte nicht Hitler, sondern den Bundeskanzler genannt, hätte er ebensogut die Machtorientierung seines Patienten mitteilen können, aber diese Metapher wäre weniger geeignet gewesen, den erlebten Konflikt der Therapieziele in gleicher Intensität darzustellen. Die evaluative Funktion der Metapher legt gleichsam von selbst eine Verurteilung eines solchen Therapieziels nahe.

Mit diesen darstellerischen Mitteln indiziert der Therapeut, daß das eine Therapieziel des Patienten ("Macht über andere Menschen wie Hitler") mit dem anderen Therapieziel ("Sicherheit im Kontakt mit Menschen") als nur problematisch vereinbar angesehen werden kann. Die machtvolle Beherrschung anderer Menschen schließt Risiken des Machtverlusts ein, gibt insofern keine "Sicherheit im Kontakt", zumal wenn "hohes Mißtrauen gegenüber Menschen" im Spiel ist.

Damit der Patient keine Angst vor den anderen haben muß, sollen diese umgekehrt Angst vor seiner "machtvollen Position" haben - das ist die implizite Theorie des Therapeuten über seinen Patienten, die er unter Verwendung des metaphorischen Zitatformats *darstellt*, aber nicht ausdrücklich formuliert. Auf dieses Ziel für Kontakte habe der Patient seinen Therapeuten verpflichten wollen, der sich damit nicht hat einverstanden erklären können. Die Verhandlungen über solche Therapieziele, finden nun ihrerseits *innerhalb* des therapeutischen Dialogs statt, in den sich ein solches Therapieziel einträgt. Der Therapeut verwendet das metaphorische Zitatformat hier, nicht nur um Glaubwürdigkeit zu beanspruchen, sondern auch um die intensiven Belastungen einer solchen Interaktion zu dokumentieren und seinem Interviewpartner glaubwürdig nachvollziehbar zu machen. Einen "Hitler" zu behandeln, würde nicht nur voraussetzen, selbst mächtiger als dieser zu sein. Da dies nicht möglich ist, ist die verwendete Metapher die Lösung eines anderen Rätsels: Einen "nicht funktionierenden Hitler" läßt man besser in diesem Zustand; Hitler sein oder werden zu wollen, muß selbst als "Krankheit" aufgefaßt werden. Die Verhandlung über solche Ziele ist bereits Teil der Therapie; ein solches Ziel *für* den Kontakt muß *im* Kontakt problematisiert werden. Die Darstellung dieses Konflikts erfolgt hier für die Interviewerin mit dramatischen Mitteln, wovon wir das metaphorische Zitatformat herausgehoben haben.

Kontaktobjekte, Kontaktmedien und Kontaktziele

Unsere Interviewpartner unterscheiden, wenn auch nicht immer ganz trennscharf, zwischen "Kontaktobjekten", "Kontaktmedien" und "Kontaktzielen". Diese sind von uns so bezeichnet worden.

Objekte des Kontakts sind solche, mit denen oder zu denen Kontakt "besteht", "aufgenommen", "geknüpft", "hergestellt" wird oder werden soll. Dies können andere Personen, aber auch Abstrakta wie "die Realität" sein (zu der jemand den Kontakt verliert), schließlich aber auch die eigene Person, die Gefühle oder der eigene Körper.

Medien des Kontakts vermitteln den Kontakt durch gemeinsamen Bezug auf ein Drittes. Eine charakteristische Formulierung verwendet dabei die Präposition "über" ("über das Spiel kamen wir in Kontakt").

Ziele des Kontakts bilden gleichsam die Begründung, wozu der Kontakt überhaupt gesucht/hergestellt wird. Das kann der Kontakt selbst sein, der dann als eigener Wert beschrieben wird. Ziel kann aber auch das Verstehen sein, die Annahme oder Selbstannahme, aber auch die Steigerung der "Kontaktfähigkeit" oder der Wunsch, wie wir eben gesehen haben, andere Menschen zu beherrschen.

Ein Beispiel für ein Kontaktobjekt:

> P 22/1: und so ist mir bewußt geworden, daß ich, ja, Probleme habe, mit meinen Gefühlen in Kontakt zu treten. Daß ich so lange Zeit sagte, oh, ich komme an meine Gefühle nicht ran, ich fühl ja gar nichts (lacht). Ich dann zwar immer so von außen gesagt bekommen habe, das stimmt doch gar nicht, weil da und da und da hast du doch das und das gemacht, das waren doch Gefühle, hab ich gedacht, hm, komisch, ja, waren das Gefühle?

Hier sind es die Gefühle, zu denen die Patientin, unterstützt von Hinweisen anderer, Kontakt aufnimmt, und diese Kontaktaufnahme selbst wird von ihr als positives Behandlungsergebnis gewertet. Zugleich läßt sich das indizierte Szenario erkennen: Es sind "Probleme", die die Patientin "hindern", ihre Gefühle wahrzunehmen und an sich "ran" kommen zu lassen. Die Gefühle erscheinen als Objekte, zu dem der Kontakt durch "Probleme" blockiert ist; leicht läßt sich die Verwendung des Pfad-Schemas sehen. Ziel wäre, mit ihnen in Kontakt zu kommen. Wir wollen die schematische Struktur hier abbilden:

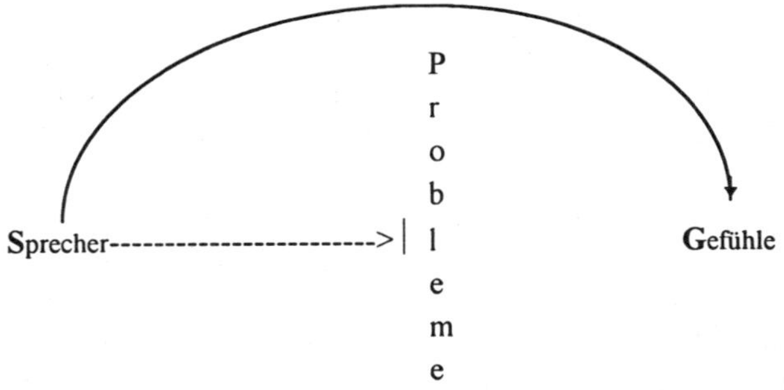

Schema für Kontakt als "rankommen" an die Gefühle, das durch Probleme behindert wird

Deutlich läßt sich der Kontaktpfad erkennen. Der Kontakt von S zu G wird durch die Metapher DER KONTAKT IST EIN PFAD konzeptualisiert. Der Pfad verläuft von S zu G und führt *über* die Probleme. (Hier würde charakteristischerweise nicht von Problem"lösung", sondern von "-überwindung" gesprochen). G ist das Ziel des Pfades, der bei S beginnt. Es ist interessant, daß dasselbe Schema auch verwendet wird, wenn nicht von Gefühlen als Kontaktobjekten, sondern von Personen, an die man "rankommen" oder herantreten will, gesprochen wird. So generiert das Schema die konzeptuelle Metapher GEFÜHLE SIND PERSONEN. Vielfach sprechen unsere Interviewpartner von Gefühlen in dieser Weise. Die Gefühle haben dann eine eigene Macht, man muß mit dem Ärger (als Gegner) kämpfen oder wird vom Zorn übermannt, sie können "auftreten", wegbleiben oder überraschen (vgl. Kövecses 1995).

Es sind solche Einzelanalysen von Textstellen, die uns immer wieder die Annahme von Kontaktszenarien nahegelegt haben. Zunächst aber wollen wir mit der Darstellung der Medien, Ziele und Objekte des Kontaktes fortfahren.

In einem weiteren Zitat wird der Körper sowohl als Kontaktobjekt wie als Kontaktmedium angesprochen:

> K 1/54: Sie hat - je länger wir gearbeitet haben mit Körper, Körperkontakt auch und immer wieder so zum Aufwärmen - sie hat ganz gern Kontakt zu eigenen Körperteilen auch aufnehmen und das in unterschiedlicher Art und Weise. Es gefiel ihr zunehmend besser, mit den eigenen Körperteilen auch Kontakt aufzunehmen.

Der Körper bzw. seine Teile erscheinen hier als Medium der körpertherapeutischen Arbeit, zugleich aber wird mit ihm Kontakt als Objekt aufgenommen. Ziel ist hier das "bessere Gefallen" am eigenen Körper. Als eine Zwischenstufe der Kontaktaufnahme mit dem eigenen Körper wird hier vom "Aufwärmen" gesprochen. Diese Formel bezieht sich einerseits wörtlich auf den Körper - hier ist der Beginn eines sportlichen Trainings der bildgebende Bereich. Aus diesem Bereich wird das "Aufwärmen" nun aber zur Metapher für eine Anfangsphase der therapeutischen Arbeit; "Aufwärmen" wird im körpertherapeutischen Kontext zum "Doppelgänger"[75]. So kann man die auch in anderen Zusammenhängen gebrauchte konzeptuelle Metapher KONTAKT IST WÄRME formulieren.

Person und Körper rücken in dieser Darstellung in auffallender Weise auseinander. Unter "normalen Umständen" stellen wir uns vor, eine Person bewohne ihren Körper. Hier aber muß Kontakt zum eigenen Körper, zu eigenen Körperteilen "aufgenommen werden". Nur wenn der Körper als ein Kontakt*objekt* dargestellt wird, kann auch die therapeutische Aufgabe, mit ihm Kontakt aufzunehmen, formuliert werden. Dabei kommt ebenfalls das Pfad-Schema zur Anwendung:

---

[75] Dieser Begriff ist bei Buchholz (1996) erläutert; er meint, daß ein und derselbe sprachliche Ausdruck mehrere Kontexte indiziert und zwischen wörtlicher und metaphorischer Bedeutung changiert.

Person >-----KONTAKT IST AUFWÄRMEN -----> Körper

Durch die Wärme des Kontakts rücken beide allmählich näher aneinander. Diese größere Nähe zwischen P und K ist das Ziel des Kontakts. Die Kontaktaufnahme beginnt distant; sie erfolgt in dieser Darstellung, als wäre P eine fremde Person, die sich von außen ihrem Körper nähert. Eine solche Nähe zwischen P und K ermöglicht erst, daß der Körper nicht Kontaktobjekt, sondern Kontaktsubjekt wird und die sich als "normal" angenommenen Verhältnisse wieder herstellen. Dabei operiert stillschweigend eine weitere konzeptuelle Metapher NÄHE IST WÄRME.

Die Kontaktaufnahme mit dem eigenen Körper kommt im folgenden Zitat in einer Variante zur Darstellung:

> K 6/58: Vertrauen war immer mehr möglich, Vertrauen anderen gegenüber haben, sich öffnen, sich äußern, mehr sagen, eine wichtige Sache noch, er fand es schön, sich selbst zu berühren.

Auch wenn "Kontakt" im Zitat nicht manifest erwähnt wird, ist er thematisch als "Vertrauen anderen gegenüber" hier angesprochen. Die Darstellung benutzt das Link-Schema und verbindet eine Reihe von sich erläuternden Konzepten miteinander: Erst ist Vertrauen möglich, dann Vertrauen gegenüber anderen. Weil "Vertrauen" so immer noch "leer" bleibt, werden "sich öffnen", "sich äußern" und "mehr sagen" als imaginative Bildgebungen angefügt und dann ein "wichtige Sache" hervorgehoben, die Selbstberührung. Die Frage stellt sich, wie hier der Zusammenhang zwischen "Kontakt zu anderen" und "Selbstberührung" gesehen wird?

Zur Beantwortung dieser Frage formulieren wir in einem ersten Schritt die konzeptuellen Metaphern als VERTRAUEN IST KONTAKT; VERTRAUEN IST ÖFFNUNG; KONTAKT IST BERÜHRUNG und KONTAKT IST ÖFFNUNG. In einer einzigen Äußerung finden wir so ein offenes System metaphorischer Gleichungen.

Der zweite Schritt ist die Untersuchung der schematischen Struktur. Der letzte Teil des Zitats, die Selbstberührung, folgt dem schon bekannten Schema

Person >----KONTAKT IST BERÜHREN ------> Körper

Dies Schema bildet jedoch nicht die Beziehung zu den Anderen ab. Hier sehen wir eine andere schematische Struktur:

Person >---KONTAKT IST ÖFFNUNG ---> Andere

Wir können sehen, daß beide Schemata als kohärent dargestellt und verwendet werden. Auch hier ist der Körper zunächst von der Person distanziert, er wird *als* ein "Anderer" dargestellt, mit dem die Berührung als "schön" evaluiert wird. Ihm zu vertrauen, bedeutet dann, *sich* zu öffnen - wobei in der Darstellung unscharf bleiben kann, ob sich der Körper oder die Person öffnet. Die Erreichung des verbesserten Kontakts mit dem eigenen Körper erläutert und bekräftigt die Kontaktfähigkeit zu anderen "Objekten". Es entsteht ein doppeltes Ziel des Kontakts: Vertrauen (zu anderen) *und* Selbstvertrauen. Die umgangssprachlich durchaus vertraute konzeptuelle Metapher KONTAKT IST ÖFFNUNG basiert auf dem Container-Schema, das hier verwendet wird, um sowohl das eigene Selbst als auch Andere darzustellen. Das Selbst wird als Container imaginiert, der sich öffnen kann, sich dann auch "äußert", d.h. seine Inhalte an andere weitergeben kann und umgekehrt von Anderen Inhalte aus deren Selbst-Container empfängt. Deutlich erkennbar ist die Verknüpfung dieser Metaphorik mit der Körpererfahrung: wenn der Patient sich selbst berührt, kommt er mit den Inhalten des Selbst-Containers in Kontakt. Dies setzt die Komplementärtherapeutin mit Vertrauen (= Öffnung) gegenüber anderen gleich. Wir werden noch sehen, daß solche Reziprozität an Bedingungen geknüpft ist. Vertrauen muß, wie es die umgangssprachliche Formulierung beschreibt, "aufgebaut" werden, und das impliziert eine Logik, die wir später als Szenario zeitlicher Abläufe formulieren wollen.

Auch im folgenden Zitat einer Patientin finden wir diese kohärente Darstellung zweier Schemata:

> P 3/2: Und das ist ein Punkt, das hab ich hier zu wenig gekriegt, Nähe. Daß mich mal jemand in den Arm nimmt oder ich selbstverständlich jemand in den Arm nehme, das hab ich hier vermißt.

Körperlicher Kontakt wird in den Äußerungen dieser Patientin als "Nähe" thematisiert und dessen Fehlen moniert. Wir sehen hier eine weitere Bestätigung unserer Theorie von den leeren Konzepten. Der erste Satz dieses Zitats endet mit "Nähe", die sie "zu wenig gekriegt" habe. Mit dieser Substantialisierung ist Nähe als Kontaktobjekt indiziert; sie zu "kriegen" ist das Kontaktziel. Sie bleibt als Konzept noch leer. "Nähe" markiert zunächst nichts weiter als einen Ort im semantischen Raum, der nun durch szenische Bilder illustrierend gefüllt werden muß, um Verständlichkeit herzustellen. Die Füllung des leeren Konzepts der Nähe erfolgt dann im zweiten Satz, wie um ein Beispiel für das mit Nähe Gemeinte zu geben. Es wird von körperlichen Berührungen gesprochen. KONTAKT IST BERÜHRUNG - so heißt wieder die konzeptuelle Metapher. [76]

---

[76] Als Kontrast kann man sich Darstellungen anderer konzeptueller Metapher vorstellen, z.B.: "daß ich hier niemanden gefunden habe, der mit mir auf gleicher Wellenlänge lag",

Sieht man genauer hin, fällt auch hier die Verwendung zweier Schemata auf. "Nähe" wird hier als etwas angesprochen, das man "kriegen" (sensu: bekommen, erhalten, erwerben) und das quantifiziert ("zu wenig") werden kann. Nähe und Distanz sind verräumlichende Anschauungsbilder, die im Zusammenhang mit Kontakt sehr häufig verwendet werden. Der bildgebende Ursprung der Nähe-Distanz-Metapher gehört zum Pfad-Schema. Die Substantialisierung von "Nähe" als Kontaktobjekt hat den Effekt, daß "Nähe" jetzt an jene Stelle des Schemas treten kann, wo vorher "Andere" oder der "Körper" standen. Die im bildgebenden Bereich implizierte Bewegung der Person P wird damit stillgestellt und zugleich mit einer Umkehrung der Bewegungsrichtung verbunden. Es ist, als hätte die Patientin erwartet, daß "die Nähe" wie eine Person auf sie zukommt.

Person <-----KONTAKT IST BERÜHRUNG <-------< Nähe

Mit dieser Umkehrung evaluiert sie den therapeutischen Kontakt; sie hat diese Bewegung auf sie zu vermißt. In den Metaphern für die Kontaktgestaltung werden implizit "Vorschriften" über die richtige "Dosierung" von Gefühlsintensitäten mit transportiert, die sich hier zur Substantialisierung verdichtet hat. Das erwartete richtige Kontaktgefühl entstünde durch Verbindung zweier Dimensionen: a) "richtiger" Abstand zum Kontaktobjekt und b) wenn die Initiative beim Kontaktobjekt liegt. Im Pfad-Schema ist nicht festgelegt, *wer* sich aktiv bewegt, die Person oder das Objekt. Weil der zweite Aspekt, die Initiative des Objekts, der Patientin offensichtlich wichtiger ist, muß sie ein weiteres Schema in der Darstellung verwenden. Sie illustriert eine andere Szene und spricht vom In-den-Arm-nehmen. Das impliziert ein Umfaßt-Werden ihres Körpers, und eine solche Szene gehört zum Container-Schema. Sie wäre dann Inhalt eines umfassenderen Containers. Auf diese Weise kann sie passivische Erwartungen als Kontaktziel artikulieren und deren Nicht-Realisierung anmahnen.

Eine solche Metaphorik ist bei Patienten, von denen angenommen werden kann, daß sie zum Zeitpunkt der Abschlußinterviews in den therapeutischen "Jargon" einsozialisiert worden sind, nicht überraschend. Aber daß eine solche Metaphorik überhaupt greift, dürfte der basalen Körpererfahrung geschuldet sein; wir wären sehr überrascht, würden wir konzeptuelle Metaphern der Art KONTAKT IST DISTANZ finden. Solche metaphorischen Konzeptualisierungen sind zwar möglich, setzen aber immer die Annahme besonderer Umstände voraus. Beliebig können auch therapeutische Metaphern weder konstruiert werden, noch werden sie beliebig angenommen.

"daß niemand auf mich zugegangen ist", "daß es so wenig Möglichkeiten gab, Kontakte zu knüpfen" usw.

Wir haben zuletzt ein Beispiel für ein abstraktes Kontaktobjekt gewählt. Kontaktobjekte sind nicht nur konkrete Personen. Aber sie können hinsichtlich der schematischen Struktur *wie* Personen dargestellt und dann auch mit Personen zukommenden Qualitäten ausgestattet werden. Hier sehen wir die operative Funktion der konzeptuellen Metapher.

Wir wenden uns nun den Kontaktmedien zu.

Die Ambivalenz der Kontaktmedien

Ein Beispiel für ein Kontaktmedium:

> P 7/2: Ja, das war, ja als ich hierher gekommen bin am Montag und dann wurde gleich am Mittwoch Fußball gespielt, also die Patienten gegen das Personal und da hat das Personal gespielt und da war schon Kontakt da.

Und der gleiche Patient:

> P 7/3: Und eine Woche später war dann diese Anamnese und da war schon der Kontakt da und das ging eigentlich ganz locker und das war schön.

Hier kann man sehen: Medium des Kontakts ist für diesen Patienten in unproblematischer Weise einmal das Fußballspiel, ein andermal die Anamnesenerhebung - beide Male "war schon der Kontakt da". "Fußballspiel" und "Anamnesenerhebung" werden hier hinsichtlich des Kontakts als funktional äquivalent dargestellt. Sie sind beide gleichermaßen Medien. Kontaktmedien organisieren die Synchronisierung der Kontaktpartner, indem und soweit diese sich *durch* ein Drittes und *über* dieses Dritte aufeinander beziehen. Dieser doppelte Bezug stellt Kontakt her, gibt umgekehrt der gemeinsamen Aktivität den Status eines Mediums.

Nicht immer jedoch wird das Kontaktmedium so ambivalenzfrei wie in diesen beiden Zitaten von P 7 dargestellt. Kontaktmedien ermöglichen *und* be- oder verhindern Kontakt. Welche dieser Möglichkeiten überwiegt, wird kontextuell entschieden. Ein prominentes Medium ist die Sprache, die Kontakt herstellen, aber auch behindern kann.

> K 20/1: Also ich mache immer Vorgespräche, bevor die in den Kurs kommen, und im ersten Kontakt in diesem Vorgespräch ist mir so in Erinnerung, daß ich sie nicht verstanden habe, weil sie erstmal so einen komischen Dialekt sprach, sie kommt also aus Süddeutschland und sprach sehr bayrisch, sehr konturiertes bayrisch, ich mußte öfter, das ist mir so in Erinnerung, nachfragen, einfach aus Verständnisgründen.

Hier erschwert die sprachliche Besonderheit den Kontakt, insofern er mit dem Ziel des Verstehens geführt wird. Die sprachliche Differenz muß durch "nachfragen" überwunden werden, um Kontakt zu realisieren. Hier heißt die konzeptuelle Metapher KONTAKT IST VERSTEHEN.

Umgekehrt kann die Gleichheit der Sprache als Kontaktmedium auch Kontakt behindern:

> T 12/1: Ja, im Erstkontakt fand ich, daß er sehr rationalisierend war, er hatte so einen Therapeutenjargon drauf. Er hatte für alles einen psychologischen Namen und vermittelte mir den Eindruck, daß er alles schon kennt.

Die Ähnlichkeit der verwendeten sprachlichen Codes (Therapeutenjargon) verhindert hier aus Sicht des interviewten Therapeuten gerade, daß die Sprache als Kontaktmedium funktioniert. Indem er das Gespräch als "Erstkontakt" bezeichnet, gibt er ihm eine institutionelle Rahmung. Ein *inneres* Ziel des Kontakts, den Patienten als "Anderen" kennenzulernen, konnte solange nicht erreicht werden, wie dieser sich nur als Spiegel des therapeutischen Jargons zeigte. Als solcher zeigt er dem Therapeuten nur, was dieser schon kennt, dessen eigene Sprache, nicht aber sich. Diese ähnliche oder gar gleiche Verwendung einer Sprache be- oder verhindert hier den Kontakt. Es ist so, wie wir im theoretischen Kapitel formuliert haben: Es braucht eine Differenz, damit die eigentümliche kommunikative Leistung, die als Kontakt dargestellt wird, realisiert werden kann. Wo Identität (hier: der Sprache) dominiert, droht ein Zusammenbruch des Kontakts, wo die Differenz besteht, kann sie - wie im Beispiel der bayrisch sprechenden Patientin - durch "Nachfragen" abgearbeitet werden.

Die Ambivalenz der Kontaktmedien läßt sich nicht nur am Beispiel der Sprache dokumentieren:

> T 15/2: Hatte einige Kontakte, insbesondere zu, wie ich das gesehen habe, einem Mitpatienten, mit dem er Tischtennis gespielt hat, auch Rad gefahren ist. Aber im großen und ganzen schon eher aktiv zurückhaltend, sich selber isolierend.

Der Kontakt zum "Objekt", dem Mitpatienten, wird, soweit er zustande kommt, über die Medien Tischtennis und Radfahren vermittelt. Von diesem bleibt aus Sicht des Therapeuten unklar, ob der Patient durch die Medien Kontakt sucht/findet oder eher vermeidet. Zwei manifeste Metaphern ("aktiv zurückhaltend", "isolierend") werden zur Darstellung der Kontakthemmung des Patienten verwendet. "Isolierung" gehört zu den elektrischen Bildfeldern der häufig vorkommenden Maschinenmetaphern. "Isoliert" wird der "Impuls". Dieses Bildfeld ist funktional äquivalent mit dem anderen vom "zurückhalten" - hier sieht der Therapeut, betont durch die Beifügung "aktiv", eine Kraft, die der Nutzung des Mediums für den Kontakt entgegenwirkt. Dasselbe Schema für Kraft kann durch zwei manifest verschiedene Bildgebungen (zurückhalten/isolieren) dargestellt werden, die behindernde Kraft wird als eine gesehen, die im Patienten wirkt. Es bleibt ambivalent, ob das Medium den Kontakt vermittelt oder eher der Distanzierung gedient hat.

Die Ambivalenz der Kontaktmedien wird selbstverständlich nicht immer dargestellt. Vielfach finden sich auch Beispiele, in denen erst die Einführung eines Mediums Patienten und Therapeuten überhaupt Kontakt ermöglichte. Im folgenden gibt die Komplementärtherapeutin ihren Patienten in Form des schon bekannten metaphorischen Zitatformats wieder. Sie formuliert, als würde sie den Patienten zitieren, aber was sie sagt, ist erkennbar kein wörtliches, sondern ein metaphorisches Zitat. Es ist Zusammenfassung und expressive Intensivierung einer vom Patienten eingenommenen Haltung, die dazu dient, der Interviewerin eine Anschauung zu geben:

> K 4/4: Der Tenor war eher so - ich hab keine Probleme, aber ich will mir das mal angucken und bin schon interessiert daran, darüber vielleicht auch mit den anderen aus der Gruppe Kontakt zu bekommen

"Darüber", d.h. über die Teilnahme an der Mal-Gruppe (Medium), wird der Kontakt ermöglicht. Im folgenden Zitat des gleichen Interviews geht es um ein anderes Kontaktobjekt, zu dem mittels eines Mediums Kontakt geschaffen werden soll.

> K 4/6: Ich war einfach gespannt, ob er das so schaffen würde, einen Zugang zu finden über das Malen zu seinen eigenen Gefühlen.

Kontaktobjekt und -ziel sind hier die eigenen Gefühle, zu denen über das Medium des Malens ein "Zugang" gefunden werden könnte. Wir finden eine Variante des Pfad-Schemas:

Person >-----------> MALEN >-----------> Gefühle

Der Patient geht den Weg "über das Malen" zu "seinen eigenen Gefühlen", die hier das immaterielle Kontaktobjekt sind. Die bedeutungserzwingende Macht solcher Redeformen kann man sich kaum anders vergegenwärtigen, als dadurch, daß man sich vorstellt, einen solchen Satz einmal ohne Verwendung des Pfad-Schemas zu formulieren, ihn gleichsam in ein anderes Schema zu übersetzen.

> Man könnte dann etwa Formulierungen finden wie z.B.: "die Gefühle aus sich herausbrechen zu lassen", "einen Draht zu seinen Gefühlen zu kriegen", "in seine Gefühlswelt eintauchen", "seine Gefühle zeigen" usw. Alle diese Formulierungen würden andere Imaginationen anregen. Die letzte Formulierung vom "zeigen" unterstellt z.B., daß die Gefühle durch etwas in der Verborgenheit gehalten werden und daß sie erst dann, wenn man dies etwas beseitigt hat, anderen Personen gezeigt werden können. Andere Metaphern haben andere operative Funktionen.

Ist die manifeste Metapher vom "Zugang" konzeptuell installiert, folgt nicht nur, daß es ein Ziel solchen Zugangs geben muß, sondern auch, daß es nicht ohne weiteres leicht zu erreichen ist. Das wird durch die Frage unterstützt, "ob er das schaffen würde". Sie impliziert, daß K diesen Weg des Patienten als anstrengend imaginiert. Sie selbst ist "gespannte" teilnehmende Beobachterin. Indem der Patient am Ziel, bei seinen Gefühlen, ankommt, kommt er zu sich selbst, nach Hause. Wir weisen vorgreifend darauf hin, daß die konzeptuelle Metapher KONTAKT IST ZUGANG häufig kohärent verwendet wird mit der DIE PERSON IST EIN HAUS. An irgendeinem Ort in diesem Haus finden sich dann Gefühle als neue - und zugleich alte - Kontaktobjekte.

"Zugang finden" führt über einen "Weg" (das Malen) zu einem Ziel (den eigenen Gefühlen). Vergleichen wir dieses Schema mit der oben dargestellten Thematisierung von "Problemen", so können wir daran die Ambivalenz der Medien demonstrieren: "Probleme" behinderten den Zugang zu den Gefühlen, das Malen hingegen soll den Kontakt ermöglichen. Gemeinsam ist ihnen, daß ein Weg konstruiert wird, der "über" etwas (Probleme oder Malen) führt.

Die manifesten Metaphoriken - so ist z.B. vom "angucken" oder vom "Finden eines Zugangs" die Rede - lassen erkennen, daß hier räumliche und körperlich-sinnliche Anschauungsbilder herangezogen werden, die der szenischen Darstellung des leeren Konzepts "Kontakt" dienen. Anspielungen auf solche Bilder verbinden sich, wie wir schon angedeutet haben, zu Szenarien, die wir im folgenden weiter ausarbeiten werden. Offenbar sprechen die manifesten Metaphern unterschiedliche Sinneskanäle an. Das Auge wird mit dem "Angucken" angesprochen, während der "Zugang" eine Bewegung des Gehens mit dem ganzen Körper darstellt. Kontakt muß - eben weil er ein "leeres Konzept" ist - mit solchen körperlichen Anschauungsmitteln metaphorisiert werden. Diese körperlich-sinnlichen Anschauungsbilder organisieren auch die erschließbaren konzeptuellen Metaphern, wie wir an Beispielen gezeigt haben. Die operative Funktion der konzeptuellen Metaphern läßt diese dann zu "Modellen" des Kontakts avancieren, zu inneren Vorlagen, die die Darstellung und Evaluation des Kontakts bestimmen. Der äußere, tatsächlich realisierte Kontakt muß in der einen oder anderen Weise zur inneren Modellvorlage "passen". Darin sehen wir eine Bestätigung der kognitiv-linguistischen These, wonach der Körper auch in unseren abstraktesten Konzeptualisierungen stets mit repräsentiert ist (Johnson 1987); der Körper wird als Bedeutungsgenerator rehabilitiert.

Bevor wir jedoch zu den Szenarien kommen, wollen wir noch eine weitere Unterscheidung explizieren, die schon in den vorangegangenen Zitaten impliziert war und eine wesentliche Rolle spielte.

Nicht selten wird von Kontakt als Metonymie[77] für "Person(en)" gesprochen oder aber in abkürzender, elliptischer Form:

> T 4/33: Aber es ging ihm einigermaßen gut und er hätte hier 'ne Fülle von Kontakten

Die Rede ist von einem Patienten, der dem Therapeuten nach seinem Aufenthalt eine Mitteilung über die "Fülle von Kontakten" gemacht hat. Kontakte sind hier Personen, mit denen man "Kontakt haben" haben kann. "Kontakt" ist hier eine metonymische Darstellung der vollständigen Phrase: "'ne Fülle von Kontakten mit anderen Personen".

Wird Kontakt in dieser Weise metonymisch verwendet, erhält er selbst keine Qualität zugesprochen; dies ist auch der Fall, wenn Kontakt als Synonym für "Treffen" oder "Termin" verwendet wird. Wir bringen ein Zitat, in dem die Unterscheidung zwischen dem Kontakt in diesem eher formalen Sinn und dessen Qualität explizit getroffen wird:

> T 18/3: Sicher war der Kontakt, dieses Treffen, wichtig, mal was mit dem zu besprechen, aber ob sich die Qualität der Beziehung selbst geändert hat, kann ich nicht sagen.

Zunächst wird Kontakt hier mit "Treffen" gleichgesetzt. Es geht darum, etwas zu besprechen. Das findet im Rahmen eines "Treffens" statt. Wird "Kontakt" in dieser Weise verwendet, ist lediglich seine "äußere Dimension" bezeichnet. Wenn dann weiter von einer schwer einschätzbaren "Qualität der Beziehung" die Rede ist, ist offensichtlich etwas anderes gemeint; wir wollen dies als die innere Dimension bezeichnen. Wir können nun genauer sagen, daß es diese "innere Dimension" ist, die als "leeres Konzept" metaphorisch aufgeladen werden muß. Die "äußere Dimension" bezeichnet das bloße Faktum, den "sozialen Ort". Um sie näher zu bezeichnen, könnten ebenso gut synonyme Kennzeichnungen (wie "Treffen" o.ä.) verwendet werden.

Kontakt hat somit eine "äußere" und eine "innere" Dimension. Er erfordert irgendeine äußere Form, einen Rahmen, der Wechselseitigkeit durch Gleichzeitigkeit ermöglicht; man muß miteinander sprechen, sich sehen, telefonieren, sich treffen. Doch das genügt nicht, damit Kontakt auch persönlich Bedeutung erlangt

---

[77] Metonymie ist ein der Metapher gleichsam opponierendes sprachliches Darstellungsmittel, das wir häufig nach dem pars-pro-toto-Prinzip verwenden (Aus Bonn verlautet..., der General MacArthur eroberte Kyoto...). Die Ellipse ist eine rhetorische Figur, mittels derer ein Sprecher "nur einen Punkt" (eine Ellipse hat, anders als der Kreis, zwei Mittelpunkte) andeutet, um zu implizieren, daß der andere "Punkt" mitgemeint ist. Beispiel: Statt in einer Kneipe zu sagen "Ich hätte gern 'n Bier" (Zwei Punkte: "Ich" und "Bier") wird häufig nur gesagt: "'n Bier".

und *mehr* ist als nur ein formales Zusammen-Treffen. Die Unterscheidung von innerer und äußerer Dimension ermöglicht die Umwandlung eines Ereignisses in ein Erlebnis.

Ist diese Unterscheidung erst einmal etabliert, können die äußere und die innere Dimension gegeneinander ausgespielt werden. So heißt es beispielsweise:

> K 16/60: Und dann habe ich ihm eine zeitlang einfach - ich habe zwar den Kontakt behalten - wir haben Termine gemacht, die er aber oft boykottiert hat

Auch hier wird Kontakt hinsichtlich der äußeren Dimension als "Termin" operationalisiert und die äußere Dimension als Bedingung der inneren gesetzt. Wenn der Patient die äußere Dimension "boykottiert", erschwert oder verunmöglicht er einen "inneren" Kontakt. Aufschlußreich ist, wie K diese Erfahrung verarbeitet. Sie spricht davon, den Kontakt gleichsam einseitig auf Dauer gewahrt zu haben ("*ich* habe zwar den Kontakt behalten"). Das erscheint - wörtlich genommen - schwer vorstellbar, denn zugleich ist der Kontakt weiter als soziale Zweipersonenbeziehung konzipiert. Kommt Kontakt als soziales Ereignis nicht zustande, muß sie eine psychische Leistung erbringen. Sie tut dies, indem sie den Kontakt substantialisiert; sie "behält" den Kontakt. Die innere Dimension findet sich zunächst nur bei K, die nicht aufhört, dem Patienten Terminen anzubieten, auch wenn dieser sie und damit auch die innere Dimension "boykottiert".

Im folgenden Beispiel wird es hingegen schwer, zwischen der inneren und äußeren Dimension zu unterscheiden:

> K 1/107: (Die Interviewerin fragt): Ja, mhm. Dann hast Du gesagt, Du hast später auch noch Kontakt zu ihr gehabt? (K antwortet): Ja, ich habe Kontakt zu ihr, ja.

Das letzte "ja" hat eine schließende Qualität, es beendet den Dialog über dies Thema, und dadurch wird die Unterscheidung zwischen den beiden Dimensionen unscharf gehalten. Wir wollen auf beide Zitate noch unter einem anderen Gesichtspunkt zu sprechen kommen.

Sinnentzug und Sinngebung

Unsere Interviewpartner unterscheiden eine innere und eine äußere Dimension des Kontakts, deren operative Effekte für den therapeutischen Dialog weiter analysiert werden können. Wir wollen dies an den zuletzt genannten Zitaten zeigen. Nehmen wir das Beispiel vom "Boykott". Die Metapher des Boykotts stammt nicht vom Patienten, sondern K kreiert sie, weil der Patient, indem er die Termine boykottiert, den therapeutischen Bemühungen zugleich ihren Sinn entzieht. P wird als einer dargestellt, der gewissermaßen in den therapeutischen

"Streik" tritt, Bemühungen behindert, sich den therapeutischen Zielen gegenüber dadurch "obstruktiv" verhält, daß er nicht oder selten kommt. In der therapeutischen Fachsprache würde hier mit einer anderen Metapher vom "Widerstand" gesprochen.

Die Wirkung der Boykott-Metapher kann man sich kontrastierend veranschaulichen, wenn man sich gedankenexperimentell vorstellt, K hätte einfach mitgeteilt, daß P nicht oder selten zu den Terminen erschien. Das wäre eine zutreffende Verhaltensbeschreibung - aber ohne Sinn. Die Verhaltensbeschreibung würde nur das Rätsel formulieren[78]. Würde man sich weiter vorstellen, K hätte hinzugefügt, "weil er oft krank war", hätte sie mit einem Motiv für sein Fehlen zugleich einen Sinn beigestellt. Das Verhalten wäre eine sinnvolle Handlung geworden.

Der Sinnentzug von P erzeugt für K eine erfahrbare Leere des Kontakts. Der Kontakt selbst ist hier jedoch nicht leeres Konzept, sondern für K ein Rätsel. Es geschieht etwas, nämlich das Fehlen des Patienten. Aber es bleibt ohne Motiv und damit ohne Sinn. In vergleichbaren alltäglichen Situationen würde einem solchen Verhalten routinemäßig der Sinn unterstellt, daß der Andere eben nicht will, und es würde über kurz oder lang mit Kontaktabbruch beantwortet. Nicht so jedoch in der therapeutischen Situation. K *gibt* dem Sinnentzug von P einen Sinn, indem sie das Nicht-Erscheinen bzw. Fehlen von P mit Hilfe der Rede vom Boykott ihrerseits metaphorisiert. Ihre professionelle Leistung besteht darin, den Sinnentzug mit Sinngebung so zu beantworten, daß es weiter gehen kann.

Die Metapher hat ihrerseits operative Effekte. P kann nun als einer wahrgenommen werden, der bestimmte Intentionen verfolgt. Sein Verhalten ist nicht einfach nichts, sondern ein Boykott. Diese Metapher evaluiert das Verhalten des Patienten, doch darüber hinaus zeigt sich noch etwas anderes. Die transzendente Funktion dieser Metapher erzeugt eine Vorstellung vom psychischen Binnenraum des Patienten, in welchem Motive und Intentionen vorhanden sind, die sich in seinem Verhalten dokumentieren. Das Verhalten kann als "Ausdruck von etwas",

---

[78] Statt eines Hinweises auf all die vielen handlungstheoretischen Beiträge zur Unterscheidung zwischen Verhalten und Handlung, reasons and causes, ist es vielleicht überzeugender, an eine Beobachtung des einflußreichen Primatenforschers D.O. Hebb zu erinnern. Hebb machte in seinen Labors, die zur Beobachtung von Primaten eingerichtet waren, eine Beobachtung über das Beobachten. Verhaltensbeschreibungen, und waren sie noch so genau, erwiesen sich in einer speziellen Weise als nutzlos: "All that resulted was an almost endless series of specific acts in which no order or meaning could be found" (Hebb 1946, S. 88). Die Ordnung von Verhalten ist etwas anderes als das Verhalten selbst, sie liegt auf einer anderen, höheren hierarchischen Ebene. Vorhersagen konnten treffender unter Verwendung anthropomorpher Konzepte (der Gorilla ist wütend/eifersüchtig/gereizt o.ä.) gemacht werden: "By the use of frankly anthropomorphic concepts of emotion and attitude one could quickly and easily describe the peculiarities of the individual animals, and with this information a newcomer to the staff could handle the animals as he could not safely otherwise." (A.a.O.).

welches jenseits dieses Ausdrucks liegt, verstanden und dann auch behandelt werden. Diese Art der Sinngebung verfolgt als professionelle Strategie zur Herstellung der Behandlungsfähigkeit die Konstruktion eines psychischen Binnenraums, ohne die Psychotherapie nicht stattfinden könnte. Deren konkrete Ausgestaltung erschließt sich metaphernanalytisch, wobei es eine im individuellen Fall jeweils relevant werdende und zu entscheidende Frage ist, inwieweit die gewählte Metapher dann auch inhaltlich den therapeutischen Prozeß präfiguriert. Als Strategie ist sie notwendig, um sich die Intentionen, Absichten und Motive des Patienten *vor*stellbar machen zu können. Sie operiert mit der im theoretischen Kapitel entwickelten Idee vom Verstehen *als* Vorstellung.

Zur Sinngebung gehört auch, daß K, wie wir schon gesehen haben, davon spricht, den Kontakt erst einmal "für sich" behalten zu haben. Damit stellt sie ihre Intention dar, den Kontakt nicht wie in alltäglichen Situationen abzubrechen. Ihre professionelle Aufgabe ist, "trotzdem" weiter zu behandeln. Der Kontakt wird durch *ihre* Sinngebung fortsetzbar. Sein Sinn kann sich allerdings nicht in der äußeren, sondern erst in der inneren Dimension entfalten. Die innere Dimension wird durch die transzendente Funktion der Metapher darstellbar.

Das andere Beispiel (vom schließenden "ja") stellt das Gegenstück zur Sinn*gebung* dar. Die innere und die äußere Dimension des Kontakts hier *nicht* zu unterscheiden, dürfte unschwer als eine Leistung der Abwehr zu interpretieren sein. Der Sinn wird verweigert, die innere Dimension des Kontakts nicht durch eine Bildgebung qualifiziert. Damit fehlen alle Möglichkeiten, sich ein begründetes Bild vom Kontakt zu machen, von dessen Sinn, von seinen Intentionen, Zielen und Motiven. Kontakt bleibt leeres Konzept. Während im Zitat vom Boykott die Metapher sinngebend auf den Sinnentzug reagierte, fehlt hier eben eine solche Sinngebung, und dies hat die operative Wirkung auf Leser, daß über die innere Dimension des Kontakts nichts ausgemacht werden kann. Wohl aber wird deren Imagination angeregt, weil die Leere dazu verlockt, mit Bildgebungen zu antworten - wie wir hier mit der Metapher der Abwehr.

Im Boykott-Beispiel erhält der Sinn*entzug*, der im Dialog ein Rätsel, ein Geschehen ohne Zeichen ist, eine metaphorische Veranschaulichung. Wir haben sie als Sinn*gebung* bezeichnet. In die kommunikative Leerstelle, die der eine der beiden Dialogpartner erzeugt, schießt ersatzweise die Metaphorik des anderen ein, nicht nur, weil die Leere selbst schwer erträglich erschiene, sondern weil ohne solche Sinngebung die Fortsetzung der Behandlung nicht möglich wäre. Ohne inneren Sinn bräche der Kontakt zusammen. Um das zu verhindern, erfolgt Sinngebung im Fall leerer Konzepte wie "Kontakt" durch konzeptuelle Metaphern. Ohne deren sinnliche Veranschaulichung läßt sich über die innere Dimension des Kontakts nichts ausmachen.

Wir sehen am zweiten Beispiel, daß Sinngebung auch verweigert werden kann. Verweigerung der Veranschaulichung ist selbst eine kommunikativ mögliche Strategie, die zur Schließung der dialogischen Sequenz (hier im Interview) verwendet werden kann.

"Person" und "Kontakt" - die metaphorische Verbindung zweier leerer Konzepte

Wir wollen uns nun verstärkt der inneren Dimension zuwenden und hoffen, die "Qualität der Beziehung" (wie es in einem Zitat hieß) genauer erhellen zu können. Dazu untersuchen wir Verben der Kontakthandlungen als Indizierungen der noch genau darzustellenden Szenarien, um aus ihnen die konzeptuellen Metaphern zu erschließen, aus welchen sich dann die Szenarien des Kontakts mit ihrer sequentiellen Logik aufbauen. Soweit Kontakthandlungen durch metaphorisch verwendete Verben (auch in substantialisierten Varianten) beschrieben werden, wandeln diese das Kontaktereignis in ein Erlebnis um.

Wir beginnen mit einem Beispiel: Was heißt es eigentlich, wenn jemand den Kontakt zur oder mit der Realität "verliert"? Die Realität ist hier Kontaktobjekt, das Verb "verlieren" indiziert das metaphorische Bildfeld. "Verlieren" kann man in dem durch dieses Bildfeld erzeugten imaginativen Szenario nur "Gegenstände", und so erhält man eine konzeptuelle Metapher KONTAKT IST EIN GEGENSTAND. Damit ist, das wollen wir der Klarstellung halber hinzufügen, nicht gemeint, daß Kontakt *wirklich* ein Gegenstand sei, aber er wird manchmal als solcher beschrieben. Etwas zu verlieren, hat in den meisten Fällen eine negative Bedeutung; würden wir das gleiche Ereignis mit den Worten wiedergeben, daß sich jemand auf sich zurückgezogen habe, hätte eine Umwandlung zu einem anderen Erlebnis stattgefunden.

> Das ist übrigens auch in anderen Bereichen so. Wenn Patienten z.B. davon sprechen (Beland 1992), daß sie von Gefühlen "überschwemmt" werden, lassen sie erkennen, daß sie ihre Gefühle metaphorisch als Welle oder Flut, gegenständlich also, konzeptualisieren. Der therapeutische Prozeß richtet sich darauf, solche Interpretationen innerer Wahrnehmungen zu verändern.

Die *allgemeine* konzeptuelle Metapher vom Kontakt als Gegenstand ist weit verbreitet: wir wollen an den folgenden Beispielen die operativen Effekte dieser Metapher zeigen. Sie ermöglicht Ausdrucksformen, die ohne eine solche Umwandlung nicht möglich wären.

> K 14/14: Es hat sich verändert, daß ich Kontakt bekommen habe.

Die Rede vom "bekommen" impliziert, daß Kontakt ein Gegenstand ist. Diese Metapher ist ihrerseits kohärent mit der gängigen und auch in unserem Material immer wieder gefundenen Form, wonach Kontakte "hergestellt", "aufgebaut" werden oder man mit ihnen "spielen" oder sie "spielen lassen" kann.

Kontakt als Gegenstand zu konzeptualisieren, macht von der allgemeinen veranschaulichenden Strategie der *Substantialisierung* Gebrauch. Diese Strategie ist mehr als eine façon de parler; sie resultiert nicht daraus, daß "Kontakt" ein Substantiv ist. Mit "Kontakt als Gegenstand" werden Handlungen möglich, die ohne solche Substantialisierung undenkbar und nicht darstellbar wären. Kontakt kann u.a. quantifiziert werden. Man kann ihn "bekommen" wie ein Geschenk, er kann als "Gabe" verweigert werden, oder man kann feststellen, zu viel oder zu wenig an Dosis erhalten zu haben. Die allgemeine Metapher kann spezifiziert werden mit der Folge, daß die Substantialisierung des Kontakts mit metaphorischen Konzeptualisierungen der Person kohärent verbunden werden kann. Dann läßt sich die Umwandlung prägnant analysieren:

> K 14/28: Ja, sie sagte nicht viel, dann gab es bestimmte Stellen, wo sie was gesagt hat, so habe ich es im Kontakt erlebt und dann verschloß sie sich wieder. Sie ging auch sehr sparsam damit um, was mitzuteilen.

Wir erwähnen dies Zitat hier, weil es in spezifischer Weise innere und äußere Kontaktdimensionen und beide mit der Person verknüpft. Im Dialog gibt es "Stellen"; man erkennt die Strategie der Verräumlichung auch an der Verwendung des "wo". Das Gespräch wird als "Weg" konzeptuell erschließbar metaphorisiert. Die Patientin hingegen erscheint als Container, der sich öffnet und schließt und der gelegentlich "sparsam" etwas mitteilt, d.h. aus seinem Container hergibt. Auf dem Gesprächsweg gibt es bestimmte "Stellen", an denen die Patientin etwas sagt und sich öffnet. Sprechen findet "im" Kontakt statt, der hier ebenfalls als Container erscheint. Doppeldeutig wird einerseits das gesamte Gespräch als "Kontakt" gekennzeichnet und damit auf die äußere Kontaktdimension angespielt, dann aber sind es andererseits jene "Stellen der Öffnung", die als "Kontakt" herausgehoben werden. Letzteres ist die innere Dimension des Kontakts. Hier spricht K vom Erleben. Wir finden impliziert die konzeptuelle Metapher KONTAKT IST ÖFFNEN wieder. Was wird geöffnet? Die Patientin öffnet *sich*, indem sie spricht, teilt aber nur "sparsam" etwas mit. Sie ist ein "Haus" (und eine "sparsame Haushälterin"), das an manchen "Stellen" offen ist, an anderen verschlossen. Zu diesem Haus[79] führt der Kontaktpfad. "Sich verschließen" ist eine häufig verwendete klinische Metaphorik, die das Bildfeld des Hauses (zugänglich/offen oder unzugänglich/verschlossen) zur Charakterisierung von Erfahrungen mit Patienten benutzt. Auch umgangssprachlich kennen wir die

---

[79] Zur Metapher des Hauses vgl. die materialreiche Arbeit von Rigotti (1995) sowie v. Kleist (1987) zur konzeptuellen Metapher DIE PERSON IST EIN HAUS in therapeutischen Erstinterviews.

manifeste Metapher vom Haus zur Beschreibung von Personen (altes Haus, gelehrtes Haus, sich ins Schneckenhaus zurückziehen usw.).

Wir wollen hier durch einen Vergleich zeigen, wie diese Metaphorik Behandlungslogiken erzeugt. Dazu erinnern wir an jenen Patienten, der "über das Malen einen Zugang zu seinen Gefühlen finden" mußte. Er wird mit einer solchen Darstellung gleichsam "außer sich" situiert, und das ist ein Bild für das, was man mit einem theoretischen Begriff als "Entfremdung" bezeichnet. Das therapeutische Ziel besteht darin, "nach Hause" zu kommen. Wer aber wie die Patientin im zuletzt erwähnten Zitat eher verschlossen ist, befindet sich an einem anderen Ort: *im* Haus. Die Metapher von der "Verschlossenheit" legt nahe, dieses Haus *als eine Art* Gefängnis (mit gewissen Freiräumen) anzusehen. Da die Patientin es ist, die sich verschließt, ist sie zugleich Insassin *und* Aufseherin. Die eine kontrolliert, was die andere mitteilt - mit dem Ergebnis des "Sparsamen". Vielleicht mag es als zu viel Spekulation erscheinen; aber eine solche bildhaft-szenische Imagination macht es möglich, die professionelle Aufgabe wenigstens zu skizzieren: Die Therapeutin muß beide Personen, die Insassin und die Aufseherin, im Kontakt - hier geht es nun exquisit um dessen innere Dimension - erreichen. Erst wenn sie einen Zugang zu beiden gefunden oder erschlossen hat, kann sie die Patientin auf dem "Weg nach draußen begleiten". [80]

Wenden wir uns weiteren Darstellungen von Person und Kontakt zu:

> T 21/2: Auf partnerschaftlichen, daß er zunehmend sich zurückzog, zunehmend isoliert war, zunehmend auch weniger Kontakt fand

Kontakt kann es offenbar "mehr oder weniger" geben, und solche Rede ist nur möglich, wenn die *allgemeine* konzeptuelle Metapher des Kontakts als Gegenstand operativ wirksam ist. Das Verb "finden" deutet hier die Imagination eines Weges an, auf dem sich "Kontakt" finden läßt, wenn man ihn nur sucht. Dazu muß man sein "Haus" verlassen, vielleicht "aus sich herausgehen", und darf sich jedenfalls nicht "zurückziehen". Wir sehen hier wieder die kohärente Verbindung zwischen den Bildfeldern des Hauses und des Weges. Daß der Patient sich "zurückzog", kann man sich kaum anders vorstellen, als durch das Bild des Schneckenhauses oder anderer, funktional äquivalenter Bildspender.

Eine andere Quantifizierung von "Kontakt" durch Bildfelder, die die Dimensionalität steigern, wird im folgenden Zitat deutlich, welches hinsichtlich der

---

[80] Der Titel von Bettelheims Buch "Die leere Festung" spielt genau auf diesen imaginativen Gehalt an und radikalisiert ihn. Die autistische Festung birgt, anders als bei der oben wiedergegebenen Patientin, keine Schätze, sie ist leer. Als Festung kann sie weder befreiend verlassen noch aufgegeben werden. Man kann auch keine Schätze in sie hineintragen, denn es gibt keinen "Zugang".

"Zunahme" von Kontakt als vergleichbar angesehen werden kann, aber ganz andere Dimensionen anklingen läßt:

> T 14/2: Die ist also wesentlich kontaktfreudiger geworden, durchaus auch mit einigen Mitpatienten, also Männern auf Station, so etwas lockereren Umgang haben können als am Anfang

"Mehr" wird hier die Freude am Kontakt, "durchaus auch mit Männern". Das zur Beschreibung verwendete Bildfeld der Freude ist selbst eine Szene. Um zu wissen, was Freude ist, muß man Gelegenheiten kennen, bei denen man sich freut. Die äußere Dimension des Kontakts wird synonym mit "Umgang" verwendet. Die zusätzliche Qualifizierung "lockerer" verweist auf dessen innere Dimension. Unsere erste Frage ist: Was ist mit "locker" eigentlich gemeint? Dies Wort bezeichnet den Gegensatz zu Spannung und Anspannung; der bildgebende Bereich ist hier das Link-Schema, konkretisiert in der Vorstellung fixer oder flexibler Seile, Fäden, Drähte. Das, was gespannt wird, verbindet zwei Pole miteinander. Wir vermuten, daß es noch ein anderes Bildfeld gibt, das hier in Anspruch genommen wird, nämlich die Muskulatur des menschlichen Körpers. Auch Muskeln sind zwischen zwei Punkten fixiert und üben ihre Tätigkeit durch Anspannung und Entspannung aus. Die Erfahrung des Körpers zusammen mit der sinnlichen Anschaulichkeit gespannter Fäden oder Drähte wird häufig auf andere Zielbereiche metaphorisch projiziert. Bei manchen Gelegenheiten sprechen wir von "gespannten Nerven/gespannter Atmosphäre", "entspannter Stimmung", "fesselnder Spannung" o.ä.[81]. Diese metaphorische Projektion erzeugt die Korrespondenz von interpersonaler Spannung und muskulärer Anspannung.

Die Patientin ist in diesem Sinne "entfesselt", ihre Hemmungen sind jedenfalls etwas beseitigt. Wir fragen nun weiter danach, wo eine solche Verknüpfung der Bildfelder von Freude und lockerem Umgang (mit Männern) angebracht sein mag? Unsere Antwort ist der Vorschlag einer konzeptuellen Metapher KONTAKT IST EIN TANZ (den die Patientin gerade zu erlernen beginnt).

T beschreibt den therapeutischen Wandel[82] durch einen konzeptuellen Metaphernwechsel. Die Interaktion mit der Patientin erbringt eine neue, prozessuale Diagnose ihrer Kontaktfähigkeiten. Es ist ein frisches Bild, das aus und in der Interaktion entsteht. Die verwendete Metaphorik für die innere Dimension steigert die Beschreibungsdimensionen, fügt ihnen eigene Qualitäten an, und das ist klinisch nicht ohne Bedeutung.

---

[81] Die unter Jugendlichen übliche Aufforderung, "locker bleiben!" verweist auf das neue soziale Ideal größtmöglicher Flexibilität, welches auch den körperlichen Habitus beeinflußt.

[82] Man vergleiche dazu noch einmal die vorangestellten entsprechenden Zitate (K 14/...); hier wurde die Patientin als anfänglich verschlossen beschrieben, dann aber beschreibt auch K 14 die Veränderung, "daß ich Kontakt bekommen habe".

Im folgenden Zitat wird das Bildfeld des Bauens verwendet:

> T 1/114: Da war sie erst unzufrieden nach dem Motto, vielleicht ist ja alles falsch, was sie mir sagt. Und ich muß doch jetzt mein eigenes Urteil, ich soll nicht auf dem bauen, was sie mir gesagt hat. Über diese Dinge haben wir geredet.

Hier wird das Bildfeld des Bauens elliptisch angedeutet. Zielbereich, das, was gebaut werden soll, ist nicht die Person (also nicht ein "Haus"), sondern der Kontakt, die Interaktion mit dem Therapeuten. Was die Patientin anbietet, wird von ihr - so gibt es der Therapeut im metaphorischen Zitatformat wieder - als etwas beschrieben, was nicht Fundament des Kontakts werden könne; er solle auf seinem eigenen Urteil fußen.

Die Verwendung des bildgebenden Bereichs vom Bau nicht für die Person, sondern für den Kontakt, finden wir auch im folgenden Zitat:

> T 4/23: Aber er war sehr wohl in der Lage, Kontakte aufzubauen.

Die Metapher vom "Bauen" (des Kontakts) beruht auf einem interessanten Vorgang. Indem wir davon sprechen, Kontakte "aufzubauen", deuten wir nicht nur eine Zeitstruktur an, sondern darüber hinaus eine Art Architektur des Kontakts: Es entspricht einer interaktiven Wirklichkeit, in dieser Weise vom Kontakt zu sprechen, weil darauf angespielt wird, daß es einen zweiten Stock des Hauses nicht vor dem ersten, das Dach nicht vor dem Keller geben kann. Die Metapher vom Kontaktaufbau indiziert so ein Szenario mit verschiedenen Stufenfolgen. Die darin implizierte sequentielle Logik ist abstrakt und kann interaktiv nicht unmittelbar dargestellt werden. Sie muß sich metaphorisch in geeigneten Darstellungsmitteln materialisieren und bedient sich dabei vorhandener Erfahrungsbereiche mit einer sequentiellen Struktur. Auf diese Weise indizieren wir unser *Wissen* um die Szenarien, auch und gerade dann, wenn dies ein unbewußtes Wissen ist. Wir indizieren es - und das heißt: gegenüber anderen, die damit mitgeteilt bekommen, daß wir über dieses Wissen so verfügen wie sie selbst. Wenn sie nicht darüber verfügen, wird es irgendeine Variante von "Störungen" des Kontaktes geben.

Würde hier eine private Imagination überwiegen, müßte jeder Kontakt gleichsam neu erfunden werden und sich ein unlösbares Paradoxon aufladen: Der Kontakt müßte, bevor er überhaupt zustande kommt, verhandelt werden und würde sich dabei immer schon realisieren. Davon entlasten konventionalisierte Szenarien wie z.B. das des "Aufbaus" von Kontakten. Als abstraktes und verkörpertes Wissen von Ereignisstrukturen, auf die man sich indizierend beziehen kann, ermöglichen sie eine Verständigung darüber, welches Szenario des Kontakts "ablaufen" soll. Der Kontakt erhält dadurch seine soziale Ordnung.

Das leere Konzept des "Kontakts", das durch konventionelle Bildfelder unterlegt wird, ermöglicht multiple Referentialität, wie es das folgende Zitat zum Ausdruck bringt. Viele Bilder können manifest in der Rede verwendet werden, wenn sie kohärent integriert werden:

> K 14/13: Also bei mir war dann entstanden so mehr das Gefühl, möglichst immer wieder versuchen, auf die Patientin einzugehen, um ins Gespräch zu kommen, um sie verstehen zu lernen, also ihr irgendwie Mut zu machen, vielleicht die Dinge, die sie erlebt hat, einfach so nochmal ansprechen zu können.

Deutlich erkennbar wird Kontakt - auch wenn dies Wort in diesem Zitat manifest fehlt - hier in verschiedenen Bedeutungen verwendet. Zunächst ist Kontakt "eingehen auf" die Patientin. Es ist nicht vom "zugehen auf" (ein Haus) die Rede, sondern K begibt sich in das Territorium der Patientin hinein. Deshalb spricht sie vom "eingehen auf". Hier finden sich die Haus-Metapher für die Person und die Weg-Metapher für den Kontakt zugleich verdichtet und kohärent verwendet. Dann ist Kontakt "ins Gespräch kommen" - beide metaphorischen Bildfelder evozieren Bewegung im Raum (gehen/kommen); das Gespräch erscheint dabei als Ort, "in" den man eintreten kann. Dieser Gesprächsort wird von der Komplementärtherapeutin in einer doppelten Bewegung geschaffen: es ist ein Ort, in den die Patientin einzutreten eingeladen wird, nachdem die Therapeutin zuvor auf die Patientin "eingegangen" ist. Hier hat Kontakt das Ziel, "verstehen zu lernen", "Mut zu machen" zum "ansprechen". Die Formulierung vom "lernen" positioniert K in die Rolle einer "Schülerin", die von der Patientin etwas über diese lernen möchte - eine Haltung, mit der Freud das ärztlich-therapeutische Gespräch historisch revolutionierte, als er seine Patientin Cäcilie M. in den "Studien über Hysterie" als seine "Lehrmeisterin" beschrieb (Worbs 1983).

Indem K in so vielen Modalitäten den Kontakt zur Patientin beschreibt, illustriert sie mit vielen Farben ihre therapeutische Bemühung um den Kontakt. Das setzt uns in die Lage, verstehend mitzuvollziehen, wie viele Register in der therapeutischen Arbeit gezogen werden mußten.

Nun ein weiteres Beispiel für das implizite Wissen um eine sequentielle Struktur von Kontakten:

> T 4/21: Wir dachten anfangs aufgrund des Soziogramms, daß er schwere Kontakt- und Beziehungsstörungen hätte. Es zeigte sich dann, daß er relativ fähig in der Kontaktaufnahme ist, daß er aber schwer, es nicht so leicht ist für ihn, Kontakte durchzuhalten in bestimmten kränkenden Situationen.

In der Rede von der "Schwere" wird das Bildfeld der Lasten verwendet. Wir formulieren diese Variante der konzeptuellen Metapher KONTAKT IST EIN GEGENSTAND als KONTAKT IST EINE LAST. Die Formulierung der hier operierenden konzeptuellen Metapher wird unterstützt durch Formeln wie "nicht so leicht" und das Verb "durchhalten". Es wird impliziert, daß man "relativ fähig" sein müsse, um die Kontaktlast zu tragen. Von diesem Patienten wird nun genau und präzise prozessual diagnostiziert, daß er die Last des Kontakts nicht über die ganze Strecke tragen könne: Zu Anfang ("in der Kontaktaufnahme") ist der Kontakt noch keine Last für diesen Patienten, aber wenn er "durchgehalten" werden muß, wird er zu einer. Damit deutet der Therapeut an, daß er ein Ablaufmuster des Kontakts zur Darstellung bringen will, welches wir als Szenario bezeichnen.

Nachdem wir die Erschließung konzeptueller Metaphern des Kontakts dargestellt haben, haben wir weiter deren sequentielle Logik skizziert und sehen nun, daß sie sich zu Szenarien zusammenschließen. Wir fassen das bisher Entwickelte zusammen. Wir haben

a) das metaphorische Zitatformat beschrieben und an diesem Beispiel analysiert, daß Sprechformate selbst metaphorisch verwendet werden können, was besondere Effekte (das Unsichtbarmachen der eigenen Autorenschaft und expressive Intensivierung) ermöglicht;
b) verschiedene metaphorische Konzeptualisierungen des Kontakts analysiert und auf Handlungsimplikationen solcher konzeptueller Metaphern verwiesen;
c) zwischen Medien, Zielen und Objekten sowie zwischen der äußeren und inneren Dimension des Kontakts unterschieden und dabei besonders die Ambivalenz der Kontaktmedien analysiert;
d) gezeigt, wie verschiedene Bildfelder miteinander kohärent integriert werden können und daß es situativ erforderlich sein kann, solche vielfältigen Register zu ziehen;
e) die Verweigerung metaphorischer Konzeptualisierungen als Sinnentzug in der Kommunikation beschrieben und gezeigt, daß in therapeutischen Dialogen anders als in alltäglichen Situationen mit Sinngebung geantwortet wird;
f) gezeigt, wie die multiple Referentialität der Metapher Kontakt als leeres Konzept mit dem Ziel der kommunikativen Anschlußfähigkeit benutzt und dabei auch inkohärente Bedeutungsgebungen entstehen können.

Wir setzen im folgenden die bisher beschriebenen Aspekte voraus und verwenden sie als entwickelte Begriffswerkzeuge, um die Darstellung unserer Analyse nicht kommentierend zu überfrachten. Nun wenden wir uns der eigentlichen Darstellung eines ersten Kontaktszenarios zu.

Das Szenario der schrittweisen Annäherung

"My life as a student of mind has taught to me one incontrovertible lesson. Mind is never free of precommitment. There is no innocent eye, nor is there one that penetrates aboriginal reality. There are instead hypotheses versions, expected scenarios. ... Perhaps we can say one other thing: any story one may tell about anything is better understood by considering other possible ways in which it can be told."
(Jerome Bruner, Life as Narrative, 1987, S. 32)

„'Was sind Szenarios?', fragte Winifrede. 'Eine Kunstform', entgegnete die Äbtissin von Crewe, 'die auf Tatsachen beruht.'"
(Muriel Spark, Die Äbtissin von Crewe, Zürich 1993, S. 114)

Wir haben schon beschrieben, wie im Zusammenhang der Bildfelder des Hauses oder der Wege ("Zugang") räumliche Metaphoriken und Bewegungsbilder verwendet werden. Das Szenario der schrittweisen Annäherung ist eine interne Ausdifferenzierung und Entfaltung dieser räumlichen Metaphorik. Unsere Ergebnisse lassen sich am besten darstellen, wenn wir es in seinen einzelnen Elementen beschreiben und die einzelnen Stufen durch Zitate belegen. Die konzeptuellen Metaphern ordnen sich in eine Reihenfolge ein, die sich von der Logik sich bewegender Körper im Raum ergibt. KONTAKT IST ZUGEHEN ist eine konzeptuelle Metapher von vielen, die, wie wir gleich zeigen werden, Teil eines vollständigeren Szenarios ist, andere Stufen zur Voraussetzung hat, und der weitere folgen (können). Nach der Darstellung des Szenarios werden wir in einem zweiten Teil dieses Kapitels zeigen, wie die prozessuale Diagnostik und die Behandlungsmöglichkeiten in diesem Szenario dargestellt werden. Dabei zeigen wir, wie sich die Rede von "Nähe" und "Distanz" in vielfachen Differenzierungen in dies Szenario einfügt. Weil diese Termini wichtige Elemente der therapeutischen Umgangssprache sind, stellen wir das Szenario der schrittweisen Annäherung als erstes vor.

Vielleicht ist es für Leser leichter nachzuvollziehen, was wir unter einem Szenario verstehen, wenn wir zwei Zitate an den Anfang stellen, die erkennbar einen Ablauf indizieren. Das erste Zitat nimmt den Anfang dieses Buches wieder auf:

> P 26/5: Also der eine Mitpatient, zu dem hatte ich ein sehr enges Verhältnis, wir haben guten Kontakt gehabt und auch sehr persönliche Sachen haben wir besprochen; es war einfach ein unwahrscheinliches Vertrauensverhältnis da, ohne daß da irgendwie mehr war.

Wir möchten die Aufmerksamkeit auf das Wörtchen "mehr" richten. Ein seltsamer Umstand wird dann erfahrbar. Wir *verstehen* nämlich, was mit "mehr" gemeint ist, aber wir *wissen* es nicht. Die Sprecherin *indiziert* mit der Phrase "ohne daß da irgendwie mehr war" ihr Wissen um das vollständige Szenario. Der Kontakt ist so "gut", das Verhältnis so "eng", die Besprechungen so "sehr persönlich", das Vertrauen so "unwahrscheinlich", daß eigentlich "mehr" hätte folgen können oder müssen. Wir verstehen "irgendwie", was mit "mehr" indiziert wird. In dieser Tatsache, daß wir verstehen, ohne zu wissen, sehen wir einen starken Beweis für die Existenz der Szenarien als imaginative Strukturen.

Es ist nun interessant, wenn auch die Therapeuten ihre Kenntnis des Szenarios auf just die gleiche Weise indizieren:

> T 25/8: Kontakt zum anderen Geschlecht - also da gab es immer wieder so diese Anläufe, aber daß er nicht so ganz verstanden hat, wenn sich Frauen auch wieder so zurückgezogen haben, wo er dann diese jüngeren Frauen so in die Position gebracht hat, daß die ihm auch nicht so offen das sagen konnten, und daß dann so Äußerungen kamen, daß er gemocht werde, aber mehr möchten sie eigentlich nicht.

Die Therapeutin stellt in diesem Zitat ihre Kenntnis des Szenarios dar: Erst ist von "Anläufen" die Rede. Damit wird ein hohes Tempo der Annäherung indiziert; auf jemanden ZUGEHEN wird zum ANLAUFEN gesteigert. Weiter wird beschrieben, daß der Patient "nicht verstanden" habe, wenn sich die Frauen zurückzogen. Der metaphorische "Abstand" bleibt auf diese Weise gleich. Durch die Beschreibung einer räumlichen Annäherung, die durch die Kontaktpartner "gebremst" wird und eine bestimmte Distanz nicht überwinden kann, erfolgt hier die prozessuale Diagnose des Kontakts bzw. dessen Störung. Was eine metaphorische Liebesszene hätte werden können, verwandelt sich unterm Tempo der Anläufe zu einer erfolglosen Eroberung. Die jüngeren Frauen können ihm "das nicht so offen" sagen, und sie beantworten seine "Anläufe" mit Rückzug. Die Frauen "berühren" den Patienten mit der Bemerkung, "daß er gemocht werde", "aber mehr möchten sie eigentlich nicht". Was wäre "mehr"? Wenn die Frauen sich "mehr geöffnet" hätten... Wieder finden wir die Verwendung des "mehr" als Index für eine weitere Stufe des Szenarios.

Interessant ist, daß in dieser Beschreibung auch die Frauen dem Szenario der schrittweisen Annäherung zu folgen scheinen. Sie dulden im gewissen Maß das Zugehen und Berühren - "aber mehr möchten sie eigentlich nicht". "Mehr" ist hier linguistisch gesehen ein "Platzhalter" (vgl. Holenstein 1980), es deutet an, daß es "weitergehen" könnte, und diesen "Schritt" vollziehen sie nicht mit. Der Patient "lernt nicht am (Miß-)Erfolg", sondern repetiert.

Das Zitat bildet eine ganze Reihe von konzeptuellen Metaphern des Kontakts (Kontakt = zugehen/anlaufen, zurückziehen, berühren, "mehr nicht") ab, die von der Sprecherin selbst in einer sequentiellen Logik angeordnet werden. Teilnehmer können "Positionen" einnehmen, Hörer sie erkennen und Interaktionen auf diese beziehen. Das Szenario steuert außerordentlich gut erkennbar das gesamte Geschehen auch und gerade in den Stufen, die nicht vollzogen, aber *als mögliche* (durch "mehr") indiziert werden. Diese Indizierung ermöglicht uns als Lesern/Hörern, zu verstehen, wovon da die Rede ist. Denn was eigentlich wüßten wir, wenn wir das Wörtchen "mehr" nur wörtlich verstehen würden? Nichts - und daß wir dennoch verstehen, wovon da die Rede ist, verdanken wir unserer Imagination, die von der Indizierung des Szenarios angeregt wurde.

Nachdem wir in diesem Zitat das Szenario der schrittweisen Annäherung fast komplett indiziert gefunden haben, wollen wir nun dessen einzelne Stufen nacheinander darstellen.

1. Stufe: "Kontaktanzeige"

Kontakt hat, wie jedes Ereignis oder Erlebnis, einen Anfang, auch wenn dieser nicht immer leicht auszumachen ist. Irgendwann sind zwei Menschen miteinander in Kontakt, die es zuvor nicht waren. Wann hat der Kontakt begonnen? Wie wurde er realisiert?

In vielen Fällen wissen wir nicht, wie wir den Beginn eines Erlebnisses *genau* markieren können. Wann *genau* fängt es an? Diese Frage beschäftigt auch Psychotherapieforscher, die "relational episodes" gegen anderes abgrenzen müssen. Wir waren nicht nur überrascht davon, daß in unserem Material der Kontakt[83] eindeutig mit einer einseitigen "Anzeige" eines Kontaktwunsches beginnt, sondern auch darüber, wie häufig diese Kontaktanzeige brieflich erfolgt. So auch im folgenden Zitat:

> K 4/28: Und das war für ihn ganz wichtig, also Post ist für ihn - er war immer total genervt, wenn er Post bekommen hat. Es ist so, daß er so einen Kontakt spürt, daß jemand anders auf ihn zugeht.

Eine solche postalische Kontaktaufnahme wird hier als "nervend" beschrieben. "Post bekommen" wird mit "Kontakt spüren" und dieses mit "zugehen" gleichgesetzt. Post zu bekommen ist jedoch gerade kein "Zugehen", sondern vielmehr erst die Anzeige eines solchen Vorhabens, es kündigt das Zugehen an. Bevor es dazu kommt, muß noch ein Zwischenschritt erfolgen; die Post muß beantwortet, der Absender als willkommen bestätigt werden. Diese Logik kann sich in alltägli-

---

[83] Diese Aussage bezieht sich auf das hier dargestellte Szenario der schrittweisen Annäherung. Wir werden noch sehen, daß der Anfang in einem anderen Szenario nicht ausgemacht werden kann.

chen Interaktionen sehr rasch entfalten. Ist jedoch das Tempo zu arg beschleunigt, dann sprechen wir ebenso wie unsere Interviewpartner in der Regel davon, "überrannt" worden zu sein. Die Nicht-Einhaltung dieser sequentiellen Handlungslogik könnte uns verständlich machen, weshalb der Patient als "total genervt" beschrieben wird, "wenn er Post bekommen hat" - eben weil Post für ihn zugleich schon "zugehen" bedeutete. Wir erkennen hier ein Szenario und zugleich, daß dessen Logik verstört ist mit Folgen, die ihrerseits abgearbeitet werden müssen und von der Komplementärtherapeutin im Sinne einer prozessualen Diagnostik sensibel registriert wurden. Wir sehen aber auch, daß K dieses Szenario selbst bereits als Rahmen für *ihre* Interpretation des Verhaltens des Patienten verwendet, so, als habe sie ein, wenn auch nicht ausformuliertes, Wissen davon.

Die einzelnen Stufen dieses Szenarios sind in einer bestimmten Abfolge angeordnet, die nicht willkürlich "übersprungen" werden können, ohne daß Gefühle entstehen, die ihrerseits indizieren, daß die Sequenz verletzt wurde. Das Gefühl "genervt" zu sein, wird hier von K als Index wie Produkt einer bestimmten Interaktionssequenz[84] interpretiert. Wenn es sich tatsächlich so verhält, daß der Patient die sequentielle Logik außer Kraft setzt, indem er eine Kontaktanzeige mit "spüren" und "zugehen" gleichsetzt, wird ein von anderen initiierter Kontakt unmöglich.

Im nächsten Zitat geht es darum, daß der Therapeut über eine Patientin spricht, die sich mit einer "Mordswut" auf ihre Mutter herumschlug, aber mit ihm über dies Thema noch nicht sprechen konnte und ihm deshalb zunächst eine briefliche Mitteilung machte.

> T 2/54: Also da ist überhaupt keine Versöhnlichkeit da ... im Moment, völlig unversöhnlich...nebeneinander. Ja, also nur über diese briefliche Form war es möglich, mir das mitzuteilen.

Dies zeigt, daß Kontakt nicht ein für alle mal entsteht, sondern thematisch gebunden sein kann; der Kontakt mit dem Therapeuten über ein "schwieriges Thema" hat auch hier wieder einen identifizierbaren Anfang. Er beginnt mit einer einseitigen Kontaktanzeige. Diese Patientin schreibt einen Brief, und sie nutzt diese Form des Beginns, um mit einem schwierigen Thema bei ihrem Therapeuten in Kontakt zu kommen - mit dem sie ja schon in Kontakt ist. Dem Therapeuten ist diese Form des Anfangs aufgefallen, und er hat die Besonderheit mitgeteilt - bereits im Kontakt zu sein und dennoch mit einem neuen Thema einen neuen

---

[84] Buchholz (1996) hat ein ökologisches Paradigma der Gefühle von einem substantialistischen Paradigma unterschieden. In letzterem sind Gefühle "Substanzen", die "ausgedrückt" werden müssen, während sie im ersteren als kommentierende Interpretationen von Situationen aufgefaßt werden. Die These des Psychoanalytikers Beland (1992) lautete, aus klinischer Erfahrung in Übereinstimmung mit einer reflexiven Soziologie, *jedes* Gefühl sei Folge einer Situationsinterpretation.

Kontakt-Anfang zu machen. Dies betrachten wir als einen Beleg dafür, daß Kontakte im Szenario der schrittweisen Annäherung mit einer Anzeige anfangen, selbst dann, wenn sie schon bestehen. Die Logik des Szenarios erzwingt diesen Schritt; wir können einen Kontakt nicht damit beginnen, indem wir auf andere "zugehen" oder sie sogleich "berühren". In alltäglichen Situationen haben wir Blickkontakt, der den Kontaktwunsch "anzeigt" und, wenn er erwidert wird, bereits zur zweiten Stufe, der reziproken Wahrnehmung, überleitet. Die Kontaktanzeige muß, wie wir hier sehen, nicht brieflich erfolgen, sie kann durch funktionale Äquivalente ersetzt werden.

Der einseitige Beginn durch eine Anzeige ist ein besonderes Phänomen; dieser Befund widerspricht unserer Intuition. Wir stellen uns Kontakt meist als wechselseitiges Geschehen vor. Deshalb wollen wir darauf hinweisen, daß eben diese Einseitigkeit des Kontaktbeginns durchaus wahrgenommen wird. Im folgenden spricht eine Therapeutin (T 3/28) von der Unsicherheit ihrer Patientin, auf "Telefonate oder Karte oder so" zu reagieren. Die Patientin habe dies als vollkommen offenes Kontaktangebot gewertet und:

> "...sich da rein(ge)steigert, was da womöglich mit gemeint war und wie sie jetzt reagieren soll, und das eher so als Beziehungsangebot oder offen zumindest interpretiert hat und das Begrenzende völlig rausgelassen hat."

Das "Beziehungsangebot" wird erst zum Kontakt, wenn es erwidert oder angenommen wird, was jedoch eine implizite Abstimmung darüber voraussetzt, wie "offen" oder "begrenzt" der Kontakt weitergehen soll. Dies kann irritieren oder ängstigen; Eindeutigkeit läßt sich in diesem frühen Stadium nur herstellen, wenn man das Kontaktangebot nicht annimmt, die Anzeige ignoriert und so den Kontakt beendet, bevor er angefangen hat.

Auch hier - wie oben am Beispiel von "boykottieren" - finden wir wieder die Beobachtung, daß erfahrbare kommunikative Leerstellen sofort mit manifesten Metaphoriken (hier: der "Offenheit") besetzt werden, die dann ihrerseits handlungsleitend werden. Die Therapeutin sieht an dieser Stelle ein begrenzteres Angebot als die Patientin und spricht davon, daß diese sich "reinsteigere".

Andere Handlungsfolgen ergeben sich, wenn die einseitige Kontaktaufnahme nicht erwidert wird. Die Sequenz kann dann nicht ablaufen, und eben darin sehen wir eine weitere Begründung, die erste Stufe der "Kontaktanzeige" als selbständig innerhalb dieses Szenarios anzunehmen.

> T 4/48: Er hatte ihr von hier aus nen Brief geschrieben mit dem Ziel der Kontaktaufnahme, um sie dann Weihnachten zu besuchen und bekam den Brief zurück, war tief enttäuscht.

Der Versuch der Kontaktaufnahme scheitert, und die Reaktion ist Enttäuschung. Sie ist begleitet vom Gefühl der Hilflosigkeit, denn diese Enttäuschung selbst kann nicht kommuniziert werden, jedenfalls nicht der, der sie gilt. Kränkungen und Enttäuschungen sind in normalen Interaktionen nicht weiter anschlußfähig, mit ihnen mag sich niemand ausgiebig beschäftigen. Nur wenn sich die Erwartung an den Anderen zu einer Norm generalisieren läßt, vermag die Enttäuschung zur Anklage zu werden, die dann ihre quasi-juristische Form hat und wieder kommuniziert werden kann. Neben dieser gibt es auch noch eine andere Neu-Typisierung der alltäglichen Situation: Er kann seine Kränkung zum Inhalt der Kommunikation dann machen, wenn es ihm gelingt, die alltägliche Interaktion in eine quasi-therapeutische umzuwandeln. Beide Re-Typisierungen sind allerdings riskant; quasi-juristische Stigmatisierung oder Selbst-Pathologisierung können folgen.

In professionellen therapeutischen Dialogen müssen Kränkungen und Enttäuschungen anders thematisch werden können, und hier sehen wir eine weitere Unterscheidung alltäglicher und therapeutischer Kommunikation. Der therapeutische Dialog muß Enttäuschungen und Kränkungen provozieren oder tut es jedenfalls unvermeidlich; "heilend" ist die Erfahrung, daß es dennoch weitergeht. Die Enttäuschung ist ein Fall, ein Sturz in den Abgrund zwischen Wunsch und verweigerter Realisierung und deshalb metaphorisiert T sie hier als "tief". Das Eintreten dieses Falles kann nicht in eigener Machtvollkommenheit verhindert werden; Kontaktanzeigen sind riskant. Man kann selbst zu einem Fall werden.

Die "postalische" Weise der Kontaktanzeige, die der Erwiderung noch harrt, kann zusammenfassend so beschrieben werden: Partner beginnen einen Kontakt mit einem "Angebot", das als "zumindest offen" interpretiert wird. Sie machen ihre Kontakt"anzeige" und der Andere hat drei Möglichkeiten zu reagieren: durch bestätigende Antwort, durch Ablehnung und durch Unterlassung einer Antwort[85]. Letztere kann entweder als Ablehnung vereindeutigt werden oder kreiert eine erfahrbare Leere. Erst wenn eine resonante Reaktion erfolgt, *wird* aus der "Anzeige" ein Kontakt. Als Angebot bleibt der Kontakt gleichsam in der Möglichkeitsform. Er muß durch Antwort, durch Reagieren, realisiert werden. Davon bleibt der Anzeigende abhängig. Solche Angebote können auch durch das Medium der Gefühlsmitteilung gemacht werden. Diese werden "gezeigt" und harren, damit Kontakt entsteht, der Resonanz.

[85] Simon (1988) hat diese interaktiven Möglichkeiten zu einer vollständigeren Theorie einer dreiwertigen interaktiven Logik ausgearbeitet, die insbesondere die Chancen, durch Unterlassung zu kommunizieren, thematisiert.

K 1/9: sie stand im Erstkontakt in der Gruppe schon im Mittelpunkt, im weiteren Kontakt nicht, aber gerade in diesem ersten Kontakt im Mittelpunkt. Sie kam weinend in die Gruppe und zeigte Trauer.

Hier beginnt der Kontakt buchstäblich mit einer "Anzeige"; die Patientin "zeigt" Trauer und *erst, als* die Gruppe darauf reagiert, *wird* daraus ein Kontakt. Dieser wird in diesem Zitat wiederum in einer räumlichen Metaphorik veranschaulicht: "im Mittelpunkt stehen". Die Peripherie wird mitgedacht und damit die Patientin "wahr-genommen"; es wird die zweite Stufe des Szenarios erreicht.

Im folgenden Zitat wird die gegenteilige Möglichkeit, sich nicht zu zeigen, beschrieben:

T 3/7: Und vielleicht auch in Verbindung mit meinem anfänglichen Eindruck, na kann ich mich hier überhaupt - kann ich der überhaupt trauen. Dann zeige ich mich lieber nicht so direkt wie ich bin, ja, sondern sich verstecken und vielleicht vorsichtig sein, nicht sich anvertrauen.

Das metaphorische Zitatformat wird hier verwendet, um die innere Dimension des Kontakts in sinnlich-anschaulicher Metaphorik kommunizierbar zu machen. Sich "lieber nicht so direkt zeigen" wird mit einer manifesten Metapher als "verstecken" szenisch illustriert und durch das "vorsichtig" dramatisch intensiviert. Die imaginative Szene des Versteckens generiert dann eine konzeptuelle Metapher VERTRAUEN IST SICH-ZEIGEN, über die die Zielbereiche des Kontakts und des Vertrauens miteinander verknüpft werden können: Wer nicht vertraut, zeigt sich nicht, und wo man sich nicht "zeigt", kann man auch nicht als Wahrnehmender wahrgenommen werden und nicht in Kontakt kommen.

2. Stufe: "Wahrnehmung"

Damit aus dem ersten Schritt ein wechselseitiges Geschehen, ein "Kontakt" entsteht, muß die "Anzeige" erwidert werden. Von dieser Notwendigkeit der Erwiderung scheinen alle Interviewpartner ein implizites, letztlich sozialpsychologisches Wissen zu haben. Erst die Erwiderung der Anzeige bringt eine neue, emergente Stufe ins Spiel: Die beiden Personen nehmen sich damit als Personen, die ihren Kontakt wahrnehmen, wahr. Es entsteht Reflexivität, die ihrerseits durch manifeste metaphorische Bildgebungen anschaulich gemacht wird. Kaum irgendwo kommt dies schöner zur Darstellung als im folgenden Zitat:

P 2/150: Also ich habe das immer so als Spiegel gesehen, wie ich ihm begegnet bin, so ist er auch mir begegnet.

Hier wird mehr dargestellt als ein bloßes "do-ut-des"; Wechselseitigkeit wird reflektiert. Dabei dient die manifeste Metapher vom Spiegel der Veranschaulichung der Erfahrung, vom Anderen wahrgenommen worden zu sein und umgekehrt ihn als Wahrnehmenden wahrzunehmen. Die Erfahrung des Kontakts, der Begegnung, selbst kann nicht direkt mitgeteilt werden. Indem sie hier mit der Metapher der Spiegelung gefüllt wird, sehen wir deutlich die transzendente Funktion der Metapher, die über sich hinaus weist und etwas zu kommunizieren versucht, das direkt nicht mitgeteilt werden kann.

Im folgenden Zitat sehen wir, wie eine Interviewpartnerin aus dem komplementärtherapeutischen Bereich die Kontakterfahrung behende mit einer anderen Metaphorik füllt, um damit ihrerseits Reflexivität darzustellen:

> K 4/34: Ja, oft auch schon im Vorfeld, also während des Gestaltungsprozesses hat er stark rumgealbert. Er hat dann auch so über diese Rumalberei Kontakt aufgenommen. Ich kam mir dann auch oft vor wie so eine Lehrerin und er so, ja so, der Schüler, der versucht, so seine Scherzchen zu machen und dadurch auch die anderen so ein bißchen auf seine Seite zu ziehen.

Die Gestaltungstherapeutin nimmt den Patienten wahr, und sie nimmt wahr, wie sie von ihm wahrgenommen wird. Für diese Interaktion (er-)findet sie das Bild des Lehrer-Schüler-Verhältnisses. Von diesem allerdings privilegiert sie einen bestimmten Teil. Der Patient ist nicht der eifrige, wißbegierige Schüler, sondern derjenige, der bewußt die Therapie als "Unterricht" unterläuft. "Rumalbern" ist aus ihrer Sicht eine Metapher für die Strategie des Patienten, mit der er der Behandlung den therapeutischen Sinn zu entziehen versucht - wir sehen die evaluative Funktion der Metapher. Wieder finden wir die professionelle Strategie, auf Sinnentzug mit Sinngebung zu reagieren. Sein rumalberndes Verhalten wird an ein Szenario des Lehrer-Schüler-Verhältnisses angeschlossen. Es wird als solches gedeutet, und damit werden Handlungsmöglichkeiten geöffnet (z.B. Belehrung oder Zurechtweisung) und andere (etwa als Folge der hierarchischen Konfiguration) limitiert. Die limitierende Funktion der Metapher kann man sich durch einen Vergleich verdeutlichen. Denkbar wäre, das "Rumalbern" als Vorstellung eines Clowns in einem Zirkus zu metaphorisieren, dem man bei seiner performance zuschaut. Hier würden andere Rollenverteilungen, veränderte Selbstdefinitionen und Handlungsmöglichkeiten resultieren. Dies ist ein Beispiel für Wahrnehmung als Kontakt-Wahrnehmende und diese Erfahrung wird metaphorisch besetzt, weil sie anders nicht gesagt werden kann.

Im folgenden Zitat beschreibt die Therapeutin die Beziehung einer Patientin zu einem Außenstehenden. Dabei fällt ihr und der Patientin auf, daß der Übergang zu diesem 2. Schritt der wechselseitigen Wahrnehmung tatsächlich eine Veränderung auch des affektiven Status nach sich ziehen kann.

T 3/31: sie war auch sehr unsicher, wie sie ihm begegnen könnte, das Gefühl, eigentlich machtlos zu sein und ihm das nicht klar machen zu können, ihn nicht erreichen zu können. Sie hat ihn dann getroffen, war überrascht, wie klar sie ihm das mitteilen konnte und wie direkt er dann auch zugestimmt hatte.

Das Wort Kontakt erscheint in diesem Zitat nicht, aber fraglos handelt es sich um eine Kontaktszene, indiziert durch "begegnen". Die Abhängigkeit der einseitigen "Anzeige" von der Reaktion des Anderen wird als Unsicherheit und Machtlosigkeit beschrieben. Der Übergang zur Stufe der Wahrnehmung wird durch eine optische Metapher ("klar machen") indiziert und auch schon eine weitere Stufe antizipiert: "Den Andern erreichen" ist das darauf folgende Kontaktziel. Unsicher und ängstlich wird erwartet, daß es dazu nicht kommen würde. Diese pessimistische Erwartung wird enttäuscht mit der Folge der positiven Überraschung, "klar" mitteilen zu können, denn er hatte "zugestimmt". Ängstlichkeit kann zweierlei Effekte auf die Wahrnehmung haben; es gibt das Sprichwort "Angst schärft die Sinne" und das andere, "Angst macht dumm". Hier gelingt es dem Kontakt, die Ängstlichkeit folgenreich zu verringern: Die Eintrübung der Wahrnehmung durch Unsicherheit und Ängstlichkeit "klärt" sich. Kontakt, wenn er erwidert wird, verändert. Aus der bloßen *Möglichkeit* zum Kontakt wird eine interaktive Wirklichkeit, die zu ihrer Realisierung des Beitrags des Anderen bedarf, und davon besteht ein implizites Wissen oder aber es wird durch die therapeutische Erfahrung geschaffen. Jeder nimmt wahr und wird als Wahrnehmender wahrgenommen. Dieser "normalerweise" quasi automatisch ablaufende Prozeß kann in einer Behandlung offenbar verlangsamt und zum Gegenstand eigener Thematisierungen werden. Dann wird anstelle der "Unsicherheit" ein neuer affektiver Selbstzustand beschreib- und erlebbar ("überrascht"). Die Fähigkeit zu "klarer" Mitteilung aktualisiert sich durch den Kontakt; sie ist Produkt einer gemeinsamen interaktiven Herstellung. Die innere Dimension des Kontakts scheint mit einer solchen Veränderung des affektiven Selbstzustandes einherzugehen, und dieser ist von der Reaktion des Anderen ("zugestimmt") abhängig.

Das folgende Zitat zeigt, wie der Therapeut die Kontaktanzeige wahrnimmt, wie diese Wahrnehmung durch die Metaphern des Sehens dargestellt wird und wie er sie erwidert:

T 20/3: und das war schon deutlich sichtbar, daß sie da sehr charmante, amüsante und auch so liebe Seiten hat, auch Phantasien, Wünsche, Hoffnungen hat, Beziehungswünsche, daß sie auch zunehmend zu mir so - ja nicht liebevoll - aber so ein bißchen so einen kokettierenden Kontakt suchte. Also einen sehr viel gefühlvolleren Kontakt als sie ihn vorher hatte. Das, denke ich, war schon sehr wichtig - da auch so eine Beziehungskonstanz herzustellen.

Für den Therapeuten ist etwas "deutlich sichtbar", und dabei scheint es sich zunächst um die äußere Dimension des Kontakts zu handeln. Der Therapeut *sieht* "charmante, amüsante und auch so liebe Seiten" und, ohne daß man den Übergang zum "sehen" im metaphorischen Sinn direkt markieren könnte - schon die "Seiten" sind ja eine Metapher für das, was nur mit dem inneren Auge wahrgenommen werden kann -, spricht er von den "Wünschen" und "Hoffnungen" der Patientin. Er "sieht" die Kontaktanzeige ("so einen kokettierenden Kontakt *suchte*"), und so wird der Kontakt "gefühlvoller". Die konzeptuelle Metapher lautet KONTAKT IST SEHEN/GESEHEN WERDEN. Hier sind Einigungen notwendig, damit das metaphorische Spiel von "Zeigen" und "Sehen" nicht abgebrochen werden muß. Diese Einigungen werden als "herstellen" beschrieben. Produkt dieser Herstellung ist "Beziehungskonstanz". Ein bestimmter Aspekt der therapeutischen Leistung wird von einem der Beteiligten als *interaktive Herstellung* ausgezeichnet. Der Therapeut realisiert nicht Wirkfaktoren. Er gewinnt vielmehr aus der Beobachtung, *wie* er Beziehungskonstanz *mit* seiner Patientin herstellte, seine prozessuale Diagnose. Diese ist in eine serielle zeitliche Struktur eingebunden: die prozessuale Diagnose ist Ergebnis einer vorangegangenen Interaktion und präfiguriert weitere.

Die innere Dimension des Kontakts wird in metaphorischer Entsprechung zur äußeren Wahrnehmung konzeptualisiert. Gegenstand seiner Wahrnehmung sind "liebe Seiten" - die einmal verwendete Metaphorik der äußeren Wahrnehmung läßt die Patientin nun als eine Art geometrischen Körper oder auch als ein Buch mit verschiedenen "Seiten" erscheinen, die der Therapeut allmählich angeboten bekommt. Diese "sieht" er, nimmt sie "wahr", und dadurch wird, so seine eigene Auffassung, das, was vorher gleichsam nur als Möglichkeit bestand, wirklich.

Wir halten hier den Unterschied zwischen dem "beobachten" und dem "sehen als" für zentral. Im Zitat des Therapeuten ist es das Wahrnehmungsobjekt, das sich verändert und dessen Veränderung er beobachtet. Bezieht man sich allerdings auf die innere Dimension, wird fraglich, ob er "nur" beobachtet. Denn er stellt eben durch sein "sehen als" das, was er vermeintlich nur "beobachtet", ebenso mit her. Nur wenn er den kokettierenden Kontakt *als* solchen sieht, ist er auch da. Dadurch wird die *Suche* der Patientin fündig. Die Wahrnehmung ihrer inneren Potentialität realisiert sich im Kontakt - und in eben dieser Doppeldeutlichkeit (Wirklichwerden und Wahrnehmen) verwendet die Umgangssprache das Wort "realisieren".

Wieder erzeugt die innere Dimension des Kontakts eine manifeste Metapher ("Seiten"), so wie im vorigen Zitat zur Sinngebung die des Lehrer-Schüler-Verhältnisses verwendet wurde. "Seiten" werden betrachtet (oder gelesen), man kann v.a. zwischen Vorder- und Rückseite unterscheiden und damit kreativ die Imagination der Enthüllung von etwas Verborgenem mit evozieren.

Die Beispiele vom Lehrer-Schüler-Verhältnis, vom Spiegel oder von den Seiten zeigen, daß die "indefinite reflexivity" einer interaktiven Situation metaphorisch veranschaulicht, ihre Komplexität so reduziert und "handhabbar" gemacht werden kann. Umgekehrt wird der Kontakt selbst metaphorisch angereichert; das je verwendete Bild steigert die Dimensionen der Beschreibung. Derselbe Therapeut beschreibt kurz zuvor im Interview seine Aufgabe mit dieser Patientin so:

> T 20/1: immer wieder die Beziehung auch zu ihr im Auge zu behalten und - ich will es fast nennen - mit vertrauensbildenden Maßnahmen zu ihr einen Kontakt herzustellen.

Auch hier verwendet er wieder die körperlich-sinnliche Metaphorik der äußeren Wahrnehmung ("im Auge behalten") zur Beschreibung eines inneren Vorgangs. Was "die Beziehung" - der Zielbereich der Metapher - ist, läßt sich wieder nicht *sagen*, denn Beziehung ist ein leeres Konzept, das mit Metaphern versinnbildlicht werden *muß*. Etwas "im Auge behalten" ist eine häufig verwendete Redeform, um Kontrolle darzustellen. Hier wird aber nicht die Patientin kontrolliert, sondern die Beziehung. Wir erhalten eine vage Vorstellung davon, als wie empfindlich und störanfällig dem Therapeuten die Beziehung erschienen sein muß, wenn er weiter von den "vertrauensbildenden Maßnahmen" spricht. Das Bildfeld aus der Politik der Verhandlungsführung beschreibt weitere Prozesse der "Einigung" (beim Übergang von einer Stufe zur nächsten). Wenn die Teilnehmer sich auf der Stufe der "Wahrnehmung" haben einigen können, resultiert ein Zugewinn an Vertrauen oder, wie es im vorigen Zitat hieß, "Konstanz".

Vertrauen erscheint als Prozeß, der sich im Übergang[86] zwischen den Stufen der Kontaktzeige und der Wahrnehmung "aufzubauen" beginnt (wie die prototypische Metapher dafür lautet). Gelingt dieser Prozeß nicht und kann der Übergang zu weiteren Stufen nicht realisiert werden, muß man auf einer früheren Stufe erneut ansetzen. Dabei kann es zu entlastenden Metaphernwechseln kommen, die ihrerseits dann eine Neudeutung der Kontaktlage nahelegen. Wir werden dies an

---

[86] Vertrauen ist demnach nicht nur ein Mechanismus zur Reduktion von Komplexität, wie es Luhmann (1976) beschrieben hat; Vertrauen ist nicht nur funktional zur internen Regulierung in Institutionen notwendig (Döring 1990). Vielmehr scheint Vertrauen hier in eine komplexe ethnotheoretische Vorstellung von Kontakt eingebaut zu sein; man kann ziemlich genau die Interaktionsschritte des Vertrauensaufbaus beschreiben und feststellen, daß es ein Wissen darum gibt. Dadurch kann Vertrauen, wie auch Preisendörfer (1995) gefordert hat, verstärkte sozialwissenschaftliche Aufmerksamkeit beanspruchen, nachdem es bislang ja vorrangig als Thema der Psychologie allein galt. Für die Psychotherapie verweisen wir hier auf die Konzeption von Weiss und Sampson (1986), die den psychoanalytischen Prozeß durch eine Reihe intersubjektiver Tests voranschreiten sehen. Solche "Tests" dienen dazu, das Vertrauen zu "vertiefen".

einem Beispiel im zweiten Teil dieses Kapitels über prozessuale Diagnostik und Therapie ausführen.

Wir wollen uns nun dem Übergang auf die folgende Stufe zuwenden.

3. Stufe: "Zugehen"

Die Realisierung von Kontakt wird in diesem Szenario fortgeführt und zugleich intensiviert, indem die Personen aufeinander "zugehen". Für diese Stufe finden sich verschiedene, funktional äquivalente Kennzeichnungen. Wir haben die prototypische für die Kennzeichnung dieser Stufe gewählt.

Im folgenden Zitat beschreibt eine Patientin präzise, wie die Vertrautheit auf der Stufe der Wahrnehmung die Voraussetzung dafür ist, zum Zugehen überzuwechseln:

> P 19/4: AvD (Arzt vom Dienst während der Nachtstunden) ist dann für mich einfach ein unbeschriebenes Blatt, da ist mir jemand lieber, den ich schon ein bißchen kenne, der mir vom Ansehen her zumindest ein bißchen vertrauter ist. Und da, denke ich, habe ich gemerkt, so schlimm ist das gar nicht. Vor allem weil es für mich irgendwo auch peinlich war, weil - ja - und dann habe ich ziemlich gezielt auch und öfters Kontakt gesucht. Und der Bann war dann gebrochen, dann war das Pflegepersonal - also schon bestimmte Personen, ich hab geguckt, wen ich da auswähle, durchaus für mich die Möglichkeit gesehen, Probleme anzusprechen.

Ein "unbeschriebenes Blatt" - das ist jemand, der nichts im Kontakt bislang angeboten hat, das man "sehen könnte als". Das ist das genaue Gegenstück zu den vorher genannten "Seiten", die als "beschrieben" oder "bebildert" imaginiert werden. Jemanden kennen, der "*vom Ansehen her* zumindest ein bißchen vertrauter ist", wird deshalb als Bedingung formuliert, um die Peinlichkeit zu überwinden, mit Problemen zu jemandem zu gehen. Die sequentielle Logik ist genau ausgezeichnet; erst "Sehen", dann "Zugehen". Die Patientin hat "gezielt" und "öfters Kontakt gesucht" mit der Folge, daß der "Bann", der über dem Zugehen lag, "gebrochen" wurde. Mit einem "Bann" ist der vom Kontakt Ausgeschlossene oder sich selbst Ausschliessende belegt. Wenn es einen weiteren Vertrauenszuwachs gegeben hat, kann die Suche, das Finden und der Zugang beginnen. Die vorangegangenen Stufen der "Anzeige" und der "Wahrnehmung" sind in einem präzisen Sinne Voraussetzungen dafür, daß mit Problemen auf einen Anderen zugegangen werden kann. Der Bann wird als eine eigene Kraft konzipiert, die den Ausschluß aufrechterhält und den Zutritt zu anderen Personen verwehrt; seine Macht muß "gebrochen" werden - eine manifeste Metapher für die Aufhebung der Kontaktsperre. Dabei kann offen bleiben, wer den Bann ausgesprochen hatte. Der "gebrochene Bann" indiziert, daß es sich für die Patientin um eine neue

Qualität handelt, die zu erreichen die Bekanntschaft wenigstens durch "Ansehen", d.h. durch wechselseitige Wahrnehmung, voraussetzte. Vertrauenswürdigkeit muß auf den vorhergehenden Stufen prozessual gebildet worden sein. Dazu waren wiederum Einigungen erforderlich, wie sie auch ein fremdsprachiger Patient im folgenden Zitat beschreibt:

> P 6/7: Und neulich habe ich ein Erlebnis gehabt, ich bin auf zwei hingegangen von mir aus, und ich fragte, ob ich zu den sitzen kann mich, und die sagten ja, wir sprechen gerade, in ein paar Minuten. Aber ich bin nicht weggegangen, und es hat mich nicht verletzt, ich, ich habe das weiter geführt, ich fragte, was meint ihr, daß ich hier fünf Minuten warte, bis ihr soweit seid, und dann setze ich mich zu euch, soll ich da draußen, eh'n bißchen, und dann, wir besprachen das, wie das ist, und dann habe ich mich dazu gesetzt, was ich nie hätte gemacht früher.

Obwohl die konkrete Situation, die in diesem Zitat geschildert wird, eine ganz andere ist, ist das Ablaufschema, das Szenario, genau das gleiche. Auch dieses Zitat beschreibt eine Szene des Ausschlußes, ergänzt diese jedoch um eine detaillierte Beschreibung, wie die Überwindung dessen, was im vorigen Zitat als "Bann" metaphorisiert wurde, gelang. Es gibt eine einseitige Kontaktanzeige, ("ich bin auf zwei hingegangen von mir aus und ich fragte, ob ich zu den sitzen kann mich"), dann folgt eine wechselseitige Wahrnehmung, die hier als Rede und Gegenrede dargestellt wird und den Prozeß verlangsamt. Die Bewegung des "Zugehens" wird mit der Aufforderung, zu warten, gleichsam gebremst. Es wird darüber verhandelt, und schließlich folgt das Zugehen ("und dann habe ich mich dazu gesetzt"). Soll der Kontakt fortgesetzt werden, kommt es darauf an, nach der wechselseitigen Wahrnehmung nicht "wegzugehen". Damit das "Zugehen" Erfolg haben kann, müssen Einigungen stattfinden, die hier als Spiel von Fragen und Antworten zitierend mitgeteilt werden. "Wir besprachen das" ist die Zusammenfassung für diesen Einigungsvorgang, und dann resultiert die gelingende Abstimmung in einem hörbaren Stolz darüber, das er sich etwas zu tun getraute, "was ich nie hätte gemacht früher". Der Patient stellt selbst eine prozessuale Diagnose seines therapeutischen Erfolges: Er hat sich nicht einfach abweisen lassen und automatisch mit Rückzug reagiert, sondern den Übergang zur Stufe des "Zugehens" durch Verhandlungen organisiert und bewerkstelligt. Die Wirksamkeit konzeptueller Metaphern dokumentiert sich darin, daß er eine konkrete Szene verwenden kann, um die Veränderung seines Erlebens (wie er einleitend sagt) darzustellen. Die Szene als Ganzes ist in diesem Sinne eine Metapher. Äußerlich stellt sie dar, was auf ein Inneres transzendent verweist.

Die neue Stufe des Zugehens wird im Bereich der Komplementärtherapien konkret inszeniert. Die Patienten werden im Rahmen körpertherapeutischer Übungen aufgefordert, aufeinander "zuzugehen". Welche Schwierigkeiten sich dabei auftun können, wird im folgenden Zitat beschrieben:

K 6/59: Die Aufgabe war Aufeinanderzugehen, egal auf welche Weise. Da war es so, daß er sich ganz unwohl gefühlt hat, also da zog sich der ganze Körper zusammen, er mußte sich wegdrehen und sagte, das möchte er gar nicht, daß jemand unterwürfig auf ihn zugeht oder traurig oder mit Problemen, das ist ganz schwierig. Am besten ist normal, direkt Kontakt, keine Schicki-Micki-Sachen, also ganz aufrichtig, das hat er selber auch so gemacht. Aber ich denke nicht, daß das am Anfang der Gruppe möglich gewesen wäre.

Die körpertherapeutische Aufgabe des Aufeinanderzugehens wird von diesem Patienten mit körperlichen Reaktionen ("Wegdrehen") beantwortet, die von der Körpertherapeutin hier in ganz konkreter körperlicher Bedeutung beschrieben werden. Der Patient scheint nicht zu mögen, wenn jemand beispielsweise "unterwürfig" auf ihn zugeht; er möchte es "ganz aufrichtig" haben. Was aber, wenn jemand "aufrichtig unterwürfig" auf ihn zuginge? Ein solches Paradox zeigt die Unhaltbarkeit der Forderung des Patienten in körperlich-szenischer Illustration. Ohne die körpertherapeutische Inszenierung würde dies dem Patienten nicht sichtbar. Die Forderung, daß der Andere ihm "aufrichtig" begegnen solle, impliziert in der Körpertherapie, daß er ihm körperlich "aufgerichtet" entgegenkommt; nur dann ist ihm ein "direkter Kontakt", der auch als "normal" bezeichnet wird, möglich. Dies Paradox kann der Patient noch nicht lösen, er reagiert mit Wegdrehen und Zusammenziehen seines Körpers; er zeigt sich mit seinen Kontaktstörungen und entzieht sich. Der Patient ist gerade erst dabei, "Aufrichtigkeit" *als Metapher* zu bilden.

Therapeutisch wirksam werden solche Übungen unter der Voraussetzung, daß die konzeptuellen Metaphern des Kontaktszenarios gelten - und ebenso ihre sequentielle Logik. Die körpergebundenen Übungen dienen dazu, sie sich anzueignen; sie sind eine Aufforderung, zu "übertragen"; Metaphern bilden.

K 1/21: Unsicher und vorsichtig wurde sie bei Übungen, die wir später gemacht haben, wo es darum ging, auf den Partner zuzugehen, bewußt mit ihm einen Kontakt zu haben, das ging noch und dann bewußt von dem Partner wegzugehen, sich zu trennen.

Wir erkennen wieder ("Kontakt *haben"*), daß der Kontakt hier implizit als Gegenstand, den man auch verlieren kann, beschrieben wird. Die schon erläuterte konzeptuelle Metapher KONTAKT IST EIN GEGENSTAND ist mit der hier zur Darstellung kommenden Stufe des Szenarios durchaus kohärent. Denn K erläutert den Kontakt, indem sie direkt zuvor sagt, daß es "darum ging, auf den Partner zuzugehen". KONTAKT HABEN IST ZUGEHEN ist das hier befolgte Konzept, und man verliert ihn, wenn man weggeht, sich trennt. Was im Interviewzitat *formuliert* wird, wird in der körpertherapeutischen Behandlung *inszeniert*. Die Inszenierung folgt präzise dem Konzept, das selbst wiederum in eine sequentielle Logik eingebaut ist. Um aufeinander zuzugehen ist in der Übung vorausgesetzt, daß man sich als wahrgenommen wahrnimmt. Zugehen folgt. Diese Logik schreibt eine Abfolge vor, aber sie kann nicht erzwingen, daß sie jedesmal eingehalten wird. Man kann auch schon früher "stehenbleiben". Der Übergang vom Wahrnehmen zum Zugehen muß nicht zwangsläufig erfolgen, er kann auch wieder rückgängig gemacht werden.

> K 4/19: Also da hatte ich mehr bei seinem ersten Bild das Gefühl, daß er auch betroffen war davon von dieser Erkenntnis. Nachher rutschte es dann aber immer sofort wieder irgendwie auf so was - ja halt wieder auf diese flapsige Schiene, wo ich das Gefühl hatte, er will das gar nicht an sich rankommen lassen.

"Schiene" ist eine manifest metaphorische Variante des Pfad-Schemas. Wie sehr die Imagination nach einer geeigneten Metapher zur sinngebenden Darstellung der inneren Dimension des Kontakts sucht, läßt sich an diesem wie auch an vielen anderen Beispielen sehen. Das zögernde "irgendwie auf so was - ja halt ..." zeigt die imaginative Bild-Suche an. Sie findet ein verfügbares Szenario als Mittel der Darstellung. Die manifesten Metaphern wie "rutschen" und "flapsig" indizieren evaluierend die Auffassung von K, daß hier der therapeutische Prozeß "entgleisen" könnte - deshalb die Wahl der Metapher von der "Schiene". Die Stufe des Zugehens auf das Kontaktobjekt, die "Erkenntnis", ist nicht unproblematisch erreichbar. Etwas (nicht) an sich "rankommen" zu lassen ist eine andere Beschreibung für diese Stufe des Szenarios. Der Patient wird beschrieben als jemand, der die Weichen so stellt, daß die "rankommende Erkenntnis" auf eine "flapsige Schiene" geleitet und der Zusammenprall vermieden wird.

Die Metapher der "Schiene" taucht auch im folgenden Zitat des Therapeuten auf:

> T 4/13: Ich hab immer versucht, ihn ernstzunehmen und über den Körper - er kam häufig auch zu medizinischen Notterminen - auch einen Zugang zu ihm gekriegt habe. Er kam dann häufig mit Schulterschmerzen, Kniegelenkschmerzen, Rückenschmerzen, und ich ihn dann immer intensiv durchuntersucht habe und ihn dann auch ernst genommen habe, zum Orthopäden geschickt. Das war ne wichtige Kontaktschiene, wie sich unsere Beziehung auch verbessert hat.

"Zugang" über das Medium des Körpers wird hier als Stufenmarkierung verwendet. Der Therapeut faßt die körperlich angebotenen Schmerzen als Anzeige eines allgemeineren Kontaktwunsches des Patienten auf, antwortet und "kriegt" einen "Zugang zu ihm". Dieser gesamte Ablauf wird manifest als "Schiene" metaphorisiert. Der Körper wird als Kontaktmedium beschreibend illustriert, der Patient "ernst genommen", wenn er "dann häufig" kam. *Buchstäblich* "kommt" der Patient mit seinen Schmerzen, im *metaphorischen* Sinn reagiert der Therapeut. Man sieht es beinahe vor sich, wie sie aufeinander zugehen, aber auf verschiedenen Wegen - eine nicht untypische Situation mit Schmerzpatienten.[87] Die professionelle Aufgabe ist, das Kunststück zu bewerkstelligen, sich dennoch zu treffen.

Das "Zugehen" kann durch Kräfte behindert werden, wie wir am Beispiel des "Banns" schon gesehen haben. Kann die Wirkung dieser Kräfte nicht aufgehoben werden, ensteht kein Kontakt.

> T 7/11: Und er dann als Schuldner mit etwa (einige Tausend) DM konfrontiert war. Und diese - das war wie eine Kette, die man ihm um die Füße gelegt hatte oder fast gleichbedeutend wie ein Panzer, der sich um ihn gelegt hatte, ihn unfähig machte, irgendwie eigenen Vorhaben, sei es Umschulung, berufliche Weiterentwicklung, private Kontakte pflegen, unmöglich machte.

Wir sehen hier das genaue Bildschema: Es ist der Körper, der beim Gehen behindert wird. Aber natürlich handelt es sich weder um ein wörtliche "Kette" noch um den wörtlichen Körper, sondern um den Körper als Bildspender für das Szenario des Kontakts, der hier behindert wird. Die Kette wird um die Füße gelegt - eine originelle, eigenwillige Metapher, die dann noch gesteigert wird zu einem Panzer, der nicht nur das Gehen, sondern jede Bewegung des Körpers behindert. Die operative Funktion der Metapher definiert den Patienten als Gefangenen seiner Schulden, die ihn hindern, private Kontakte zu pflegen; er wird in einem Schuldturm imaginiert. Die therapeutische Aufgabe lautet, metaphorisch formuliert, ihn von der Kette bzw. dem Panzer zu befreien.

Was auch immer das Zugehen oder das "Rankommen" behindert, wird sinngebend mit Metaphern dargestellt, die sich kohärent in das Szenario einfügen. Dies ermöglicht eine subtile prozessuale Diagnostik der Störungen des Kontakts und impliziert, wie wir immer wieder sehen, eine therapeutische Strategie. Einer der überraschendsten Befunde dieser Untersuchung ist, wie genau sich das *bereits vorhandene* Wissen um solche Diagnosemöglichkeiten metaphernanalytisch rekonstruieren läßt - ohne daß dies den Beteiligten bewußt zu sein bräuchte. Wenn Behinderungen des Kontakts auf einer Stufe nicht beseitigt werden können, kann es nicht weitergehen zur folgenden Stufe.

4. Stufe: "Berühren"

Wenn man sich zugehend "nah" genug gekommen ist, können sich die Kontaktpartner berühren, was sowohl körperlich konkret als auch im "übertragenen", sprich: metaphorischen Sinne verstanden wird. In der folgenden Beschreibung

---

[87] Das gesamte Interviewset mit diesem Patienten ist als Einzelfall exemplarisch analysiert in Buchholz (1996).

einer Körpertherapeutin finden wir das metaphernbildende "Übertragungs"-verhältnis wieder; denn anders wäre nicht zu verstehen, wie das Einüben von Körperkontakt Einsamkeitsgefühle heilen kann:

> K 12/1: von seiner Seite benannte er vorrangig einen Wunsch oder hatte den, nämlich durch die Körperwahrnehmung überhaupt mehr Körperkontakt zu anderen Menschen zu kriegen, daß ihm das jahrelang gefehlt habe und er sehr einsam sei, und daß er sich so von der Körperwahrnehmung verspreche, zu lernen sozusagen, wie er auch körperlich auf Menschen zugehen kann

Ziel dieses Patienten, in den Worten seiner Körpertherapeutin, ist "mehr Körperkontakt zu anderen Menschen zu kriegen" und dies setzt die vorangegangene Stufe des körperlichen Zugehens auf andere Menschen voraus. Zugleich sei eine Nebenbemerkung zum "Lernen" eingeflochten. Wir wissen (v. Kleist 1987), daß Therapie *auch* durch die Metapher des "Lernens" bebildert wird, sowohl von Patienten wie von ihren Therapeuten. THERAPIE IST SCHULE ist eine jener konzeptuellen Metaphern, mit denen das System metaphorischer Gleichungen für das leere Konzept "Therapie" operiert. So können hier verschiedene Szenarien miteinander integriert werden. Das "sozusagen" indiziert ein Wissen um den metaphorischen Gehalt einer solchen Konzeptualisierung der Therapie. Tatsächlich ist es ja eine Frage, ob man in einem schulischen Sinne "lernen" kann oder muß, körperlich auf Menschen zuzugehen. Das körperliche Zugehen ist für diesen Patienten kein Problem, denn er ist nicht körperbehindert. Das Zugehen in seiner metaphorischen Bedeutung erfolgt im allgemeinen Verständnis eher in "zielloser Absicht", es "entsteht", kann nicht "gemacht" werden. In welchem Sinne also kann dieser Patient "lernen"? Welches "Wissen" fehlt ihm, wenn er sein Therapieziel so beschreibt, wie es K hier wiedergibt? Dies wird nur verständlich, wenn man das Ziel des Zugehens als metaphorische Zwischenetappe im Ablaufmuster des Szenarios auffaßt. K formuliert es für den Patienten. Sie deutet an, daß er das andere Ziel des "Berührens", "mehr Körperkontakt zu anderen Menschen", meint, dies jedoch zögerlich nicht auszusprechen wagt. Der konzeptuellen Metapher KONTAKT IST ZUGEHEN folgt in sequentieller Logik die weitere KONTAKT IST BERÜHRUNG, und letztere motiviert die körpertherapeutischen Übungen.

Es ist für unsere Annahme dieser Stufe des Szenarios ein weiterer Beleg, wenn Berührungen nicht nur als angenehm, sondern auch als konfliktträchtig beschrieben und auch dabei Bilder des Körperkontakts verwendet werden:

> T 4/52: Kontakte zum eigenen Geschlecht, er hat sich in den Stationsgruppen immer viel gerieben mit Männern

"Sich reiben" kann man sich im Zusammenhang mit Kontakt nur konkret körperlich vorstellen, und diese Imagination wird verwendet, um die Art der Berührung dieses Patienten mit anderen Männern zu metaphorisieren. "Sich reiben" ist in dominanter Interpretation eine Formel für milde Formen des Streits, in komplementärer Lesart klingt eine erotische Bedeutung an. Körperlicher Kontakt zwischen Männern scheint ein besonderes Problem zu sein:

> P 16/7: Ich empfinde es nicht als sonderlich schön, wenn mich Männer längere Zeit irgendwie anfassen, also sprich, im Arm halten oder irgendwo, wenn man sich jetzt die Hand gibt, so nur auf die rein notwendigen körperlichen Kontakte beschränkt. Das war auch ein Aspekt, der hatte mich bei der Sportgeschichte etwas gestört, ich habe dann nachher Sport für Herren gemacht und hatte dann eben auch mal so zwei oder drei Minuten irgendwelchen körperlichen Kontakt mit Gleichgeschlechtlichen und das war eine Sache, die ganz unangenehm für mich war.

Die körperliche Berührung mit anderen Männern wird von diesem Patienten deutlich als "unangenehm", weil konflikthaft angesprochen. Wir haben uns gefragt, ob sich hier Deutungsmöglichkeiten erschließen lassen, die über individuelle Problemlagen hinausgehen? Unsere Vermutung ist folgende: Wo es, nach den Stufen der Kontaktanzeige, der Wahrnehmung, des Zugehens zu einer "Berührung" kommt, ist dies Szenario noch nicht zu Ende; das Wörtchen "mehr" hatte dies schon angedeutet. Der Berührung müßte noch etwas folgen, von dem es ein - möglicherweise tabuisiertes - Wissen gibt. Es darf deshalb nicht realisiert werden, und dazu ist die Vermeidung der hier als "Berührung" ausgezeichneten Kontaktstufe erforderlich. Kommt es doch dazu, haben Männer routinemäßig eine Option zur Verfügung; sie können die Berührung in ein "Gerangel" ausarten lassen. Die Floskel vom "sich reiben" bewahrt kompromißartig verdichtet beide Bedeutungen, die erotische und die streitige, auf. Allerdings muß nicht jeder von ihr Gebrauch machen:

> P 12/12: ich glaubte früher, das sei Auseinandersetzung, was ich gemacht habe, sogleich dieses aggressive Auskehren. Heute weiß ich, daß ich dadurch die Menschen auf Distanz gehalten habe, und teilweise sogar verschreckt habe. Das Paradoxe war eben, daß ich gleichzeitig den wahnsinnigen Wunsch hatte nach Kommunikation oder sogar nach mehr, nach Berührung.

Dieser Patient reflektiert auf eine besondere, aber auch besonders beliebte Form des Kontakts, die "Auseinandersetzung"; das, was er gemacht habe, metaphorisiert er als "aggressives Auskehren". Die Handlungsbeschreibung erfolgt durch ein Bild der Reinigung, die das Aggressive der Auseinandersetzung auf eine selbst noch aggressive Weise wegbringen soll. Sie befreit wütend von der Wut.

Es ist vielleicht hilfreich, sich hier noch einmal an das über die "metaphorische Gleichung" Gesagte zu erinnern. Danach sind solche Gleichungen zugleich Ungleichungen; werden sie zu einer Definition des Zielbereichs verabsolutiert, geht gerade der metaphorische Gehalt verloren. Das ist hier der Fall. Der Patient greift den *wörtlichen* Gehalt der "Auseinander-Setzung" auf und stellt folgerichtig fest, daß seine Art "die Menschen auf Distanz gehalten" habe. Dadurch wird für ihn sein gleichzeitiger Wunsch nach Kommunikation unerfüllbar. Innerhalb des wörtlichen frame wird der Wunsch zu einem Paradox, das in mehr als einem Sinne als "wahnsinnig" bezeichnet wird. Das *wörtliche* Verständnis von Auseinander-Setzung verhindert so zunächst Kommunikation. Es geht ihm um "mehr", nämlich um "Kontakt", für den er hier die Metapher der Berührung verwendet. Er sagt "Kommunikation", korrigiert sich dann aber mit dem reichhaltigeren Bild der Berührung. Es trägt die körperliche Dimension mit. Dabei bleibt durchaus offen, ob er eine körperliche Berührung oder eine im übertragenen Sinne meint; wir müssen das auch nicht wissen, weil er mit dem bloßen Wörtchen "mehr" beim Hörer die Kenntnis des Szenarios voraussetzen und die entsprechende Imagination evozieren kann. Dieser Patient formuliert, Kontakt sei mehr als Kommunikation - aber um dies "mehr" artikulieren zu können, muß er den Körper als metaphorischen Bildspender heranziehen. Der von ihm erfahrene therapeutische Wandel besteht hier nicht darin, daß eine konzeptuelle Metapher ausgewechselt würde (wie beim Beispiel vom KONTAKT als TANZ), sondern darin, daß es zu einem Verständnis und zur Nutzung des metaphorischen Prozesses selbst gekommen ist. Es kann fraglich bleiben, ob sich seine Kontaktstrategien und seine Ziele geändert haben. Geändert hat sich deren Verständnis; es ist ein neuer, das wörtliche Verständnis überschreitender, metaphorischer frame hinzugekommen. Berührung erscheint damit nicht mehr nur als Bedrohung, gegen die man sich aggressiv auskehrend zur Wehr setzen müßte, sondern kann zum Bild werden, mit dem er seinen intensiven Wunsch illustriert.

Andere Formulierungen deuten die Stufe des Berührens mit anderen Worten, versteckter, an:

> K 1/103: Wenn sie aber was mit Partnerin machte, dann war es direkt. Es war ein direkter Kontakt und es war ein verbindlicher Kontakt.

Hier wird das Wort "direkt" als Chiffre für die Berührung verwendet; die "verbindlich" in doppelter Bedeutungsgebung ist: Der direkte Kontakt verbindet und schafft Verbindlichkeit.

Die Formel vom "persönlichen Kontakt" wird in den folgenden beiden Zitaten als Kennzeichnung der Stufe der Berührung verwendet:

> P 13/1: Na, man hat über allgemeines halt mehr gesprochen. Ja sicher, persönlicher Kontakt ist es ja dann schon, aber man hat nicht so viel über private Sachen gesprochen.

Dieser Patient spricht vom persönlichen Kontakt, möchte diese Formulierung gerade aber nicht im metaphorischen Sinn verstanden wissen; es ist, als sage er, daß er zwar mit anderen *Personen* Kontakt gehabt habe, und insofern war es "persönlicher Kontakt", aber eben nicht ein solcher, wo "viel über private Sachen" gesprochen worden wäre. Mit "persönlichem Kontakt" spricht er die innere Dimension an, darunter versteht er eben das, was *nicht* stattfand. Es kam gerade nicht im emphatischen Sinne zur Berührung via das Medium der "privaten Sachen", aber er indiziert durch seine Illustrationen des Gegensatzes (mehr allgemeines vs. viel privates), daß er Kenntnis von dieser Stufe des Szenarios hat. Er weist auf diese Stufe hin, um sie dann verneinen zu können. Die Frage ist, wie verhalten sich "persönlicher Kontakt" hinsichtlich der äußeren und der inneren Kontaktdimension zueinander? Wir vermuten, daß hier die Metapher der konzentrischen Kreise Bildspender ist. An der Peripherie befinden sich die öffentlichkeitsfähigen Themen, der "small talk", all jene Themen, die als das indiziert werden, was nicht wirklich berührt. Dies liegt im Zentrum, im Bereich des Privaten. Erst wenn ein Kontakt diesen Bereich tangiert, findet Berührung im metaphorischen Sinne statt. Diese Berührung kann deshalb dann auch als "direkter Kontakt" bezeichnet werden.

Die Technik der Darstellung zum Zweck der Verneinung finden wir auch im folgenden, schon bekannten Zitat. Wir wiederholen es hier, um auf einen anderen Aspekt aufmerksam zu machen.

> P 26/5: Also der eine Mitpatient, zu dem hatte ich ein sehr enges Verhältnis, wir haben guten Kontakt gehabt und auch sehr persönliche Sachen haben wir besprochen; es war einfach ein unwahrscheinliches Vertrauensverhältnis da, ohne daß da irgendwie mehr war.

Der "gute Kontakt" wird beschrieben als "sehr enges Verhältnis". Weil damit die Imagination des Nahe-Beieinanderstehens, der körperlichen Berührung, verbunden ist, können wir dies Zitat jetzt der Stufe der Berührung zuordnen. Die Berührung erfolgt mental, durch Besprechung "sehr persönlicher Sachen", und ist begleitet von einem "unwahrscheinlichen Vertrauensverhältnis".

Das Szenario ist ein, wie wir im theoretischen Kapitel gesagt haben, abstraktes und verkörpertes Wissen von Ereignisstrukturen. Die Verkörperung wurde, wie wir bislang gesehen habe, indiziert durch Formeln wie "sich reiben", "Enge" und schließlich "Berührung". Der körperliche Ursprungsbereich strukturiert durch metaphorische Projektion auch die mentale Berührung, dann ist vom "direkten", vom "privaten" oder "persönlichen" Kontakt die Rede. Die körperliche Fundierung übt nun einen so mächtigen Zwang aus, daß eigentlich zu einem manifest körperlichen Kontakt übergegangen werden müßte - und wo das nicht der Fall ist, muß diese nächste Stufe indiziert und dann verneint werden. Diese sequentielle Logik des körperlichen Kontaktgeschehens ist nun als *abstraktes* Wissen präsent, und deshalb erfolgt hier der Hinweis, daß "mehr" nicht eintrat.

Die Verwendung von "mehr" ist raffiniert. Es ist, um ein Gleichnis zu gebrauchen, so, als würde auf einer Violine eine Saite angestrichen, und das daneben stehende Klavier begänne resonant mit einer Reihe von Saiten und Obertönen zu schwingen. Das indexikalische "mehr" erzeugt solche Resonanzeffekte beim Hörer und Leser, und zugleich darf offen bleiben, wer sich was dabei gedacht = phantasiert hat. Auch so kann die Autorenschaft unsichtbar gemacht werden.

Ganz fraglos ist diese Technik der *Vor*stellung von etwas, um an ihm die Verneinung *dar*stellen zu können, jener Technik, wie wir sie aus der Traumarbeit kennen, verwandt. Auch die nicht-traumhafte Beschreibung bedient sich der bildhaften Imagination, hier in höchster Eleganz durch das einfache Wörtchen "mehr". Ein Bild kann nicht verneint werden, und deshalb muß es erst vorgestellt werden, um an ihm die logische Operation der Verneinung darstellen zu können. Aber was ist es, das hier verneint werden muß? Was kann auf die Stufe des Berührens noch folgen?

5. Stufe: "Eindringen/Öffnen"

Wir kommen zu einer Klärung dessen, was mit "mehr" gemeint ist. Das manifest körperliche oder im metaphorischen Sinn gemeinte "Berühren" kann nur noch dadurch gesteigert werden, daß der Kontakt in Varianten als "Eindringen" und komplementär dazu als "Öffnen" beschrieben wird. Charakteristischerweise taucht dann das Konzept der "Grenze" in ambivalenter Bedeutung auf. So wie Medien Kontakt ermöglichen und behindern können, so wird auch das Konzept der "Grenze" doppelt verwendet. Von "Grenze" zu sprechen, deutet metaphorisch das räumliche Szenario des Bildfeldes der konzentrischen Kreise an. Sowohl das Überschreiten von Grenzen wie auch das Einhalten oder Respektieren von Grenzen kann die Fortsetzung des Kontakts ermöglichen.

Das folgende Zitat gibt präzise den Ablauf des bisher beschriebenen Szenarios wieder; es mündet erst in die Beschreibung des Öffnens, nachdem das Durchlaufen der vorangegangenen Stufen bewältigt worden ist:

> P 8/7: Daß ich hier Menschen kennengelernt habe, wo ich wiederum neu gelernt habe, den Kontakt auch weiterzuführen und nicht schon von vorneherein wieder abzubrechen, wenn sie persönlich wurden, also wenn man mich dann gefragt hat, wer bist du, was machst du und und 'ne. So dieses Ausfragen, sage ich mal, sich dann zu entblättern, und das haben die anderen auch getan und dann habe ich mich auch ein bißchen geöffnet. Das hat mir eigentlich sehr gut getan.

Hier wird beschrieben, wie der Kontakt "weitergeführt" werden kann, nämlich über die Stufe "persönlich" werdender Berührung hinaus. Das Kontaktgeschehen wird hier klar als eine stufenmäßig organisierte Abfolge, als Szenario, konzeptualisiert mit dem Hinweis, daß er früher abgebrochen wurde, bevor die Stufe des "Öffnens" erreicht wurde. Wenn die Kontakte "persönlich wurden", kommt es zur Frage: "Wer bist du?", die hier als "Ausfragen" über die Themen der öffentlichkeitsfähigen Peripherie hinaus konzeptualisiert werden. Dies erlebt der Patient als Aufforderung, sich zu "entblättern". Wenn es die andern auch tun, kann sich der Patient (es handelt sich um einen Mann!) "auch ein bißchen" öffnen. Wir sehen hier die starke implikative Macht der Füllung eines leeren Konzepts durch eine Metapher, die die Imagination erregt. Es handelt sich im Grunde genommen um eine Sukzession: Erst entblättern, dann sich öffnen. Es ist schwer, sich dies *nicht* als Ablegen kontaktbehindernder (Ver-)Kleidung vorzustellen. Der Patient gibt zu verstehen, daß er sich auf Fragen wie "wer bist Du?" mehr zu erkennen gegeben hat als vor der Behandlung. Im Zusammenhang mit der manifesten Metapher vom "Entblättern" darf man das "Erkennen" als "Nacktheit", in biblischer Tradition gleichsam, auffassen. Die Rede vom Enthüllen der Wahrheit, von der "nackten Wahrheit" bewahrt diesen Zusammenhang zwischen dem "abstrakten" Erkennen und seiner Körperlichkeit umgangssprachlich auf.

Der Patient öffnet sich und ermöglicht damit anderen nicht nur das "Zugehen", sondern ein gewisses "Eindringen" in seinen persönlichen Raum, bindet diesen Vorgang aber an die Wechselseitigkeit ("und das haben die andern auch getan"). Diese Wechselseitigkeit erleichtert den Tabubruch.

Wir finden hier eine gehäufte Verwendung metaphorischer Leib-Bilder; diese Stufe scheint am prägnantesten die Rolle des Körpers auch in der manifesten Sprachverwendung zu artikulieren. Prägnant wird der Körper wieder in den komplementärtherapeutischen Inszenierungen als Mittel der Darstellung verwendet.

> K 19/38: Und da geht es auch so darum, Kontakt zu anderen Leuten aufzunehmen, und da hat sie sozusagen eine ganz große Tür gebaut und sonst aber wirklich Begrenzungen, eine große Tür, aber sich mit dem Rücken vor die Tür gelegt.

Die Metapher der Tür wird hier *inszeniert*, um die Möglichkeit des Öffnens und Schließens in der Kontaktgestaltung zu veranschaulichen. "Tür" gehört zum Bildfeld des "Hauses" und zum räumlichen Szenario und abstrahiert damit von der erotischen Brisanz des Körpers: Das Haus der Person kann durch eine Tür betreten werden, die Tür kann den "Zugang" auch ver- oder behindern. Weiter ist dann von "sonst aber wirklich Begrenzungen" die Rede, offenbar mit der Absicht zu illustrieren, daß die Patientin dafür sorgt, daß ihr Haus oder ihr Raum nur durch diese Tür, nicht auf anderen Wegen betreten werden soll. Mit ihrem Körper versperrt sie die Tür; diese Versperrung wird in der Inszenierung durch den Rükken, den die Patientin anderen zuwendet, intensiviert. Wir kennen umgangssprachlich diesen Vorgang, wenn wir etwa davon sprechen, jemandem den Rükken zuzukehren oder - uns abwendend - "die kalte Schulter zeigen". Wie wir in der alltäglichen Verständigung den Körper als Bildspender *metaphorisch* einsetzen, so wird er hier *konkret* zur Inszenierung der Metapher verwandt. Auf diese Weise wird im körpertherapeutischen Prozeß auch auf dieser Stufe des Szenarios Bedeutung erworben. Das Aufregende ist hier, daß die Patientin in dieser Inszenierung als Haus und als Körper doppelt auftritt. Damit wird ein komplexer Vorgang der Öffnung im und für den Kontakt beschreibbar: Die Funktion des Öffnens und Schließens bei der Kontaktgestaltung emanzipiert sich von ihrer körperlichen Fundierung und dadurch gewinnt die Patientin einen Handlungsspielraum, den sie zuvor nicht hatte. Sie wird an der Metapher der Tür dargestellt, ohne daß die Patientin *sich*, d.h. ihren Körper, zu öffnen gezwungen wäre.

Das Bild der Tür für die "Scharnierfunktion" taucht auch in anderen Zitaten auf, wovon wir noch ein weiteres Beispiel geben:

> K 4/47: Er hat noch gesagt, daß es ihm den Kontakt auch noch über, also wieder zu der Kontaktgeschichte, die Gestaltung hat ihm im Grunde so Türen geöffnet, hat ihm auch noch Kontakt über die Stunden hinaus ermöglicht

Die Tür eignet sich vorzüglich, um eine imaginäre Grenze, kohärent mit dem Bildfeld des Hauses, zu veranschaulichen und kommunizierbar zu machen. Türen (des Hauses) werden "geöffnet", damit andere ins Haus (der Person) "eintreten" können, dadurch ist "Kontakt über die Stunden hinaus ermöglicht". Hier wird implizit eine Unterscheidung thematisiert: die zwischen "Eintreten" und "Eindringen". Eintreten ist an die Erlaubnis, sprich: an die geöffnete Tür gebunden; "Eindringen" steht für einen illegitimen, als gewaltsam empfundenen Akt. Die Metapher der Grenze oder die funktional äquivalente der Tür transportiert so Normen des Kontakts; deren normativer Gehalt wird freilich dann unsichtbar gemacht, wenn die "Natürlichkeit" der Tür des Hauses dazu verleiten würde, auch die "Natürlichkeit" einer persönlichen Grenze anzunehmen. Wir sehen ja gerade, daß die "Grenze" interaktiv inszeniert wird. Im Zitat werden diese Normen dadurch mit berücksichtigt, indem die "Gestaltung" (die Gestaltungstherapie also) selbst die Funktion des Türöffnens für diesen Patienten übernommen hat.

Wie wir es auch schon bei den Kontaktmedien gesehen haben, wird das metaphorische Konzept der Grenze durchaus ambivalent verwendet. Im folgenden Zitat wird das Respektieren der Grenze als Bedingung des Kontakts eingefordert:

> K 2/15: ich habe auch gesagt, wenn ich mit ihr in einer Gruppe wäre, das wäre mir sicher auch bis zu gewissen Punkten einfach angenehm, aber wenn es dann an meine Grenzen ginge, also das eine, daß sie die Grenzen der andern überschreitet

"Bis zu gewissen Punkten" ist der Kontakt "einfach angenehm"; diese Bewertung, so sagt K hier, ändert sich dann, wenn die Grenzen "überschritten" wären. Kontakt an der Grenze - das ist die Stufe der Berührung; über die Grenze hinaus - das ist die Stufe des "Eindringens", wovon wir hier eine milde Beschreibung erhalten. Das "Überschreiten" wäre - so wird zwar nicht ausgesprochen, aber impliziert - "unangenehm" und damit der Kontakt schwierig. Eine Grenzüberschreitung wird deutlich als illegitim gekennzeichnet. Diese Metaphorik dient im Szenario der schrittweisen Annäherung als wichtiges Element einer prozessualen Diagnose von Kontaktstörungen; letztere als Grenzüberschreitung anzusprechen, riskiert allerdings, selbst als solche wiederum erlebt zu werden. Das ist das professionelle Handlungsproblem.

Die Ambivalenz des Konzepts der "Grenze" gibt auch das folgende Zitat wieder:

> K 3/10: wovon sie was hat war, wenn es um interaktionelle Themen ging, also wo es dann auch immer wieder um Grenzüberschreitungen ging, daß sie also auf großen Blättern irgendwelche riesigen Bögen gezogen hat und dann irgendwie das schon als Abgrenzung wurde und nicht als Kontaktaufnahme von den anderen verstanden

Mithilfe dieses Zitats läßt sich erschließen, weshalb "Grenze" ein ambivalent verwendetes metaphorisches Konzept ist. Das Ziehen "irgendwelcher riesiger Bögen" wird von der Patientin selbst als Kontaktaufnahme aufgefaßt, von den anderen aber als Abgrenzung erlebt. Die Ambivalenz manifestiert sich deshalb erst in der interaktiven Hervorbringung der Beziehungspartner. Während die Patientin den Akt der Grenzziehung als ein spezifisches Kontaktangebot mit dem Thema der probeweisen "Grenzüberschreitung" zu verstehen scheint, beziehen sich die anderen darauf, daß dort, wo eine Grenze gezogen wird, nicht "eingedrungen" werden kann und darf. Für eine prozessuale Diagnose der Kontaktstörung bliebe die Frage dann offen, wer die Störung "hat". Deshalb muß "Grenze" als interaktive Hervorbringung ein ambivalentes Konzept sein. Der Kontakt geht nur weiter, wenn Grenzen überwunden werden können; doch nur dann, wenn dies koordiniert geschieht, wird es nicht als aggressiver Akt erlebt.

"Grenze" metaphorisiert soziale Aushandlungsprozesse mit der operativen Implikation der Erzeugung von Normen. Als räumliche Grenze impliziert sie einen *einseitigen* Akt; man kann eine Grenze um sein "Haus" ziehen oder an Grenzen anderer anstoßen. Ob aber und in welcher Weise Grenzen interaktiv wirksam werden, hängt davon ab, ob sie als solche vom je Anderen ratifiziert werden. Werden sie das nicht, können "Verletzungen" eintreten. Das ist eine körperlich fundierte Metapher. Sie wird so häufig verwendet, daß man sie revitalisieren muß, um diese Bedeutung wieder zu "sehen". Die Grenze kann in verschiedenen manifesten Formen metaphorisiert werden. Wir wählen ein Beispiel, in dem der Bezug auf den Körper und die "Verletzungen" plastisch werden:

> P 16/11: Und ich hab gedacht, lieber laß ich mir auf den Verband hauen, als daß ich den Verband abnehme und daß mir jemand in der Wunde herumpuhlt.

Dieser Patient verwendet das Bild der Wunde nicht für den Körper, sondern für seelische Verletzungen, die durch einen Verband abgedeckt sind. Er schützt, in der Wirkung der Grenze vergleichbar, davor, daß in der Wunde herum „gepuhlt" würde. Zwischen Therapeuten und seelisch verletzten Patienten sind Einigungen über das Abnehmen des Verbandes zur Wundbehandlung erforderlich, ein Vorgang, der so gestaltet werden muß, daß er vom Patienten nicht als erneute (Grenz-)Verletzung interpretiert wird. Dazu könnte eine genaue und professionelle Kenntnis des Szenarios, wie wir sie hier zu entwickeln versuchen, praktisch hilfreich sein.

Das Szenario im Überblick

Mit dem Erreichen der Stufe des "Eindringens" erscheint eine Art Bifurkationspunkt, an dem sich entscheidet, ob dies als "Liebe" oder als "Gewalt" interpretiert wird. Diese Bifurkation dokumentiert das folgende Zitat:

> P 12/4: Oder es gibt halt so drei Gruppen auch, kann man sagen, mit einigen, mit denen ich sehr gut auskam, viel Kontakt hatte auch oder habe, einige, die so völlig irgendwie, mit denen hat man gar nichts zu tun, da vermisse ich auch nichts, suche auch nicht den Kontakt, die kommen auch nicht auf mich zu, ne, ist o.k., und einige eben, wo es, ja praktisch ständig Zoff gibt, wo man sich dann mehr oder weniger so ein bißchen aus dem Weg geht

Die Kontaktpartner werden in drei Gruppen aufgeteilt. Mit einigen kommt P "sehr gut" aus, mit anderen hat er "nichts zu tun", "sucht" den Kontakt nicht (Stufe der Wahrnehmung), und diese "kommen auch nicht auf mich zu" (Stufe des Zugehens); bei den Dritten gibt es "ständig Zoff". Dieser Gruppe geht er "aus dem Weg" (Vermeidung des "Eindringens" und der Grenzverletzungen). Wir betrachten dies als Instantiierung des Szenarios, weil diese Praxis der Distanzierung hier erkennbar das Ziel hat, den "Zoff" zu vermeiden.

Darüber hinaus wollen wir das Augenmerk auf das Folgende lenken: der Patient beschreibt hier eine Typologie von Menschen und benutzt sie als diagnostische Orientierung auf seinen Kontaktpfaden. Dabei setzt er das Szenario als einheitliches voraus und gewinnt daraus die Anhaltspunkte für seine typologische Unterscheidung; diese plaziert die Menschen lediglich an verschiedenen Stellen - innerhalb desselben Szenarios. Er verwendet das Szenario unproblematisch, d.h. mundan, als imaginative Struktur für die Hervorbringung einer diagnostischen Typologie.

Uns stellt sich nun die Frage, an welchem Punkt Kontakt in "Zoff", in Gewalt umgewandelt wird? Wann und wodurch verzweigt sich der Kontaktpfad zu diesem Ziel oder dem einer Variante der "Liebe"?

Hier spielt Zeit eine wichtige Rolle:

K 14/35: Sie konnte aber auch mal sagen, daß sie sehr, sehr viel Zeit braucht, um sich zu öffnen, daß sie auch ganz viel Vertrauen dafür braucht, sich zu öffnen.

Beim Abschreiten des Kontaktpfades müssen zahlreiche Einigungen (E) bewerkstelligt werden. Sie sind - wie wir schon vielfach gesehen haben - zwischen den einzelnen Stufen erforderlich, wenn der Kontakt fortgeführt werden soll. Die "Anzeige" muß erwidert, die wechselseitige Wahrnehmung bestätigt werden; das Zugehen muß im je angemessenen Tempo erfolgen, es muß sichergestellt werden, daß Berührungen nicht zu Verletzungen führen. Dies alles braucht Zeit.

Wenn wir uns die einzelnen Stufen des Szenarios einmal graphisch veranschaulichen und dabei E für "Einigungen", A für "Auseinandersetzungen" *zwischen* den Stufen eintragen,

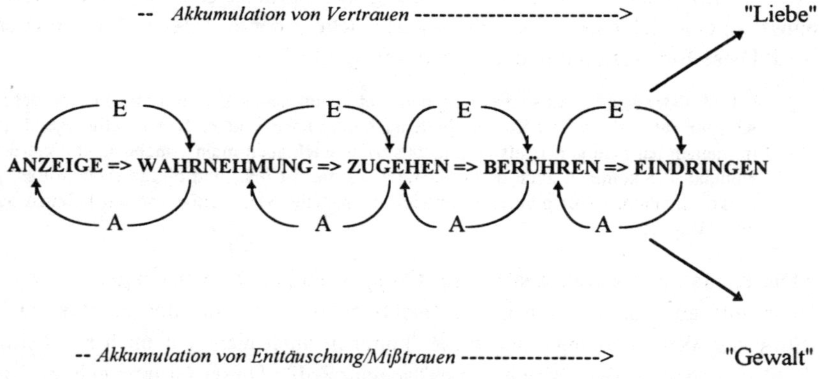

dann erkennt man deutlich den "Kontaktpfad", der mit einer "Anzeige", einem "Beziehungsangebot" oder einem solchen "Wunsch" beginnt und beim Eindringen/Öffnen endet.

Wir haben beschrieben, wie im Übergang von einer Stufe zur nächsten Einigungen erforderlich sind, um "weitergehen" zu können. Wo solche Einigungen gelingen, nimmt die Wahrscheinlichkeit zu, daß der Kontakt in irgendeine Form der Liebe einmündet. Wo Auseinandersetzungen im Kontakt überwiegen, kann der Zuwachs an Mißtrauen und Enttäuschungen repariert werden durch Rückgang auf frühere Stufen und Versuche eines Kontakt-Neustarts von dort aus. Auch kann der Kontakt natürlich beendet werden; diese immer verfügbare Option haben wir in die Graphik nicht eingetragen. Nur wenn der Kontakt trotz Enttäuschungen fortgesetzt wird, bereitet sich vor, daß das Eindringen in der einen oder anderen Weise als gewaltsam interpretiert wird. Deshalb haben wir in unserer graphischen Zusammenfassung eine entsprechende Verzweigung, einen Bifurkationspunkt, eingezeichnet. Die Kontakterfahrung bildet ein Gedächtnis, in welchem die gelingenden Einigungen oder stattgehabten Auseinandersetzungen abgespeichert sind. Einzelne Stufen können nicht ohne Folgen ausgelassen werden.

Unter *Liebe* wollen wir hier sehr weit gefaßt eine Art Gradierungssystem verstehen, das von unseren Interviewpartnern verwendet wird. Es kann von milden Formen beständiger Sympathie über "Freundschaft" oder "ein unwahrscheinliches Vertrauensverhältnis" bis hin zu manifest erotischen Formen reichen.

Unter *Gewalt* verstehen wir hier ebenfalls in einem sehr weiten Sinne ein Gradierungssystem, welches von milden Formen der "Verschlossenheit", der Zurückweisung, über Antipathie bis zu "Deutlichmachen der Grenzen" und manifesten Gewalttätigkeiten reicht. Beide Ausgänge werden von unseren Interviewpartnern erkennbar graduell abgestuft beschrieben.

Der Ausgang in "Liebe"

Für positive Ausgänge werden von unseren Interviewpartnern manifeste Liebesmetaphoriken verwendet, wofür wir hier eine Liste von Beispielen vorstellen wollen:

> K 12/59: er war in seiner Art der Kontaktaufnahme auch oft relativ hartnäckig. Also da blieb er wirklich am Ball sozusagen, fast auch so ein Werben

> T 4/53: Kontakte zum anderen Geschlecht hatte ich schon beschrieben, mit dieser einen Mitpatientin, also er war oft so Hahn im Korbe, ne

> T 11/1: und daß es ihr möglich war, auch eben, daß sie hier so Kontakte zu anderen aufgenommen hat, jetzt keine sexuellen, aber so Liebesbeziehungen waren das hier

In diesen Zitaten wird in unterschiedlichen manifesten Metaphern ("Werben", "Hahn im Korbe") von Liebe gesprochen, die als Ziel des Kontaktpfades nach gelingenden Einigungen auf den vorangegangenen Stufen möglich, d.h. realisierbar wird. Diese Metaphern indizieren, daß es "in Richtung Liebe" geht, auch wenn man noch nicht von "wirklicher" Liebe (Verneinung der "sexuellen Kontakte") sprechen mag. In einem solchen Gradierungssystem sind die räumlichen Metaphern von "Nähe" und "Distanz" zugleich Indizes dafür, um welche Form der Liebe es sich handelt:

T 22/3: also daß sie jetzt Freundinnen da auf der Station hatte und da auch mehr Nähe zugelassen hat

"Nähe" erscheint in diesen nicht seltenen Wendungen als ein "Etwas", von dem es "mehr oder weniger" geben kann; ja man kann "Es" sogar zulassen oder sich dagegen sperren. Hier ist Nähe ein metaphorisches Beschreibungs*mittel*, das der Konzeptualisierung einer sozialen Praxis dient. Sie ist Index für Grad und Art der "Liebe" nach dem Bifurkationspunkt.

Der Ausgang in "Gewalt"

Schon die Umgangssprache will es merkwürdigerweise, daß wir "Eindringen" sowohl als einen erotisch-liebevollen als auch als einen aggressiv-zudringlichen Vorgang imaginieren. Am Bifurkationspunkt wird - unter Rückgriff auf das Kontaktgedächtnis - entschieden, welche von beiden Bedeutungen die Oberhand behält. Deshalb besteht durchaus auch die Möglichkeit, daß "Eindringen" als gewaltsam, als "Verletzung" der Grenze interpretiert wird[88]. Die "Wahrung von Grenzen" wird von den Behandlern in eben dieser Ambivalenz sensibel registriert, die auch unter Verwendung des Gradierungssystems beschreiben, wie Patienten das "Eindringen" in den persönlichen Raum verhindern.

T 4/45: und daß er auch sehr unwirsch und zurückweisend sein kann, auch auf Station. Und durch dieses Verhalten er dann die wenigen Kontakte sich dann auch noch verprellt.

"Zurückweisen" ist ein Verb, das eine Tätigkeit beschreibt, die ihren Sinn im räumlichen Szenario entfaltet. Seine Emphase und damit der Grad der Zurückweisung wird dadurch gesteigert, daß die Anderen durch "Verprellen" auf die andere Seite der imaginären Grenze verwiesen werden. Diese Steigerung wird durch Beifügung von "unwirsch" unterstrichen und dies noch einmal durch das "sehr". "Verprellen" ist die manifeste Metapher des Zusammenstoßes zweier Körper, die aufeinander prallen, aber (noch) nicht manifest gewaltsam. Das Gewaltsame des körperlichen Ursprungsbereichs dieser Metapher wird in die soziale Domäne metaphorisch projiziert und ruft bei Anderen dann auch entsprechende Reaktionen hervor.

---

[88] Hier entscheidet auch der institutionelle Kontext mit. Behandler privilegieren in Institutionen das "Autonomie"-Modell, wonach für Patienten die Wahrung der Autonomie, die Behauptung der Grenzen pauschales Therapieziel wird. Damit kann allzuviel "Kontakt" zwischen Patienten verhindert werden; die normative Bedeutung der Grenzen-Metapher entfaltet hier ihre operative Funktion im Dienst des Sexual-Tabus. "Eindringen" wird deshalb tendenziell eher als "aggressiv", seltener als "erotisch" zu interpretieren gelernt und gelehrt.

Die Dimension von "Nähe-Distanz" gehört der Stufe des Zugehens zu. Sie beschreibt etwas anderes als das Öffnen oder Schließen von Grenzen der Person, womit wir die letzte Stufe beschrieben haben. Zwischen beiden steht das "berühren", das einerseits größtmögliche Nähe anzeigt, andererseits bereits eine minimale Grenzverletzung impliziert. Nähe ist deshalb u.U. gefährlich; dann muß das Bestehen von Grenzen betont und ihre Respektierung gefordert werden:

> K 12/63: Und das, was ich glaube, was ihm was gebracht hat, war, zu merken, daß es auch in der Nähe Grenzen gibt.

Ein Patient spricht sehr prägnant den körperlichen Ursprungsbereich der Grenzmetapher an:

> P 8/11: Ja, es ist was sehr Unangenehmes. Das zuzulassen, sich jemandem willkürlich zu öffnen, von sich was zu geben, da kam ich mir dann schon vor, als, ja werde ich hier aufge..., werde ich mich etwas hier aufreißen. Also nach der Anatomie etwas.

"Sich zu öffnen" wird, wie wir exemplarisch auch beim "Entblättern" fanden, durchaus körperlich verstanden. Wie im Zitat vom Verband über der Wunde, in der nicht "herumgepuhlt" werden solle, ist es der Körper, der dabei "verletzt" werden kann. Doch dient er hierbei als Bildspender für einen anders kaum beschreibbaren seelischen Vorgang. Die äußerst expressive Metapher des "Aufreißens" (nach der Anatomie) wäre, bezogen auf den Körper, fraglos gewaltsam; bezogen auf den seelischen Vorgang verliert sie diese Eindeutigkeit und wird deshalb mit "sich öffnen, von sich was zu geben" verbunden. Der Patient beschreibt das professionelle Be-Handlungsproblem aus seiner Sicht präzise: sich zu öffnen in der Therapie setzte er mit Aufgerissen-Werden gleich und kann dies nachträglich mitteilen, nämlich dann, wenn diese Gleichsetzung bereits nicht mehr voll gültig ist. Das therapeutische Ziel wird dann, so möchten wir anfügen, metaphernanalytisch ebenso präzise benennbar: die Emanzipation solcher Bedeutungen vom körperlichen Vorbild und Ursprung und damit die Wiedergewinnung ihres metaphorischen Charakters. Die Metapher fügt der Gleichung eine Ungleichung hinzu und reduziert damit die Bedrohlichkeit.

Wir zitieren weitere Beispiele für erkennbar mit Aggressivität aufgeladene Kontakte:

Auseinandersetzungen sind integraler Bestandteil von Kontakterfahrungen, jedoch der Gegenpol zu Einigungsprozessen. Dieser Zusammenhang wird im folgenden Zitat thematisiert:

> T 20/5: Auf Station war sie zunächst eher so distanziert, zurückhaltend, lebte sich dann aber auch zunehmend ein, war dann auch so in die Gruppen sehr gut integriert, hatte verschiedene Kontakte, besonders zu Frauen, hatte aber auch Auseinandersetzungen, z.B. auf dem Zimmer. Wenn ihr etwas nicht paßte, konnte sie das mit ziemlicher Deutlichkeit und

Lautstärke auch auf den Punkt bringen, ging nicht unbedingt so den Konflikten aus dem Weg.

Auseinandersetzungen erscheinen hier mit dem abgrenzenden "aber auch" als Antipoden des Kontakts, als würden sie gleichsam kategorial von den Kontakten unterschieden. Tatsächlich privilegieren die Kontaktszenarien eher die Einigungs- als die Auseinandersetzungsprozesse. Hier aber unterläuft T die kategoriale Unterscheidung zwischen "Kontakte, besonders zu Frauen" und "aber auch Auseinandersetzungen", indem sie szenisch letztere durch "Deutlichkeit und Lautstärke" so illustriert, daß deren zwangsläufige Adressatenorientierung imaginiert werden kann. Damit gehören Auseinandersetzungen wieder zur Kategorie des Kontakts. Wir können schließen: Konflikte liegen "im Weg", sie sind gleichsam die Hindernisse, die das "Zugehen" blockieren. Wenn sie aber beseitigt werden konnten, gewiß auch in "Deutlichkeit und Lautstärke", gewinnt die Aussage, jemand sei "in die Gruppen sehr gut integriert", erhöhte Glaubwürdigkeit. Man kann dies als Test sehen, bei dem der Kontaktpfad nicht rückwärts durchlaufen werden mußte, es geht vielmehr "weiter". Auseinandersetzungen sind das Medium, sie zu beseitigen.

An einem "raffinierten" Beispiel wollen wir beschreiben, wie das gewaltsame Eindringen als "Liebe" maskiert auftreten kann. Dann hat der Therapeut "alle Hände voll zu tun", um mit einer kreativen Deutung - einer metaphorischen Sinngebung - die Aufrechterhaltung der therapeutischen Situation und des Kontakts zu ermöglichen:

T 6/24: Also es war eine Welt, wo sozusagen alles, hat er auch von vorneherein ganz klar gesagt, daß das eine Welt ist, wo, in der er gerne lebt und daß er am liebsten sich mit irgendwelchen Schauspielern identifiziert und em, daß er auch, er sagte auch, er hätte, er wollte mir das gleich sagen, er hätte bestimmt vor, mich in ihn verliebt zu machen und mich zu verführen und, aber ich bräuchte mir da nicht einzubilden, irgendwie ihn zu kriegen oder so, sondern das sei alles sozusagen gleichzeitig an der Nase-rum-Führerei und, also meine Vorstellung war, entweder müßte es so sein, daß ich in diese Welt hineinkomme oder er aus dieser Welt raus. Sonst würden wir uns irgendwie nicht treffen können und ein erster Schritt war, daß ich ihm schon in diesem ersten Kontakt gesagt habe, als er so von Verführung gesprochen hat und daß seine Liebling-, daß er irgendwie auch bestimmte Hollywood-Lieblingsschauspieler hatte und so weiter, daß ich zu ihm gesagt habe, er schiene so etwas zu sein wie eine männliche Marilyn Monroe.

Dieser in einer eigenen Schauspieler-Welt lebende Patient bietet seinem Therapeuten an, ihn zu "verführen" und erklärt sofort, daß er ihn damit nur an der Nase herumführen werde. Wie kann man sich dann "treffen"? Hier wird "Treffen" nicht als Synonym für die äußere Dimension des Kontakts (wie oben), sondern für die innere Dimension verwendet. Zwei Personen aus verschiedenen Welten müssen sich, wenn ein Kontakt entstehen soll, treffen - sie müssen sich den Kontaktwunsch anzeigen, sich wahrnehmen, aufeinander zugehen, sich berühren. "Treffen" ist im Kontext dieses Zitats sensu "Begegnung" zu verstehen, hat aber auch eine aggressive Bedeutung wie beim Abschießen eines Projektils auf ein Ziel, das man "treffen" möchte.

Dann ist die Rede vom "Hineinkommen" in die Welt des Patienten. T spricht aber davon nicht als dem nächstliegenden Ziel, sondern als einer ferneren Aufgabe, die über Zwischenschritte nur erreicht werden könne. Er organisiert den Kontakt mit diesem Patienten vom Ziel her. Ein erster "Schritt", mit dem der Therapeut signalisiert, daß er diesen Patienten mit seinen Identifizierungen gut "wahrgenommen" hat, ist dann die metaphorische Deutung, dieser Patient scheine, mit seinem verführerischen Auftreten, eine Art männliche Monroe zu sein. Auf eine höchst raffinierte Weise läßt dieser Patient erkennen, daß er den Kontaktpfad mit hohem Tempo und mit dem Ziel des "Eindringens" (Verführung) einschlägt, aber er warnt zugleich den Therapeuten, daß er ihn "an der Nase herumführen", d.h. selbst "unberührt" bleiben wolle. Wie auch schon im früheren Beispiel von der Komplementärtherapeutin, die das Rumalbern eines Patienten als Lehrer-Schüler-Verhältnis manifest metaphorisierte, verwendet T eine manifeste Metapher, die von der "männlichen Marylin Monroe", um dem interaktiven Geschehen einen Sinn zu geben. Diese Metapher reduziert die interaktive Komplexität der Verführung und Verweigerung, des Schillerns zwischen männlicher und weiblicher Rolle und bietet damit einen Sinn an, wo das Spiel des Patienten zwischen "Liebe" und "Gewalt" der therapeutischen Aufgabe den Sinn zu entziehen drohte.

Methodische Zusammenfassung

Bevor wir dazu kommen, die Verwendung dieses Szenarios in Diagnose und Behandlung zu analysieren, wollen wir unsere methodischen Schritte resümieren:

1) Wir haben zunächst verschiedene konzeptuelle Metaphern für den Kontakt gefunden. Danach ist Kontakt z.B. ÖFFNEN, SEHEN, BERÜHREN, ZUGEHEN usw. Es fanden sich damit im Zusammenhang stehende weitere konzeptuelle Metaphern wie SPRECHEN IST ÖFFNEN, DIE PERSON IST EIN HAUS, AUSFRAGEN IST ENTBLÄTTERN oder VERTRAUEN IST SICH-ZEIGEN. Wir konnten einige sehr persönliche konzeptuelle Metaphern, wie z.B. KONTAKT IST EIN TANZ, beschreiben. Die konzeptuellen Metaphern fanden sich in einer sequentiellen Logik geordnet, die unsere Interviewpartner bereits indizierten. Wir haben dies paradigmatisch am Bei-

spiel des Wörtchens "mehr", aber auch an verschiedenen anderen Stellen gezeigt.

2) Die Annahme verschiedener Stufen der sequentiellen Logik macht Übergänge und Einigungen erforderlich. Beim Übergang von der Stufe der Kontaktanzeige zur Stufe der Wahrnehmung emergiert erstmalig eine interaktive Wirklichkeit mit rückwirkenden Folgen für die affektiven Selbstzustände. Diese Beobachtung, gewonnen am Beispiel der Patientin, die von der Wahrnehmung ihrer Kontaktanzeige positiv enttäuscht war, ist nicht ohne Bedeutung für die Frage, wie durch "Reden" seelische Veränderungen bewirkt werden können. Eine ähnlich große Bedeutung hat der Bifurkationspunkt, der rückwirkend die vorangegangene Kontakterfahrung als "Liebe" oder "Gewalt" evaluiert. Es gibt ein dokumentiertes Wissen über die Emergenz solcher interaktiver Wirklichkeiten.

3) Die Rede vom "Aufbau" des Kontakts indiziert ein Wissen um die sequentielle Logik des Szenarios. Indem vom Aufbau gesprochen wird, wird die "Form der Reflexion" - nämlich: erst der Keller, dann das Dach, erst das Zugehen, dann das Berühren - von einem Ursprungsbereich auf den Zielbereich des Kontakts "übertragen". Aufbau indiziert die Architektur des Kontakts.

4) Hat Kontakt kein Sinn-Bild, bleibt seine innere Dimension leer. In therapeutischen Dialogen wird auf solchen Sinnentzug professionell mit metaphorischer Sinngebung geantwortet. In diesem Szenario geschieht dies vozugsweise durch Thematisierung der Ambivalenz der "Grenze".

5) Kontaktschwierigkeiten sind in in diesem Szenario beschreibbar als
   a) Rückgang auf frühere Stufen
   b) zu hohes Tempo ("überrennen", "überspringen")
   c) Mangel an Orientierung
   d) Hemmung beim Übergang von einer Stufe zur nächsten ("Rückzug", "aus dem Weg gehen")

Damit wollen wir die Beschreibung des Szenarios der schrittweisen Annäherung beenden und zur Darstellung der Diagnose und Behandlung von Kontaktschwierigkeiten übergehen.

Kontaktstörungen: Prozessuale Diagnose und Behandlung im Szenario der schrittweisen Annäherung

Gleichsam im Vorübergehen haben wir die prozessuale Diagnostik von Kontaktstörungen schon notiert. Wenn wir diese im folgenden darstellen, verfolgen wir sowohl eine metaphernanalytische als auch eine therapeutisch-praktische Zielsetzung. Metaphernanalytisch betrachten wir es als weitere, besonders aussagekräftige Instantiierung des Szenarios, wenn Patienten und Mitarbeiter die von ihnen wahrgenommenen Kontaktstörungen alltagssprachlich in einer Weise erläutern und amplifizieren, die sich an die Logik des Szenarios anschließt. Wir sehen dann, daß die Szenarien als Folie wirken, auf deren Hintergrund die Störung sich abhebt und genauer beschreiben läßt. Kontaktszenarien sind der klinischen Erfahrung näher als der Rekurs auf die Herkunftsfamilie des Patienten zur Erklärung von Störungen, obwohl deren pathogenetische und pathoplastische Bedeutung und Erklärungskraft nicht geschmälert werden soll. Die metaphorisch-alltagssprachlich verfaßten Kontaktszenarien können eine leicht zugängliche "Brücke" bilden für die therapeutische Aufgabe, sich im Dialog zwischen Patient und Mitarbeiter neue Handlungsmöglichkeiten zu erschließen. Die genetische Rekonstruktion erlaubt Antworten auf die Frage, *warum* sich spezifische Störungen entwickelt haben und welche ungelösten Konflikte ihnen zugrunde liegen. In einem kausalen Sinne *erklären* die Szenarien nichts. Sie zeigen vielmehr an, daß zwischen genetische Erklärung und kartographische Diagnose eine sozial-interaktive Dimension eingeschoben werden muß, die die Operationen des therapeutischen Prozesses nicht unwesentlich steuert. Konkrete Veränderungsschritte in den aktuellen Beziehungsgestaltungen können dann sichtbar werden, die ihrerseits zu neuen Erfahrungen in den Begegnungen mit anderen führen mögen.

Die prozessuale Diagnose bezieht sich auf den Interaktionsprozeß und entsteht doch zugleich in ihm. Beispiele waren etwa die Diagnose des Kontakts einer Patientin als "lockerer" oder die "Herstellung" von Beziehungskonstanz. Die Interaktionsteilnehmer beschreiben nicht nur sich selbst als diagnostizierend, sondern diagnostizieren die Interaktion aus der beobachtenden Perspektive Dritter, obwohl sie an deren "Herstellung" beteiligt sind. Das Szenario wird als Bezugsrahmen der prozessualen Diagnose verwendet, und das ist auch der Fall, wenn die Nicht-Einhaltung der sequentiellen Logik als Erklärung für eine Störung herangezogen wird. Ein Beispiel wäre jener Patient, der auf das Bekommen von Post "genervt" reagierte, was die Komplementärtherapeutin als allzu raschen Übergang auf die Stufe des "Zugehens" andeutete.

Aus der Darstellung und Verwendung des Szenarios ergeben sich vier Möglichkeiten, Kontaktstörungen zu diagnostizieren, die wir im folgenden beschreiben wollen.

Rückgang auf frühere Stufen

Ein Beispiel für die sensible Wahrnehmung und Beschreibung, wenn Vertrauen sich nicht im vollen Umfang einstellen will, gibt der Patient im folgenden Zitat, wenn er von der Beziehung zu seiner alternden Mutter spricht:

P 15/2: aber es sind deshalb mehr Hoffnungen, weil ich sie auch nicht so häufig sehe, das kommt dann hinzu, wenn ich sie dann mal sehe, so ein Vertrauensverhältnis, ich will nicht sagen Vertrauensverhältnis, das wird es vielleicht nicht mehr, so ein etwas vertrauteres Verhältnis anzustreben, sehr schwer ist aufzubauen, weil das wachsen muß und bedingt durch die relativ seltenen Kontakte wird es schwer, aber der Wunsch ist da.

Vom "sehen" ist hier zunächst im wörtlichen Sinne, etwa bei Gelegenheiten des "Besuchens" die Rede. Aber es ist nicht zufällig, daß dieser Körper-Sinn angesprochen und zur Darstellung benutzt wird, wenn wir bedenken, daß "Sehen" zugleich die Metapher der interaktiven Reflexivität ist, jener Stufe, die wir als "wahrnehmen" bezeichnet haben. Weiter bemerken wir in diesem Zitat eine auffällige Reparatur: Erst wird von einem Vertrauensverhältnis gesprochen, dann aber wird diese Kennzeichnung zurückgenommen und deklariert, "so ein etwas vertrauteres Verhältnis" anstreben zu wollen. Die Beifügungen "so" und "etwas" zeigen das Ungefähre dieser Beschreibung verstärkend an. Das Vertrauen kann sich nicht einstellen, weil die seltenen Kontaktgelegenheiten jenseits der Beeinflussung durch den Patienten liegen

Um das darstellen zu können, benutzt der Patient die schon bekannte Technik: erst vorstellen, dann verneinen. Er indiziert zunächst seine Kenntnis des "normalen" Ablaufs des Szenarios, das in ein "Vertrauensverhältnis" (als milde Gradierung der Liebe) einmünden könnte. Eben diesen "normalen" Ablauf aber muß er als nicht realisiert wahrnehmen, und deshalb "repariert" er seine Darstellung. Zugleich erkennen wir den gleichsam logischen Aufbau des Szenarios: Wo der Übergang zur Stufe der "Wahrnehmung" nicht möglich ist, bleibt nur der Rückgang auf die erste Stufe der Kontaktanzeige. Kontakt existiert in der Möglichkeitsform als "Anzeige": so wird das Zitat eingeleitet mit den Worten, es seien "deshalb mehr Hoffnungen" und beendet mit "der Wunsch ist da". Spürbar wird hier auch, wie er einen Schmerz über die nicht realisierbaren Möglichkeiten dieses Kontaktes durch Hinweis auf Zeitchancen abmildert ("weil das wachsen muß"). Das erzeugt eine nicht ganz seltene konzeptuelle Metapher KONTAKT IST EINE PFLANZE (die gehegt und gepflegt werden muß). Sie hat ihre eigenen Wachstumsgesetze und kann deshalb nur begrenzt beeinflußt werden. Auch hier wird die Erfahrung, die selbst nicht mitteilbar ist, durch eine Metapher veranschaulicht. Der Patient wird gleichsam durch die Umstände genötigt, einen Wechsel der konzeptuellen Metapher vorzunehmen. Zunächst indiziert er mit "Hoffnung", "sehen" und "Vertrauensverhältnis" das hier beschriebene Szenario des Kontaktpfades, in welchem Personen aktiv und selbststeuernd sich in einem Kontakt-Gelände aufeinander zu oder voneinander weg bewegen und dabei Erfahrungen machen, die von wechselnden affektiven Zuständen begleitet werden. Dann erfolgt der Rückschritt zur Stufe der Kontaktanzeige und ein Wechsel zu einer anderen konzeptuellen Metapher KONTAKT IST EINE PFLANZE. Das hat Folgen: der Kontakt selbst wird nicht mehr "gezeigt und gesehen"; vielmehr wird der Kontakt zu einem selbständigen Lebewesen metaphorisiert, dessen Rhythmus man sich nur fügen kann, dessen Wachstum Zeit benötigt.

Zu hohes Tempo

Das Szenario der *schrittweisen* Annäherung impliziert ein bestimmtes, langsames Tempo, weil Abstimmungsprozesse erforderlich sind. Störungen entstehen am häufigsten dann, wenn die Abfolge der einzelnen Stufen nicht eingehalten werden kann. Patienten verwenden ihr implizites Wissen um das Szenario, wenn sie sich ihre Kontaktschwierigkeiten selbst deuten:

> P 12/8: Kontakte zum anderen Geschlecht, das ist auch noch schwierig, weil immer noch stark auch, wenn mir 'ne Frau gefällt, dann ist auch stark der sexuelle Gedanke gleich da.

"Schwierig" sind die Kontakte, weil die Stufe des "Eindringens" (der sexuelle Gedanke) hier "stark" anvisiert wird, ohne daß Möglichkeiten zur Verfügung stünden, die vorangehenden Stufen zu realisieren. Dieser Patient geht vom "Wahrnehmen" ("'ne Frau gefällt") zum "Eindringen" in der Phantasie ("der sexuelle Gedanke") über und bezeichnet mit solchem raschen Übergang seine Kontaktschwierigkeiten. Er phantasiert, kaum daß ihm eine Frau gefällt, das sexuelle "Eindringen" - für die erforderlichen Zwischenstufen der sozialen Praxis fehlen ihm die Metaphern mit der Folge, daß er für das, was Zeit braucht, zu schnell wird. Wegen des zu hohen Tempos muß er möglicherweise den ganzen Ablauf des Szenarios abbremsen, was klinisch als Hemmung imponiert. Die Äußerung dieses Patienten zeigt sehr gut das Zusammenspiel von Drang und Hemmung, wie es die psychoanalytische Abwehrlehre ausgearbeitet hat. Das Szenario, als praktische Leitlinie verstanden, böte hier eine Fülle von Möglichkeiten, den "Einbau" von metaphorischen Zwischenstufen in die Konzeptualisierung von Kontakt therapeutisch zu etablieren.

Umgangssprachlich sprechen wir davon, die Zwischenstufen zu "überspringen", oder wir fühlen uns von einem anderen "überrannt". Unser Gefühl ist dabei eine - selbst nicht immer bewußte - Interpretation eines sozial-interaktiven Vorgangs. Wir wollen uns wegen dieser Bedeutung der Gefühle weiteren Zitaten zuwenden.

> T 2/52: Sie wollte nichts mehr mit ihm zu tun haben. Also wo ich dann auch zeigen konnte, naja, es rächt sich, wenn sie über eigene Gefühlsgrenzen hinwegging.

In diesem Zitat geht es um einen Kontaktabbruch. Es scheint so allgemein verständlich, daß eine Interpretation sich kaum lohnt. Allerdings beruht das Wort von den "Gefühlsgrenzen" auf der Verdichtung einer komplexen Imagination. Diese impliziert eine konzeptuelle Metapher GEFÜHLE SIND WAHRNEHMUNGSORGANE, insbesondere hier für Gefahren und Risiken. Wir nehmen imaginativ an einer Verdoppelung der Person teil: "es" handelt, nicht die Patientin. Die Gefühle werden zu einem eigenen Subjekt naturalisiert mit der Folge, daß wir zwei Personen handeln sehen können: Gefühle, die davor warnen, über sie hinwegzugehen, und die Patientin, die es dennoch tut; dann rächen sich die Gefühle. Das ist die Abfolge der Ereignisse. In diesem Sinne hat die "Gefühlsperson" dann auch eigene Wahrnehmungsorgane, sie hat eigene "Grenzen" und deren Überschreitung hat - ganz genau wie in den Darstellungen mit leibhaftigen anderen Personen - Folgen: die Grenzüberschreitung wird evaluiert und gegebenfalls sanktioniert. Das Gefühl der "Rache" entsteht in dieser Interaktion. Man kann dann der "Rache" der Gefühlsperson zum Opfer fallen.

Diese Vorstellung nutzt die unbewußte Kenntnis des Szenarios als Interpretationsrahmen, denn die Folgen des "Hinweggehens" verstehen wir nur auf dem Hintergrund des bereits Gesagten: die sequentielle Logik des Szenarios erzwingt mit subtiler Macht die Einhaltung bestimmter Stufen. Das Wissen über das Szenario wird vom Therapeuten erkennbar als Interpretationsrahmen seiner prozessualen Diagnostik und seiner Behandlungsstrategie verwendet ("wo ich dann auch zeigen konnte").

An die Stelle der Gefühle als Zielbereich der Metapher kann funktional äquivalent etwas anderes eingesetzt werden. Wir erhalten dann nicht die konzeptuelle Metapher GEFÜHLE SIND EIN WAHRNEHMUNGSORGAN, sondern DER KÖRPER IST EIN WAHRNEHMUNGSORGAN. Dessen Signale für ein zu hohes Tempo zu "überspringen", hat dann vergleichbare Folgen, die auch Patienten in der gleichen Weise darstellen. Dies sensibel registrieren zu können, wird direkt als Behandlungsergebnis mitgeteilt. Der Körper weist den Patienten gleichsam auf die Folgen des Überspringens der einzelnen Stufen hin:

> P 19/1: Ja, und wirklich in mich reinzuhorchen und, den Kontakt möchte ich nicht oder die Situation ist mir unangenehm. Ja, wo ich sonst so drüber weggerannt wäre. Und eben auch da sehr deutlich zu merken oder, gut, ich weiß, daß ich mit meinem Körper nicht sonderlich gut umgehe, der reagiert sehr stark und ist eigentlich ein ständiges Barometer und Signal auch für mich.

Während es beim vorigen Zitat die "Gefühle" waren, die Warnsignale aussenden, ist es hier der Körper, der "sehr stark" reagiert, dessen Funktion manifest metaphorisch als "Barometer und Signal" interpretiert wird. Die Rede vom "überspringen" (einzelner Stufen) oder hier vom "drüber wegrennen" indiziert deutlich, daß das Szenario als eines der *schrittweisen* Annäherung aufgefaßt wird. Zu hohes Tempo ist deshalb ein "Fehler", also eine Kontaktstörung. Das

Szenario legt ein bestimmtes, gemächliches Tempo und die Verfügbarkeit von Zeit nahe, so daß die einzelnen Stufen der Annäherung sorgfältig errungen und ihr Erreichen interaktiv abgestimmt werden können. Wo solche Abstimmung verfehlt wird, weil ein zu rasches Tempo eingeschlagen wird oder eine direkte "Ziel"orientierung vorherrscht, reagiert warnend manchmal der Körper, manchmal das Gefühl. Dann ist eine Möglichkeit, das Beschreiten des Kontaktpfades überhaupt zu unterlassen. Statt über die Körper- und Gefühlssignale "hinwegzugehen", so wird impliziert, muß man ihnen folgen. Sie kommen gleichsam aus einem anderen Bereich, der als nicht einer interaktiven, sondern einer naturhaften Ordnung zugehörig dargestellt wird. Der eigene Körper oder die eigenen Gefühle werden dann wie beim Blindflug ("in sich reinhorchen") Leitinstrumente, mit deren Hilfe man sich über die Kontaktlandschaft und das einzuschlagende Tempo orientieren kann.

Überspringt jemand Stufen, dann, so unser Befund, erhöht sich die Wahrscheinlichkeit, daß am Bifurkationspunkt nach dem "Berühren" weiterer Kontakt als gewaltsame Verletzung der Grenzen aufgefaßt und entsprechend darauf reagiert wird. Auch das „Berühren“ kann schon als gewaltsam interpretiert und deshalb abgewiesen werden.

Eine Komplementärtherapeutin illustriert dieses "hohe Tempo" mittels der wörtlichen Wiedergabe eines Gesprächs mit einem Patienten, wobei sie das Zitatformat verwendet, um der Interviewerin das gleichsam "Skandalöse" und Zudringliche am Verhalten dieses Patienten vorzuführen.

> K 6/10: Da sagte er im Vorgespräch, bevor ich überhaupt irgendwie auf ihn eingehen konnte: "Frau (Name), ich bin schwul, daß Sie das gleich wissen. Ich bin neidisch und eifersüchtig, daß ich meine Gefühle nicht so zeigen kann wie die Frauen, ich hasse Frauen." Und dann fragte ich ihn: "Dann mich sicherlich auch?" Und da sagte er unwillig: "Ja, wird wohl so sein". Tja, das war das Vorgespräch, kurz zusammengefaßt, das sagt schon sehr viel.

Wie sehr sie sich "überrannt" fühlt, wird gleichsam noch einmal räumlich inszeniert: "bevor ich überhaupt irgendwie auf ihn eingehen konnte". Dieser Patient "übersprang" alle Stufen des Szenarios, er macht keine Kontakt"anzeige", nimmt nicht wahr, geht nicht auf sie zu, sondern dringt sofort mit der Mitteilung ein, daß er alle Frauen hasse. Die Behandlerin reagiert - was man klinisch als Übertragungsdeutung auffassen könnte - mit der Bemerkung, daß sie dann wohl auch Objekt dieses Hasses sei und erzeugt damit eine Art Bremswirkung auf das hohe Tempo; der Patient reagiert "unwillig". Die Übertragungsdeutung hat den interaktiven Effekt, das Umschlagen in verbale oder manifeste Gewaltsamkeit am Anfang des Kontakts zu unterbinden, indem sich K als Person, mit deren Abstimmungsbedürfnissen zu rechnen ist, ins Spiel bringt. Einigungen sind, gerade weil "Kontakt" ein soziales Geschehen meint, immer erst herzustellen; sonst kann der Kontaktpfad nicht weiter beschritten werden. Darin liegt die Logik dieser Schritte, die sich ihre eigene Abfolge erzwingt.

Es war für uns beeindruckend, in unserem Material Aussagen von Patienten zu finden, die in aller wünschenswerten Klarheit eben diese Zusammenhänge formulieren konnten, nachdem sie ihnen im therapeutischen Prozeß deutlich geworden waren:

> P 8/1: Ich bin eigentlich auch so wie viele Menschen, denke ich auch, dabei Perfektionismus zu treiben, dem Perfektionismus an sich auch entgegenzutreten, zu sehen, daß man vielleicht, ein, zwei oder drei Schritte überspringen könnte, so Phasen überspringen könnte, daß man daraus dann eben Erfolg erzielen kann im Berufsleben, so habe ich mir das vorgestellt gehabt, aber hier geht es nicht mehr um das Berufsleben, sondern hier sind ganz andere Maßstäbe festgelegt, die Maßstäbe der Beziehung. Und da habe ich auch ganz große Schwierigkeiten gehabt, habe ich immer noch wohlgemerkt, ich habs noch nicht getestet, aber ich glaube, daß ich ein Stück weit schon gelernt habe, auf dem Boden der Tatsachen mich zu befinden und zu sehen, wie man auf Menschen zugeht, Kontakt aufnimmt, sie nicht verliert die Menschen, sie gewinnt. Verlieren war ja immer so ein Modus von mir, daß ich Leute verloren habe aufgrund, daß ich sehr viel zerstört habe auch. Ich habe mich von vorneherein gar nicht geöffnet, ich habe mich sehr stark abgegrenzt, also man würde hier in der Psychologie sagen, das ist so'n Autarkieanspruch, also unabhängig.

Dieser Patient unterscheidet als Folge der therapeutischen Erfahrung prägnant zwischen zwei frames, die er als "Maßstäbe der Beziehung" von denen des "Berufslebens" abhebt. Es gelten für beide unterschiedliche Regelungen. Im Berufsleben kann man mit hohem Tempo "Phasen überspringen"; im Rahmen der Beziehung geht das nicht. Es gelten dabei unterschiedliche Ziele; sie werden einmal damit bezeichnet, soweit wie möglich, auch durch Überspringen von "Phasen" zu kommen; das andere Mal dadurch, Menschen zu gewinnen, sie nicht zu verlieren. Beide sind nicht gut miteinander vereinbar. Man kann sagen, dieser Patient stellt die im therapeutischen Prozeß erworbene *Einsicht* dar, daß er im Feld der Beziehung sozusagen die falschen, sensu: unpassenden interpretativen frames verwendet hat.

Er befindet sich nun auf einem neuen Territorium, dem "Boden der Tatsachen", nämlich der Beziehungstatsachen, und hier beschreibt er genau die Abfolge des Szenarios: sehen, zugehen, Menschen gewinnen (= Berühren und Berührtwerden). Seine Kontaktstörung bestand darin, daß er Beziehungen mit einer anderen Rahmung, der des Berufslebens, "angehen", d.h. interpretieren wollte mit der Folge, daß durch zu hohes Tempo "viel zerstört" wurde. Er stellt fest, daß er sich nicht "öffnete", sich vielmehr "stark abgrenzte", und verwendet dann abschließend die psychologische Formel vom Autarkieanspruch. "Sich-Öffnen" wird hier sowohl als Voraussetzung wie als Ergebnis des Kontakts genannt. Das könnte unserer Beschreibung der Stufen des Szenarios als widersprechend erscheinen. Wir meinen aber, daß dieser Widerspruch sich leicht auflösen läßt, wenn wir weiter annehmen, daß das Szenario als solches komplett mit jedem Kontakt antizipiert wird und jede einzelne Beziehung daraufhin "getestet" - davon spricht der Patient - werden muß, ob auch der Andere das Szenario kennt und seiner sequentiellen Logik auch zu folgen bereit und in der Lage ist. Konstitutiv für diese Störung ist, daß der Prozeß wechselseitiger Einigungen im Szenario der schrittweisen Annäherung abgekürzt werden soll. Solche Patienten imaginieren eine Beschleunigung der Bewegung hin zum Endpunkt des Szenarios mit der Folge, daß irgend jemand, sie selbst oder der Kontaktpartner, eine Art Notbremse ziehen muß. Die Aufgabe der Therapie ist auch hier, dem Patienten zeitliche und räumliche Zwischenschritte mit den entsprechenden Metaphorisierungen zu vermitteln.

Immer ist es der Körper, der sich auf dem Kontaktpfad im Szenario der schrittweisen Annäherung bewegt, und deshalb wird in diesem Szenario der Kontakt auch in den beschriebenen Stufen dargestellt. Es ist außerordentlich aufschlußreich, daß auch der Vorgang der Behandlung einer Kontaktstörung sich gleichsam innerhalb dieses Szenarios bewegt. Werden Stufen übersprungen, kann es eine weitere Möglichkeit zur Reparatur des Kontaktunfalls nach zu hohem Tempo geben, wenn der Kontakt unter therapeutischen Auspizien nicht einfach abgebrochen, sondern fortgesetzt werden soll: indem zu einer vorangegangenen Stufe wieder zurückgekehrt und ein Neustart versucht wird. Dann sind Einigungen und "liebevolle" Ausgänge wieder eine mögliche Option.

K 6/65: Ja, dann ist rausgekommen bei ihm, daß er andauernd die Grenzen der anderen verletzt. Das heißt, er übertritt die Grenzen und Räume, die abgesteckt sind, die betritt er und holt sich dort Sachen aus diesen Räumen, die andere für sich dort hingelegt haben, das heißt, er will die Grenzen nicht sehen. Im Nachgespräch, das war ziemlich am Anfang, sagte ich ihm dann einmal, Herr <Name>, "Ist Ihnen bewußt, daß Sie die Grenzen der anderen für sich gar nicht so wahrgenommen haben, die übertreten haben, dort reingegangen sind, dort Sachen rausgenommen haben?" - "(Unwillig) Ja, das weiß ich jetzt!" Und dann sagten andere Patienten was dazu, daß sie sich verletzt gefühlt haben, und dann habe ich gesagt, "naja, wenn das mein Raum wäre, und mir das so geschehen würde, würde ich mich auch verletzt fühlen." Um so'n Stückchen von den anderen Patientinnen das wegzunehmen auf meine Kappe, woraufhin er mich dann angeguckt hat und mich angebrüllt hat: "Sie altes Mist!" Das war also die erste Situation, wo es da Reibungen gegeben hat und er mich dann groß angeguckt hat, ganz verwundert, wo er dann ganz schnell realisierte, was er da gesagt hat, sich entschuldigte und sagte: "Ach, da dachte ich wohl, Sie sind gut ausgebildet und bei Ihnen kann ich abladen, was ich habe, und ich habe Ihnen im Vorgespräch doch alles schon gesagt, was los ist, und Sie müssen das doch ertragen." Und da sagte ich: "Ja, und auch hier gibt es Grenzen. Genau so wie es Grenzen in den Räumen gibt, gibt es auch Grenzen im Umgang mit Menschen, und für mich ist da 'ne Grenze überschritten." Und dann hat er mir aber gesagt, daß ihm das leid tut, daß er sich da wirklich entschuldigt, das hat er im Nachhinein auch noch mal gemacht, und er hofft, daß das so in Ordnung ist, daß ich das so annehmen kann, und ich habe ihm gesagt, daß ich das annehmen kann. Mit zunehmendem Maße mocht er mich lieber."

Dieser Patient "verletzt" die Grenzen der anderen, und auch wir erhalten die Übersetzung der Metapher, die K dem Patienten gegeben hat, daß diese Grenzen durchaus wie die von konkreten Räumen zu verstehen sind und nicht weniger respektiert werden müssen. Der Patient seinerseits verletzt die metaphorischen Grenzen Anderer, indem er sich "Sachen von dort" holt. Sodann gibt K, wörtlich zitierend, den Dialog mit dem Patienten wieder. Ein erster Hinweis auf Grenzen anderer wird vom Patienten "unwillig" zur Kenntnis genommen; er wird zur "Wahrnehmung" verpflichtet. Dieser Hinweis war erforderlich aus Sicht von K, weil der Patient den Kontakt mit "Eindringen" beginnen wollte. Es hat "Reibungen" gegeben. Einigungen auf der Stufe des "Berührens" sind nicht möglich, der Patient wird auf dem Kontaktpfad zur Stufe der Wahrnehmung zurückverwiesen, er "guckt mich dann groß an, ganz verwundert", realisiert den "gewaltsamen" Ausgang der ersten Runde des Kontakts, entschuldigt sich, und es kommt zu einer gelingenden Einigung, die hier als "Annehmen" beschrieben wird. Der Ausgang ist dann charakteristisch: "Mit zunehmendem Maße mochte er mich lieber".

Deutlich sehen wir an diesem Beispiel, wie nicht nur die Konzeptualisierung des Kontakts hier im Szenario der schrittweisen Annäherung erfolgt; das Szenario organisiert auch die Beschreibung der therapeutischen Vorgehensweise. Die sequentielle Logik des Szenarios erzwingt subtil die Einhaltung beschreibbarer "Schritte". Wo diese nicht eingehalten werden, der Kontakt als sozial-interaktive Synchronisation nicht abgestimmt werden kann, erfolgt der Verweis auf frühere Stufen, und von dort aus wird der Kontakt in die Bahnen des Szenarios gelenkt. Dann kann er sich entwickeln, voranschreiten, angehalten oder weitergeführt werden - aber immer erfolgt die Abstimmung gemäß den beschriebenen Stufen.

Mangel an Orientierung

Wo Kontakt im Szenario der schrittweisen Annäherung beschrieben wird, können Störungen nicht nur durch die beschriebenen interaktiven Zwänge entstehen. Kontaktstörungen entstehen auch dann, wenn jemand sich in der Landschaft nicht auskennt, sozusagen keine "Landkarte" für das Szenario zur Verfügung hat.

> K 5/12: Ja, aber auch diese Orientierungslosigkeit, ich denke, das ist auch schon was, warum er hier gewesen ist und damit eben auch so eine bestimmte soziale Isolation, also kein Kontakt oder eher Schwierigkeiten im Kontakt mit Gleichaltrigen

Mit "und damit eben auch" stellt K hier die Verbindung zwischen der Orientierungslosigkeit des Patienten und seiner sozialen Isolation her. Die Metapher von der "Orientierung" ist vorzüglich kohärent mit der Raumvorstellung des Kontakts. Es geht um den Zielbereich der Orientierung in der Interaktion, benutzt wird der Ursprungsbereich des konkret-anschaulichen Raumes. "Isolation" erscheint als Begleiterscheinung oder Folge der Orientierungslosigkeit. Der Patient hat "keinen Kontakt"; diese Beschreibung wird modifiziert zu "eher Schwierigkeiten im Kontakt". "Isolation" kann man als Gegenstück zur Stufe der "Berührung" ansehen, wobei hier nicht ausgeführt wird, ob und welche früheren Stufen des Kontaktszenarios bereits desorganisiert sind. Jemand, der orientierungslos ist, weiß u.U. noch nicht einmal, an wen er seine Kontaktanzeige adressieren könnte. K deutet damit erneut ein Wissen um das Szenario an.

Wir finden somit verschiedene Modelle, mit denen unsere therapeutischen Interviewpartner (und einige der Patienten) "Kontaktstörungen" konzeptualisieren. Im einen Modell entsteht eine Kontaktstörung, weil Kräfte wirksam sind, die ihn daran hindern, auf dem Kontaktpfad voranzuschreiten. Dementsprechend kann das Zugehen und Weggehen mit therapeutischer Absicht inszeniert, und es können die dabei zur Selbstbeobachtung gelangenden Veränderungen der Affektlage thematisiert werden, die ihrerseits auf die Gegenkräfte verweisen. Dafür haben wir schon Beispiele zitiert. In einem andern Modell ist es das zu hohe Tempo; hier fehlen gerade modifizierende Gegenkräfte. In einem dritten Modell fehlt eine Art Landkarte, um sich im Kontaktraum orientieren zu können, oder diese ist unvollständig oder falsch. Im Rückblick auf seine Therapie wird eben dies von einem Patienten im folgenden Zitat formuliert:

> P 6/12: Ich habe immer gedacht, alles ist ein Angriff, jeder, jedes Wort hätte ein Angriff sein können.

Wenn die antizipierende Vorstellung des Kontakts nur einen Ausgang in "Gewalt" zuläßt, muß der Prozeß der schrittweisen Annäherung als ganzer verworfen werden. Der mögliche Ausgang in "Liebe" ist nicht repräsentiert. Die Vervollständigung der Landkarte der Möglichkeiten des Kontakts wird dann das therapeutische Mittel der Wahl. Wenn "alles" ein "Angriff" war, sogar jedes Wort, dann dokumentiert der Patient hier seine neue Sicht, seinen neuen frame: Es *ist* nicht mehr alles, sondern er *sieht als...* Alternative Sichten waren ihm zuvor nicht verfügbar; er war an die konzeptuelle Metapher SPRECHEN IST ANGREIFEN gleichsam "fixiert". Im Rückblick des Interviews kann er dies mitteilen und teilt zugleich mit, daß er dazu jetzt eine "exzentrische Position" einnehmen kann. Der therapeutische Wandel zeigt sich hier in der Umwandlung von Sichtweisen. Diese werden dokumentiert als Aufgeben eines "alten" metaphorischen frames, und wir haben bereits dargestellt, daß dies nur möglich ist, wenn ein neuer metaphorischer frame entwickelt wurde. Was wir hier als scheinbar bloß epistemologischen Vorgang rekonstruieren mit gewissermaßen kognitiver Überlast, ist jedoch ein affektiv hoch dramatisches Geschehen, in dessen Ablauf der Patient sich auch zu anderen neu positioniert. Mit dem neuen Blick verändert er: sich.

Auch die therapeutischen Maßnahmen werden kohärent mit dem Szenario beschrieben und eingeleitet. Im stationären setting werden auch Erfahrungen mit Mitpatienten als hilfreich verbucht wie im folgenden Patientenzitat:

> P 12/1: Ja, z.B. so, wenn es da um Kontakt ging zu Mitpatienten oder zur Mitpatientin, da glaubte ich früher, da hätte ich keine Schwierigkeiten damit. Habe aber hier festgestellt so eben, daß ich da auch so in Extremen mich verhalten habe, entweder zu jemand zu große Distanz, oder so, daß ich ihn gleich vereinnahme. Daraus entstand für mich so eine neue Erfahrung, auch mal auf jemand zuzugehen und sich nahe zu kommen und auch mal da stehen zu lassen, weil der andere vielleicht sagt, das wird mir jetzt zu nahe oder ich selbst gespürt habe auch, das reicht mir jetzt und nicht diese beiden Extreme wieder - entweder gleich so oder mit dir will ich nichts zu tun haben.

Deutlich markiert der Patient den Unterschied zwischen früher und jetzt. Früher "glaubte" er, keine Schwierigkeiten zu haben, aber gestaltete Kontakte nach dem Alles-oder-Nichts-Prinzip: entweder "zu große Distanz" oder gleich der Übergang zum Eindringen ("daß ich ihn gleich vereinnahme"). Es fehlte die Landkarte für die Zwischenschritte. Deren Erwerb wird als "neue Erfahrung" beschrieben und sogleich die schon bekannten Beschreibungen des Kontakts als "Zugehen" verwendet. Er kann jetzt auf Signale anderer reagieren, kann das Szenario an bestimmten Stellen pausieren ("stehen") lassen, und dadurch wird eine differenziertere Kontaktgestaltung ermöglicht.

Die therapeutische Umstrukturierung des subjektiven Erlebens bedarf erkennbar der Bildung eines differenzierteren Szenarios. Man kann niemandem, der "sich-öffnen" mit einem Gewaltakt verbindet, unvermittelt davon überzeugen, daß es auch einen "Ausgang in Liebe" geben kann. Möglich wird dies erst auf dem Hintergrund einer Serie von Einigungen ("Tests") im Ablauf des Kontaktszenarios. Vermittelt wird die praktische Erfahrung der sukzessiven Annäherung, die dann im Nachhinein erlaubt, das kulturell und sprachlich vorgebene und zugleich körperlich strukturierte Ablaufmuster auch subjektiv mit Sinn "füllen" zu können.

Hemmung

Das Zusammenspiel von zu hohem Tempo und Hemmung haben wir am Beispiel des Patienten, der selbstkritisch anmerkte, daß der "sexuelle Gedanke immer gleich da" war, schon gesehen. Im folgenden Beispiel geht es um die Hemmung des "Zugehens", das deutlich als zu behandelndes Problem wahrgenommen wird:

> T15/1: Also ich stell mir jetzt vor, wenn jemand so die Haltung hat, ich bin ja eh schuld, keiner steht auf meiner Seite, keiner versteht mich, ich mach es nicht richtig, daß man sich dann auch zurückhält als Schutz.

"Sich zurückhalten" wird hier als die Wirkung einer Kraft interpretiert, die den Patienten hindere, auf dem Kontaktpfad "weiter" zu "gehen". Dies ist die hemmende Kraft der "Schuld". Das Interessante an diesem Zitat ist, daß die therapeutische Behandlungsidee nicht an deren Ätiologie ansetzt, sondern etwas anderes vorschlägt: dieser Patient bräuchte, so diagnostiziert T prozessual, jemanden, der auf seiner Seite "steht". Die Verstärkung könnte dann ausreichen, um die zurückhaltende Kraft zu überwinden. Die prozessuale Diagnose setzt nicht schuldauflösend an, sondern bedient sich des räumlichen Szenarios.

So wird es durchaus als Behandlungserfolg verstanden, wenn ein Patient sich nicht zurückzieht, sondern mutiger auf andere zugeht:

> T 4/35: Ja Selbstwertgefühl. Vielleicht, daß sich's doch etwas gebessert hat, weil er merkt, er ist kontaktfähiger als er sich vielleicht anfangs eingeschätzt hat und daß er es gar nicht so nötig hat, sich immer sozial so zurückzuziehen, wie es immer schien.

"Rückzug" ist das Gegenstück zum "Zugehen", und die Umkehrung der eigenen Bewegungsrichtung hat therapeutische Auswirkungen auf das Selbstwertgefühl des Patienten.

Wir möchten an dieser Stelle noch einmal ein Zitat wiederholen, das eine gelingende Einigung beschreibt:

> T 3/31: sie war auch sehr unsicher, wie sie ihm begegnen könnte, das Gefühl, eigentlich machtlos zu sein und ihm das nicht klarmachen zu können, ihn nicht erreichen zu können. Sie hat ihn dann getroffen, war überrascht, wie klar sie ihm das mitteilen konnte und wie direkt er dann auch zugestimmt hatte.

Wir sehen hier eine komprimierte Skizze des Szenarios: der Andere kann "machtlos" kaum "erreicht" (im Szenario haben wir das die Stufe des "Berührens" genannt) werden, aber als dann der Kontakt als "Treffen" zustande kommt, kann sie ihm das Notwendige mitteilen, und er stimmt - ratifizierend - zu. Die Einigung gelingt, ein evtl. Eindringen in den persönlichen Raum muß nicht als bedrohlich abgewehrt werden. Wenn am Bifurkationspunkt ein solcher Ausgang möglich wird, gilt dies insgesamt als Therapieerfolg, denn nicht jeder Konflikt muß dann als "scheiternde Einigung" interpretiert werden:

> T 5/19: Kontakte zum eigenen Geschlecht - die sind besser geworden, da ist er durchsetzungsfähiger, aggressionsfreudiger. Kontakte zum anderen Geschlecht ebenfalls.

Mit diesem Hinweis aufs "Geschlecht" wollen wir diesen Abschnitt beenden, denn es ist ja ersichtlich, wie sehr das Szenario der schrittweisen Annäherung zugleich auch ein körperliches ist.

Zusammenfassung

Körper und Gefühle treten metaphorisch als eigensinnige, durchaus personale Interpreten der interaktiven Wirklichkeit in Erscheinung. Sie interpretieren diese Wirklichkeit, und davon gibt es ein dokumentiertes Wissen. Es wird in manifesten Metaphern ("Körper ist ein Barometer" z.B.) formuliert.

Scheiternde oder "verunglückte" Kontakterfahrungen können durch Rückgang auf vorangegangene Stufen eine Chance zur therapeutischen "Reparatur" erhalten; es erfolgen "Einigungen" und "Auseinandersetzungen" bei den Übergängen zwischen den Stufen, und diese selbst wiederum sind kommunizierbar.

Das Szenario als Ganzes deutet eine Gerichtetheit von Kontakten hin zu "größtmöglicher Nähe", hin zum "Eindringen/Öffnen" an. Das wird dargestellt durch Überschreiten der Grenzen der Person. In den Körpermetaphoriken und auch in denen der Psychoanalyse findet sich somit eine Überschreitung der kulturellen Gepflogenheit, einander nur "gut angezogen" zu begegnen, dargestellt in den vielfältigen Metaphern des Entblößens. Umgekehrt geht es auch um den Verzicht auf körperliche Unversehrtheit, Verzicht auf die Geschlossenheit der Hautgrenze, um die Vorstellung, miteinander "zu verschmelzen". Solche Metaphern werden im Kontext von Liebe verwendet, und wir können jetzt feststellen, daß das vollständige Ablaufmuster indiziert, daß Kontakte durch Liebesverlangen motiviert und gesteuert werden. Die Frage, ob dies auch auf solche Kontakte zutrifft, die stärker von äußeren sozialen Kontexten gesteuert sind, muß man doppelt beantworten.

Mit einem "Nein", insofern die metaphorischen Redeweisen über die Einhaltung "angemessener" Distanzen die Vorstellung nahelegen, daß es *unterschiedliche* Ziele für Kontakte gibt. In Verhandlungen ist es von Bedeutung, daß die Partner aufeinander "zugehen" um sich "in der Sache" zu "treffen", d.h. mental zu "berühren". Nicht jedoch, um z.B. zärtliche Berührungen auszutauschen. Freundschaften hingegen können mit und ohne Berührungen gestaltet werden.

Aber es ist auch ein "Ja" auf unsere Frage denkbar. Der Rekurs auf unsere Körperlichkeit in der Erfahrungsstrukturierung impliziert, daß alle Kontakte in diesem Szenario mit den gleichen Schritten beginnen, so daß der soziale Ort, an dem die Annäherung der Partner zum Stillstand kommt, über die Art der Beziehung entscheidet. Unter denkökonomischen Gesichtspunkten ist dies eine elegante Art, sich viele Arten von Kontakten wie aufgereiht auf den verschiedenen Stufen des Szenarios vorzustellen, als ein Kontinuum unserer Imagination. Führen wir diesen Gedanken weiter, so stellen sich alle Beziehungen als "unvollständige", "zielgehemmte" Varianten einer Liebes- und/oder Gewaltbeziehung dar, und genau dies hatte Freud ja behaupet. Einen solchen gedanklichen Schlenker zu psychoanalytischen Hypothesen wollen wir hier einschieben, auch wenn ihn nicht jeder mitvollziehen mag. Wir meinen, daß dies Freuds Sensibilität für die in unserem Sprachgebrauch angelegten Alltagstheorien belegt.

Das Szenario der elektromagnetischen Kontaktkräfte

Nachdem wir das Szenario der schrittweisen Annäherung und dessen Verwendung als Bezugsrahmen für prozessuale Diagnose und Behandlung dargestellt haben, wollen wir uns einem anderen Szenario zuwenden. Hier erhält der Kontakt eine eigene Kraft zugesprochen. Der bildgebende Ursprungsbereich ist häufig der Physik elektromagnetischer Kraftfelder entnommen; wir kennen dieses Szenario umgangssprachlich aus konventionalisierten Redewendungen wie "einen Draht zueinander haben“, "auf einer Wellenlänge liegen". Es ist dieses Szenario, welches das Verb in Wendungen wie "einen Kontakt schließen" verständlich macht. "Schließen" ist hier ja nicht im Sinne von "beendigen" gemeint, sondern im Sinne von "Schließen eines Stromkreises", so daß der Strom des Kontakts fließen kann. Das Szenario macht uns verständlich, weshalb wir den Kontakt nicht eröffnen können, ohne ihn zu schließen. Dementsprechend können Kontakte dann auch "unterbrochen" werden; man kann sogar im Kontakt "abschalten". Ein Kontakt kann "zünden" (mit entweder erotischen oder "sprengenden" Effekten), oder die "Leitung" kann "gestört" sein.

Solche Redewendungen veranschaulichen imaginativ konkret Vorstellungen von der Verbindung zwischen den Kontaktpartnern durch deren Medium; dabei ist es der Kontakt als Verbindung selbst, der als eine Art "elektrischer Leitung“ metaphorisiert wird. Wir wollen hier schon auf einen bedeutsamen Unterschied zum Szenario der schrittweisen Annäherung aufmerksam machen: Dieses visualisierte den Kontakt durch die Personen, die sich als Körper aufeinander zu bewegen. Veränderungen des Kontakts wurden als Bewegung der Personen im Raum dargestellt. Das letzte Ziel dieser Bewegung war eine Öffnung - der Körpergrenzen. Die Entwicklung des Kontakts erfolgte schrittweise, synchronisiert und aufeinander abgestimmt. Demgegenüber sieht das Szenario der elektromagnetischen Kontaktkräfte die Personen nicht in Bewegung. Sie werden vielmehr von den "vibrations" des Kontakts erfaßt, und entscheidend ist dabei, daß dem Kontakt eine eigenständige Mächtigkeit zugesprochen wird. Die Veränderung der Person erfolgt entweder gar nicht - oder schlagartig. Das Szenario der elektromagnetischen Kontaktkräfte operiert mit einem Alles-oder-Nichts-Prinzip.

Dies soll zunächst beispielhaft an der Redewendung demonstriert werden, "einen Kontakt schließen":

> P 7/10: „Wichtig ist, daß ich wieder *Kontakt schließen* kann - sei es jetzt mit einem Mann und mit ner Frau, daß ich dazu *keine Hemmungen* habe.“

Erkennbar benennt der Patient hier seine allgemeine Fähigkeit „Kontakt zu schließen“ als eine, die nicht auf bestimmte Personen bezogen ist. Es macht keinen Unterschied, ob die Kontaktpartner wechseln, ob von Kontakten „mit einem Mann“ oder „mit ner Frau“ die Rede ist. Er ergänzt dann, "daß ich dazu keine Hemmungen habe“. Damit ist impliziert, daß das „Schließen“ von Kontakten ein Vorgang sei, der von allein dann stattfindet, wenn er nicht "gehemmt“ wird. Die allgemeine konzeptuelle Metapher formulieren wir deshalb als KONTAKT IST EINE KRAFT. Die Verwendung des Verbs "schließen" läßt uns erschließen, daß es sich um eine spezifische Art von Kräften handelt: Bildspender sind magnetische Kräfte der wechselseitigen Anziehung. Der Kontakt erzeugt ein elektromagnetisches Wirkfeld, mit dem andere Kräfte, die hier als "Hemmungen" bezeichnet werden, interferieren können. Sind diese Gegenkräfte beseitigt, kann der Kontakt geschlossen werden.

Wir wollen hier zwei erläuternde Bemerkungen einschieben: Wenn im Deutschen die Metapher des Schließens im Zusammenhang mit Kontakt verwendet wird, evoziert dies eine andere imaginative Vorstellung, als wenn wir im Englischen etwa sagen "to make contact". In der englischen Phrase erscheint der Kontakt als Produkt einer gemeinsamen Anstrengung; er muß "gemacht" werden. Die Metapher vom "Schließen" hat ganz andere operative Effekte: Sie verlangt von den Kontaktpartnern, sich eher rezeptiv gegenüber dem Wirken der Kontaktkräfte einzustellen.

Die Metapher vom "Schließen" impliziert das Bildfeld des "Schließens einer Gestalt". Diese ist wohlgeformt und bedarf keiner weiteren Ergänzungen. Ihr Sinn ist die Herstellung einer geschlossenen Form, in der Energie nicht verlorengehen soll. Hier verbindet sich das Kraft-Schema mit dem Container-Schema in der Weise, daß die Kontaktkräfte eine neue Einheit stiften; der Kontakt wird geschlossen, wenn die Anziehung groß genug ist. In manifesten Metaphern wie "Freundes- oder Kontaktkreis" wird auf diesen Zusammenhang der Wohlgeformtheit einer Gestalt und gleichzeitiger Anziehungskräfte verwiesen; ein solcher Kreis ist nicht "offen", denn er schließt "Nicht-Freunde" aus, aber er kann geöffnet werden, wenn genügend Anziehungskräfte im Spiel sind. Um diese Kräfte mit darstellen zu können, klingt bei der manifesten Metapher vom "-kreis" manchmal auch die Imagination des "Stromkreises" und der von diesem erzeugten, etwa magnetischen, Kräfte mit; wenn er geschlossen ist, kann der Kontaktstrom fließen. Weitere manifeste Metaphern für die Kraft lassen sich hier anschließen: Attraktivität, die Beziehungschemie, sich magisch zueinander hingezogen fühlen usw. Wir reden hier von der Imagination, vom energetischen Phantasma des Kontakts und wissen freilich dabei, daß die soziale Praxis natürlich auch noch ganz andere Momente darstellt, verwendet und verlangt. In einem Freundeskreis müssen Kontakte z.B. auch "gepflegt" werden, was von den Kontaktpartnern aktive Anstrengungen erfordert - aber im nun zu beschreibenden Szenario geht es um die Metaphern der Anziehungskräfte des Kontakts.

Wenn der Kontakt geschlossen werden kann, entfaltet er eine Kraft:

> P 11/5: Ich habe schon so Freundschaften geschlossen hier und das muß ich sagen, hat mir auch sehr gut getan, so die verschiedenen Leute hier und auf der anderen Seite wieder zu anderen Distanz, einfach diese Unterschiede zu sehen, wer mir liegt und wer nicht, mit wem ich besser kann und mit wem nicht.

Auch wenn die Patientin hier nicht von „Kontakten", sondern von „Freundschaften" spricht, sieht man doch die Wirkung der Kraft: es tut gut. Die Vorstellung der Geschlossenheit finden wir hier deutlich exponiert: Die Kraft entfaltet sich innerhalb der Freundschaften, während zu anderen "auf der anderen Seite Distanz" besteht. Dort gibt es Menschen, die der Patientin "nicht liegen", mit denen sie nicht gut "kann". Die abstrakte Vorstellung, daß Menschen mehr oder weniger gut zusammenpassen, wird hier konkret körperlich durch das "Sich-Liegen" dargestellt. Wir vermuten, daß mit dieser Metapher auf eine ältere soziale Praxis des Liegens in einem Raum, des gemeinsamen Schlafens, angespielt wird.

Die Gegenüberstellung der manifesten Metaphern von "sich-liegen" und "Distanz" indiziert hier eine andere Vorstellung als im Szenario der schrittweisen Annäherung. Erkennbar gibt es im Zitat keine Bewegung der Personen mit dem Ziel der Distanzverringerung, sondern eine metaphorische Klassenbildung zur Darstellung von interindividuellen Unterschieden. Die Personen werden als nichtveränderbar wahrgenommen und entsprechend eingeteilt. Genau dem Vorbild des Körpers folgend - man kann sich auch körperlich aus dem "Liegen" nicht unmittelbar fort-bewegen - dokumentiert die Metapher hier, daß eine Kontakt*entwicklung* hin zu größerer Nähe nicht impliziert ist. Die Einteilung der Menschen in solche, die "einem liegen" und andere, die das nicht tun, ist ein Beispiel für das oben genannte Alles-oder-Nichts-Prinzip des Kontakts in diesem Szenario.

Das Szenario der elektromagnetischen Kontaktkräfte wird von vielen Menschen als Prototyp gelingender Kontakterfahrung betrachtet. Der Kontakt, den die Kontaktpartner in anderen Szenarien erst vorsichtig *aufbauen* müssen, zeigt und realisiert sich hier *in einem Moment*. Als gängiges imaginatives Vorbild für einen solchen Vorgang hat sich das Modell eines Telefon- oder Funkkontakts durchgesetzt. Beispiele aus unseren Interviews dafür sind:

> P 21/1: "Es gibt halt Mitpatienten, zu denen habe ich nicht soviel Kontakt gehabt, insofern hat auch nicht soviel Zusammenleben stattgefunden, halt *Leute, mit denen man nicht so auf einer Wellenlänge liegt*, hab ich mich auch nicht groß drum bemüht, insofern hat es da wenige Punkte gegeben, klar man hat sich gesehen, hallo gesagt, ist mal zusammen zum Essen gegangen, aber viel mehr war da halt bei einigen nicht."

P 3/11: "Jetzt ist es wieder bei mir so, wo ich sehr zufrieden mit ihr bin und *persönlich auch ein Draht da ist.*"

In beiden Zitaten ist die kommunikationstheoretische Vorstellung eines Sender-Empfänger-Modells angesprochen. Dabei wird die schon beschriebene metaphorische Klassenbildung, wenn auch mit einer anderen manifesten Metaphorik, wiederholt: Botschaften können nur mit jenen ausgetauscht werden, mit denen die Frequenzen von Sender und Empfänger übereinstimmen bzw. zu denen eine Telefonleitung gelegt ist. Klar werden Menschen in zwei Klassen eingeteilt: die, mit denen man "auf einer Wellenlänge liegt" bzw. mit denen "persönlich auch ein Draht da ist", werden von denjenigen unterschieden, mit denen man sich nur sieht, "hallo sagt" oder auch mal Essen geht. Die konzeptuelle Metapher KONTAKT IST SPRECHEN, die wir im Szenario der schrittweisen Annäherung gefunden haben, gilt hier gerade nicht. Die gleiche Klassenbildung findet sich im Zitat P 3/11 nicht auf verschiedene Personen, sondern auf dieselbe Person - es handelt sich um die Psychotherapeutin dieser Patientin -, aber bei verschiedenen Kontaktgelegenheiten, angewandt. Ob ein "störungsfreier" Kontakt zustande kommt oder nicht, wird als abhängig von der Beschaffenheit der Kontaktobjekte konzeptualisiert; nicht alle sind gleich gute Empfänger bei allen Gelegenheiten.

Das Sender-Empfänger-Modell operiert hier als "idealisiertes kognitives Modell", nach einem Begriff von Lakoff (1987), welches die Kontakterfahrung metaphorisch strukturiert. Idealisierte kognitive Modelle (= IKM) sind durch ein Set allgemeiner Merkmale charakterisiert, deren Kenntnis im Gespräch vorausgesetzt werden kann. Was manifestiert indiziert werden muß, sind *Abweichungen* von diesem Set[89]. Im Sender-Empfänger-Modell wird z.B. das Funktionieren der kommunikativen Verbindung als unproblematisch vorausgesetzt. Die Folge ist, daß man sich um die Herstellung einer "Leitung" dann weder "groß drum bemühen" muß noch kann. Wir sehen die selektive Funktion der Metapher: Gelegenheiten, die in anderen Szenarien den "Kontakt" gestalten könnten, werden zwar wahrgenommen, aber ausdrücklich *nicht* als "Kontakt" typisiert. Das Szenario prüft gleichsam, ob die Bedingungen für seine Anwendung vorliegen. Ist das der Fall, dann gilt die konzeptuelle Metapher KONTAKT IST EINE ELEKTROMAGNETISCHE KRAFT; wenn nein, kommt es einfach nicht zum Kontakt. Hier greift unsere Unterscheidung zwischen Ereignis und Erlebnis. So haben *äußere Kontakte* relativ unabhängig von dem Rahmen, in dem sie stattfin-

---

[89] So gibt es z.B. ein IKM der "Mutter", welches diese in idealtypischer Weise u.a. als "nicht-berufstätig" ansieht. Deshalb muß ggf. von einer "berufstätigen Mutter" gesprochen werden, was die Abweichung vom IKM anzeigt. Das muß von einem anderen Fall unterschieden werden, wenn das IKM selbst wechselt; so haben wir auch ein metaphorisches IKM zur Verfügung, etwa wenn wir im Sprichwort sagen, "Not ist die Mutter der Erfindung".

den, stets Aufforderungscharakter, auch einen *inneren Kontakt* zu "schließen"; aber nicht immer gelingt das den Beteiligten.

Die beiden zitierten Patienten verwenden die Metaphorik der energetischen Nachrichtenverbindung genau in diesem Sinn einer subjektiven Qualifizierung von Kontakten: P 3 spricht an dieser Stelle über ihre Einzeltherapeutin, die länger im Urlaub geblieben war, als sie erwartet hatte; dies hatte ihr die Patientin übelgenommen und sich gewünscht, die Einzelpsychotherapie bei dem in der Urlaubszeit vertretenden Therapeuten fortzusetzen. Mit der Äußerung, daß "persönlich auch ein Draht da ist", macht sie deutlich, daß sie sich mit der von der Klinik verfügten Fortsetzung ihrer Therapie bei dieser Therapeutin soweit ausgesöhnt hat, daß *innere und äußere Kontaktdimension* sich wieder in Übereinstimmung befinden. P 21 spricht über die Kontakte zu seinen Mitpatienten. Auch diese hat er sich nicht wählen können. Er will allerdings auf umgekehrtem Weg zu einer Übereinstimmung zwischen innerer und äußerer Kontaktdimension gelangen: mit den Mitpatienten, "mit denen" er "nicht so auf einer Wellenlänge liegt", hat "nicht so viel Zusammenleben stattgefunden", und er habe sich "auch nicht groß drum bemüht". Entsprechend der selektiven und evaluativen Funktion der konzeptuellen Metapher wird der äußere Kontakt dort geringgeschätzt, wo kein innerer erlebt werden kann. Anspielend auf das Ergänzungsverhältnis zwischen innerer und äußerer Kontaktdimension indizieren beide Patienten, daß äußere Treffen nicht ausreichen, um einen inneren Kontakt herzustellen; P 21 qualifiziert darüber hinaus die Gesprächs- oder Austauschgelegenheiten, die dennoch stattgefunden haben, als Tests mit negativem Ergebnis für die Kontakterfahrung und entwertet sie: "aber viel mehr war da halt bei einigen nicht."

Das "Mehr" hat hier eine andere Bedeutung als dasselbe Wort im Szenario der schrittweisen Annäherung. Der Patient dokumentiert zwar durch die Einhaltung der sequentiellen Logik der Stufenfolge - die Stufe der Wahrnehmung ("man hat sich gesehen, hallo gesagt") und sogar die Stufe des Zugehens ("zusammen zum Essen gegangen") wurden erreicht - seine Kenntnis des Szenarios der schrittweisen Annäherung, doch indiziert er es als für ihn hier nicht relevant. Er kennt es, aber es steuert seinen Kontakt nicht. Der Übergang zum „Zugehen" wird nicht als Steigerung des Kontakts dargestelt, die Aktivitäten werden nur additiv aneinander gereiht. Das "mehr", das er vermißte, ist nicht durch koordinierte Anstrengungen herzustellen, sondern meint die Stärke der wechselseitigen sympathischen Anziehungskraft.

Konzeptuell leistet dieses Kontaktmodell durch die Entgegensetzung von innerer und äußerer Kontaktdimension, daß der äußere Kontakt bedeutungslos erscheint und man zu einer möglichst *reinen Vor- und Darstellung des inneren Kontaktgeschehens* gelangt. Es erfüllt seine Funktion dadurch, daß es dem Einzelnen hilft, in einer Masse von Menschen diejenigen schnell wahrzunehmen, zu denen er sich "hingezogen" fühlen kann. Dies Szenario ist deshalb das einzige, das keine Zwischenstufen des Kontakts vor- und darstellt; vielmehr verdichtet sich die Kontaktentwicklung zu einem einzigen *Test,* in dem die Kontaktpartner unmittelbar merken, ob sich ein "innerer Kontakt" zwischen ihnen eingestellt hat oder nicht. Von einer *Entwicklung innerhalb des Kontakts* kann dann nicht mehr gesprochen werden, es fehlt das Moment der Herstellung. Metaphorisch wird dies ausgedrückt in der Vorstellung, daß *Nachrichten- oder Energieströme automatisch zu fließen beginnen,* sobald durch das Zusammentreffen der Kontaktpartner *die Verbindung hergestellt* ist: es funkt oder es funkt nicht.

Hier zeigt sich eine ökonomische Tendenz alltagsweltlicher Erklärungen: metaphorische Vorstellungen werden nur so weit intern differenziert, wie die zu bewältigende Situation es erfordert. Metonymisch indiziert die Metapher des Kontaktdrahts alle Arten von störungsfreier Energieübertragung. Dabei kann offen bleiben, ob man sich Funk, Telefon, einen Stromkreis oder Telepathie vorstellt. Alle diese manifesten Metaphern sind funktional äquivalent, insofern sie imaginativ die Vorstellung einer elektrischen Verbindung evozieren, die binär strukturiert ist. Das Alles-oder-Nichts-Prinzip bildet metaphorische Klassen von Menschen, mit denen ein Strom fließt oder nicht. Es zeigt sich gleich, ob ein innerer Kontakt "geschaltet" ist. Diese metaphorischen Klassen sind aber bezüglich der Handlungsmöglichkeiten einer Person nicht symmetrisch. Der Kontakt kann zu Menschen, mit denen eine "Leitung" besteht, an- oder auch mal abgeschaltet werden; wo die Leitung nicht besteht, kann jedoch aktiv ein Kontakt nicht hergestellt werden. Wir kennen die Klage, daß jemand eine "lange Leitung" habe. Diese rhetorische Formel zeigt auf eine freundliche Weise die Auffassung an, daß eigentlich keine Leitung besteht.

Ein solches Modell impliziert, daß die Kontaktpartner sich sowohl als Sender wie Empfänger der Kontaktenergie metaphorisieren. Sie tun das in einer bestimmten Weise, wie im folgenden Zitat deutlich wird:

> P 19/1: "Ja, und wirklich *in mich reinzuhorchen* und, *den Kontakt möchte ich nicht* oder die Situation ist mir unangenehm. Ja, wo ich sonst so drüberweggerannt wäre. Und eben auch da sehr deutlich zu merken oder, gut, ich weiß, daß ich mit meinem Körper nicht sonderlich gut umgehe, der reagiert sehr stark und ist eigentlich ein ständiges *Barometer* und *Signal* für mich."

Wir haben dieses Zitat schon unter einem anderen Gesichtspunkt analysiert. Wir nehmen es noch einmal auf, weil die Patientin sich hier als Senderin und Empfängerin von Signalen vor- und darstellt. Sie verdoppelt sich selbstreflexiv in ein Ich als Subjekt und ein Ich als Objekt. Als Ichsubjekt will sie "in sich reinhorchen", um die inneren Zeichen besser wahrnehmen zu können, über die sie "sonst so drüberweggerannt" sei. Dieses Fragment gehört zum Szenario der schrittweisen Annäherung und wird von der Patientin zur Lösung einer bestimmten Vor- und

Darstellungsaufgabe eingebaut. Diese Aufgabe besteht in der Gleichzeitigkeit von Selbstwahrnehmung ("in mich reinhorchen") und Fremdwahrnehmung eines Kontaktpartners; weil das strapaziös ist, braucht es Zeit. Um zu merken, daß sie einen bestimmten Kontakt "nicht möchte" und unangenehme Kontakte rechtzeitig identifizieren und aussortieren zu können, bedient sie sich der schon beschriebenen Klassenbildung. Dazu verlangsamt sie den Kontaktprozeß und wendet ihre Aufmerksamkeit den "sehr deutlichen" Reaktionen des Körpers zu. Verlangsamung ist im Szenario der elektromagnetischen Kontaktkräfte wegen der Realisierung des Kontakts in einem Augen-Blick nicht darstellbar; das erzwingt hier den passagèren Wechsel des Szenarios. Anschließend kehrt die Patientin zum Szenario der elektromagnetischen Kontaktkräfte zurück.

Bedeutsam ist hier, daß sie ihren *Körper* als das Instrument benennt, das seismographisch genau die Kontaktenergien aufzufangen und zu verarbeiten vermag. Indem er als "Barometer und Signal" für sie fungiert, bekräftigt sie, daß "der" sich im Gegensatz zu ihrem bewußten Ich *nicht täuschen* lasse[90]. Die Patientin teilt mit, was sie wohl in der Therapie über sich erfahren und gelernt hat: daß sie mit ihrem „Körper nicht sonderlich gut umgehe". Dies kann hier so verstanden werden, daß sie auf seine seismographische Funktion nicht genügend geachtet habe. Sie diagnostiziert am Ende des therapeutischen Prozesses als ihre *Störung* nicht ein „falsches" Funktionieren ihres Körpers, sondern ihre „falsche" Umgehensweise damit. Diese habe sie auch in der Wahrnehmung von angenehmen Kontakten behindert.

Das Zitat macht deutlich, daß die Patientin als "ich" in diesem Szenario den Kontakt nicht handelnd gestaltet; sie beschränkt sich darauf, die Signale ihres Körpers *wahrzunehmen* und entsprechend dieser Wahrnehmung *automatisch mit weiterer Kontaktsuche oder -vermeidung zu reagieren.* Ihr Kontakt mit anderen Personen wird so letztendlich von ihrem Körper und dessen Energien gesteuert. Deshalb gibt es in diesem Szenario auch keinen eigentlichen, und vor allem keinen intendierten *Kontaktanfang*. Das ist seine konzeptuelle Limitierung. Der Kontakt beschränkt sich auf das, was sich "ereignet", und dies Ereignis wird registriert und als Fließen von Energien, Strömen usw. zum Erlebnis metaphorisiert. Prototypisch zeigt sich dies schon beim *ersten Eindruck*, seltener springt der Funke etwas später über, aber auch das ist möglich, und erst ab dann gilt der

---

[90] Dies ist nicht nur eine Instantiierung der Vorstellung, daß „der Körper spricht", sondern darüber hinaus, daß er *immer* die Wahrheit sage. Weil man Körperempfindungen nicht ohne intensives Training willkürlich beeinflussen und steuern kann, kann der Körper auch nicht „lügen". Das ist eine Auffassung der Dinge, die sich die Inquisition in ihren Verhörtechniken zunutze zu machen versucht hat. Manfred Schneider (1993) zitiert aus entsprechenden alten Anweisungen; danach solle der Verhörende auf das Stocken der Rede seines Opfers, auf Feuchtwerden seiner Hände, Erröten etc. achten - eben weil der Körper nicht täusche.

Kontakt[91]. In beiden Fällen finden weitere Entwicklungen des Kontakts nicht mehr statt.

Solche Limitierung betrifft aber nicht nur Kontakte zu Personen, die einander erst kennenlernen müssen. In besonderer Weise betrifft dies familiäre Beziehungen, in denen das Fehlen eines „inneren Kontakts“ zueinander nicht ohne weiteres durch eine flexible Gestaltung des äußeren Kontakts moduliert und gegebenenfalls repariert werden kann. Während man mit Unbekannten innere und äußere Kontaktdimension in Übereinstimmung bringen kann, indem man sich häufiger oder seltener trifft und prinzipiell die Möglichkeit hat, die Kontaktleitung zu kappen, sind Familienmitglieder immer „da“. Sie können nicht gewählt werden. Dieses Problem drückt ein Patient in den folgenden Worten aus:

> P 25/3: „Beispielsweise, daß ich mit meinem Vater *noch nie was anfangen* konnte und er nicht mit mir. Also er hat im Familiengespräch gesagt, er hat sich noch nicht mit meinen Problemen beschäftigt und da ist mir bewußt geworden, daß er sich noch nie mit mir beschäftigt hat, weder mich verprügelt, noch mit mir geredet, noch mit mir gespielt. Und- ja, *daß er eigentlich zwar da* ist, aber *daß wir nichts miteinander anfangen* können, daß er irgendwie - irgendwie - *wie tot* ist. - Daß es für meine Mutter *nur schwarz oder weiß* gibt, daß ich entweder der liebe Junge bin oder der böse Junge - daß ich - mich mit ihr nicht vernünftig unterhalten kann in einem Bereich, der dazwischen liegt.“

Seine Formulierung, „daß ich mit meinem Vater noch nie was anfangen konnte und er nicht mit mir“, beschreibt das Problem genau: Eltern und Kinder haben keine Wahl, ob sie einen Kontakt zueinander aufnehmen wollen oder nicht, da ihr „äußerer Kontakt“ zueinander immer schon angefangen hat. Daß der Vater noch nie mit dem Patienten gespielt und ihn auch nie geprügelt habe, läßt eine wörtliche Lesart zu; daß er noch nie mit dem Patienten "geredet" habe, kann man sich wörtlich genommen kaum vorstellen, denn dieser Vater ist "eigentlich zwar da". Der Patient verwendet diese Anspielungen auf Vater-Sohn-Szenen hier, um an ihnen sein inneres Erleben expressiv stark und überzeugend darstellen zu können: es gab keinen Kontakt zwischen dem Vater und dem Sohn. Hier hat es auch im Rückblick kein "Anfangen" gegeben - metaphorisch ist die innere Kontaktdimension gemeint. Dramatisch drückt der Patient an den äußeren Umständen sein Erleben aus: Es steht zwar nicht explizit im Text, aber wir können schließen, daß ihm der "Funke der Lebendigkeit" gefehlt hat; so muß er seinen Vater "wie tot" erleben. "Beschäftigungen", die Vater und Sohn einander nahebringen könnten, fruchten deshalb nichts. Weniger dramatische Redewendungen, die aber auf das-

---

[91] Wir verweisen auf zwei sehr unterschiedliche Beispiele. In Handbüchern der Liebeskunst vor der Entdeckung der Elektrizität wird das "Ereignis" anders metaphorisiert; dann soll man nicht einen Strom fließen, sondern einen Engel durchs Zimmer gehen lassen. In der modernen Fassung eines Schlagers heißt es: "Tausend Mal berührt, tausend Mal ist nichts passiert, tausend und eine Nacht, und es hat bumm gemacht." Du sublime au ridicule il n'y a qu'un pas...

selbe zielen, lauten z.B. "die Leitung zwischen uns ist tot" oder "zwischen uns herrscht Funkstille". Das Zitat verweist aber auf etwas Tieferliegendes: auch die Lebendigkeit wird als Strom metaphorisiert. Sie läuft als Bedingung den „Beschäftigungen“ zwischen Vater und Sohn oder den „vernünftigen Unterhaltungen“ zwischen Mutter und Sohn insofern voraus, als ohne sie die Beteiligten nichts „anfangen“ können.

Wir erhalten als Ergänzung die konzeptuelle Metapher: KONTAKT IST LEBENDIGKEIT, FEHLEN VON KONTAKT IST TOTSEIN. Durch Metonymie und Verschiebung wird die Kontaktleitung zum (lebendigen) Container dessen, was sie für die Kontaktpartner bewirken soll: der „lebendige“ Kontakt macht sie selbst lebendig. Der Patient indiziert hier sein Wissen um die konzeptuelle Limitierung eines Modells, das Kontakte nach dem Alles-oder-Nichts-Prinzip strukturiert. Er instantiiert dieses Wissen noch einmal in bezug auf seine Mutter, für die es nur „schwarz und weiß“ gebe, aber keinen „Bereich, der dazwischen liegt“. Und weiter: in dem Umstand, daß er dies in solcher Klarheit mitteilen kann, können wir prozessual den therapeutisch erreichten Wandel diagnostizieren; der Patient zeigt uns (und sich), daß er im Begriff ist, sich wegen dessen Limitierungen von diesem Kontaktszenario zu verabschieden. Indem er sich dessen Griff entwindet, erhält er einen Begriff davon; er analysiert es.

Da dieses Szenario keine Zwischenstufen der Kontaktentwicklung kennt, haben wir schon jetzt alle Momente für eine graphische Darstellung beisammen:

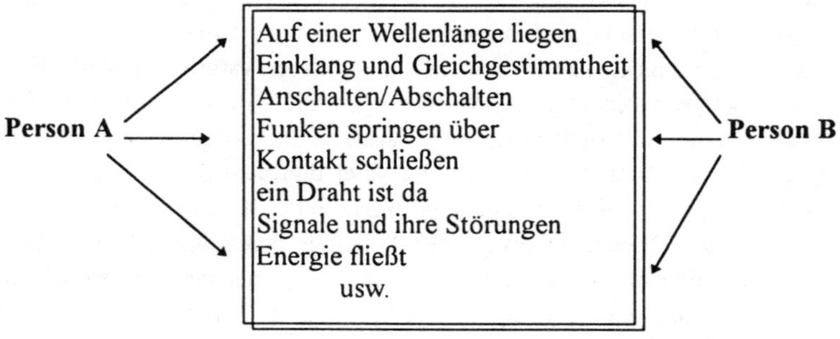

Das Szenario liefert eine Antwort auf eine drängende Frage: Wie werden Kontaktpartner ausgewählt? Sie wird durch das Fließen der Energieströme entschieden. Dieses Szenario liefert, anders als das von der schrittweisen Annäherung, eine prototypische Antwort auf die Frage nach den Motiven für Kontakt: Die Antwort besteht in einer Variante der Vorstellung von gleichsinniger Energie oder Spannung. Deren Variationsbreite reicht von manifesten musikalischen Metaphern der „Gleichgestimmtheit“ oder des „Einklangs“ bis hin zu den manifest technischen Metaphern des „auf einer Wellenlänge liegens“. Das Szenario der schrittweisen Annäherung gibt hier keine Antwort: der Kontakt wird „angezeigt“ und „wahrgenommen“ - aber warum findet er überhaupt statt? Weil irgendwie ein Strom fließt, eine Energie. Diese prototypische Antwort auf die Frage nach den Motiven wird vervollständigt von der anderen prototypischen Antwort, die ebenfalls in reichen Variationen vorkommt: daß Kontakt wegen irgendeines Vorteils gesucht und aufgenommen werde.

Insofern bleibt dieses Szenario auch für die anderen Szenarien konstitutiv. Sie setzen nämlich immer schon eine positive Antwort auf die Frage nach der Auswahl der Kontaktpartner voraus und elaborieren die *Prozeduren* der Kontaktgestaltung. Beobachten läßt sich somit eine Asymmetrie zwischen den Kontaktmotiven und den ethnomethodologischen Methoden des Kontakts. So kann man z.B. sagen: "ich wollte ihn näher kennenlernen, weil ich gleich einen Draht zu ihm hatte", aber nicht: "ich hatte einen Draht zu ihm, weil ich ihn näher kennenlernen wollte." Das heißt auch, daß die *Kontaktenergie* für *alle* Kontakte in prototypischer Weise durch dies Szenario metaphorisiert und imaginativ als *Zusammenpassen* bzw. *elektromagnetische Anziehung* konzeptualisiert wird.

Prozessuale Diagnose und Behandlung von Kontaktstörungen im Szenario der elektromagnetischen Kontaktkräfte

Wir vermuten also, daß dieses Szenario für die Motivierung von Kontakten prototypisch ist; das verhindert aber nicht, daß es hinsichtlich der Gestaltung von Kontakten höchst ambivalente Wirkungen entfaltet, die sich in der prozessualen Diagnostik von Störungen zeigen: Diejenigen Kräfte, die zum Schließen des Kontakts drängen, werden mit diesem Szenario als Jenseits der Person situiert. „Es“ drängt zum Kontakt - oder nicht. Die Person ist auf die Wahl eingeschränkt, den Vorgaben dieser Kräfte zu folgen oder nicht. Wenn sie es tut, entsteht die besondere Evidenz subjektiver Gewißheit; diesen Kräften nicht zu folgen, zieht Unsicherheit und Zweifel nach sich. Das Szenario bietet somit im positiven Fall eine Steigerung des Gefühls subjektiver Sicherheit, das „Richtige“ zu tun; im Vergleich zu den anderen Szenarien jedoch sind Wahlmöglichkeiten äußerst limitiert. Damit bietet das Szenario letztlich wenig *Flexibilität im Kontaktverhalten*.

Wird Kontakt mit diesem Szenario konzeptualisiert, entstehen grundsätzlich drei Möglichkeiten, Leiden am Kontakt prozessual zu diagnostizieren: Erstens, durch das Fehlen „gleichgerichteter“ Kontaktpartner können Gefühle von Einsamkeit und „Isolation“ erlebt werden. Zweitens, man kann eine falsche Wahl in der Annahme treffen, daß die Kräfte (des Körpers, angezeigt als „Barometer“ oder durch andere Signale) nicht zu täuschen vermögen. Drittens, man erlebt keine Wahlmöglichkeiten, weil die elektromagnetischen Kräfte stärker sind als die Person. In diesem Fall sieht man prägnant die fehlende Flexibilität der Handlungsoptionen des Szenarios. Nur diese Leidensmöglichkeit führt unmittelbar zur Therapiemotivation:

> P 12/10: „Im zwischenmenschlichen Bereich, daß ich da - da habe ich eine große Starrheit gespürt, so - ich konnte entweder nur so oder nur so reagieren auf bestimmte Sachen. Da hatte ich dann schon die Erwartung, dann das dazwischen auch besser kennenzulernen. Daß es nicht nur zwei Möglichkeiten gibt, auf eine bestimmte Person oder Situation zu reagieren, sondern eigentlich unendlich viele und da ein bißchen mehr Flexibilität zu kriegen, das war dann so ein Ziel, ja.“

Der Patient diagnostiziert hier selbstreflexiv und rückblickend seine Kontakt- und Beziehungsstörung: er habe „im zwischenmenschlichen Bereich“ „eine große Starrheit gespürt“. Diese erläutert er hinsichtlich ihrer handlungsleitenden Funktion: “ich konnte *entweder* nur so *oder* so *reagieren*“. Es darf dabei offen bleiben, ob er ein emotionales Reagieren oder eine andere Handlung meint; nicht offen bleibt aber, daß ihm seine „zwei Möglichkeiten“ im Vergleich mit den „unendlich vielen“ als zu wenig erschienen. Dementsprechend bestimmte er als sein Therapieziel: „ein bißchen mehr Flexibilität zu kriegen“. Der Patient beschreibt hier genau das On-Off-Pattern des Szenarios als Problem, ohne damit jedoch eine Alternative zum bloßen „Reagieren“ zu verbinden und entwickelt zu haben. Dies bestätigt er mit seiner Formulierung, Flexibilität zu „kriegen“; das selbständige „Agieren“ bleibt als Handlungsalternative noch ausgeschlossen.

Wir hatten oben gesagt, dieses Szenario sei hinsichtlich der Frage nach den Kontaktmotiven konstitutiv auch für die anderen Szenarien; nun beschreiben wir das Vorliegen eines On-Off-Patterns als Teil einer Kontaktstörung. Wie paßt das zusammen? Unsere Antwort ist folgende: Wer nur zwei Möglichkeiten zur Verfügung hat (auf „funken“ mit „funken“ zu reagieren, auf „nicht-funken“ mit „Funkstille“), produziert eine Störung. Dennoch ist die „gleiche Wellenlänge“ elementar für das Kontaktmotiv. Hier knüpft sich auch die behandlungstechnische Schwierigkeit an: Kann man den „Draht“ zwischen zwei Menschen beeinflussen? Oder muß man einen „Funken“ abwarten? Und wenn Therapeuten und Patienten „auf gleicher Wellenlänge liegen“ - wird das die Therapie erleichtern oder erschweren?

Im klinisch-stationären Rahmen operiert ein institutioneller Kontext, der die Anwendung dieses Szenarios massiv restringiert: Therapeuten und Patienten können einander nicht *wählen*. Dies führt u.U. zu iatrogenen Schwierigkeiten und Spannungen, wenn ein therapeutisches Paar miteinander arbeiten soll, das keinen Draht zueinander findet. Unter solchen Bedingungen kann nur das Störungspotential, nicht aber die Leistungsfähigkeit dieses Szenarios zur Geltung kommen. Darüber hinaus kann es Therapeuten zu der Annahme verleiten, die Leistungen dieses Szenarios überhaupt in Frage zu stellen und abzuwerten. In der von Buchholz (1996) veröffentlichten Einzelfallanalyse eines Interviewsets zeigen sich hingegen die fruchtbaren Wirkungen, wenn ein Therapeut es wahrnehmen und schätzen kann, „daß so ein Draht bestand" (Buchholz 1996, S. 121), wie es im Interview von dem beteiligten Therapeuten formuliert wird.

Das freilich ist selten. Wir vermuten eher aus unserem Material, daß viele Therapeuten einen Antagonismus zwischen diesem Szenario der „Anziehung" und dem klinisch-stationären Kontext sehen. Attraktivität (sensu: Kraft der zwischenmenschlichen Anziehung) und (therapeutische) Arbeit schließen dann einander aus. Dieser Antagonismus läßt sich so formulieren: Das Szenario thematisiert deutlich Grenzen des „Machbaren" in der Gestaltung von Kontakten. Der klinisch-stationäre Kontext hingegen fordert nicht nur die prinzipielle Bereitschaft, mit jedem Patienten und mit jedem Therapeuten Therapie zu „machen". Diese Forderung wird häufig dadurch untermauert, daß für die Therapie ein Liebesverbot gilt; es darf gerade nicht „funken". Dabei geht es freilich keineswegs nur „grobsinnlich" um Erotik. Vielmehr wäre es wahrscheinlich therapeutisch unproduktiv, wenn Therapeut und Patient allzu sehr auf gleicher Wellenlänge lägen; eine produktive Differenzspannung ginge verloren. Dieser Antagonismus muß professionell zwischen den Polen „Arbeit" und „Liebe" balanciert werden, wenn dennoch Psychotherapie stattfinden soll. Hier finden wir in der Analyse des Szenarios ein kniffliges Problem wieder, das therapieimmanent ist: Es gilt die metaphorische Gleichung THERAPIE IST LIEBE, denn ohne Liebe geht es nicht. Es gilt aber gleichzeitig die andere Gleichung THERAPIE IST KEINE LIEBE, denn wenn aus Therapie Liebe würde, wäre sie keine Therapie mehr. Ein solches Problem praktisch zu lösen, erfordert jene professionelle Kompetenz, die wir im Kapitel über die metaphorischen Gleichungen beschrieben haben; es fordert eine Logik des „tertium datur". Wie können Therapeuten unter solchen entgegengesetzten Anforderungen behandeln? Wie beschreiben sie ihr Tun? Welche spezifischen Strategien kommen zur Geltung?

Wir wollen diese Fragen zu beantworten versuchen, indem wir an einem - gewiß problematischen Beispiel - die Wirkung dieses Antagonismus illustrieren. So sagt eine Beschäftigungstherapeutin über eine Patientin, die sich nicht auf das Töpfern konzentrieren konnte:

> K 2/13: Ich denke, es hätte ihr ganz gut getan, wenn *sie hätte abschalten können* wie es vielleicht noch in den ersten Sitzungen war. In den ersten Stunden war es noch so, daß sie da - ganz gut so bei dem Material war, und nicht so bei ihren Gedanken oder die Beziehung oder Therapiegespräche und all so - besonders mit der therapeutischen Beziehung hat sie sich stark beschäftigt.

Die Metapher des „Abschaltens“ wird im folgenden Zitat noch einmal instantiiert; K hat nicht nur gedacht, daß es der Patientin „gut getan hätte“, sich auch mit etwas anderem als „mit der therapeutischen Beziehung“ zu beschäftigen, sondern dies auch der Patientin selbst mitgeteilt:

> K 2/20: Ich kann mich erinnern, daß ich irgendwann auch mal gesagt habe, ich habe den Eindruck, daß es ganz gut wäre, wenn sie auch mal versucht, sich nur aufs Töpfern zu konzentrieren, mal ein bißchen *abschaltet*.“

Die Forderung an die Patientin, sie möge „abschalten“, zeigt die operative Funktion der Metapher: Wer abschaltet, kann auch wieder anschalten. Deshalb impliziert K mit ihrem Rat an die Patientin nicht, daß sie ihre Beziehung zum Therapeuten ganz aufgeben müßte. Aber impliziert ist, daß es jemanden gibt, der den Schalter bedient - und das führt die Imagination eines entscheidungsfähigen Subjekts in den Dialog ein. K erinnert die Patientin daran, daß sie die Möglichkeit habe, *den Schalter zu bedienen* und durch „Abschalten“ die Verbindung zum Therapeuten vorübergehend zu inaktivieren - um sich an den anderen Kontakt- und Stromkreis der Beschäftigungstherapie anzuschließen. Entscheidungsfähig wäre die Patientin nicht einfach dem Kontaktgeschehen ausgeliefert, sie hätte es „in der Hand“. Für K entsteht ein Deutungsproblem, wenn die Patientin das nicht tut. Sie muß sich das „Nicht-abschalten“ der Patientin verständlich machen. Sie tut dies mit der Annahme, daß es eine Kraft des Kontakts zwischen P und dem Einzeltherapeuten gibt, die stärker ist als die Patientin, so daß diese nicht mehr in der Lage ist, den Schalter zu bedienen. Die Kraft, der P ausgesetzt gesehen wird, erhält einen Namen:

> K 2/23: „Daß sie das Gefühl hat, nicht richtig verstanden zu werden, und so - also sich eigentlich *ein totales Verständnis gewünscht hat, ein totales Verständnis, totale Übereinstimmung* und - ich glaube, es war so, daß sie ihn (gemeint: der Einzeltherapeut) eigentlich ganz toll fand auf der einen Seite, und dann gar nicht mehr ertragen konnte, wenn er ihr in irgendeiner Form Grenzen setzte an einer Stelle, wo sie es nicht verstand.“

Als Kraft wird hier ein spezifischer Wunsch angesetzt: der nach totaler Übereinstimmung (mit dem Einzeltherapeuten). Das Beiwort „total“ dient zur Unterstreichung der Stärke dieser Kraft. Es schließt andere Möglichkeiten des Erlebens „totalitär“ aus.

Analysieren wir die Folgen einer solchen prozessualen Diagnose: Zunächst wird ein interaktives Geschehen, das wir hier ständig als „Kontakt“ thematisieren, individualisiert und „in“ die Person verlagert; aus einem interaktiven Konflikt wird ein intrapsychisches Problem. Dies hat weitere Folgen: Die Patientin erscheint nicht mehr als entscheidungsfähiges Subjekt. Sie ist vielmehr getrieben von der Kraft eines Wunsches, oder, in der Metaphorik der elektromagnetischen Kräfte gesprochen, sie erscheint als „elektrisiert“ in dem Sinne, daß die Beziehung zum Einzeltherapeuten sie auch außerhalb der Gespräche mit ihm gleichsam „unter Spannung“ hält und sie in anderen Aktivitäten lähmt. Diese Metaphorik erzeugt hier mehr Probleme als sie löst. Denn man kann sich ja fragen, warum K wie selbstverständlich von P erwartet, daß P akzeptiere, daß ihr Grenzen gesetzt werden, „wo sie es nicht verstand“? Die eine Forderung, etwas zu akzeptieren, auch wenn man es nicht versteht, verträgt sich nicht gut mit der anderen Forderung nach Subjekthaftigkeit, die in der Metapher vom „Abschalten“ impliziert war.

Eine solche prozessuale Diagnose, die den interaktiven Konflikt in ein intrapsychisches Problem verwandelt, ist ins Kraftfeld des beschriebenen Antagonismus geraten, als K praktisch-professionell mit der Frage konfrontiert wurde: Warum arbeitet die Patientin bei ihr nicht konzentriert mit? K's Antwort heißt: weil sie ihren Einzeltherapeuten zu „toll“ fand. Dieser Antagonismus übt damit eine Wirkung aus, die vergleichbar ist mit der des Nordpols auf einen gewöhnlichen Kompaß: Je näher man dem zentralen Pol gerät, umso größer ist die Abweichung und damit der Beobachtungsfehler. Die Abweichung wird individualisiert und der Patientin angelastet. Damit verhält sich K wie jemand, der die Abweichung des Kompaß entweder dem Gerät oder dem Nordpol, nicht aber seiner eigenen Lage zuschreiben wollte. K stellt die Patientin dar, als ob sie eine der wesentlichen Operationen des Szenarios der elektromagnetischen Kräfte nicht realisiere: Sie fängt die elektromagnetischen Kontaktkräfte auf, läßt sich von ihnen affizieren, aber versäumt es, sie durch „An- und Abschalten“ zu regulieren. Die Patientin geriet, so die Argumentation von K, unter den Zwang ihres Wunsches nach „totaler Übereinstimmung“. Hieran läßt sich eine weitere Implikation dieses Szenarios explizieren: der „Draht zueinander“ schafft in der Tat einen exklusiven Kontakt, der Dritte - vorübergehend - ausschließt, so wie ein Telefon- oder Funkkontakt durch „Rauschen“ oder „Lärm“ gestört wird, wenn Dritte sich ungebeten einschalten. In eben diese Position geriet K; sie war „ausgeschlossen“, und das motivierte den bias ihrer prozessualen Diagnose.

Die Einbettung des Szenarios der elektromagnetischen Kontaktkräfte in den stationären Rahmen verlangt - gerade wegen des beschriebenen Antagonismus beider - ein besonderes „Fingerspitzengefühl“ in der therapeutischen Arbeit. Die Wahrnehmung von dessen spezifischen Limitierungen darf nicht zugleich seine spezifische Leistung, seine alltagsweltliche *Orientierungsfunktion,* entwerten. Gerade in einer gelingenden Behandlung geht die *Definitionsmacht* über den subjektiven Wert der Kontakte des Patienten vorübergehend auf den Therapeuten über, und zwar in dem Maße, wie „ein guter Kontakt“ zwischen beiden zustandegekommen ist.

Das Urteil des Therapeuten wird gerade dann für den Patienten von besonderer Bedeutung. Das Szenario der elektromagnetischen Kontaktkräfte allerdings vermag *diese* Art von Kontakt nicht mehr konzeptuell zu fassen; es wird abgelöst durch das Szenario des Sich-einlassens, wie wir später sehen werden. Das eben ist der Wert einer metaphernanalytischen Untersuchung von professionellen Handlungsproblemen: Sie kann zeigen, daß es nicht um „richtig" oder „falsch" (hier im Fall der Diagnose) geht, sondern um Wahl und Wechsel zentraler Leitmetaphoriken, die den Behandlungsprozeß steuern, in ihm entwickelt und dann von neuen metaphorischen Installationen abgelöst werden. „Sich Einlassen" beschreibt genau diesen Übergang zu einem Kontakt der „Verwandlung", in welchem der Therapeut vorübergehend als Inhaber der Definitionsmacht definiert wird. Auf die Implikationen dieses Wechsels und des Szenarios der Verwandlung werden wir erst später eingehen. Sie seien hier nur angedeutet.

Zusammenfassung

Kontakt wird als eine störungsfrei funktionierende Funk- oder Telefonverbindung mit elektromagnetischen Kräften konzeptualisiert.

Der bildgebende Bereich der Nachrichten- und Kraftübermittlung hat konzeptuelle Implikationen: Dieses Szenario kennt, im Unterschied zu allen anderen Szenarien, keine graduelle Abstufung von Kontakten, keinen zeitlichen Verlauf der Kontaktentwicklung und kein Ablaufmuster der Kontaktherstellung. Eine intersubjektive Koordinierung von Kontakten ist dementsprechend nicht repräsentiert. Kontakte werden binär, nach dem On/Off-Prinzip, strukturiert. Sie „sind da" (oder nicht), werden aber nicht „hergestellt". Es gibt weder Notwendigkeit noch Chance zu „Einigungen" oder „Auseinandersetzungen" wie im Szenario der schrittweisen Annäherung.

Der Kontakt schafft eine exklusive Anziehung zweier Kontaktpartner. Sie schließt einen gleichzeitigen Kontakt zu Dritten aus. „On" zu dem Einen heißt - wenn auch immer nur passagèr - „off" zu jedem Anderen. Das Szenario leitet die Auswahl möglicher Kontaktpartner (operative Funktion).

„Innere" und „äußere" Dimensionen des Kontakts werden maximal kontrastiert und die „innere Dimension" als allein wichtige privilegiert (evaluative Funktion).

Eine Differenzierung der Kontaktwahrnehmung und -gestaltung ist nicht möglich. Eine prozessuale Diagnose von *Kontakt- und Beziehungsstörungen* erfolgt genau dann, wenn dieses Szenario *allein operiert* (limitierende Funktion). Dieses Kontakt-Szenario bietet keinen Ansatzpunkt für *therapeutische* Strategien der Veränderung. Sie können vielmehr erst wirksam werden, wenn es suspendiert, vorübergehend zur Disposition gestellt oder durch neue Installationen komplettiert werden kann.

Kontakt als Verbindung oder: „Vom seidenen Faden zum reißfesten Tau“

Die beiden bisher dargestellten Szenarien konzeptualisieren im wesentlichen Kontakte zwischen zwei Personen. Wir wollen nun der Frage nachgehen, wie Kontakte zwischen mehreren Personen metaphorisch konzeptualisiert werden? Beginnen wir mit einer allgemeinen Überlegung, was ein solches Szenario leisten muß: die „Verbindungen“, „links“, zwischen den Kontaktpartnern müssen so beschaffen sein, daß - anders als im Szenario der elektromagnetischen Kontaktkräfte - verschiedene Kontakte gleichzeitig bestehen können, ohne einander zu stören. In alltagssprachlichen Redewendungen wie z.B. „lockeren Kontakt halten“ oder „Kontakte knüpfen“ wird mit der konzeptuellen Metapher: KONTAKT IST EIN FADEN eine solche Vorstellung formuliert. Wir verwenden dabei meist den Plural. Kontakte können „abreißen“, „abgeschnitten werden“, jemand kann im Kontakt „angebunden“ sein oder umgekehrt „geschnitten“ werden, Kontaktfäden können in der einen oder anderen Weise „strapaziert“ werden. Die Fäden des Kontakts verbinden sich untereinander zu einem „Netz“ oder einem „Gewebe“, das auf seine „Tragfähigkeit“ oder „Belastbarkeit“ hin geprüft werden, in dem man sich aber auch verfangen oder „verstricken“ kann. Die explizite oder nur anspielende Rede vom „Netz“ deutet darauf hin, daß dieses Szenario in den meisten Fällen zur Metaphorisierung von Mehrpersonen-Beziehungen dient. Sie stellen sich typischerweise über ein gemeinsames Interesse der Beteiligten her; das als Kontaktmedium dient. Wir wollen auf die besondere Rolle des Kontaktmediums in diesem Szenario anfänglich zu sprechen kommen:

> P 7/11: „Freizeitgestaltung: jetzt durch den Sport will ich die Anregung doch wieder weiter treiben, das ist auch sehr wichtig, um auch wieder *Kontakt zu finden und zu halten.*“

Erkennbar führt der Patient mit der Formulierung „durch den Sport“ diesen als Medium des Kontakts ein. Er übernimmt eine wichtige Funktion. Als Medium bietet er ein soziales Arrangement für Kontaktmöglichkeiten zu mehreren Personen gleichzeitig an. Darin sieht der Patient eine „Anregung“ („das ist auch sehr wichtig“), Kontaktmöglichkeiten zu finden, ohne daß er - und hier verweisen wir auf das vorherige Kapitel - darauf warten muß, daß „es funkt“. Er könnte Sport treiben wollen und sich mit solcher Motivation zu den entsprechenden sozialen Orten begeben; „Sport treiben wollen“ wäre dann sein Ziel. Hinsichtlich des Kontakts aber wird „Sport“ ein Mittel zu einem anderen Ziel: „um auch wieder Kontakt zu finden und zu halten“. Welche Priorität er setzt, braucht er wegen dieses doppelten Kontextes, den das Medium anbietet, nicht auszuformulieren; er kann prinzipiell seine Absichten in der Schwebe halten.

Im vorliegenden Zitat privilegiert er jedoch eines der beiden Ziele: für die Zeit nach dem Klinikaufenthalt ist es ihm „wichtig", „wieder Kontakt zu finden und zu halten". Die Aneinanderfügung mit dem Wörtchen „und" ist hier nicht additiv, sondern steigernd und zeigt eine sequentielle Logik an: Erst muß man den Kontaktfaden finden, um ihn halten zu können. Der Patient indiziert auf diese einfache, aber elegante Weise sein Wissen um das Szenario, denn Kontakt „finden *und* halten" impliziert eine Vorstellung von *Kontaktentwicklung*. Die Wahl anderer Verben freilich indiziert eine andere metaphorische Konzeptualisierung der Entwicklung, als wir sie im Szenario der schrittweisen Annäherung vor- und dargestellt haben.

Hier stehen nicht so sehr Prozesse wechselseitiger Wahrnehmung und Synchronisierung im Vordergrund, sondern die Kontaktpartner organisieren ihren Kontakt durch den gemeinsamen Bezug auf die Kontaktmedien. Z.B. verbindet das Medium des Sports sie auf eine Weise, die wir im Rückgriff auf alltagsweltliche Wissensbestände ohne Mühe verstehen. Ein Sportverein dient nicht nur seinem deklarierten Zweck, sondern hat auch die soziale Funktion, für seine Mitglieder *Kontaktgelegenheiten* bereitzustellen. Diese werden in der Form eines virtuellen *Netzes von Kontakten* imaginiert, das potentiell alle Mitglieder des Vereins *verbindet*, wobei es jedem einzelnen überlassen bleibt, wie er diese Verbindungen „aufnehmen" und, gegebenenfalls auch über den gemeinsamen Sport hinaus, „halten" will. Darauf spielt der Patient hier an. Mögliche Kontaktpartner braucht er dabei nicht zu benennen, er substantialisiert den Kontakt, will ihn „finden" und „halten". Damit dokumentiert er, kongruent mit der Vorstellung des „Netzes", den Kontakt als imaginativ schon existent.

Sicher wissen wir natürlich nicht, welche Imagination einer solchen Redeweise zugrunde liegen mag, aber wir können Vermutungen äußern. Welche Art von Kontakten mag man sich vorstellen, wenn in dieser Weise vom „finden", „aufnehmen" und „halten" eines Kontakts die Rede ist und wir den Kontakt als Faden sehen? Wir meinen, es könnte so sein, wie man an manchen Losbuden des Jahrmarkts aus einem Bündel Fäden einen herauszieht und dann merken kann, was daran hängt. Im Glücksfall zieht man einen Gewinn, trifft auf einen Kontaktpartner, mit dem es u.U. sogar „funkt"; wenn man Pech hat, zieht man eine Niete, kann dann aber wenigstens noch „Sport treiben" - verlieren kann man außer dem eigenen Einsatz nicht(s).

Dieses Beispiel macht schon deutlich, was das imaginative Szenario der Kontaktfäden im Unterschied zu den zuvor beschriebenen Szenarien leisten kann. „Kontaktfäden" und „Kontaktnetze" schaffen bei geringem persönlichen Risiko Verbindungen zwischen den Kontaktpartnern, die wesentlich *flexibler* sind, als sie z.B. mit einem so widerständigen Material wie Draht denk- und vorstellbar wären. Zugleich versprechen sie *Stabilität* durch eine gewisse Unabhängigkeit von einzelnen Kontaktpartnern. Solange der mediale Bezug gewahrt bleibt, können sie nämlich durch andere Personen, die ebenfalls in das virtuelle Kontaktnetz *aufgenommen* oder *eingebunden* sind, ersetzt werden; man hat eine Wahl, die revidiert und wiederholt werden kann. Auch kann die Beziehung zeitweilig hinter dem Sachaspekt des gemeinsamen Interesses verschwinden. Die Kontaktpartner müssen sich nicht in jedem Moment fragen, wie sie "zueinander stehen". Zur Bestätigung ein weiteres Zitat desselben Patienten:

> P 7/2: Ja, das war, ja als ich hierher gekommen bin am Montag und dann wurde gleich am Mittwoch Fußball gespielt, also die Patienten gegen das Personal und da hat das Personal gespielt und *da war schon Kontakt da.*

Hier thematisiert der Patient hinsichtlich der äußeren Dimension des Kontakts den Beginn seines Klinikaufenthaltes; stellt man die Frage, wie er den Kontaktanfang hinsichtlich der inneren Dimension faßt, kann man nichts, was einer „Kontaktanzeige“ entsprechen würde, erkennen. Mit „und dann wurde gleich am Mittwoch Fußball gespielt“ evoziert er vielmehr eine *soziale Szene,* in die verschiedene Personen bereits eingebunden waren. Nicht die konkreten Mitspieler, sondern die gemeinsame Aktivität initiierte den Kontakt. Sie integrierte den Patienten in ein „Wir“, hier die Patientenmannschaft. Ohne das Risiko einer persönlichen Begegnung eingehen zu müssen, konnte er sich auf andere beziehen, insbesondere „das Personal“. Der Clou dieses Szenarios ist hier formuliert: Der Kontakt ist eigentlich „schon da“ - die Person muß die Fäden des Netzes nur „aufnehmen“ oder (sich) daran „anknüpfen“.

Wir werden noch an anderen Beispielen aus den Interviews demonstrieren, *wie* das Alternieren zwischen einem Kontext gemeinsamer Interessen und der persönlichen Beziehung der Kontaktpartner zueinander die Kontaktentwicklung in diesem Szenario strukturiert. An einem weiteren Zitat wollen wir zunächst verdeutlichen, wie dieses Szenario auch die therapeutische Kontaktaufnahme in fast identischer Weise bestimmen kann:

> P7/3: „Und eine Woche später war dann diese Anamnese und *da war schon der Kontakt da* und das ging eigentlich ganz locker und das war schön.“

Wir sehen hier erneut das konzeptuelle Fehlen eines eigentlichen *Kontaktanfangs.* Aber es hieße die Bedeutung der Kontaktmedien zu unterschätzen, daraus zu schließen, der Kontakt würde im Faden-Szenario auf eine ähnliche Weise wie in dem der elektromagnetischen Kontaktkräfte, nämlich in einem einzigen „Zug“, geschlossen. Vielmehr wird der Kontaktanfang in diesem Szenario hauptsächlich durch die Medien organisiert, und dadurch werden die beteiligten Personen zunächst von der Aufgabe der Synchronisierung entlastet. Dieser Patient macht davon, das ist seine persönliche Note, exzessiv Gebrauch und kann deshalb in funktional äquivalenter Weise vom „Sport", vom „Fußball" oder von „dieser Anamnese" sprechen - immer befindet er sich bereits mit den Fäden eines Kontaktnetzes verknüpft oder verbunden, und dann geht „das eigentlich ganz locker".

Der Unterschied zwischen beiden Szenarien liegt somit in der lebenspraktischen Bedeutung, die die gemeinsamen Interessen als Kontaktmedien gewinnen. Der „Draht zueinander" kann auf ein Medium *verzichten*; denn er stellt eine von vornherein persönliche Anziehung vor und dar. Der „Draht" indiziert dabei nicht das Medium für den Kontakt, sondern metaphorisiert den Kontakt sebst. Im Szenario des Kontakts als Verbindung hingegen wird der Kontakt durch *etwas Drittes* vermittelt, gestiftet und auch, wie wir zeigen werden, gespeist. Das hält den anfänglichen persönlichen Einsatz gering. Deshalb benennt der Patient die gemeinsame Aktivität regelmäßig, *bevor* er den Kontakt selbst thematisiert, und steigert darüber hinaus die Ablösung des Kontakts von den beteiligten Personen, indem er als grammatikalisches Subjekt ein unpersönliches Geschehen evoziert: *es* war die Anamnese, die *den* Kontakt ermöglichte.

Zweifelsohne sind die Formulierungen dieses Patienten idiosynkratisch. Allgemein können wir nämlich für dieses Szenario ein Ergänzungsverhältnis zwischen personaler Anstrengung und kontaktgenerierender Funktion des sozialen Netzwerkes annehmen. Wir wollen das sinnfällig illustrieren: Therapeuten würden wahrscheinlich sagen, daß der Kontakt Voraussetzung für die Anamnesenerhebung sei, aber dieser Patient interpunktiert genau umgekehrt. Für ihn ist die Anamnese Voraussetzung des Kontakts. Er imaginiert das Ergänzungsverhältnis so, daß seine eigene Beteiligung sehr gering ist, fast verschwindet. Aber er kann diese Strategie der Minimierung des persönlichen Kontaktrisikos auch deshalb verwenden, weil das Szenario die Möglichkeit dazu bietet. In dem Plan, nach dem Klinikaufenthalt Sport zu treiben, um Kontakt zu finden und zu halten, dokumentiert er dann die Bereitschaft zu eigener Initiative. Wir finden somit einen Unterschied zwischen dem medialen Kontaktangebot und der personalen Initiative; diese kann risikovermindernd gering gehalten werden.

Die Stufen des Kontakts in diesem Szenario

Manifest war bisher vom *Kontaktfaden* nur insofern die Rede, als eine Verbindung, die „locker" ist, die man „finden" und „halten" kann, am ehesten auf einen Faden als bildgebenden Ursprungsbereich bezogen sein kann. Um dessen Funktion und Operationsweise zu verstehen, muß man jedoch den bisherigen Bestimmungen eine weitere hinzufügen, die in den manifesten metaphorischen Redewendungen des Sprachgebrauchs gleichsam stumm bleibt: Der über Medien vermittelte Kontakt hat für die daran beteiligten Kontaktpartner eine bereichernde und/oder nährende Funktion. Hier kommt eine weitere Bildgebung ins Spiel. Die Generalmetapher KONTAKT IST VERBINDUNG konkretisiert sich dann auch in der Variante: DER KONTAKT IST EIN ROHR. Dieses Rohr transportiert Güter und/oder Nahrung, wobei es imaginativ im Rekurs auf die körperliche Fundierung unserer konzeptuellen Metaphern der Nabelschnur nachgebildet sein dürfte. Die Bildgebung des Rohres wird benötigt, um die Erfahrung, daß Kontakte „nährend" sind, ihrerseits „gepflegt" werden müssen, darstellen zu können.

Wir wollen die innere Logik der Kontaktentwicklung in diesem Szenario aufzeigen und mit dem Kontaktanfang beginnen. Dabei finden wir, daß es zwei Möglichkeiten gibt, den - inneren - Kontaktanfang durch Verben darzustellen: der Kontakt kann „aufgenommen" oder „angeknüpft" werden. Diese Wendungen des Sprachgebrauchs privilegieren imaginativ einen Faden als konkret-sinnliches Vorbild. Eine solche Imagination ist beim „Knüpfen" unproblematisch; „aufnehmen" könnte man hingegen jede beliebige Form von Gegenständen, aber nur das Aufnehmen eines Verbindungsmediums, an dem die Kontaktpartner bereits „dranhängen", wie an jenem Faden der Losbude oder an dem „Rohr" der Nabelschnur, gewährleistet den Kontakt.

1. Stufe: Kontakte knüpfen und Kontakte aufnehmen

Der bildgebende Ursprungsbereich der Faden- und Rohrmetaphorik legt eine sequentielle Logik nahe: damit die Kontaktfäden miteinander „verknüpft" werden können, müßten sie als Verbindungsmedien zunächst „aufgenommen" worden sein. Die Wendung „Kontakt aufnehmen" entspräche dann genau der ersten Stufe der „Kontaktanzeige" wie im Szenario der schrittweisen Annäherung; das „Knüpfen von Kontakten" entspräche der zweiten Stufe der wechselseitigen „Wahrnehmung". Damit wäre das intersubjektive Moment des Kontakts, die wechselseitige Ratifizierung, metaphorisiert. Interessanterweise fanden wir jedoch eine etwas andere imaginative Ausgestaltung, die unsere Erwartung empirisch konterkarierte. Die wechselseitige Ratifizierung, wie wir sie im Szenario der schrittweisen Annäherung fanden, wird in diesem Szenario nicht dokumentiert. Vielmehr sind „aufgenommene" Kontakte bereits spezifiziert und als „schon vorhanden" dadurch indiziert, daß die Kontaktpartner jeweils mit genannt oder sehr leicht erschlossen werden können; oft handelt es sich auch um eine „Wiederaufnahme" einst schon realisierter Kontakte. Für diese Arten des Anfangs wollen wir zunächst Zitate beibringen:

> T 3/28: Als sie so Kontakt *aufgenommen* hat zu früheren Partnern wurde ziemlich deutlich, daß sie bestimmte Informationen vollkommen ignoriert.

T 2/30: Sie ist nicht bereit, den Kontakt zu den Eltern wieder aufzunehmen im Moment, sie sagt aber immerhin, sie sprach sonst immer von Kontaktabbruch, jetzt spricht sie von Kontaktpause.

In diesen beiden Zitaten ist die Rede vom „Wiederaufnehmen" des Kontakts zu früheren Kontaktpersonen; es ist nicht fraglich, daß der Kontakt bereits bestand und nur aktualisiert zu werden braucht. Dennoch ist auch bei neuen Kontaktpartnern dieselbe Vorstellung eines präexistenten Kontaktmusters anzutreffen, an das sich der Kontaktsuchende mit der Kontaktaufnahme anschließt:

T 9/4: Also daß sie, vorher war das, sozusagen Luftschlösser, da mache ich das und das, aber gegen Ende der Therapie konnte sie dann besser planen, also wenn ich eine Akademie besuchen will, muß ich erst mein Abitur machen und dann das, und das Abitur kann ich da und da machen, sie hatte hier auch schon Kontakte aufgenommen.

Der Therapeut spricht hier teils im wörtlichen Zitatformat über die Zukunftspläne der Patientin. Der letzte Teil seiner Äußerungen „sie hatte hier auch schon Kontakt aufgenommen" meint, daß die Patientin nicht „hier", sondern „von hier aus" (nach dort), aber noch während ihres Klinikaufenthaltes, Kontakte zu Institutionen (Abitur/ Akademie) aufgenommen hat, die ihr die Realisierung ihrer Pläne ermöglichen. Diese Kontaktaufnahme wird zum Echtheitszeichen für ihre Planungen, sie ist das Gegenbild zu den „Luftschlössern". Ihr Ergebnis ist nämlich, daß die Patientin sich imaginativ nicht nur an die Ressourcen, sondern auch an die Restriktionen der Ausbildungsinstitutionen anschließt; es macht ja keinen Sinn, einen solchen Kontakt aufzunehmen, wenn man ihn nicht auch zu halten beabsichtigt, und dies kann sie nur, wenn sie sich an die in jenen Institutionen vorgegebenen Strukturen und Regeln hält, auf ihre Phantasien verzichtet und realistisch plant. Dies ist ein Spezifikum des Kontakts zu sozialen Institutionen; diese verändern ihre eigene Struktur durch den Kontakt nicht oder nur in Ausnahmefällen. Vielmehr weiß derjenige, der als Einzelner den Kontakt zu ihnen aufnimmt, daß die Art des Kontakts durch die Institutionen bestimmt wird. Deshalb liegt imaginativ der Kontaktfaden schon bereit; man kann ihn selbst nicht verändern, wohl aber sich durch „Aufnehmen" in das bereits vorhandene soziale Netz integrieren.

Allerdings können wir sehen, daß auch ganz andere Ziele der Kontaktaufnahme so anvisiert werden, daß der Ablauf des Szenarios gleichsam wie in einem Blitzlicht erscheint:

T 9/1 Sie hatte so eine Psychologin in H., mit der nahm sie dann immer Kontakt auf, wenn es mit mir hier schwierig wurde.

Und dann erläutert T weiter:

T 9/2: ...bis dahin, daß sie zeitweise so Phantasien hatte, diese A. (die Psychologin in H.) und ich, wir sollten mal miteinander Kontakt aufnehmen, wir wären bestimmt ein gutes Paar.

Im Fall dieser Patientin verwendet T die gleiche Metapher, um einmal eine „präexistente", dann aber, um eine neue Kontaktaufnahme zu beschreiben. Genau genommen gibt es zwei präexistente Kontakte der Patientin: den zu ihrer ambulanten Therapeutin und den zu ihrem stationären Therapeuten, der manchmal „schwierig wurde". Beide Kontakte werden zunächst als Alternativen eingeführt: wenn der eine nicht (mehr) hält, wird der andere (wieder) aufgenommen. Bemerkenswert ist aber, daß die Patientin mit dieser Situation und ihrer Rolle als derjenigen, die die Fäden zieht, um eine gängige Metaphorisierung des Gegeneinanderausspielens zu verwenden, offenbar nicht zufrieden war; sie wünschte sich vielmehr, ihre beiden Therapeuten „sollten mal miteinander Kontakt aufnehmen". Wir meinen, daß dieser Wunsch die Vorstellung eines sozialen Netzes impliziert, das für die Patientin eine haltende Funktion übernehmen soll. Es ist stabiler als einzelne Kontaktfäden, gewinnt aber seine Stabilität erst durch neu zu bildende *Querverbindungen*, eben die zwischen beiden Therapeuten. Imaginativ existieren diese bereits für die Patientin; sie behauptet, die beiden Therapeuten wären „bestimmt ein gutes Paar". Klinker werden hier vermuten, daß es um die Bildung eines Elternpaares geht; dann wäre die Fürsorge für die Patientin selbst Medium des Kontakts.

Wir wollen auf eine eigentümliche Besonderheit der „Kontaktaufnahme" aufmerksam machen. Ein „aufgenommener" Kontakt kann als sozial-interaktives Geschehen zwar mit der „Aufnahme" anfangen, er setzt jedoch konzeptuell anderes voraus. Der Kontakt wird imaginativ antizipiert und muß dann mit der „Aufnahme" vom imaginativen Feld in das der sozialen Realisierung transponiert werden. Diese konzeptuelle Voraussetzung realisiert sich in zwei Varianten:

a) es gab bereits sozial realisierte Kontakte, die wieder „aufgenommen" werden können; b) der Kontaktanfang mit neuen Partnern orientiert sich an sozial vorgegebenen Kontaktmustern, wie z.B. dem Flirt, der Paarbildung oder auch der Kontaktaufnahme mit Institutionen, die die Kontaktpartner mit der „Kontaktaufnahme" realisieren. Beide Male ist der Kontakt imaginativ präexistent, entweder in der Phantasie oder in der vergangenen Realität, und genau deshalb kann auf eine Metaphorisierung der wechselseitigen Ratifizierung auf dieser Stufe des Szenarios verzichtet werden.

Wir wollen uns nun der anderen Möglichkeit zuwenden, einen Kontakt zu beginnen. Wird vom „Knüpfen" eines oder mehrerer Kontakte gesprochen, ist eine imaginative Antizipation nicht so leicht möglich. Wir sehen dies an einem Zitat, in dem die Therapeutin explizit das soziale Netz ihrer Patientin thematisiert:

T 3/23: Und ich da eher skeptisch bin, weil sie da ihr Leben bisher mit (mit dem Identitätskonzept, „anders" als Andere und „was ganz besonderes" zu sein, MBB und CvK) eingerichtet und auch so ihr soziales Netz so geknüpft hat, daß ich da unsicher bin, wie weit das so für sie selbst sozusagen zur Disposition steht in der Therapie.

Hier ist von *ihrem* „sozialen Netz" in Übereinstimmung mit der metaphorischen Handlungsbeschreibung des „Knüpfens" die Rede. Es ist nicht gemeint, in welcher Weise die Patientin sich mit bereits bestehenden sozialen Zusammenhängen „vernetzt" hat, sondern umgekehrt gibt es ein persönliches Kontaktnetz, das alle ihre Kontakte einbezieht und miteinander verbindet. Die damit angesprochenen Personen und Kontakte sind notwendigerweise heterogen, es läßt sich kein präexistentes Muster erkennen, das dieses soziale Netz unabhängig von der Patientin selbst zusammenhält. Man kann das eigene soziale Netz nicht „aufnehmen", weil es dies nur gibt, soweit es die es initiierende Person gibt. Dies Netz muß „geknüpft" werden, und das impliziert zweierlei: a) eine eigene, originäre Herstellungsleistung bei der Schaffung des Netzes und b) eine Annahme darüber, daß das Netz - unabhängig von dieser Herstellungsleistung - gerade *nicht* vorhanden ist. Dies unterscheidet den Kontaktanfang des „Knüpfens" von der „Aufnahme". Die darin implizierte Einmaligkeit und Neuartigkeit, geradezu Individualität des „sozialen Netzes" wird einleuchtend durch das an anderer Stelle in diesem Interview angesprochene Selbstbild der Patientin, „anders" und „was ganz besonderes" zu sein, unterstützt und bestätigt.

Den Unterschied zwischen „Aufnehmen" und „Knüpfen" eines Kontakts wollen wir an einem weiteren Zitat untersuchen:

P 20/3: „Ich habe in den letzten Jahren keine Gruppe erfahren, weil wir umgezogen sind, weil *wir noch keine großen Kontakte geknüpft* haben."

Die Patientin beginnt mit der Feststellung, daß sie in den letzten Jahren „keine Gruppe erfahren" habe, die sie im folgenden begründet und erläutert: „weil wir umgezogen sind, weil wir noch keine großen Kontakte geknüpft haben". Bezogen auf das Thema der Kontaktentwicklung sind hier zwei gegenläufige Prozesse angesprochen: wenn man umzieht, lösen sich viele der Beziehungen zu Kontaktpartnern am alten Wohnort auf, *werden brüchig* und *reißen* schließlich *ab,* um es mit einigen gängigen Metaphern aus dem Bildfeld der sozialen Fäden und Netze zu beschreiben; dieses Hintergrundwissen setzt die Patientin hier voraus. Im zweiten Teil ihrer Begründung geht es hingegen um die Kontakte an ihrem neuen Wohnort, die sie noch nicht „geknüpft" habe. Auch diese wären, wie im zuvor analysierten Beispiel, heterogen. Es handelt sich ja nicht nur um Kontakte zu Nachbarn, sondern z.B. auch zu Familien in ähnlicher Lebensituation, Arbeitskollegen, Menschen mit gleichen Hobbies oder Interessen, aus denen sich ein soziales Netz am Wohnort knüpfen läßt. Hätte die Patientin hier die Formulierung verwendet, „wir haben noch keine großen Kontakte aufgenommen", hätte sie damit indiziert, daß es bereits präexistente Kontakte zwischen Anderen, an die sie sich anschließen könnte, aus ihrer Sicht gibt.

Hier zeigt sich die selektive Funktion der gewählten Metapher. Man kann gedankenexperimentell vermuten, daß die gewählte Metapher andere Anschlußmöglichkeiten im Gespräch selektiert. Spräche sie vom Kontaktaufnehmen, wäre z.B. die Frage: zu wem? eine „gute Fortsetzung". Beide Gesprächspartner würden stillschweigend die Implikation realisieren, daß es eine bereits als vorhanden angenommene Gruppe gibt, in die sie sich zu integrieren plane. Indem sie jedoch davon spricht, daß sie „noch keine großen Kontakte *geknüpft* habe", wird eine andere Akzentuierung gewählt. Die Aufmerksamkeit wird auf ihre Eigenleistung gelenkt. Sie portraitiert sich der Interviewerin gegenüber imaginativ als jemand, die einen *Faden mit einem losen Ende* in der Hand hält, und evoziert die Vorstellung, Kontakt bestehe in der Verknüpfung ihres Faden mit dem anderer. Dabei kann noch unbestimmt bleiben, an welchen konkreten Medien sich der Kontakt entwickeln und „aufhängen" ließe. Ihre Anspielung reicht aus, um im Gespräch zu indizieren, daß sie um das Ablaufmuster des Szenarios weiß und nur noch nicht kontaktaktiv geworden sei. Hier zeigt sich erneut die komplexitätsreduzierende Funktion metaphorischer Konzeptualisierungen; es kann offen bleiben, wie die Patientin sich zukünftige Kontakte konkret vorstellt, solange sie weiß, daß sie diese durch die Eigenleistung des „Anknüpfens" herstellen kann.

Wir wollen nun zusammenfassen: der innere Kontaktanfang wird in diesem Szenario sowohl durch die Formulierung, einen Kontakt „aufzunehmen", als auch, einen Kontakt zu „knüpfen", metaphorisiert. In beiden Anfängen ist die Vorstellung eines Verbindungsfadens zwischen den Kontaktpartnern angesprochen. Aber die Situation zu Beginn ist jeweils eine andere: ein „aufgenommener" Kontakt wird als präexistent imaginiert und konzeptualisiert. Das erleichtert die Kontaktaufnahme und hält das persönliche Risiko gering. Anders als im Szenario der schrittweisen Annäherung ist die wechselseitige Ratifizierung des Kontakts hier nicht metaphorisch dokumentiert. Sie kann aufgeschoben und durch den gemeinsamen Bezug auf Medien - wenn auch nur, da es um die innere Kontaktdimension geht, über eine gewisse Zeitdauer - ersetzt werden.

Anders ist der Anfang, wenn man Kontakte „knüpft". Diese sind nicht als präexistent imaginiert. Hier wird die individuelle Eigenleistung, die Kontaktaktivität akzentuiert und als Herstellung einer Verbindung (konkretisiert durch Faden oder Rohr) imaginiert. Man mache sich klar, daß der daraus resultierende Kontakt etwas ganz anderes ist, als wenn vom „Zugehen" auf andere Personen oder von „der gleichen Wellenlänge" die Rede ist.

Das Resultat beider Kontaktanfänge kann imaginativ relativ abstrakt bleiben; so abstrakt wie das Link-Schema selbst, dessen graphische Darstellung als *Sozio-*

gramm, dessen Verbindungslinien ja auch „Kontakte" vor- und darstellen, Eingang in wissenschaftliche Präsentationen gefunden hat. Das Soziogramm stellt die Metapher des „Netzes" anschaulich dar, bietet jedoch, anders als das imaginative Szenario der Kontaktverbindung, keine Möglichkeiten, auch die Kontaktentwicklung graphisch zu veranschaulichen.

2. Stufe: Den Kontakt halten

Dieses Manko von Soziogrammen wird im folgenden Zitat zum Thema. Der Patient, so sein Therapeut, hatte weniger schwere „Kontakt- und Beziehungsstörungen", als das Team es „anfangs aufgrund des Soziogramms" erwartet hatte. Die Korrektur begründet er dann mit der Differenzierung zwischen den Fähigkeiten des Patienten zur „Kontaktaufnahme", die als nicht gestört prozessual diagnostiziert werden, und seinen mangelnden Fähigkeiten, den begonnenen Kontakt fortzusetzen, also durch den Vergleich mit seinem Konzept der Entwicklung des Kontakts:

> T 4/21: Wir dachten anfangs aufgrund des Soziogramms, daß er schwere Kontakt- und Beziehungsstörungen hätte. Es zeigte sich dann, daß er relativ fähig in der *Kontaktaufnahme* ist, daß er aber schwer, es nicht so leicht ist für ihn, *Kontakte durchzuhalten* in bestimmten kränkenden Situationen.

Der Therapeut läßt eine sequentielle Logik klar erkennen und diese leitet seine prozessuale Diagnose: der „Aufnahme" folgt das „Durchhalten", und hier, auf dieser zweiten Stufe, sieht er die Schwierigkeiten des Patienten. Mit seiner Wortwahl macht er darauf aufmerksam, daß die Fortsetzung und Weiterentwicklung des Kontakts in diesem Szenario eine Anstrengung erfordert[92], besonders dann, wenn der Kontakt Strapazierungen ausgesetzt wird, wie hier durch die „kränkenden Situationen". Sie können auch als *Zerreißproben* metaphorisiert werden.

Aber auch ohne Krisen erfordert das Halten des Kontakts Energieaufwand. Er wird sinnfällig und imaginativ konkret, wenn von der Gefahr die Rede ist, einen Kontakt *nicht* zu halten - wie im folgenden Beispiel:

> P 26/3. Ich möchte auch mit einigen Patienten Kontakt halten und Briefe schreiben. Und dann das, was ich ja zu gerne mache, dieses Hängenlassen...in das will ich auf keinen Fall zurück.

Die Alternative, die über die weitere Entwicklung entscheidet, heißt hier „Kontakt halten und Briefe schreiben" oder „hängenlassen". Die Patientin benutzt

---

[92] Wir hatten in einer früheren Erwähnung dieses Zitats die Metaphorik der „Schwere" und der „Lasten" angesprochen.

zur Vor- und Darstellung dieses Gegensatzes den bildgebenden, körperlichen Ursprungsbereich zweier verschiedener Zustände muskulärer Spannung: einmal ist sie körperlich aktiv, hier als Briefschreiberin, einmal läßt sie „hängen"; vielleicht sich selbst, aber auf jeden Fall den Kontakt. Durch diese Entgegensetzung wird deutlich, daß Briefe zu schreiben hier keine postalische Kontaktanzeige, sondern Medium des Kontakts ist.

Der Sprachgebrauch differenziert - genau nach dem Vorbild der körperlichen Erfahrung - zwischen verschiedenen Möglichkeiten der Fortsetzung: wie einen Faden, so kann man auch einen Kontakt oder Kontaktpartner „hängen lassen", mehr oder weniger „locker" halten, oder aber ihn „aufrechterhalten" oder einfach „halten". Die sprachliche Abstufung verwendet hier als Bildgebung zunächst unterschiedliche Grade (muskulärer) Spannung und überträgt dieses Bildfeld durch metaphorische Projektion auf die Imagination der inneren Kontaktdimension. Kohärent damit wird auf das Wissen rekurriert, daß es mehr Anstrengung kostet, einen Faden „straff" und „gespannt" als nur „locker" zu halten.

Die Frage stellt sich, woher wir eigentlich wissen, daß ein „Halten" von Kontakten nicht nur mehr Anstrengung erfordert, sondern auch zugleich ein „Mehr" an Kontakt hervorbringt, als wenn wir uns nur mitteilen, daß wir „locker Kontakt halten" wollen? Zur Beantwortung dieser Frage reicht die angesprochene Eigenleistung nicht aus. Wir meinen deshalb, daß es noch eine weitere, ergänzende Antwort gibt. Die allgemeine konzeptuelle Metapher KONTAKT IST VERBINDUNG wird in unserem Material durch zwei Konkretisierungen KONTAKT IST EIN FADEN und KONTAKT IST EIN ROHR dargestellt. Beide sind imaginativ so miteinander verknüpft, daß zwischen ihnen flexibel changiert werden kann. Sowohl der Faden metaphorisiert die Verbindung, und dann kann er „gespannt" sein oder „locker"; aber die Verbindung kann auch ein Rohr sein. Dann wissen wir: durch ein gerade verlaufendes Rohr lassen sich Inhalte eher ohne Mühe transportieren, während Krümmungen und Windungen, wie sie entstehen, wenn man ein flexibles Medium „locker" oder ganz „hängen" läßt, immer zu Energieverlusten führen. Das Bildfeld des Rohres ermöglicht eine Darstellung dieses Wissens, spielt darauf an oder indiziert es. Deshalb ist ein Kontakt, den man „hält", ein besserer oder intensiverer Kontakt als der, den man „locker" hält. Wir kommen auf diese Überblendung[93] von „Faden" und „Rohr" zurück.

Eine funktionale Entsprechung zum „hängenlassen" ist auch die Handlungsmetapher vom „schleifen lassen" des Kontakts. Davon ist im folgenden Zitat die

[93] In der Sprache der „Künstlichen Intelligenz" wird ein vergleichbarer Vorgang als „morphing" beschrieben. Das Bild eines Menschen kann allmählich in das eines, sagen wir, Tigers verwandelt werden (Hinweis von Christian Anger, Erfurt).

Rede im Zusammenhang mit der Bedeutung der Kontaktmedien in diesem Szenario. Wir können beobachten, wie sie den Kontaktpartnern, weil sie bereits in präexistenten Netzen organisiert sind, einen Teil der Anstrengung abnehmen.

> P 12/9: Wenn ich mit Leuten zusammen sein wollte, bin ich einfach in so'n Gemeinschaftsraum gegangen, da war ich mit Leuten zusammen, und das war o.k. für mich, em, und draußen muß ich da sicher mehr für tun, und mir ist das aber auch bewußt, daß da, daß das ein wichtiger Punkt ist für mich. Da kann ich es eben, hier kann ich es ein bißchen schleifen lassen, da muß ich mehr tun einfach draußen, um Kontakte zu haben, um Freizeit aktiv zu gestalten.

Er kontrastiert das „Hier" der Klinik, wo er auch dann „mit Leuten zusammen" sein kann, wenn er „es ein bißchen schleifen" läßt, mit einem „Draußen", wo er „mehr tun" muß, "um Kontakte zu haben". Mit der Hier-und-Draußen-Differenzierung benutzt er zunächst die Container-Metapher für soziale Institutionen. Die Formulierung vom „Gemeinschaftsraum", in den er „einfach hineingehen" konnte, ist jedoch offensichtlich nicht metaphorisch, sondern wörtlich gemeint. Das „Gehen" ist deshalb hier keine Metapher für die innere Kontaktdimension. Zur Darstellung der inneren Dimension benutzt er eine andere Metaphorik: Im Gemeinschaftsraum sind Personen als potentielle Kontaktpartner vorhanden, hinsichtlich der inneren Kontaktdimension enthält er ein Kontaktnetz, das dem Patienten das „Halten" von Kontakten auch im entspannten Zustand ermöglicht. Zwischen Aktiv und Passiv, zwischen „Halten" und „Gehalten-Werden" braucht dann nicht mehr so prägnant differenziert zu werden; wenn das Netz hält, braucht er selbst weniger zu halten. Deshalb kann er „es (hier) schleifen lassen" und trotzdem „Kontakte haben", indem er „hineingeht".

Soziale Netze, sind sie erst einmal als Medien etabliert, „halten" und entlasten die Kontaktpartner von der Anforderung, selbst den Kontakt zu halten. Funktional äquivalent kann diese haltende Funktion auch durch andere Metaphern ausgedrückt werden, wie im folgenden Beispiel:

> P 8/2: Ja, wenn ich das so schleifen lasse, wenn ich jetzt hier rausgehe; ich könnte das hier als auftanken ansehen z.B., d.h. das Auto fährt nur so lange, solange es auch Benzin hat. (I:) Womit hätten Sie dann hier aufgetankt ? (P:) Durch den Umgebungskreis mit den Menschen, mit denen ich hier Kontakt gehabt habe, in der Einzeltherapie, in der Gruppendynamik.

Auch dieser Patient spricht für die Zeit nach dem Klinikaufenthalt als Gefahr an, „das so schleifen" zu lassen. Was dann passieren könnte, formuliert er jedoch plastischer als der zuvor zitierte Patient, indem er sich selbst mit einem Auto vergleicht, das durch die „Menschen, mit denen ich hier Kontakt gehabt habe", „aufgetankt" worden sei. Diese Vorstellung impliziert, daß er jetzt zwar allein „fahren" kann (auf seinem Lebensweg), aber „nur so lange", wie die Tankfüllung reicht. Der „Umgebungskreis" der Klinik wird so imaginativ zu einer Tankstelle, die „Menschen" in der Klinik zu Zapfsäulen und der Kontakt selbst zu einem Benzinschlauch - eine Variante des Kontaktrohres. Mit dieser Metaphorik kann er die quasi-nährende Funktion von Kontakten, die den Einzelnen in ein soziales Netz einbinden, kommunizieren. Sie motiviert den Wunsch, sich „anzuschließen" - z.B. an Ausbildungsinstitutionen, an andere Menschen am Wohnort - ist aber in den manifesten Metaphern aus diesem Bildfeld nicht direkt impliziert. Als Gegensatz zum „Eingebundensein" in soziale Netze kennen wir die Ausdrücke, daß jemand aus dem sozialen Netz „herausgefallen" oder „hindurchgefallen" sei, nämlich dann, wenn es zu „locker" gewirkt war. In diesen metaphorischen Ausdrücken verschwindet, daß ein solcher Prozeß meist nicht plötzlich, sondern allmählich geschieht; er zieht sich hin. Imaginativ bleibt auch ein Kontakt, der nicht gehalten wird, eine Zeit lang weiter bestehen. Er ist jedoch - sich selbst überlassen - einem Verschleiß bzw. einem Erosionsprozeß unterworfen, und das Wissen darum dokumentiert sich in Redewendungen, daß Kontaktrohre „brüchig werden", Kontaktfäden „ausdünnen" oder „abreißen" usw. Als Ursprungsbereich solcher Metaphern sind die Vorstellungen von Netz, Rohr und Gewebe gut erkennbar. Diese Bildgebungen beeinflussen diejenigen Handlungen, die dann reparativ durchgeführt werden. Um dem natürlichen Verfallsprozeß entgegenzusteuern, müssen Kontakte wie Rohre oder Fäden fortlaufend verstärkt werden; sie „halten" nicht von allein. Für den Zielbereich Kontakt sprechen wir dann prototypisch davon, Kontakte zu „pflegen".

In den zuletzt zitierten Textbeispielen ging es immer wieder um die Frage, wie Patienten in der Klinik als stabil erfahrene Kontakte „draußen halten" könnten; für P 26 sind das Kontakte zu konkreten Mitpatienten, für P12 und P8 die Erfahrung von „Kontakt haben" überhaupt. Das „Halten" von Kontakten kann, wie wir gezeigt haben, in zweierlei Weise zum Problem werden: einmal in Krisensituationen; dann besteht die Gefahr, daß einer oder mehrere Kontaktpartner „loslassen" bzw. den Kontakt „abbrechen" und damit absichtlich die muskulär imaginierte Anspannung nicht mehr aufbringen, die zum Halten von Kontakten nötig ist. Oder es wird zum Problem, wenn die Kontaktpartner die Verbindung zum sozialen Netz verlieren, das selbst eine „tragende" oder „haltende" Funktion hat und ihnen die eigene Anstrengung bisher ersparte.

In dieser Situation befinden sich Patienten regelmäßig am Ende ihres Klinikaufenthalts:

> P 18/1:"Ein Freund von mir, der spielt Badminton, dann hier zwei Mitpatientinnen, die kommen auch aus Göttingen, wo wir uns zwischendurch mal treffen, *den Kontakt behalten* und dann wollen wir auch ein bißchen spielen."

Mit dem Vorhaben, gemeinsam Badminton zu spielen, löst diese Patientin - in gleicher Weise wie der zuvor genannte Patient es mit dem Sport tun wollte - das

Problem, daß Kontakte sich allmählich auflösen, wenn sie nicht durch das gemeinsame Erfahrungen garantierende soziale Netz fortlaufend gestärkt werden. Sie bedient sich hier ihres Wissens um die konstitutive Bedeutung von Medien in diesem Szenario und beabsichtigt, ein *neues* gemeinsames Interesse zu institutionalisieren, um "den Kontakt (zu) behalten". Indem sie aber das Badminton-Spiel mit "*und* auch *ein bißchen* spielen" qualifiziert, deklariert sie ihre Prioritätensetzung eindeutig: das Spiel ist für sie das Mittel, der Kontakt selbst ist der Zweck.

Wir haben bisher gesehen, wie die Handlungsmetapher des „Haltens“ und andere funktional äquivalente Ausdrücke zur Darstellung der Fortsetzung von Kontakten verwendet werden. Wir wollen nun auf ein Beispiel zu sprechen kommen, wo diese Metaphorik in umgekehrter Weise, zum strategischen Verbergen, benutzt wird:

> P 7/7: Ja, Sexualität: gut, ich habe hier Freundschaft geschlossen, wir wollen das jetzt nach der Therapie ein bißchen - ja, *den Kontakt behalten*.

Die Berücksichtigung des institutionellen Kontextes ist hier von Bedeutung. Während des Klinikaufenthalts sind sexuelle Beziehungen von Patienten untereinander verboten; kommen sie dennoch zustande, so werden sie oft als im Rahmen der Klinik erlaubte „Freundschaft“ getarnt; dies hat auch den Vorteil, daß häufige gemeinsame Unternehmungen sozial nicht auffallen und, vor allem gegenüber dem Personal, nicht besonders begründet werden müssen. Der Patient benutzt hier geschickt sein Wissen um dieses Szenario, um das von ihm erwartete Mißtrauen der Interviewerin durch „down-grading“ einzuschläfern. Es ist, als ob er sagen würde: nicht, daß ich hier eine Liebesbeziehung angefangen hätte, *bloß* eine Freundschaft, und eigentlich *noch weniger*, *bloß* einen Kontakt, und dagegen, auch nach dem Klinikaufenthalt „den Kontakt (zu) behalten“, kann doch niemand etwas haben. Er evoziert nicht die Festigung und Stabilisierung des Kontakts, sondern führt gleichsam Stufe um Stufe dessen „Ausdünnung“ vor. Das gelingt ihm nicht ganz überzeugend, denn er versäumt, das Halten des Kontakts mit der Vorstellung eines neuen gemeinsamen Interesses zu verbinden. Das Medium ist sozusagen spektakulär abwesend. Deshalb scheint die Liebesbeziehung, die durch die Stichworte „Sexualität“ und „Freundschaft“ mit angeklungen war, auf; man weiß, daß sie am Interesse an der Person genug hat und einer dritten „gemeinsamen Sache“ nicht bedarf. Der Patient bricht hier ab, weil er im institutionellen Kontext des „Verbots“ über die Liebesbeziehung nicht sprechen kann oder will; im Zitat steht hier ein Gedankenstrich. Die von ihm vorgenommene „Reparatur“ greift auf jene Stufe des Szenarios zu, mit der die Fortsetzung einer Beziehung abstrakt dargestellt werden kann. So muß er seine Liebe nicht ganz verleugnen.

3. Stufe: Den Kontakt festigen/pflegen

Mit der 3. Stufe der Kontaktentwicklung in diesem Szenario wird ein kritischer Punkt erreicht. Die Frage, ob es mehr um das sachliche, mediale Interesse geht oder mehr um den personalen Kontakt selbst, muß nun von den Beteiligten entschieden werden. Liegt die Priorität auf dem personalen Kontakt, dokumentiert sich dies in der Redewendung, daß man Kontakte „pflegen" müsse.

Mit der Handlungsmetapher vom „Pflegen" übertragen wir dasselbe Handlungsmuster imaginativ auf vielfältige Zielbereiche, u.a. auch auf den „Kontakt". Es gibt keinen eindeutigen Ursprungsbereich, so wie wir es etwa bei der Metapher vom „Berühren" fanden; hier war die Bildgebung der Körpererfahrung umstandslos entnommen. Das ist beim „Pflegen" anders. Wir pflegen unsere Kleidung und unser Auto, wir pflegen Kinder, Kranke und Pflanzen, aber wir pflegen auch unsere Gewohnheiten. In all diesen Fällen bringen wir die Überzeugung und das Wissen zur Darstellung, daß das Objekt unserer Pflege ohne diese Tätigkeit verfiele; Kleidung wird von den Motten zerfressen und das Auto vom Rost; Kinder, Pflanzen und Kranke gedeihen dann nicht, und so verhält es sich auch mit unseren Gewohnheiten. Die Handlungsmetapher vom „Pflegen" verwendet die Bildgebung eines natürlichen Verfallsprozesses zusammen mit der Möglichkeit, ihn aufzuhalten. Die Imagination des Verfalls kann sich an den verschiedensten konkreten Materialien darstellen. Soweit diese Bildgebung auf *abstrakte* Zielbereiche projiziert wird, haben wir es eindeutig mit einer Metapher zu tun. Es gibt aber auch *gegenständliche* Zielbereiche, die durch die Verwendung einer solchen Handlungsmetapher überhaupt erst metaphorisch konzeptualisiert werden. In der medizinischen Ausbildung übt man z.B. Pflegehandlungen an Surrogaten wie einer Puppe, aber man würde nicht davon sprechen, eine Puppe zu „pflegen". Das tun jedoch Kinder, die mit diesem Sprachgebrauch anzeigen, daß sie die Puppe als lebendiges „Objekt" ansehen. Der konkrete Gegenstand der Puppe wird damit zu einer Person; das ist, bezogen auf die Puppe, dann eine Metapher. Entsprechendes gilt für die „Pflege eines Autos". Auch dieser Sprachgebrauch suggeriert, daß das Auto lebendig sei. Wir hatten ja schon gesehen, daß ein Patient sich bezüglich des Auftankens mit einem Auto verglich. Man könnte vom Animismus des Alltagslebens sprechen.

Wird von der Pflege eines Kontakts gesprochen, muß man eindeutig von einem metaphorischen Gebrauch ausgehen. Übertragen auf den Zielbereich „Kontakt", das leere Konzept, wird das Bildfeld des „Verfalls ohne Pflege" erzeugt, und das hat Handlungsfolgen, worin wir wieder die operative Funktion der Metapher erkennen.

Hierbei ist allerdings eine Differenzierung zu beachten: Pflegeleistungen an nicht-lebendigen Gegenständen wie Auto oder Kleidung haben ein anderes Resultat als solche an Kindern oder Pflanzen. Im ersten Fall geht es nur um den Erhalt, im anderen Fall geht es um die Vorstellung des Gedeihens oder Wachsens. Dort wird ein Status quo erhalten, hier nimmt etwas zu. Diese letztere Imagination, die dem Pflegeobjekt ein eigenes Wachstum zuspricht, motiviert auch die Handlungsmetapher vom Pflegen des Kontakts. Will man einen Kontakt „halten“, geht es noch um den „Erhalt“, wenn man ihn pflegt, soll er wie ein Wesen mit eigener Lebendigkeit wachsen. Diese Imagination des Lebendigen kann wiederum mit unterschiedlichen *manifesten* Metaphern konkretisiert werden; auf den Kontakt wird dann angespielt, als sei er eine „Pflanze“, z.B. in Redewendungen wie ein „zartes Pflänzchen“, eine „keimende Beziehung“ o.ä.

Um einen Kontakt zu pflegen, muß er bereits zu gewissen Graden entwickelt sein: Er ist „aufgenommen“ oder „geknüpft“ und dann „gehalten“ worden und damit auch als erhaltenswert indiziert. Das Halten allerdings wird, wie wir gesehen haben, dann zum Problem, wenn die gemeinsamen Interessen und Kontaktmedien nicht mehr selbstverständlich vorhanden sind. Soll der Kontakt fortgesetzt werden können, muß er eine eigene Wertigkeit gegenüber den Medien erhalten, die erst dazu motiviert, den „natürlichen Verfallsprozeß“ aufzuhalten. Diese imaginative (Be-)Setzung mit einem eigenen Wert motiviert die Metaphorisierung des Kontakts als „lebendiges Wesen“, das unter der Pflege gedeiht. Auch der „Faden“ kann sich dann „ent-wickeln“.

Dementsprechend beobachten wir nun, daß die Metapher des Pflegens dann verwendet wird, wenn sich der Kontakt selbst von den gemeinsamen sachlichen Interessen, denen er seine Entstehung verdankt, ablöst. Dies wird im folgenden Beispiel besonders deutlich, weil die Patientin ein sachliches Interesse von Anfang an verneint:

> P 26/2: Dann habe ich noch gehabt - Volleyball - das habe ich nicht gern gemacht - *ich habe das gemacht wegen Kontakt zu pflegen.*

Die Vorstellung, daß die kontaktgenerierende Funktion sozialer Netzwerke und persönliche Verbindungen einander ergänzen und verstärken, bleibt auch auf dieser Stufe der Kontaktentwicklung bestehen und motiviert die Entscheidung der Patientin, Volleyball zu spielen, obwohl sie das „nicht gern“ tat. Sie hat die Gelegenheit genutzt - nicht zum Spiel, sondern zum Kontakt. Das war es ihr wert. Imaginativ wird der Kontaktfaden durch das Kontaktmedium stabiler; es werden gleichsam mehrere Fäden ineinander verflochten mit der Erwartung, daß ein dikkerer, reißfesterer Faden entstehen möge. Wir sehen klar die operative Funktion der Metapher: Die Nutzung des Kontakt-Mediums (Volleyballgruppe) und „Pflege“ wirken zusammen; würde eins von beiden fehlen, „zerfiele“ das Kontaktnetz.

Durch die operative Funktion der Metapher des „Pflegens“ kann die kooperative Anstrengung der Kontaktpartner auf dieser Stufe des Szenarios leichter vor-

und dargestellt werden als durch den Bildgehalt der Metapher des Kontaktfadens; dennoch schwingt diese Bildgebung weiter mit. Die Konkretisierung der abstrakten Verbindung, also z.B. der FADEN, wird zu einem pflegebedürftigen, weil lebendigen Wesen. Die Vorstellung, daß er wie ein solches dann auch wachsen kann, haben wir in die Überschrift dieses Kapitels gesetzt: „Vom seidenen Faden zum reißfesten Tau". Natürlich „weiß" man, daß Fäden und Rohre keine Lebewesen sind; aber indem wir sie konzeptuell wie solche behandeln, wird die konstitutive Bedeutung der Kontaktmedien in diesem Szenario vor- und darstellbar. Volleyball zu spielen, ist hier für die Kontaktpflege dasselbe wie das Wasser für die Blume. Die Medien bleiben in einer Hilfsfunktion bestehen. Eine Pflanze wächst von allein, aber sie braucht auch Wasser. Die Metapher *löst* hier das eigentümliche Rätsel, wie es überhaupt möglich ist, durch Volleyball oder andere Aktivitäten Kontakt zu mehren. So „wächst" der Kontakt in diesem Szenario immer auch ein wenig von allein und stabilisiert sich nicht nur in Abhängigkeit von der auf ihn gerichteten Anstrengung der Kontaktpartner.

Diese doppelte Abhängigkeit vom Medium und der eigenen Anstrengung dokumentiert eine Patientin mit ihrer Feststellung:

> P 27/2: Ist schwieriger, die Kontakte zu pflegen auf die Entfernung

Sie sagt nicht, die Kontaktpflege sei unmöglich, aber sie erfordert eine zusätzliche Anstrengung der Überwindung von Entfernungen. Ganz im Gegensatz zu jenem Patienten, der in den Gemeinschaftsraum ging und den Kontakt dort „schleifen" ließ, ist hier die Anstrengung bei der Kontaktpflege klar erkennbar.

Wir möchten gerne belegen, daß die von uns angesprochene Übertragung des „Lebendigen" auf den Ursprungsbereich des Fadens tatsächlich vorkommt, und zitieren die folgende Patientin:

> P 18/3: Ja, das war auch keine Partnerschaft, das war eine relativ junge Partnerschaft, so. Aber es war schon, ich hänge da schon dran. Wir hatten das auch so abgesprochen, mal abwarten, positiv gestalten, mal gucken, mal schnuppern, und mal schauen, ob das wächst oder sich noch mehr entwickelt.

Die Patientin spricht davon, an der Partnerschaft zu „hängen"; damit verwendet sie einen umgangssprachlichen konventionellen Ausdruck, der auf die hier in Rede stehende Faden-Metaphorik des Kontakts anspielt. Trotz dieser Konventionalität übt diese ihre operativen Effekte aus: Über die Zwischenstufen des „Abwartens", des „Positiv Gestaltens", des „Mal Guckens" und schließlich sogar des „Schnupperns" verwandelt sie schließlich die „tote" Metapher in eine sehr anschauliche, sequentiell gesteigerte Darstellung der Verlebendigung: „mal schauen, ob das wächst...", und damit dokumentiert die Patientin ihre Ahnung oder auch ihre Erwartung, daß der Kontakt selbst ein eigenes Leben führt. Dementsprechend ergänzen mehr passiv-beobachtende („mal abwarten"), dann eine aktive Wahrnehmungsleistung fordernde („mal schnuppern") und schließlich eingreifende („positiv gestalten") Handlungsmetaphern einander. Der Faden, an dem die Patientin „hängt" ist, das wird hier deutlich, ein Lebewesen - und sie weiß das, auch wenn sie nicht weiß, daß sie es weiß.

Die Intensivierung des Kontakts ist auf dieser Stufe abhängig von zwei Momenten: dem sozialen Netz und der Pflegeleistung. In gleichsam negativer Form bestätigt das folgende Zitat eines Patienten diesen Zusammenhang:

> P 16/2: Ich habe aber hier auf dem Gelände mit Absicht keine intensiven Beziehungen gepflegt, das hat aber weniger mit der Klinik zu tun, als mehr mit dem Gedanken, daß ich aufgrund meiner Vergangenheit, sehr, sehr negative Erfahrungen gemacht habe

Der Patient begründet, weshalb er das Kontaktangebot des „Geländes" bzw. der „Klinik" nicht für die Pflege intensiver Beziehungen nutzte. Er habe „sehr, sehr negative Erfahrungen gemacht". Damit zeigt er an, daß er das „Gelände" nicht nur wörtlich als geographische Landschaft hier versteht, sondern auch als einen potentiellen Kontaktraum. Ähnlich wie für die anderen Patienten legt dieser Raum auch für ihn nahe, daß Kontakte leicht wären. Aufgrund seiner vergangenen Erfahrungen steuert er dem Kontaktangebot der Klinik aktiv („mit Absicht keine...") entgegen. Er möchte jedoch nicht so weit gehen, gar keine Kontakte zu haben, und evoziert deshalb die Stufe „intensiver Beziehungen"; sie wäre mit „Pflegeleistungen" verbunden. Er zeigt an, daß er über das Wissen der Kontaktentwicklung in diesem Szenario verfügt; er muß es erst anzeigen, um es dann verneinen zu können. Wir haben diese verneinende Darstellungstechnik auch schon bei den anderen Szenarien beobachtet. Wenn wir die Äußerung des Patienten paraphrasieren, dann sagt er: „Ich weiß, daß ich, um intensivere Beziehungen zu haben, hätte 'pflegen' müssen - aber das wollte ich nicht". Selbst in dieser verneinten Form wird das Szenario mit seiner sequentiellen Logik indiziert.

Wir wollen das Augenmerk auf noch einen anderen Sachverhalt, der in diesem Zitat mitgeteilt wird, lenken. Der Patient spricht von Intensität und markiert damit genau den Umschlagspunkt von einer rein quantitativen Zunahme zu einer qualitativen Veränderung: Die Techniken der „Kontaktpflege" werden als dieselben beschrieben, mit der Kontakte auch „gehalten" werden: gemeinsame Aktivitäten, nur *mehr* davon. Gleichzeitig jedoch entsteht etwas qualitativ Neues: der Kontakt als eigenständiges, lebendiges Wesen. Die rein quantitative Häufigkeitszunahme von Kontaktgelegenheiten reicht keineswegs für die qualitative Verlebendigung des Kontakts. Das wollen wir - gleichsam en passant - mit den beiden folgenden Zitaten belegen:

> P 24/1: Am Anfang ja, also ich habe recht schnell *Kontakt gefunden*, auch so ein paar Leute, mit denen ich dann öfters was zusammmen gemacht habe oder eigentlich fast ständig.

> P 20/2: Ich bin von Haus aus so ein bißchen ein Einzelgänger. Ich war schon zwar viel unter Leuten, aber ich hatte nicht so die wahnsinnsengen Kontakte geknüpft. Es gibt ja Kontakte, habe ich hier erlebt, die sind über Wochen hinweg zwei Frauen dreimal täglich zusammen zum Essen und dreimal täglich wieder zurück vom Essen. Das wär nix für mich.

Beide Patientinnen sprechen den Zusammenhang zwischen der Häufigkeit gemeinsamer Unternehmungen und Kontakt an. P 20 hat dies bei anderen beobachtet, P 24 hat sich selbst daran beteiligt. Beide benutzen quantitative Steigerungsbilder („recht schnell“, „öfters“, „fast ständig“, „dreimal täglich“, „über Wochen hinweg“), um die Zunahme der Kontakthäufigkeiten darzustellen. Es ist jedoch an keiner Stelle erkennbar - P 20 verneint dies sogar ausdrücklich -, daß der Kontakt eine eigene Lebendigkeit zugesprochen erhält. Deshalb heißen die Handlungsmetaphern hier auch „Kontakt finden“ bzw. „Kontakte knüpfen“. Ein qualitatives Umschlagen wird nicht indiziert.

Dies genau ist anders im folgenden Zitat:

> P 24/2: Also, was mich halt auch gestört hat, wenn man vielleicht gar nichts zusammen unternimmt, dann sich irgendwann im Bett begegnet und dann einfach zu funktionieren, da war bei mir schon immer Ende, aber ich denke, *wenn wir insgesamt wieder mehr zusammen machen, und daß das dann auch wieder wachsen wird.*

Es handelt sich um dieselbe, eben schon erwähnte Patientin P 24, die jetzt aber über ihre sexuelle Beziehung zu ihrem Ehemann spricht. Auch hier wird von einer quantitativen Darstellung Gebrauch gemacht („wieder mehr zusammen machen“), dann aber die Erwartung metaphorisch formuliert, daß die Beziehung selbst verlebendigt werde („wieder wachsen“) und damit über das „einfache Funktionieren“, auch „im Bett“, hinaus gelangen möge.

Ein noch so rudimentäres Wissen um Pflanzen beinhaltet als Implikation, daß sie *der Zufuhr von Nährstoffen* bedürfen, um gedeihen zu können. Das haben wir bereits oben ausgeführt, ebenso, daß in diesem Konzept die gemeinsamen Interessen als „Energiespender“ fungieren, mit dem die Kontaktpartner sich wie mit einem Kraftstoff aufladen. Interessanterweise hat Sexualität ohne solche Aufladung diese Wirkung nicht; sie *verbraucht* dann umgekehrt Energie. So ist es nur folgerichtig, wenn die Patientin in gemeinsamen Unternehmungen eine Chance und geeignete Mittel sieht, um den Kontakt zu ihrem Ehemann „wachsen“ zu lassen. Sie deutet damit außerdem an, daß Beziehungen wie die Ehe, die sozial eine Verpflichtung zu *zwischenmenschlicher Nähe* beinhalten, auch besonders störanfällig sind, gerade weil sie *stabil* sein sollen, ohne gleichzeitig als hinreichend *flexibel* konzeptualisiert zu sein. Die Partner können Nähe und Distanz nicht mehr unproblematisch variieren. Flexibilität kann eine solche Beziehung dann leichter gewinnen, wenn man sich gemeinsam auf ein "Drittes" bezieht. Und je fruchtbarer dieses ist, umso besser.

4. Stufe: Den Kontakt strapazieren: der Kontakt festigt sich oder reißt ab

Dieses Szenario kennt - wie auch das Szenario der schrittweisen Annäherung als letzte Stufe der Kontaktentwicklung - einen Bifurkationspunkt, an dem sich das weitere Schicksal dieses Kontakts entscheidet: ob er „abreißt“ und dann u.U. wieder „neu geknüpft“ werden muß, oder ob er sich als stabil erweist. Während die bisherigen Stufen der Kontaktentwicklung dazu dienten, den Kontaktfaden zu stärken und zu festigen, wird nun - wiederum ähnlich wie im Szenario der schrittweisen Annäherung - eine kritische Schwelle angesprochen; sie stellt die Kontaktverbindung auf die Probe:

> P 20/10: ich bin in zweiter Ehe verheiratet, mein Mann auch,...wir haben vor 19 Jahren geheiratet, da waren wir auch schon recht reife Leute...und dann bin ich eigentlich erst mal richtig krank geworden, als ich also aus meiner wirtschaftlichen Misere raus war...Und daraus dann trotzdem eine stabile Beziehung all die Jahre zu behalten oder auch *die umzustrukturieren* und dann trotzdem noch stabil zu halten. Das ist schon schön.

Wir möchten die Aufmerksamkeit darauf lenken, wie diese Patientin die Beschreibung ihrer Ehe als „stabile Beziehung“ dadurch plausibilisiert, daß sie auf zwei Krisen hinweist; zum einen auf ihre Erkrankung kurz nach der Hochzeit, zum anderen auf das „Umstrukturieren“ der Beziehung zu ihrem Mann. Beides kennzeichnet sie als *Stabilitätsprobe*, indem sie im Rückblick bemerkt, daß es „schon schön“ sei, daß ihre Beziehung zueinander „trotzdem“ stabil geblieben sei. Die Abfolge ist demnach: es gibt eine Krise (wirtschaftliche Misere und Krankheit), die die Gefahr der Kontaktbeendigung in sich birgt; auf sie wird mit „Umstrukturieren“ reagiert, und dies mündet in „Stabilität“ ein.

Ähnlich wie in dem Textbeispiel, wo vom „Durchhalten“ die Rede war, ist es schon eine Leistung, wenn es den Kontaktpartnern gelingt, ihren Kontaktfaden zueinander einfach zu „behalten“. Aber die Patientin macht deutlich, daß ihr Mann und sie mehr getan haben, als an ihrer Ehe festzuhalten: Sie haben die Stabilität ihres Kontakts durch Umstrukturierung verstärkt. Ohne den impliziten Rekurs auf die Imagination eines Beziehungs“geflechts“ wäre diese Sequenz, so meinen wir, kaum verständlich:

Die Patientin kann hier auch bei der Interviewerin die Kenntnis eines Beziehungsmodells voraussetzen, das als wichtigen Indikator für Stabilität die Flexibilität der Beziehung enthält. Physikalisch sind flexible Verbindungen wie Netze widerstandsfähiger gegen von außen einwirkende Kräfte als starre; deshalb können Netze auch für eine stabile Beziehung prototypisch als bildgebender Bereich fungieren. Sie erlauben darüber hinaus eine allmähliche Umstrukturierung, Faden für Faden, ohne dadurch in ihrer Stabilität grundsätzlich gefährdet zu werden.

Die Imagination des Kontaktfadens dokumentiert dieselbe Patientin an einer anderen Stelle in auffälliger Weise:

P 20/11: Aber da gibt es auch problematische Fälle, also daß da jemand sehr große Schwierigkeiten hat, sich mitzuteilen, aber der wird dann mitgezogen oder einbezogen und da kann man auch was dran tun.

Nachdem festgestellt ist, daß jemand Schwierigkeiten bei der Mitteilung hat - ein Kontaktgeschehen -, werden diese Schwierigkeiten durch „Ziehen“ am Kontaktfaden, genauer vielleicht am „Gesprächsfaden“, bewältigt. Wenn jemand erfolgreich „einbezogen“ oder „mitgezogen“ werden kann, hat das eine wichtige Folge: es wird implizit bestätigt, daß der Faden „reißfest“ genug ist, um daran jemanden aus seiner Isolation heraus oder in einen Kontakt hineinziehen zu können. Eben dies sehen wir auch im folgenden Zitat:

P 24/6: Ja, es war so, wir waren zu dritt aus der <Stationsname> und da haben sich manche Kontakte eigentlich ja, vertieft und man hat da - ja, ich muß sagen, aus den Gesprächen habe ich viel ziehen können, weil ich Anregungen aus der Gruppe bekommen habe

Sowohl das „Einbeziehen“, das ja eigentlich ein „Hereinziehen“ in ein Kontaktnetz ist, wie auch die „Vertiefung“ des Kontakts deuten hier das Container-Schema an. Wir sehen, daß das Kontaktnetz imaginativ auch dreidimensional aufgefaßt wird; es bildet, worauf wir später noch zurückkommen werden, ein nicht-leeres Kontaktgefäß, in das man sich entweder „fallen“ lassen oder aus dem man dann wieder etwas „ziehen“ kann.

Wir wollen jetzt ein anderes Beispiel analysieren, in dem der Prozeß der Umstrukturierung einer (therapeutischen) Beziehung zum Thema wird:

K 7/44: Und er hat also das Arbeitsbündnis immer eingehalten, er war regelmäßig dabei, er hat sich auch abgemeldet, wenn was war *und auch den Kontakt gehalten* und *es war mir ein Stück weit möglich, ihn auch bei Übungen zu korrigieren*, weil er sich auch so auf den Kontakt mit mir eingelassen hat, sodaß er, denke ich schon, auch profitieren konnte.

Die Komplementärtherapeutin diagnostiziert hier prozessual, woran sie das Bestehen eines Arbeitsbündnisses feststellt. Dazu bedient sie sich der von uns aufgezeigten Entwicklung des Kontakts in diesem Szenario, die sie gleichsam Stufe um Stufe nachzeichnet:

- Das *Anknüpfen* des Kontakts wird nicht gesondert formuliert, es erfolgte durch die Verordnung der von ihr geleiteten Körpertherapie.
- Daß der Patient dies Kontaktangebot *aufgenommen* hatte, dokumentierte er durch seine regelmäßige Teilnahme.
- Das *Halten* des Kontakts implizierte einen ersten intersubjektiven Test, den der Patient bestand, als er sich "abgemeldet (hat), wenn was war". Auch wenn er *nicht* an der Körpertherapie teilnehmen konnte, ließ er den Kontakt nicht einfach abreißen; er ersetzte nur das Kontaktmedium der Teilnahme

durch das der Abmeldung und dokumentierte dadurch, daß er „auch den Kontakt gehalten“ hat.

Wir haben bereits angesprochen, daß ein Kontakt, der nicht gepflegt wird, von allein brüchig wird und dann auch nicht mehr „hält“. Die Therapeutin trägt diesem Merkmal der Kontaktentwicklung Rechnung, indem sie in diesem Zitat anscheinend zweimal dasselbe sagt, jedoch mit unterschiedlicher Akzentsetzung. Zunächst formuliert sie nicht-metaphorisch, daß der Patient „sich abgemeldet“ habe, und das ist eine einfache Sachverhaltsdarstellung. Diesem Geschehen ***gibt*** sie dann eine intersubjektive Bedeutung; sie verwendet hier die schon bekannte Strategie der Sinngebung. Abmelden wird nun durch Metaphorisierung der inneren Kontaktdimension sinnhaft: "und auch den Kontakt gehalten". Sie spielt damit auf die Verschiebung von der sachlich-institutionellen zur Ebene des persönlichen Kontakts an, was sich formal an der doppelten Verwendung des Wörtchens "auch", als handle es sich um zwei getrennte Sachverhalte, ablesen läßt.

Erst diese Erfahrung ermöglichte ihr dann, den Kontakt einer Stabilitätsprobe auszusetzen: es war ihr "ein Stück weit möglich", den Patienten "auch bei Übungen zu korrigieren". Ohne die Kenntnis des Szenarios wäre es erstaunlich, daß die Therapeutin hier einen so komplexen *Vorlauf* beschreibt, bevor sie tun kann, was doch konstitutiver Bestandteil der Körpertherapie ist: direkt ***körperlich*** zu intervenieren. Damit wird u.E. erneut die Austauschbarkeit und Äquivalenz körperlicher Interaktionen im direkten und im übertragenen Sinn deutlich. Jemanden bei körperlichen „Übungen zu korrigieren“, geht über das hinaus, was man von Beziehungen erwartet, in denen gerade durch Bezug auf gemeinsame Interessen und Medien „Distanz“ normalerweise gewahrt bleibt. Die intersubjektive Beziehung strukturiert sich um, wenn sie den Körper manifest einbezieht.

Wir können nun die Kontaktentwicklung in diesem Szenario differenziert nach einzelnen Stufen formulieren:

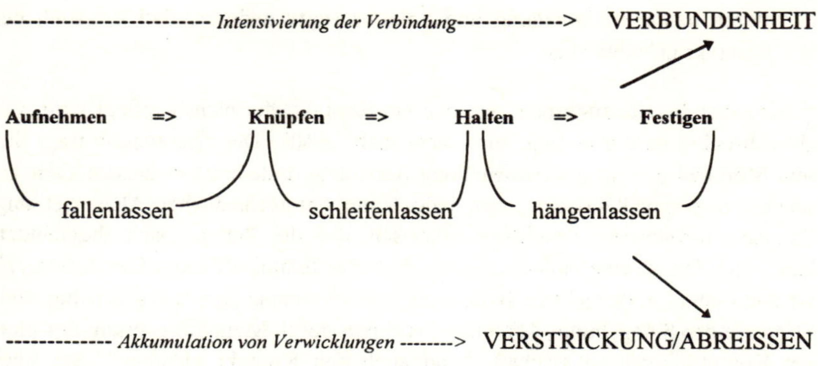

Wir haben darauf hingewiesen, daß ein Kontakt nur dann „geknüpft“ werden muß, wenn gemeinsame Interessen, die die Beziehung der Kontaktpartner zueinander strukturieren und organisieren, zu Beginn noch nicht gefunden sind; ansonsten genügt es, ihn "aufzunehmen". Diese und auch die weiteren Stufen der Kontaktentwicklung in diesem Szenario können alternierend unter sachlichem oder intersubjektivem Gesichtspunkt betrachtet werden: einmal richtet sich die Aufmerksamkeit der Kontaktpartner auf gemeinsame Interessen, dann aber werden sie nur als Kontaktmedien, d.h. als Mittel für die intersubjektive Beziehung, zwischen ihnen relevant.

5. Stufe: Der Kontakt reißt ab oder wird stabiler

Die bisherigen Zitate hatten die gelungene Krisenbewältigung zum Thema: die Stabilisierung des Kontakts erfolgte durch eine Krise, die seine Umstrukturierung erforderlich machte. Wenn dies den Beteiligten gelingt und die "Zerreißprobe" nicht zum „Abreißen“ der Verbindung führt, ist der Kontakt als zugleich stabil und flexibel ausgewiesen. Ein solchermaßen stabilisierter Kontakt kann dann ohne Gefahr, daß er sich auflöst, erneut strapaziert werden.

Ein „Kontaktnetz“ zu haben, das den Einzelnen zugleich hält und ihm dennoch Handlungs- und Bewegungsspielraum läßt, das erwarten wir idealtypisch v.a. von der Familie. So mag es kein Zufall sein, wenn wir in unseren Interviews die Indizierung *„abgerissener“ Kontakte* als negativen Ausgang der Kontaktentwicklung vor allem im thematischen Kontext von Familiendarstellungen gefunden haben. Prägnant im folgenden Beispiel:

> T8/4: Verhältnis zu den Mitgliedern der Herkunftsfamilie - *die kennt er nicht*, da ist schon seit weiß ich wieviel Jahren *der Kontakt abgerissen*.

Nähme man die Formulierung des Therapeuten "die kennt er nicht" *wörtlich*, so würde sie absurd: natürlich „kennt“ der Patient die Mitglieder seiner Herkunftsfamilie. Mit einer solchen Darstellung durch das Gegenteil kann aber eine starke Ablehnung von Anderen sinnfällig gemacht werden unter der Voraussetzung, daß der Gesprächspartner weiß, daß sie wörtlich genommen falsch ist. Der Gebrauch des „Kennens“ ist hier sowohl wörtlich wie auch metaphorisch zu verstehen. Es gibt ja die Möglichkeit, daß der Patient die Mitglieder seiner Herkunftsfamilie, so wie sie jetzt sind, tatsächlich nicht mehr kennt, zugleich wird eine metaphorische Bedeutung impliziert - seine Ablehnung eines inneren Kontakts. Mit der anschließenden Formulierung: „da ist schon seit weiß ich wieviel Jahren der Kontakt abgerissen“, entscheidet sich der Therapeut, dem Problem, was „kennen“ bedeutet, einen metaphorischen Sinn zu geben - und das hat Folgen. Er macht aus einer Zustandsbeschreibung eine Prozeßbeschreibung; impliziert ist jetzt, daß „abgerissene“ Kontakte, zumindest der Möglichkeit nach, auch wieder angeknüpft werden könnten. Die Formulierung „die kennt er nicht“ machte auch für die Zukunft die Möglichkeit des „Kennenlernens“ eher unwahrscheinlich. Sie indiziert, semantisch vergleichbar der Formel: „der ist für mich gestorben“, eine so enttäuschende Beziehungserfahrung mit dem Anderen, daß jede Wiederaufnahme eines Kontakts zu dieser Person ausgeschlossen wird. Der Therapeut bietet eine Möglichkeit zur *Reparatur* des „Waisenstatus“ des Patienten an.

Diese Verbindung von prozessualer Diagnose und therapeutischem Prozeßmodell wird im folgenden Zitat von einem anderen Therapeuten für eine andere Patientin, die ebenfalls keinen Kontakt zu ihren Eltern hat, nicht nur impliziert, sondern ausdrücklich formuliert:

> T 2/30: „Sie ist nicht bereit, *den Kontakt zu den Eltern wieder aufzunehmen im Moment*; sie sagt aber immerhin, sie sprach sonst von *Kontaktabbruch*, jetzt spricht sie von *Kontaktpause*. Also eine kleine Berichtigung, aber es wird sich real jetzt nichts verändern.

Hier spielt der Therapeut auf die Bedingungen an, unter denen abgebrochene Kontakte nicht ein- für allemal verschwinden, sondern „wieder aufgenommen“ werden können; es gibt "im Moment" keine, aber vielleicht in der Zukunft dazu eine Chance. Die chronologische Zeit läuft zwar weiter, doch durch die veränderte Konzeptualisierung der "inneren Dimension" kann eine rekursive Schleife in die Kontaktentwicklung "eingebaut" werden, indem man zu einer früheren Stufe des Szenarios zurückkehrt. Der therapeutische Wandel wird hier ausdrücklich in einer semantisch veränderten Beschreibung prozessual diagnostiziert: Wo Abbruch war, ist "Pause" geworden. Es wird hinzugefügt, "real" werde sich nichts ändern. Aber die semantische Verschiebung schafft eine Zukunftsperspektive.

Der Ausdruck „Kontaktabbruch“ verweist auf eigene Absichten und Handlungen. Es ist eine intentionale Formulierung. „Abreißen“ von Kontakten beschreibt dagegen das Geschehen aus einer relativ detachierten Beobachter-Position. Aber auch dem "Abreißen" kann entgegengearbeitet werden, und ein Patient beschreibt im folgenden Zitat, wie sein Therapeut ihn dazu aufgefordert oder ermutigt habe:

> P 4/3: Was soll ich denn zu Hause, da ist ja eh keiner. Die Katzen sind bei meinem Freund. Was soll ich zu Hause? Ja, Sie müssen doch aber sehen, daß Sie den Kontakt zu Zuhause nicht abreißen lassen. Daß Sie sich auch wieder daran gewöhnen und zum Schluß der Behandlung müssen Sie dann auch jedes Wochenende nach Hause. Ich bin doch nicht Krösus, wie soll ich das denn bezahlen?

Das Zitat ist nicht ganz leicht zu verstehen, denn der Patient stellt ein Wechselspiel von Rede und Gegenrede dar. Therapeut und Patient verwenden hier erkennbar verschiedene Konzeptualisierungen von Kontakt. Für den Therapeuten stellt das Kontakthalten selbst einen Wert dar; er forderte den Patienten dringlich auf („Sie müssen doch aber sehen"), dem Verschleißprozeß entgegenzuwirken, dem dessen häusliche Kontakte während des Klinikaufenthalts ausgesetzt seien. In seinem Modell ist der Einwand des Patienten, „da ist ja eh keiner", nicht stichhaltig. Vielmehr unterstellt er mit seiner Formulierung vom „Kontakt zu Zuhause" das Vorhandensein und den Eigenwert sozialer Netzwerke, die als solche gepflegt werden können und müssen. Für den Patienten hingegen verhält es sich anders: "da ist ja eh keiner" ist für ihn eine Sachverhaltsmitteilung ähnlich jenem Zitat, wo es hieß, die "kennt er nicht". Auch hier versuchte der Therapeut eine Zustandsbeschreibung durch eine Prozeßbeschreibung zu ersetzen, aber weniger erfolgreich. Die wörtliche Widergabe der Therapeutenäußerungen gewinnt satirischen Charakter, wenn der Patient dokumentiert, daß der Therapeut Vorschläge zur "Reparatur" gemacht habe, die aus Mangel an konkreten Kontaktpartnern überhaupt nicht realisierbar sind.

So, wie der Therapeut durch die Stimme des Patienten hier spricht, hat der Patient offenbar eine "Kraft" von ihm gespürt, die durch das häufige "muß" ("Sie müssen doch aber sehen", "müssen Sie auch wieder nach Hause") angezeigt wird. Diesem Druck widersetzte sich der Patient. Der Therapeut mußte deshalb gleichsam drängen, weil sein Prozeßmodell vom Kontakt zur Lage des Patienten entweder nicht paßte oder von diesem nicht aufgenommen wurde. Die impliziten Modelle des Kontakts, deren konzeptuelle Metaphern wir hier rekonstruieren, konnten nicht aufeinander abgestimmt werden, und deshalb kommt es zu einem hier durch das Wechselspiel von Rede und Gegenrede wiedergegebenen "Kampf" zwischen Patient und Therapeut um die (metaphorische) "Definition der Situation". Die Interaktion zwischen beiden wird vom Patienten als durch das "Kraft"-Schema bestimmt dargestellt, und wir vermuten, dies ist so wegen der nicht gelingenden Abstimmung der Kontaktszenarien.

Wir sehen, auf welche Weise das Szenario therapeutische "Reparatur"chancen anbietet. Man kann zu früheren Stufen zurückkehren, abgerissene Kontakte kann man *wieder anknüpfen*. Hier ist dann ein „Mehr“ an eigener Anstrengung erforderlich. Reparaturchancen des Kontakts setzen allerdings voraus, daß das Szenario für die beteiligten Gesprächspartner schon verpflichtend geworden ist. Das konnten wir an den letzten Beispielen sehen. Semantische Verschiebungen bewirken in der "sprechenden Medizin" viel.

Freilich sind sie nicht alles, denn gerade das Faden-Szenario akzentuiert die Bedeutung gemeinsamer Aktivitäten als Medien des Kontakts. Sie gewinnen einen eigenen Einfluß; man muß zum Tennisspiel oder Volleyball ebenso erscheinen wie zu den Sitzungen der Komplementärtherapien - aber es macht einen Unterschied, ob man ausgefallene Termine absagt (und so den Kontakt "hält") oder nicht.

Optimale Bedingungen werden in diesem Szenario durch *zwangloses Alternieren zwischen gemeinsamen sachlichen Interessen und persönlichem Bezug* charakterisiert. Das genau ist anders als in den vorangegangenen Szenarien, die ausschließlich den persönlichen Kontakt metaphorisch konzeptualisierten. Die wohlbekannte Unterscheidung zwischen Inhalts- und Beziehungsaspekt wird hier gewissermaßen alltagspsychologisch gut fundiert, zugleich aber auch eingeschränkt, insofern diese Unterscheidung die operative Basis nur *eines* Szenarios darstellt. Der metaphernanalytische Ansatz der Beschreibung von Kontaktszenarien nimmt die Unterscheidung von Inhalts- und Beziehungsaspekt auf, indem er diese in einer spezifischen Form der konzeptuellen Metaphorisierung des Kontakts, nämlich im Szenario des Verbindungsfadens, zu verorten erlaubt.

Prozessuale Diagnose und Behandlung von Kontakt- und Beziehungsstörungen im Szenario der Verbindung

In den vorangegangenen Abschnitten sind wir auf die prozessuale Diagnose (durch Therapeuten) und Selbstdiagnose (durch Patienten) von Kontaktstörungen innerhalb dieses Szenarios bereits zu sprechen gekommen. Wir wollen deshalb unsere Ausführungen dazu kurz halten und analysieren ein Beispiel, in welchem ein Patient durch den Wechsel eines Szenarios die Lösung seiner Kontaktschwierigkeiten darstellt.

Das zuletzt analysierte Zitat von P 4 ist ein Beispiel für Kontakt- und Beziehungsstörungen in diesem Szenario. Dieser Patient geht ja davon aus, daß seine Kontakte auch in seiner Abwesenheit durch den Klinikaufenthalt entweder unmodifiziert fortbestehen („die Katzen sind bei meinem Freund“) oder sich unmittelbar auflösen („da ist ja eh keiner“), und versteht die Aufforderung seines Therapeuten, „den Kontakt zu Zuhause nicht abreißen zu lassen“, nicht. Ihm fehlt die Vorstellung des doppelten Prozesses, der für die Kontaktentwicklung in diesem

Szenario konstitutiv ist: daß Kontakte, die man nicht „hält“, „pflegt“ oder gegebenenfalls „umstrukturiert“, von allein allmählich brüchig werden und dann „abreißen“ und daß die Kontaktpartner diesem Verschleißprozeß entgegensteuern müssen, um ihre Kontaktverbindung zu stabilisieren.

Andere Patienten sprechen die Gefahr an, sie könnten „es hängen“ oder „schleifen lassen“ (vgl. oben) und ohne das stützende Netz der Klinik nicht mehr genügend eigene Energie aufbringen, den „Kontakt zu halten“. Für sie ist das Szenario durchaus konzeptuell präsent, auch wenn sie (noch) nicht wissen, ob sie es - über die ersten Stufen des Kontaktknüpfens oder -aufnehmens hinaus - werden verwirklichen können.

Wir haben bereits darauf hingewiesen, daß dieses Szenario eine „distanziertere“ Kontaktgestaltung als das der schrittweisen Annäherung impliziert. Krisen treten deshalb nicht nur dann auf, wenn z.B. durch den Verlust bisheriger Kontaktmedien imaginativ die Distanz zu groß wird und nicht mehr durch den Kontaktfaden „überbrückt“ werden kann, sondern auch, wenn Beziehungen „zu nah“ werden und die Kontaktpartner in der Versuchung sind, „den Kontakt abzubrechen“. Die Betonung der verbindenden Funktion der Kontaktmedien kann hier eine therapeutische Wirkung entfalten, insofern sie den Kontakt trianguliert und aus der Dichotomie von intersubjektiver Nähe *oder* Distanz befreit. Davon erzählt ein schon mehrfach zitierter Patient:

> P 8/5: Den Kontakt, ja so *den Kontakt aufzunehmen*, ran zu gehen an diesen Menschen und auch *sie zu halten*, auch wenn Probleme aufgekommen sind, da habe ich mich meistens dann immer zurückgezogen.

Subtil schachtelt er die beiden Kontaktszenarien der schrittweisen Annäherung und des Kontaktfadens ineinander und formuliert rückblickend seine Schwierigkeit vom Beginn der Therapie, daß er sich, wenn „Probleme aufgekommen sind“, „meistens dann immer zurückgezogen habe“. Seine neue Aufgabe formuliert er so, daß er die Kontakte „zu halten“ versucht, die er „aufgenommen“ hat. Für die ersten Stufen der Kontaktentwicklung nimmt er beide Szenarien als äquivalent und austauschbar an: „ja so den Kontakt aufzunehmen, ran zu gehen an diesen Menschen“. Wenn Probleme „aufkommen“, läßt sich die Äquivalenz beider Szenarien jedoch nicht aufrechterhalten. Im Szenario der schrittweisen Annäherung versperren Probleme gleichsam die Sicht und behindern dadurch die Prozesse wechselseitiger Abstimmung. Der Rückzug beendete dann den Kontakt, der sich nicht entwickeln konnte.

Mit dem Wechsel vom Szenario der schrittweisen Annäherung zu dem des Kontaktfadens generiert der Patient hier eine andere, neue Lösung seines Kontaktproblems. Zwar strapazieren aufkommende Probleme auch den Kontaktfaden, aber man kann ihn dennoch „halten“. Hier entsteht jetzt ein entscheidender

Unterschied: Der Kontakt reißt auch im Fall eines Rückzuges nicht notwendigerweise ab, sondern er wird einfach strapaziert. Die konzeptuelle Metapher des Kontaktfadens erlaubt die Vorstellung, daß ein Faden lang genug ist, um trotz aufkommender Probleme und Rückzug die Verbindung nicht zu unterbrechen.

Im Szenario der schrittweisen Annäherung ist ein Rückzug immer eine Vergrößerung des metaphorischen Abstandes sich bewegender Körper mit der Folge eines Rückgangs auf eine frühere Stufe oder aber Beendigung des Kontakts. Dieser Rückzug kann ausgelöst werden, a) wenn der Kontakt als zu nah empfunden wird und deshalb als bedrohlich; oder aber b) wenn eine weitere Annäherung als nicht-lohnend oder unbefriedigend erscheint.

Im Szenario des Kontaktfadens hingegen bieten sich andere Möglichkeiten:

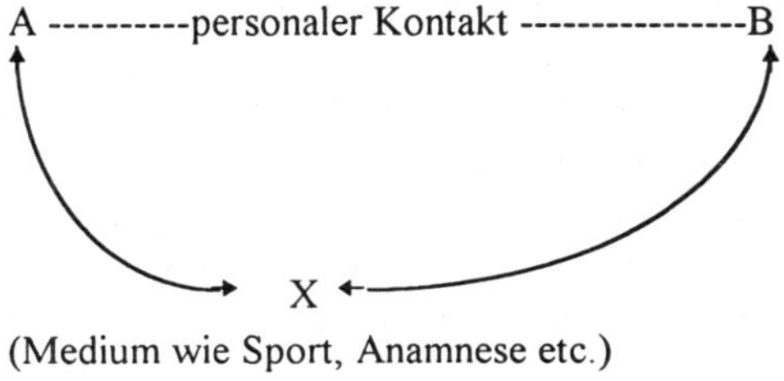

Dies Szenario gestattet eine größere Variabilität personaler Kontakte bei gleichzeitiger Aufrechterhaltung des Kontakts durch gemeinsame Medien. Aufkommende Probleme müssen dann nicht Kontakte beendigen, sondern initiieren einen vorübergehenden Wechsel des Referenzsystems: Persönliche Probleme im Kontakt können beiseite gelassen werden, wenn der mediale Bezug aufrechterhalten werden kann, und umgekehrt müssen Interessensdivergenzen nicht zum Abbruch des persönlichen Kontakts führen. Von eben dieser Möglichkeit macht der Patient hier Gebrauch.

Die wesentliche operative Funktion dieses Szenarios besteht darin, durch die Konstitution des „Kontakts" über den gemeinsamen Bezug auf *Kontaktmedien* ein Ziel der Kontaktentwicklung realisierbar zu machen, das sich in den anderen Szenarien als *widersprüchlich* darstellen würde, nämlich *Stabilität* bei gleichzeitiger *Flexibilität* zu gewinnen. Der negative Ausgang des Szenarios ist deshalb auch doppelt metaphorisiert: nicht nur durch die Gefahr, daß Kontaktfäden „reißen" und der Kontakt abbrechen könnte, was mit einem Verlust an Stabilität einhergeht, sondern auch dadurch, daß es zu „Verfilzungen" oder „Verstrickungen" kommt; deren Stabilität aber ist um den Preis des Verlusts von

Flexibilität erkauft.[94] Die *Triangulierung* des Kontakts durch die *Kontaktmedien* neutralisiert eine solche Gefahr; sie ist hier die wesentliche Technik der metaphorischen Lösung von Kontaktproblemen.

Diese Analyse macht die etwas rätselhafte Formulierung: „und auch sie zu halten", verständlich; man kann ja zunächst nicht sicher entscheiden, ob sich das „sie" auf *den* Menschen oder *den* Kontakt oder auf *beide* bezieht. Liest man es so, daß er „Menschen" halten wolle, befindet man sich im Szenario der schrittweisen Annäherung. Imaginativ müßte der Patient dann zur Fortsetzung des Kontakts auf andere zugehen und sie *körperlich festhalten.* Ein solcher Kraftaufwand indiziert im „Szenario der schrittweisen Annäherung" einen krisenhaften Verlauf, wobei der Patient nicht eine wechselseitige Verständigung gesucht, sondern *Gewalt* angewandt hätte, so wie er auch mit dem „Rangehen" die ersten beiden Stufen der Kontaktentwicklung als *übersprungen* dokumentiert. Dadurch aber, daß der Patient zum Szenario des Kontaktfadens wechselt, entsteht überhaupt erst die Ambiguität der Referenz des Wörtchens „sie". Dann geht es darum, nicht „Menschen", sondern Kontakte zu halten, und damit eröffnen sich die neuen Möglichkeiten, die wir beschrieben haben.

Schwankt der Patient hier noch zwischen den beiden Szenarien, einen Kontakt durch intersubjektive Annäherung zu suchen oder sich mit anderen durch einen Kontaktfaden zu verbinden, so zeigt ein weiteres Zitat, daß er sich konzeptuell *entschieden* hat:

> P 8/10:„ Ja, und es ist auch, daß daraus ja auch eine Verbindung entstehen kann, Verbindung ohne feste Bindung jedoch; keine Verpflichtungen."

Hier geht es ihm inhaltlich darum, Beziehungen ohne „Verpflichtungen" sozial organisieren und denken zu können. Konzeptuell faßt er das in der Metapher VERPFLICHTUNGEN SIND FESTE BINDUNGEN, die sich für ihn zu der Aussage verdichten läßt: VERPFLICHTUNGEN SIND FESTBINDUNGEN. Seine Anspielung „Verbindungen ohne feste Bindung jedoch" läßt den Unterschied zwischen Aktiv und Passiv unscharf werden. Diese Unschärfe ist überhaupt für dieses Szenario charakteristisch: wer einen Kontakt aufnimmt, wird

---

[94] Dies zeigt sich auch an dem „Nichtgebrauchsteil" dieser Metaphorik („unused part of a metaphor" Lakoff/Johnson, 1980), d.h. an dem Teil, der imaginativ „ausgeblendet" bzw. intutiv nicht evoziert wird. Denkbar wäre ja auch als Kontaktanfang, daß man einen Kontaktfaden „spinnt", bevor man ihn „aufnimmt" oder „anknüpft". Im Deutschen wird dieser Ausdruck jedoch nur in bestimmten Kontexten verwendet: wenn „sich ein Kontakt anspinnt", handelt es sich gewöhnlich um eine andere Art von Kontakt als die hier beschriebene, z.B. um eine Liebesbeziehung oder um eine Verschwörung. Der Vorgang des „Spinnens" besteht im Grunde in einer Art „Verfilzung", die nicht wieder rückgängig zu machen ist, und widerspricht damit der operativen Funktion dieses Szenarios, Kontakte zugleich *flexibel und stabil* gestalten zu können.

selbst aufgenommen (in das Netzwerk der Gruppe); wer einen Kontakt hält, wird selbst gehalten; wer sich verpflichtet, den Kontakt „fest" zu halten", gewinnt dadurch entweder „feste Bindungen" oder riskiert „Festbindungen". Indem der Patient „verpflichtende" Kontakte mit festen Bindungen und diese wiederum mit *Festbindungen* gleichsetzt, beschwört er die Gefahr eines Ausgangs in Gewalt herauf, die in der Logik dieses Szenarios auch in Gestalt einer *Fesselung* imaginiert werden kann. Im Bild der Fesselung verbinden sich imaginativ die konzeptuellen Metaphern der Annäherung und des Kontaktfadens. Aus dem Faden würde dann ein Strick.

Im letzten Zitat thematisiert der Patient sein Problem mit „engen", persönlichen Kontakten explizit. Dabei benutzt er die Anspielung auf weitere, spätere Stufen der Kontaktentwicklung in Form einer Verneinung („ohne feste Bindung", „keine Verpflichtungen"), um darzustellen, daß er die Kontaktentwicklung nicht bis zu ihrem Ziel in diesem Szenario, dem „stabilen und strapazierfähigen Kontaktnetz", verfolgen will, sondern aus Furcht, „festgebunden" zu werden, sich mit der Stufe des „Kontakt haltens" begnügt. Wie haben diese Darstellungstechnik schon an anderen Zitaten belegt und betrachten seine Äußerung hier als erneute Instantiierung, daß die Szenarien imaginativ immer *vollständig* repräsentiert sind.

Abschließend wollen wir zum Thema der Behandlung von Kontakt- und Beziehungsstörungen in diesem Szenario auf die therapeutische Funktion des stationären Settings selbst hinweisen. Es war ja schon mehrfach davon die Rede, daß die prästrukturierten Kontaktnetze innerhalb der Klinik („Tagesraum", „Gestaltungsgruppe", usw.) die Kontaktaufnahme erleichtern. So resümiert ein Patient:

> P 7/15: Partnerschaftlicher Bereich hat sich auch zum Positiven hin verändert, weil, ich sag mir, wenn es mir gelungen ist, hier Beziehungen zu knüpfen, dann kann ich es auch draußen."

Hier geht es nicht mehr darum, dieselben Kontakte, die in der Klinik entstanden sind, zu halten, sondern es geht um den Erwerb der Fähigkeit überhaupt, sich an Kontaktnetze anzuschließen. Dies ist ein erwünschter Nebeneffekt stationärer Behandlungen; ein Behandlungserfolg, der nicht geplant und therapeutisch nicht „gemacht" werden kann, sondern auf der „Übertragung" als einer Leistung von Patienten beruht.

Die angesprochene Ambiguität zwischen Aktivität und Passivität im therapeutischen Prozeß wird im nun folgenden Szenario der Wandlung ins Zentrum des Kontaktgeschehens gerückt. Es stellt die Metaphorisierung des therapeutischen Kontakts par excellence dar.

Das Szenario der Wandlung: "Sich einlassen"

"Kontakt" wird in noch einem weiteren Szenario verwendet und erzeugt hier Bedeutungen und Handlungsrahmungen, die von den vorangegangenen gänzlich unterschieden sind. Es soll uns helfen, die im Prolog angedeutete Floskel vom "sich einlassen" (auf einen Kontakt) näher zu verstehen. "Einlassung" ist zunächt im juristischen Kontext ein üblicher Ausdruck, wo etwa von den "Einlassungen" eines Beschuldigten die Rede ist. Das Wort hat aber auch eine in der Umgangssprache übliche, normative Bedeutung; danach verbieten Autoritäten anderen, sich auf etwas einzulassen, z.B. jungen Mädchen auf diesen oder jenen Mann, auf bestimmte Erfahrungen o.ä. Vom Wortstamm her deutet "Einlaß" auf das schon besprochene Metaphernfeld der "Tür", des Öffnens und Schließens - aber was ist mit dem reflexiven Gebrauch, was ist mit der Rede vom "*sich* einlassen" eigentlich gemeint? Einen ersten Hinweis fanden wir im folgenden: Heidegger beschreibt in seinem Zollikoner Appell an die "denkenden Ärzte" die "phänomenologische Methode", die er von der naturwissenschaftlichen abgrenzt. Die phänomenologische Methode sei ein "Eigens Sich Einlassen in das Verhältnis zu dem Begegnenden'. "Sich-Einlassen" wird hier gemeint als Verzicht auf Beherrschung und Macht (insbesondere gegenüber der Natur). Macht und Kontrolle werden dem Ich-Bewußtsein zugerechnet, dem Heidegger noch ein präreflexives Bewußtseinsfeld unterlegt. Um dieses geht es hier.

Um zu klären, in welcher Weise unsere Interviewpartner vom "sich einlassen" sprechen, erwies es sich als notwendig, einen eigenen Suchstring zu entwerfen, in welchem lediglich dies Wort in gebeugten und temporalisierten Formen aufgenommen wurde. Dabei zeigte ein erster Blick auf die gefundenen Zitate, daß "Sich-Einlassen" im therapeutischen Kontext eine außerordentlich positive Bedeutung annimmt. Hier formuliert "sich einlassen" häufig einen Appell, den man auch an sich selbst richten kann. "Sich einzulassen" heißt dann soviel wie die Aufforderung, seine Bedenken, Zweifel, Skepsis, Einwände beiseite oder fallen zu lassen, um eine Erfahrung zu machen, die anders nicht zu haben ist. Aus dem therapeutischen Kontext ist diese Vokabel in die Umgangssprache diffundiert und dient dort der Verständigung über oder in Beziehungen. Wir wollen den Versuch machen, das mit dieser Verwendung indizierte Szenario zu erschließen, und stellen eine kleine Sammlung von Zitaten hier voran:

K 8/44: und es war mir ein Stück weit möglich, ihn auch bei Übungen zu korrigieren, weil er sich auch so auf den Kontakt mit mir eingelassen hat, so daß er, denke ich schon, auch profitieren konnte

T 8/17: Und er hat sich dann hier ansatzweise in eine Liebesbeziehung eingelassen zu einer Frau

T 2/102: Und sie ist die Beziehung auch mit eingegangen...Und dann sagte ich, naja, wenn Sie sich doch da mit hineinbegeben haben ... sondern Sie haben sich mit in die Beziehung eingelassen und haben auch da keine Grenzen gesetzt.

P 15/9: Ich denke mal anders herum, wenn ich eine Information kriege oder einen Hinweis, lies mal das Buch oder diesen Aufsatz, dann kann ich mich damit beschäftigen und dann kann ich mir dazu Gedanken machen. Und dann traue ich mir eben auch zu, auf bestimmte Dinge selbst zu kommen. Darum meine ich das so, wie ich es gerade gesagt habe oder wie Sie gesagt haben, wie ich nicht der eigene Fachmann sein kann. (Int.): Vielleicht sowas wie ein Lehrling, der vom Meister noch...? (Pat.):Ja, wielleicht kann man, wenn man das Bild gebraucht, das so ausdrücken. Ein Lehrling... (Int.:) ...der mal Fachmann werden will? (Pat.): Der mal Fachmann werden will. Da kann ich mich gut drauf einlassen, ja.

Welche Bedeutung nimmt die Rede vom "sich einlassen" hier an? Könnte man das Wort nicht einfach als zusammenfassende Beschreibung des Kontaktpfades auffassen? Immerhin ist im ersten Zitat von "ein Stück *weit*" die Rede. Das deutet eine räumliche, allerdings nur "flächige" Konstruktion an. Wir wollen diese Bedeutung nicht ausschließen, meinen aber, daß damit weitere szenische Bedeutungskonstruktionen, die auch "Tiefe" enthalten, voreilig ausgeblendet werden könnten.

Auffallend ist, daß davon gesprochen wird, sich "*auf* den Kontakt" oder "*in* eine Liebesbeziehung" einzulassen. Dann ist die Rede vom "sich hineinbegeben", was als gleichbedeutend mit dem nachfolgenden einlassen "*in* die Beziehung" ausgewiesen wird. Der zuletzt zitierte Patient läßt sich auf eine Bild- und Sinngebung seiner Interviewerin ein, die ihm spürbar tastend angeboten wird, der er dann zustimmt mit der Formulierung "da kann ich mich gut drauf einlassen". Die Handlungsmetapher ist imaginativ sowohl mit einer zwei- als auch mit einer dreidimensionalen Raumkonzeption verbunden.

Das Kontaktgefäß

Die Verwendung der Präposition "auf" (sich auf den Kontakt einlassen) deutet zweidimensional ein Territorium an, auf das man sich begeben hat. Die Verwendung der Präposition "in" hingegen, zusammen mit der Formulierung vom "Sich Hineinbegeben", bei Fortsetzung des Redens vom "Einlassen", qualifiziert dies Territorium in einer besonderen Weise. KONTAKT IST EIN GEFÄß - so konstruieren wir die konzeptuelle Metapher. Während in den schon dargestellten anderen Szenarien gezeigt wurde, wie die imaginative Konzeptualisierung des

Kontakts dem Pfad- , Kraft- und Link-Schema zugeordnet werden kann, geht es hier um das Container-Schema, das zur Darstellung kommt.

Was ist es, das "eingelassen" wird? Was ist der "Gegenstand"? Der Gegenstand heißt hier "sich" (sich einlassen). Offenbar ist die imaginative Struktur dieser Formel einem anderen Vorgang nachgebildet, etwa dem Einlassen von Wasser in eine Badewanne. Nur handelt es sich dort um einen "Gegenstand", das Wasser, der sich außerhalb der Person befindet, die mit ihm etwas verrichtet. Diese Bildvorlage wird nun reflexiv verwendet.

Wir finden eine vergleichbare reflexive Wendung an einer anderen Floskel der therapeutischen Umgangssprache, dem "Umgang mit". Dies Wort ist zunächst in den Kodifizierungen der Sittenbücher gebraucht worden, wo "höflicher Umgang" gelehrt wird. Dann gibt es einen anderen Sprachgebrauch. Danach kann ein Dompteur mit wilden Tieren umgehen, ein Herr mit seinem Hund, ein Reiter mit seinem Pferd und schließlich auch eine metapsychologische Abstraktion, das Ich, mit seinem Es (und dessen Begehrlichkeiten). Von dort her leiten sich dann Wendungen wie "Umgang mit den eigenen Gefühlen" ab. Die Konstruktionsvorlage dieser Formel ist eine sozial-interaktive Situationsbeschreibung, in der ein Anderer vorkommt, mit dem man "umgeht", und nach dieser Vorlage wird der „Umgang mit sich selbst" reflexiv formulierbar.

Eben ein solches Reflexiv-Werden findet sich auch in der Formel vom "Sich Einlassen". Um diese Formel adäquat verwenden zu können, ist eine Unterscheidung zwischen "self-as-actor" und dem "self-as-object" zwingend. Es gibt ein Selbst, das etwas tut (und dies Tun beschreibt und beobachtet), und es gibt ein Selbst (das reflexive "Sich"), mit dem etwas getan wird. Letzteres wird Objekt, so wie es in der Formel vom "Umgang mit" beispielsweise die "Gefühle" werden. Wir wollen nun zunächst zeigen, daß die Annahme, es handle sich beim Wasser-Einlassen um einen bildgebenden Ursprungsbereich, keineswegs aus der Luft gegriffen ist.

Weichheit und Härte, flüssig und fest: Person und Kontakt in neuen, kohärenten Darstellungen

Die konzeptuelle Metapher KONTAKT IST EIN GEFÄß hat weitere Implikationen, die sie als zugehörig zu einem eigenständigen Szenario ausweisen. Das Gefäß ist, anders als ein Territorium, dreidimensional; es hat nicht nur Fläche, sondern Tiefe. Es muß in irgendeinem Sinne als "umfassend" imaginiert werden, sozusagen "größer" als das, was eingelassen wird. Das, was eingelassen wird, das reflexive "sich", kann kein allzu fester, unflexibler Gegenstand sein. Harte, nicht modifizierbare Gegenstände würde man in ein Gefäß nicht "einlassen", sondern vielleicht "absenken", "hineinwerfen" oder andere metaphorische Handlungsbeschreibungen verwenden. Um eingelassen werden zu können ins Kontaktgefäß, muß der Gegenstand als "weich", "formbar", "flexibel" bis "flüssig" beschrieben werden können. Für diese Implikationen der konzeptuellen Metapher wollen wir nun Belege mit Zitaten liefern.

Im folgenden wird ein erster Kontakt beschrieben:

> K 8/2: Herr (Name) tauchte dann auf zur Terminabsprache.

"Auftauchen" ist die Metapher der Handlungsbeschreibung. Ein Ziel der Metaphernanalyse haben wir als Revitalisierung "toter" Metaphern beschrieben. Hier handelt es sich gewiß um eine sehr konventionelle Metaphorik, die wir oft gar nicht mehr als Metapher erkennen. Um sie revitalisieren zu können, muß diese Metapher *als* Metapher erkannt und dann zunächst wörtlich genommen werden. Paradoxerweise erkennt man nur dann den metaphorischen Gehalt. Er indiziert ein Szenario, in dem es um Wasser, Eintauchen und Auftauchen, Flüssigkeiten oder feste Körper zu gehen scheint.

> K 12/11: Also da kam im Körperverhalten wieder so was, ja, so Spannung verlieren, sehr weich, nachgiebig, dann aber auch sehr genießerisch werden, aber ich hatte auch den Eindruck, fast wie, daß er nicht so richtig mitkriegte, wie weit er da geht in seinem Loslassen, inwieweit er sozusagen auch noch Kontrolle hat, daß er das nicht so deutlich mitkriegt. Also in diesem Genußvollen schon auch leicht davon driften konnte. Und das trat aber vornehmlich in Frauenkontakten auf.

Deutlich wird die Qualität des "Weichen" herausgestellt und mit anderen Bildern ("Spannung verlieren") anschaulich illustriert. Mit dem Weichen verbindet sich die Fähigkeit, "genießerisch zu werden", und zugleich wird ein Risiko beschrieben: "daß er das nicht so deutlich mitkriegt." "Loslassen" ist Bedingung für die Art von Kontakt, die hier beschrieben wird. Verzicht auf Kontrolle wäre hier schon als eine Vorstufe des gesamten Szenarios ausgewiesen. Was muß losgelassen werden? Die Kontrolle. "Loslassen" und "Kontrolle" bilden ein Oppositionspaar, zwischen dessen Polen eine Balance, eine optimale Justierung gleichsam, gestaltet werden soll. Lesen wir genau: es ist nicht von Kontakten *mit* Frauen die Rede, sondern gesprochen wird in grammatikalisch auffallender Form davon, daß etwas *in* Frauenkontakten auftritt. Es ist gerade diese sprachliche Besonderheit von K, die eine bestimmte Imagination zugleich mitteilt und entstehen läßt. Kontakte sind ein Gefäß, in das der Patient sich "einläßt". Wie? Genußvoll. Auch hier wird in einer erneuten eigentümlichen Substantialisierung "das" Genußvolle dieser Frauenkontakte als Gefäß beschrieben: "Also *in* diesem Genußvollen...", und damit wird eine Imagination evoziert, die den Patienten als *in* genußvolle Frauenkontakte gleichsam hineinsinkend darstellt. Er selbst ist "weich" in diesem Gefäß, und seine Kontrolle erscheint als fraglich. Die Gefahr, die K sieht, wird nun als "davondriften" beschrieben. Das indiziert eine Bildgebung aus der Welt der Meere, des Wassers, des Segelns insbesondere. Kontakte mit Frauen, so sieht es die Körpertherapeutin, könnten im "davondriften" enden, dann geht der Patient verloren, man findet ihn nicht wieder. Der "weiche" Patient könnte so weich werden, daß er sich dem "Flüssigen", das sich im Kontaktgefäß befindet, angleicht.

Diese Gefahr beschreibt die Behandlerin im selben Interview noch an einer weiteren Stelle:

> K 12/57: Konturen verlieren, sich sehr in Kontakt mit Frauen auch, da sehr sich hineinbegeben ein Stück weit, was ich auch, habe ich ja auch das Gefühl gehabt, daß er (unverständlich) so recht Grenzen gesetzt hat.

Hier spricht K vom Kontakt *mit* Frauen, aber ihre Bildgebung ist noch dieselbe. Begibt man sich "hinein", kann man zusammen mit den eigenen Konturen etwas verlieren: sich. "Sich hineinbegeben" ist eine Metapher der Ortsveränderung. Dennoch haben wir dieses Zitat nicht dem Szenario der schrittweisen Annäherung zugeordnet. Es ist nicht die Rede davon, daß der Patient auf Frauen "zugeht", sondern er begibt sich "*in* Kontakt mit Frauen" hinein. Die passivische Konstruktion ist hier sehr prominent. Der *Kontakt* ist es, der hier als dreidimensionales Gefäß metaphorisch konzeptualisiert wird. In dieser Art des Kontakts kann er sich und seine Konturen verlieren. Deshalb werden hier "Grenzen" als Opposition gegen den Konturverlust erwähnt, und diese haben eine funktional äquivalente Bedeutung wie im vorigen Zitat die "Kontrolle". Kontakt erscheint hier prägnant als Gefäß, als "container".

Die Unterscheidung zwischen der inneren und der äußeren Dimension des Kontakts, die wir der Beschreibung der Szenarien vorangestellt haben und auf die wir schon oft zurückgekommen sind, erhält hier eine besondere Qualität. Die äußere Dimension übernimmt die Rolle des Rahmens, die zeitliche Limitierung begrenzt das "Kontaktgefäß". Dessen innere Dimension spielt sich zwischen den Polen "fest" und "flüssig" ab. Funktional äquivalente Metaphern sind die Oppositionsstellung von "Konturverlust" und "Grenze" oder "Loslassen" und "Kontrolle". Die innere Dimension ist die "Füllung" des "Kontaktgefäßes".

> K 14/35: Im Kontakt und in einem Gesprächstermin, sage ich, ja, wir haben aber jetzt so 20 Minuten zur Verfügung, und ich wollte sie auf einige Sachen ansprechen, und dann war sie flüssig im Gespräch und als ich sie fragte, wie es denn so war, konnte sie schon noch sagen, daß es ihr gut tat, auch nochmal dadrüber zu sprechen, auch die Nachfragen waren so ok, nur mußte unbedingt nach 20 Minuten, da hat sie auch immer zur Uhr geguckt und dann auch deutlich machen, jetzt muß ich aber auch gehen.

Hier wird Kontakt zunächst, wie wir es schon öfter gefunden haben, hinsichtlich der äußeren Dimension als "Termin" spezifiziert. Der Termin hat eine Dauer von 20 Minuten. Die zeitliche Begrenzung des Kontakts wird zu Anfang mitgeteilt. Daß die Patientin dann "flüssig im Gespräch" wird, bezieht sich erkennbar auf die innere Dimension der Kontakterfahrung und wird von der Behandlerin positiv gewertet. Die Patientin ihrerseits guckt zur Uhr und macht damit prägnant etwas "deutlich": daß sie dann gehen müsse, unterstrichen durch "unbedingt". Die zeitliche Begrenzung des Kontakttermins dient ihr dazu, ihre eigene "Verflüssigung" zu begrenzen. Sie "mußte unbedingt" wieder fester werden. Während die Behandlerin hier eine positive Wertung des "Flüssigwerdens" vornimmt, sieht sie auch, daß dies anscheinend eine unspezifizierte Gefahr für die Patientin darstellt, die deshalb das innere Geschehen des Kontaktgefäßes zu fliehen scheint.

Im folgenden Zitat wird im Gegensatz dazu das "fester werden" des Patienten positiv gewertet:

> K 25/33: Er hat dann gar nicht schnell reagiert, der Patient ist, war nicht in der Lage, schnell zu reagieren, er hat fast durchweg immer langsam reagiert, er hat immer überlegt, bevor er etwas gesagt hat und hat dann zögerlich begonnen, unsicher, schüchtern, um dann etwas fester zu werden, also das jetzt in dem Zweierkontakt und in den Rückmeldungen

Aus der Perspektive der Behandlerin stellt sich dieser Patient als überkontrolliert dar ("er hat immer überlegt"), wobei diese Kontrolle ihn unsicher und schüchtern erscheinen läßt. Deshalb ist es für ihn gut und wird hier positiv gewertet, wenn er im Zweierkontakt "fester" werden kann. Stellt man die beiden letzten Zitate nebeneinander, dann läßt sich deutlich erkennen, daß "Festigkeit" und "Flüssigwerden" die beiden Pole sind, die im Wechselspiel mit verschiedenen Beschreibungen von "Kontrolle" dieses Szenario des Kontakts bestimmen. Die Behandler stellen sich in ihren Wertungen auf die individuelle Problemlage ihrer Patienten flexibel ein. Sie diagnostizieren im Prozeß: Für die eine ist "flüssig werden" besser, für den anderen "Festigkeit". Der Kontakt ist in diesem Szenario eine Art Gefäß, worin sich der Patient "einläßt", um solche Wandlungen zu erfahren. Sehen läßt sich auch, wie genau ein "Innehalten" des Patienten *vor* dem eigentlichen Einlassen beschrieben wird. Er reagiert nicht schnell, "hat immer überlegt". Er beginnt sein Sprechen "zögerlich". Um etwas zu sagen, muß er im Kontakt eine Art Schwelle überwinden. Wir werden darauf zurückkommen.

Denken mit dem Bild

Wenn dieses Wechselspiel nicht nur in den Beschreibungen über Patienten dargestellt wird, sondern die Behandler es auch an sich selbst mit den gleichen Metaphern der Flüssigkeit/Festigkeit beschreiben, darf man das als einen Beleg für die Gegenseitigkeit des Kontakts und für das Vorhandensein des Szenarios auffassen. Hier wird diese Erfahrung von einem Mitglied des Pflegepersonals beschrieben:

> K 14/30: Ich bin dann, ich stehe dann wirklich wie im Wechselbad, ich denke, das kann doch nicht wahr sein, es ging gestern noch dadrum, also ihre Impulse, auch daß sie verschiedene Träume hatte und daß ich es mitbekommen habe aus Therapiegesprächen, daß es ihr auch nicht gut geht so im Kontakt mit ihrem Mann und also auch Mordimpulse da irgendwo auch vielleicht im Gespräch waren, und das war dann in der Visite noch morgens ein Thema und nachmittags sitzt sie mit ihrem Mann dann wieder friedlich auf der Bank, als wenn nichts war, also das war wirklich wie ein Wechselbad.

Das Bild des "Wechselbades" wird hier für die Kontakterfahrung verwendet. Der Kontakt ist ein Gefäß, K "steht" darin. K will insbesondere die Erfahrung illustrieren, daß sie nicht weiß, "wo sie dran ist" mit dieser Patientin. Erst ist die Rede von deren Mordimpulsen gegenüber ihrem Mann, dann sitzt sie "friedlich" neben ihm "als wenn nichts war". Das setzt auch die Behandlerin einer verwirrenden Erfahrung aus, die sie zweimal als "wirklich wie ein Wechselbad" beschreibt. Soll sie "das" oder "das" glauben? Was ist "wirklich"? Die Wahrnehmung der Patientin teilt sich, abhängig vom jeweiligen Kontext, in zwei Bilder ("Mordimpulse" versus "friedlich") auf, und deshalb kann die Krankenschwester kein kongruentes Bild der Patientin prozessual diagnostizieren. Was sie metaphorisiert, ist eine Selbst-Erfahrung im Kontakt mit dieser Patientin: sie, die Schwester, steht im "Wechselbad".

Nicht oft findet man unmittelbar so schöne Belege für die zu entwickelnde Theorie, wie in diesem Fall. In der Interview-Äußerung, die dem Zitat K 14/30 unmittelbar voran geht, sagt die Krankenschwester: "also Mitgefühl entstand, daß Frau (Name der Patientin) auch eine wirklich schwierige Situation erlebt, da - ich denke mit dem Bild Wechselbäder - so habe ich das Gefühl empfunden." *Denken mit dem Bild* - genauer kann man die imaginative Qualität der Szenarien nicht formulieren. Mit Bildern denken, das formuliert die Operationsweise prozessualer Diagnostik.

Hier bleibt unklar, ob dieses Bild das Erleben der Krankenschwester oder das der Patientin beschreibt? Welche Perspektive, die eigene oder die der Patientin, wählt sie? Sie hat "das Gefühl empfunden", und dieser Formulierung ist nicht zu entnehmen, ob sie ihr eigenes Gefühl *dar*stellt oder aber sich eine *Vor*stellung vom Gefühl der Patientin macht. Dementsprechend reagiert die Interviewerin sofort mit einer Nachfrage: "Euer oder Dein Gefühl?". Jetzt klärt K auf: "Ja, mein Gefühl" und setzt das Interview mit der zitierten Passage fort. "Sich einzulassen", so darf man dieser Passage des Interviews entnehmen, verwischt die konventionellen Abgrenzungen zwischen "Ich" und "Du", und das wiederum paßt sich dem Bild des Flüssigen kohärent ein. Die Erfahrung verschmilzt zu einer Gemeinsamkeit des Kontakts, in der es passagèr unscharf wird, wer wessen Gefühle hat. Die Umgangssprache spricht hier vom "verschwimmen" und evoziert damit das Bildfeld des Flüssigen ebenso.

Ein möglicher Einwand gegen diese Interpretation könnte nun sein, daß es sich um eine psychoanalytisch orientierte Mitarbeiterin handelt, die hier die psychoanalytischen Kategorien verwendet. Wir würden dem entgegenhalten, daß es sich bei K 14 um eine junge Krankenschwester handelt, die organmedizinisch ausgebildet und erfahren ist und zum Zeitpunkt des Interviews noch nicht lange in der Klinik arbeitet. Wir würden dem weiter entgegenhalten, daß unsere Analyse sich nicht nur an der manifesten Metapher des Wechselbades orientiert hat, sondern an der *Form* der Darstellung, die unscharf läßt, von wessen Gefühl die Rede ist, und daß die Interviewerin deshalb sofort nachfragt. Selbst diese Nachfrage noch ist von der Imagination der Verflüssigung von Personen-Grenzen bestimmt. Würde die Interviewerin eine Grenze zwischen K und der Patientin ziehen, müßte ihre Frage richtigerweise lauten: "Ihr Gefühl oder Deins?" Sie fragt aber: "Euer oder Dein Gefühl?" und zeigt ihrerseits damit an, wie sie im Interview imaginativ an den verschwimmenden Grenzen partizipiert. Auch dem möglichen Einwand, daß es sich bei K 14 um eine Person mit schwachen Ich-Grenzen handele, würden wir begegnen mit Hinweis auf die spontane "Reparatur" dieser Grenzen in Folge der Interviewerin-Nachfrage.

Und noch ein Einwand gegen Einwendungen dieser Art. Nimmt man den Text des Zitats K 14/30 ganz genau, kann man eine weitere, hier relevante Beobachtung festhalten. Das Wort vom Wechselbad wird zweimal verwendet. Beim ersten Mal spricht K davon, daß sie "wirklich wie im Wechselbad stehe". Hier ist sie noch ganz "drin". Am Ende des Zitats, nach der narrativen Darstellung der Erfahrung, beschreibt sie "also das war wirklich wie ein Wechselbad". Hier ist sie nicht mehr "drin", sondern hat bereits eine distanzierende Formulierung gefunden. Die vollzogene Erzählung, ihre Beschließung durch eine Art Coda, ändert die imaginative Position der Erzählerin gegenüber dem Erzählten. Ermöglicht wird ein bemerkenswerter Effekt: Sie ist nicht mehr "in" der Form, sondern "hat" sie.

Die Stufen des Szenarios der Wandlung

In den Zitaten ist es bereits angeklungen: "Sich einlassen" ist eine Formel, die komplexe Voraussetzungen mit sich bringt. Man muß, um "sich einlassen zu können", die richtige Balance zwischen "fest" und "flüssig" finden. Es ist erforderlich, Kontrolle aufzugeben. Erkennbar sind dies Erfordernisse, die dem eigentlichen "Sich Einlassen" vorangehen. Weiter dürfte die Frage sein, was *nach* dem "Einlassen" folgt? Wie geht es weiter? Wir wollen dieses Ablaufmuster in seinen einzelnen Stufen beschreiben.

Stufe 1: Wahrnehmung der Grenzen; Aufgabe der Kontrolle

In einem ersten Zitat beschreibt ein Therapeut eine Kontakterfahrung seiner Patientin:

> T 3/65 sie hatte sich in einen Mitpatienten verliebt, auch so die Auseinandersetzung damit, hat sie selbst es dann mehr so übernommen im Sinne, hat oft dann gesagt, ich muß lernen, genauer hinzusehen, ich muß in der Realität bleiben, also das war nicht unbedingt, das habe ich dann nicht mehr so als Anpassung empfunden oder das Wiederholen von etwas, was ich so gesagt hätte, sondern wirklich auch als, was sehr aufgefallen ist, und sie wurde dann trauriger, und sie fing an, sich damit auseinanderzusetzen, daß sie eigentlich ganz große Bedürfnisse hat nach emotionaler Nähe, nach Zuwendung, Geborgenheit, sich sicher fühlen können in einer Beziehung

Der Therapeut beschreibt hier einen markanten Übergang, dem sich die Patientin als Folge ihrer Verliebtheit in einen Mitpatienten aussetzt. Die Patientin habe sich gesagt, sie müsse "in der Realität" bleiben. Damit dürfte die Realität ihrer "sonstigen" Beziehungen sowie die Realität der institutionellen Verhältnisse gemeint sein. Hier werden manifeste Liebesbeziehungen als für den therapeutischen Prozeß nicht förderlich angesehen. Das imponiert den Patienten zunächst als eine Norm, der zu folgen von ihnen erwartet wird. Weil ihnen das mitgeteilt wird, hat die Patientin "selbst es dann mehr so übernommen". Zwischen der Verliebtheit und der Norm gibt es einen Konflikt, den sie zunächst - in den Worten des Therapeuten - anzugehen sucht, indem sie den Vorsatz bildet: "ich muß lernen, genauer hinzusehen". Das "muß" deutet das Kraft-Schema an. Wir hatten schon formuliert, daß dies Schema eine konzeptuelle Metapher generiert: NORMEN SIND EINE KRAFT. Es ist die Kraft dessen, was hier als "Realität" ausgezeichnet wird, die normative Kraft des Faktischen. Worauf sie hinsehen lernt, können wir leicht erraten: auf den Kontakt, der durch die Verliebtheit entsteht. Dann resultiert etwas, wovon der Therapeut sich überzeugt zeigt, es sei keine Anpassung (an die Norm) und auch keine Wiederholung, sondern es ist "sehr aufgefallen".

Es resultiert etwas Neues: die Patientin wird traurig, wendet sich ihrem Kontaktwunsch zu und teilt dann mit, daß sie "eigentlich ganz große Bedürfnisse hat". Diese werden nun in einer interessanten Reihung beschrieben: Nähe wird zu Zuwendung, Zuwendung zu Geborgenheit gesteigert. Die räumliche Metaphorik der Nähe ist hier nur der "starting point" der Darstellung, Ziel ist "Geborgenheit". Dann folgt das Container-Schema: sich sicher fühlen *"in"* einer Beziehung. Diese Formulierung illustriert gleichsam noch einmal, was zuvor als Geborgenheit thematisch war: Die Beziehung ist das Gefäß, "in" welches sich die Patientin hineinbegeben möchte, es ist umfassender als die Patientin selbst. Die Verliebtheit kann sich nicht realisieren, und die Patientin wird traurig. Sie bleibt in einem anderen Container, "in der Realität", beginnt aber von dort aus eine Auseinandersetzung mit ihren Bedürfnissen. Sich auf seine „Bedürfnisse“ in der „Realität“ einzulassen, impliziert hier einen Realitätsverlust. Die Patientin denkt in Oppositionen von „harter Realität“ und einer Welt „weicher Kontakte“ wie z.B. Geborgenheit. Sie bleibt in der Realität und wirft von dort aus Blicke auf ihre Verliebtheit („hinsehen“). Das Weiche ist auch das diffus Gefährliche.

Würden wir uns auf einer Kontrastfolie vorstellen, diese Patientin hätte ihre Verliebtheit realisiert, wäre sie zweifellos auch noch "in" einer Realität. Aber diese hätte sich geändert, indem sie mit anderen Erfahrungen strukturiert würde. Das Szenario der Wandlung bezeichnen wir deshalb so, weil sich mit dem Übergang ins „Weiche“ oder „Flüssige“, mit dem „Sich-Einlassen“, die Person ändert - und mit ihr ihre Wirklichkeit. Diese Patientin „bleibt“ in der (bisherigen) Realität; sie „muß“ dort bleiben.

Wir wollen hier en passant anmerken, daß auch "Realität" ein leeres Konzept ist, das mit verschiedenen Erfahrungen füllbar wäre. Die Patientin verhält hier beim Hinsehen[95], aber stellt zugleich die imaginative Qualität des Szenarios sehr schön dar.

Die Bedingung, daß man Kontrolle und Selbstkontrolle aufgeben muß, um in das Kontaktgefäß hineinzugelangen, wird im folgenden Zitat beschrieben.

> K 4/55: ja, also ich denke, daß es so eine Sache der Kontrolle ist, daß er Angst hatte, es könnte sich was seiner Kontrolle entziehen, so ein bißchen habe ich auch sein Verhalten in den Gestaltungsphasen so gesehen, daß er eigentlich die Situation kontrollieren wollte mit seinem Rumalbern, er wollte es in der Hand haben. Er konnte sich einfach nicht reingeben oder sich einfach reinfallen lassen in die Situation, sondern er mußte das lenken.

Der Patient wird als einer gesehen, der "lenken" und die "Situation kontrollieren" will - weil er Angst hat. Das Gegenstück zur Aufgabe der Kontrolle wird

[95] Das erinnert an Moses, der das gelobte Land erblickt, ohne es zu betreten.

nun in einer Weise metaphorisiert, die erkennbar werden läßt, daß K den therapeutischen Kontakt als Gefäß konzeptualisiert: er konnte sich nicht "reinbegeben" wird expressiv gesteigert zu "sich einfach reinfallen" lassen. Diese Steigerung läßt zugleich erkennen, daß K einen Sinn für das damit verbundene Risiko hat. Denn wenn man "reinfällt", kann man sich wie bei einem Sturz verletzen und kommt möglicherweise nicht mehr heraus. Der Kontakt wird mit dieser Handlungsbeschreibung als dreidimensionales Gefäß imaginiert, sonst hätte die Rede vom "reinfallen" keinen Sinn. Die Rede vom "Reingeben“ und „Reinfallen" indiziert das Wissen von K um das vollständige Szenario. Wie wir das bei den anderen Szenarien auch schon gesehen haben, macht K auch hier von der verneinenden Darstellung Gebrauch. "Sich reinfallen lassen" muß zunächst dargestellt werden, um zu indizieren, daß es als eine Stufe im vollständigen Szenario vorgestellt, d.h. imaginiert wird. Dann erst kann es als ein nicht-eingetretenes-Ereignis indiziert und verneint werden. Gerade diese Darstellungstechnik deutet das prozedurale Wissen von K um die Vollständigkeit des Szenarios an. Zugleich ist dieses Kontaktgefäß "größer" als die Person, sonst könnte sie nicht "rein"fallen. Dieses "größer" des Kontakts ist es, das wahrgenommen werden muß; es verlockt und ängstigt zugleich.

Die manifeste Metapher vom "Lenken", zunächst funktional äquivalent mit "Kontrolle", erhält hier noch einen anderen Sinn. Wenn der Patient "das" (die Situation) lenkt, wird er implizit als einer beschrieben, der gleichsam außerhalb des Gefäßes bleibt. Hier bleibt er kontrollierendes "self-as-actor", "in" die Situation begibt er sich nicht "hinein".

Was wäre erforderlich, damit Patienten sich hineinbegeben können? Worin besteht die besondere Beziehungsqualität, damit das Risiko, "sich" einzulassen und zum „self-as-object“ zu werden, bewältigt werden kann?

Stufe 2: Wahrnehmung/Darstellung des Kontakts als "umfassend"

Die Antwort auf diese Fragen könnte das folgende Zitat liefern. Hier wird erkennbar, wie das Szenario der schrittweisen Annäherung sich umwandelt. Es geht nicht mehr um Nähe und Distanz, sondern in einer genau beschriebenen Form um das "Einlassen".

> K 19/89: Sich kabbeln, genau, aber ich fand, es hatte eine gute Qualität, weil Herr X. sozusagen immer die Tendenz hatte, Patientin T. fernzuhalten und irgendwie das Ganze abzuwiegeln, aber doch hat er sich immer auf sie eingelassen. Das ist bei ihm auch so schwierig gewesen. Ich habe oft auch gemerkt, er hat sich auch oft auch angeboten, und wenn Patientin T. dann kam, dann hat er wieder sozusagen zugemacht. Für sie war das halt sehr schmerzhaft. Und in diesen beiden Stunden kriegte ich so mit, daß Patientin T. so mehr einen aktiveren Part übernahm, daß sie nicht so sehr

das hinderte und litt, sondern daß sie sich so auf einen spielerischen Kampf eingelassen hat. Da haben beide auch sehr viel Spaß und Freude dran gehabt.

Diese Beschreibung beginnt mit einer Kontaktdarstellung als "sich kabbeln" zwischen Herrn X und Frau T. Sie wird illustriert und präzisiert. Der Kontakt pendelt zwischen "fernhalten"/"abwiegeln" und "einlassen". Beide Pole werden mit einer linguistischen "aber-doch"-Konstruktion gegeneinander abgesetzt. Das stellt den Gegensatz prägnant heraus. Dann finden wir das schon bekannte Szenario der schrittweisen Annäherung: Herr X macht seine "Anzeige" ("oft auch angeboten"), wird wahrgenommen. Kommt die Patientin "dann" (Stufe des Zugehens), läßt Herr X es nicht zur "Berührung" kommen, "dann hat er wieder sozusagen zugemacht". Für Frau T. ist das "sehr schmerzhaft". Leidet sie aber nicht darunter und übernimmt einen eher spielerischen Part, kann sie seine Verschlossenheit offenbar überwinden. Es kommt zu einem "spielerischen Kampf", auf den beide sich "einlassen". Wir sehen die konzeptuelle Metapher: DER KONTAKT IST EIN (spielerischer) KAMPF auf einem TERRITORIUM. Beide, so beobachtet es K, konstruieren den Kontakt als einen Ort, als ein „Übungsfeld", das sie gleichsam jeder von einer Seite aus betreten können, auf das sie sich "einlassen" können. Aber der Kontaktort ist hier noch kein Gefäß, sondern eher eine Fläche. Der Ort aber bietet beiden Raum, sie können sich - wenn es erlaubt ist, die Formulierung früherer Zitate zu übernehmen - hineinbegeben.

Wir sehen eine Bedingung für das, was hier das "Einlassen" ermöglicht: der Kontakt muß als sicher begrenzt imaginiert und angeboten werden. Herr X und Frau T. haben sich dem sukzessiv und spielerisch angenähert und nach einigen Erprobungen diesen Kompromiß gefunden. Hier geht es ums Einlassen, aber nicht in der Form der "Geborgenheit". Diese würde die Verkleinerung nur *einer* Person mit implizieren, die *andere* Person wäre diejenige, die „Geborgenheit" bereitstellt. Hier "verkleinern" sich beide, sie "kabbeln" und werden "spielerisch". Die Verkleinerung findet innerhalb des selbsterzeugten Mediums statt.

Genau komplementär zum Zitat vom "lenkenden" Patienten, aber mit der gleichen Akzentuierung der Komplementärtherapie als „container"[96], verhält es sich im folgenden Zitat.

---

[96] Im Szenario des Kontaktfadens wurden die Komplementärtherapien mehrfach als Kontaktmedien angesprochen. Als Medium präfigurierten sie dort die Kontaktform als „Verbindung": Die Partner nutzen das Medium, um Kontakt aufzunehmen, anzuknüpfen usw., danach kann das Medium verlassen, der „aufgenommene" Kontakt dennoch fortgesetzt werden. Hier haben die Komplementärtherapien eine andere Funktion: Sie präfigurieren den Kontakt nicht vollständig, sondern stellen Rahmenbedingungen bereit, innerhalb derer sich der Kontakt in nicht prognostizierbarer Weise formt und entfaltet. Dort „haben" die Personen Kontakt, hier sind sie „im" Kontakt.

K 1/128: Sie dachte, sie könnte nicht gut führen, jemand nicht gut führen und das hat sie anders wahrgenommen in der Tanztherapie. Sie konnte gut führen, sich konnte sich gut darauf einlassen.

Präzise wird eine Differenzerfahrung des Kontakts markiert. Zunächst "dachte" die Patientin von sich selbst, sie könne nicht gut führen. Das hat sie dann "anders wahrgenommen" - charakteristischerweise heißt es nicht: "beim Tanzen", sondern "in" der Tanztherapie.

Wir können nun zwei Formen des „Sich-Einlassens“ voneinander unterscheiden. „Geborgenheit“ ist an die Imagination des Umfaßt-Werdens durch eine konkret-personale Mutterfigur gebunden; sie impliziert als Bildvorlage eine Größendifferenz zwischen dem größeren Körper der Mutter als dem „Bergenden“ und dem kleineren Körper des Kindes als dem „Geborgenen“. Winnicott hatte aber auch noch den Begriff der Umwelt-Mutter eingeführt. Die Umwelt kann „mütterliche“, „bergende“ Qualitäten haben, aber eine automatische Imagination der Verkleinerung des „Geborgenen“ ist damit nicht zwangsläufig verbunden. Die Person kann in der „Umfassung“ durch eine Umwelt-Mutter „groß“ bleiben. In diesem Sinne wird die Tanztherapie hier zum Medium, innerhalb dessen die Patientin eine andere Erfahrung machen kann: Sie kann „groß“ werden, denn der hier mögliche Kontakt ist derart, daß sie „gut führen" kann - obwohl sie sich einläßt. Sie kann sich einlassen und erfährt einen Zugewinn an Kompetenz ("führen können"). Der hier eintretende Wandel ist paradoxer Natur: Die Patientin wird mit dem „Einlassen“ zum „self-as-object“, gewinnt aber zugleich Qualitäten eines „self-as-actor“. Einen solchen paradoxen Übergang zu ermöglichen, ist wahrscheinlich einer der kurativen Faktoren in der Psychotherapie.

Wir können am folgenden Zitat sehen, daß mit der Bildgebung einer „Umwelt-Mutter“ die Vorstellung der Ernährung oder des Genährt-Werdens einher geht, ohne zugleich eine Verkleinerung zu implizieren:

P 8/2 (Interviewerin fragt): Womit hätten Sie dann hier aufgetankt? (P antwortet): Durch den Umgebungskreis mit den Menschen, mit denen ich hier Kontakt gehabt habe, in der Einzeltherapie, in der Gruppendynamik.

Im Interviewdialog findet ein *manifester* Metaphernwechsel statt. Die Interviewerin spricht vom Auftanken, womit sie eine zuvor vom Patienten benutzte Metapher aufgreift. Der Patient antwortet mit der Metapher vom Umgebungskreis. Beide *manifesten* Metaphern gehören zur Imagination des Szenarios. Deshalb können sie korrespondieren. Der Kreis ist die umfassendere Konfiguration, *innerhalb* derer er sich situiert, um den Kontakt beschreiben zu können. Von Selbstverkleinerung ist aber nicht die Rede. Die Metapher vom Auftanken ist zunächst ein technisches Bild. Ein Auto wird betankt durch die Vorräte einer

Tankstelle, ein Flugzeug u.U. sogar in der Luft[97]. Das präkonzeptuelle Vorbild dürfte die Erfahrung des Genährtwerdens durch die Nabelschnur sein. Die Umwelt-Mutter wird v.a. als nährend imaginiert. Aber man muß das nicht so verstehen, als handle es sich um ein gleichsam "archaisches", "primitives" Vorbild. Es genügt die Annahme, daß die Erfahrungen des Körpers durch metaphorische Projektion der schematischen Struktur auch andere Bereiche, wie die des Kontakts, konzeptualisieren. Der Kontakt muß, um sich auf ihn "einlassen" zu können, als "nährend" vorgestellt werden können. Diese imaginative Struktur erklärt zwanglos den manifesten Metaphernwechsel zwischen der Interviewerin und dem Patienten.

Wird der Kontakt selbst "tiefer" und damit zwangsläufig als dreidimensional imaginiert, findet eine andere Form des Einlassens mit anderen Folgen für Wahrnehmung und Selbstwahrnehmung statt. Auch die dabei beschriebenen Wandlungen sind von anderer Art:

> T 8/17: Und er hat sich dann hier ansatzweise in eine Liebesbeziehung eingelassen zu einer Frau, also mehr, natürlich nicht ins Bett, aber sondern so zärtlich, und da hat er das erste Mal in der Gegenwart einer Frau geweint, was auf der einen Seite ihn tief beschämt hat, das erste Mal, daß er überhaupt vor einer Frau geweint hat, und auf der andere Seite er spürte, Mensch, da gibt's ja noch ' ne ganz andere Qualität von Beziehungen, wo es nicht um Macht geht,

Die Liebesbeziehung wird als "zärtlich" qualifiziert, der Patient weint das erste Mal in Gegenwart einer Frau, zu der er sich "in" eine Liebesbeziehung "eingelassen" hat. Mit dem Weinen und der Zärtlichkeit ist wieder die Qualität des Weichen verbunden, und das wird noch einmal akzentuiert. Er wechselt aus einer Welt der Beziehungen, in der es vorrangig um Macht gegangen sei, in eine "ganz andere Qualität". Hier wird eine Beschreibung benutzt, die sich deutlich von den Szenarien der schrittweisen Annäherung oder der Verbindung unterscheidet. Er geht nicht auf eine Frau zu und berührt sich mit dieser, er verbindet sich auch nicht mit ihr, sondern er "läßt sich ein" in einen Kontakt, der ihn umfaßt. Das ist hier mit der Vorstellung verbunden, daß er "kleiner" ist als der Kontakt und "weicher" wird. Auch das Risiko der Beschämung, das überwunden werden muß, ist hier als "tief" mit angesprochen. Die Konstellation ist wieder die, daß eine Person "kleiner" werden muß und sich innerhalb eines Gefäßes wiederfindet, in das sie nur dann "hinein" kann, wenn sie diese Selbstverkleinerung zunächst hinnimmt.

---

[97] Schon öfter fanden wir, daß das „Auto“ für das Selbst der Person metaphorisch steht. Bei der Erörterung der „Pflege des Kontakts“ haben wir analysiert, daß es als lebendig imaginiert wird.

Stufe 3: Schwellen und Risikoabschätzung

Wir sehen in den folgenden Zitaten, wie die beteiligten Kontaktpartner, Behandler und Patienten, nach der Aufgabe der Kontrolle und der Wahrnehmung weiterer Kontaktgrenzen eine Risikoabschätzung vornehmen, bevor sie sich in den Kontakt "einlassen". Gerade der Umstand, daß dies nicht nur den Patienten so geht, belegt u.E. sehr stark die Existenz des Szenarios.

> T 12/33: und hatte so eine ausgeprägte Akne gehabt, das fand ich, da merkte ich so, daß ich mich etwas überwinden mußte, ich fand ihn irgendwie vom Äußeren wenig attraktiv, und das ist schon umschmeichelt, das war manchmal ein bißchen eklig auch. Und das hat mir (unverständlich) vermehrtes Einlassen manchmal schwer gemacht, daß ich nicht einfach so vom ersten Blick (unverständlich), sondern daß ich es eher ein bißchen abstoßend fand.

Dieser Patient wird wegen seiner Akne von T als "manchmal ein bißchen eklig", "ein bißchen abstoßend" beschrieben, und diesen Beschreibungen wird hinzugefügt, das sei schon "umschmeichelt". Die Abstoßung muß als stark empfunden worden sein. Hier wird eine Metapher des Kraft-Schemas verwendet, so als ob vom Patienten eine starke, eben abstoßende Kraft ausging. Es fällt T erkennbar schwer, sich eine "Berührung" mit diesem Patienten vorzustellen. Die Begründung dieser Schwierigkeit durch die Akne läßt kaum einen anderen Schluß zu, als daß diese Berührung als eine körperliche imaginiert wird. Ekel ist ein Affekt der Mundzone, der mit der Phantasie verbunden ist, das Objekt des Ekels "mündlich" aufzunehmen. Deshalb ist Ekel mehr als Ablehnung. Ekel ist meist mit deutlichen körperlichen Reaktionen des Ausstoßens, des Brechreizes usw. verbunden. T hat mit dieser "mündlichen" Aufnahme des Patienten Schwierigkeiten, und so wird "vermehrtes Einlassen manchmal schwer gemacht". T gibt zu erkennen, daß im therapeutischen Kontakt etwas "Umfassenderes", eine "Aufnahme" nötig wäre, damit der Patient "klein" und "genährt" werden kann, und beschreibt die eigenen Aversionen offen und sinnlich anschaulich. Der eigene Körper spielt mit, das Risiko der "Aufnahme" eines solchen "ekligen" Patienten erschien T etappenweise als zu groß.

Solche Risikoabschätzung vor dem "einlassen" wird im folgenden Zitat von einer anderen Seite her und an einem anderen Kontaktobjekt beschrieben.

> K 23/32: Und Patientin hat das also, hat sich drauf eingelassen und hat gesagt, sie möchte das schon gern machen, aber sie könnte sich unter Speckstein nichts vorstellen, und das wäre so ein hartes Material und sie doch nun wieder so ganz verunsichert, wieder ihre Finger, wieder ihre körperliche Gesundheit ins Spiel gebracht und dann sagte, schauen wir einfach mal, was passiert.

Die Feststellung, daß die Patientin „sich drauf eingelassen" habe, wird hier zusammenfassend an den Anfang gestellt. Dann geht K in ihrer Darstellung chronologisch zurück und zeigt die sequentielle Logik, deren Ergebnis das „Einlassen“ war. Zunächst habe die Patientin ihren Wunsch geäußert, „sie möchte das schon gerne machen“; damit aber war das Risiko verbunden, daß sie mit ihren empfindlichen Fingern den harten Speckstein nicht bearbeiten könne. Sie habe sich „nichts vorstellen“ können, dann aber mitgeteilt, "schauen wir einfach mal, was passiert". Das genau ist das „Einlassen“ - bei Fortbestehen des Risikos. Die Prüfung ist zuversichtlich abgeschlossen. Die Prüfung kann als rasch erledigt dargestellt werden. Das Beiwort „einfach“ in „schauen wir einfach mal“ drückt das deutlich genug aus. Die Patientin geht das Risiko entschlossen ein. Nur wo überhaupt ein Risiko da ist und wo dessen Abschätzung es als bewältigbar erscheinen läßt, kann man sich „einlassen“ - bei Fortbestehen der Unsicherheit.

Es gibt verschiedene Arten von Risiken, die überwunden werden müssen. Die Angst vor Beschämung haben wir schon an anderer Stelle gefunden. Die Behandler haben einen deutlichen Sinn für die Notwendigkeit der Risikoabschätzung und stellen die dafür notwendige Zeit zur Verfügung.

> K 25/1: Ich habe ihr dann das Material gezeigt und was wir hier arbeiten können, daß sie sich das aussuchen kann, auf was sie sich einlassen könnte, ob sie irgendwas davon kennt. Sie ließ sich auf Peddigrohr ein, einfach, weil sie den Korb so schön fand. Das Material hat sie angesprochen, aber vor der Technik hatte sie Angst.

Der Speckstein provozierte Angst, aber in bewältigbarer Intensität. Das andere Material hier, das Peddigrohr, kennt die Patientin, wie es scheint, und sie fand den Korb "schön". Sie antizipiert das Ergebnis der Arbeit mit dem Peddigrohr, und das trägt zur Schwellenabsenkung bei. Trotzdem stellte sich der Kontakt mit dem Material nicht ohne weiteres ein, auch hier muß eine Risikoabschätzung vorgenommen werden, bevor die Patientin sich "einlassen" kann. Die Angst der Patientin bezieht sich auf die „Technik“ des Arbeitens mit dem Material, d.h. auf die Gefahr hin zu scheitern und u.U. beschämt zu werden, muß man sich einlassen. Therapeutische Aufgabe ist, dieser Risikoabschätzung Zeit zu gewähren, wenig Druck oder gar Zwang auszuüben. Zeit wird benötigt, um das Material kennenzulernen oder zu sondieren, ob es schon bekannt ist. Es muß wahrgenommen und der Kontakt damit antizipiert werden können.

> P 12/18: Und da hatte ich auch noch so alte Hemmungen in mir, so von der Schule her, ich kann nicht malen. Und die habe ich mir erst mal so bewußt gemacht, in dem Erstgesrpäch, in dem Vorgespräch habe ich das angesprochen und habe aber gesagt, daß ich mich trotzdem darauf einlassen will.

Hier sind es alte Hemmungen, "von der Schule her", die "erst mal" reflektiert werden müssen, und dann erfolgt der Übergang zur Stufe, sich "trotzdem" drauf einzulassen. Mit diesem "trotzdem" wird der Übergang zur Stufe des "Einlassens" indiziert. "Trotzdem" heißt: nach Überwindung der Hemmungen.

Ein Ablaufmuster benötigt Zeit zur Wahrnehmung des Kontakts, zur Abschätzung der Risiken, und auch das ist ein weiterer Beleg für das Vorhandensein des Szenarios.

> K 16/64: ich bin immer auf diese Grundproblematik zurückgekommen und da hat er sich dann nach einer Weile auch drauf einlassen können

> P 19/13: Nachdem ich ein paar Wochen hier war, habe ich gemerkt, daß ich mich derart gut drauf einlassen kann, auch gemerkt, daß das einzige, was ich wirklich habe, Zeit ist. Davon werde ich mir soviel nehmen wie ich brauche, so wie es wichtig ist. Ja, ich habe es sehr intensiv erlebt und mich als sehr aufgeschlossen der Sache gegenüber.

Der Vorgang des Einlassens benötigt, wie wir das auch in den anderen Szenarien immer wieder gefunden haben, die Verfügbarkeit von Zeit ("nach einer Weile"). Nachdem P sich "derart gut" eingelassen hat, "nimmt" P sich, was sie braucht, sie ist "aufgeschlossen". Die therapeutische "Nahrung" kann verwendet und aufgetankt werden, nachdem das Risiko als tragbar eingeschätzt wurde. Das Erleben ist dann "sehr intensiv".

> P 23/12: wenn Du gesund bist, kriegste das wieder hin, aber wenn Du Dir das versagst, dann wirst Du Dich nicht einlassen in die Therapie, also das habe ich schon gewußt und das habe ich ja auch geschafft.

Hier muß P ein anderes Risiko überwinden. Sie darf sich etwas nicht versagen, um sich "in" (!) die Therapie einlassen zu können und teilt mit den Worten, "das habe ich ja auch geschafft", stolz mit, die Gefahr gebannt oder gemeistert - welche Metapher man auch hier verwenden mag - zu haben. Mit anderen Worten als mit "trotzdem" teilt auch diese Patientin ihre Überwindung der Hemmung sich einzulassen mit. Die Risikoabschätzung stellt eine eigene Stufe innerhalb des Szenarios dar.

Wir haben bislang gesehen, daß dem "Sich-Einlassen" Stufen vorangehen, und können finden, daß diese Formel elliptisch den gesamten sequentiellen Ablauf des Szenarios indiziert. Mit der gleichen Formel wird aber auch eine Stufe innerhalb des Szenarios selbst beschrieben, die dessen Zielzustand bildet.

Stufe 4: Sich-Einlassen

Im folgenden Zitat sehen wir erneut die dreidimensionale Konfiguration:

> T 8/40: Das ist auf dem Hintergrund seines schweren, würde ich sagen, Autonomiekonflikts zu sehen, also seines Autarkiestrebens, in schwerster Form und seine großen Abhängigkeitsängste, daß er ja in der Beziehung zu mir sich relativ tief eingelassen hatte

Dieser Patient hat sich "tief" eingelassen; die Schwelle, die er dazu zu überwinden hatte, wird in psychodynamischer Terminologie mit Autarkiestreben und Abhängigkeitsängsten benannt. Er läßt sich nicht "auf" die Beziehung, sondern "in" die Beziehung ein und dies erzeugt in Verbindung mit der Metapher der Tiefe unvermeidlich eine Imagination, wonach der Kontakt ein Gefäß ist, das der Therapeut anbietet und bereitgestellt hat.

„Tiefe" ist hier Metapher, aber auch metonymische Anspielung auf einen ganzen Vorstellungskomplex, der mit Geborgenheit, Wärme, umfassenden „Gefäßen" assoziiert ist. Um in die Tiefe nicht „reinzufallen" - eines der abzuschätzenden Risiken, wie wir schon sahen - ist es erforderlich, aufgefangen zu werden. Die Imagination der Mutter-Kind-Dyade stellt in diesem Zusammenhang den Therapeuten Handlungsmöglichkeiten zur Verfügung. Die Formulierung der Therapeutin im folgenden Zitat zeigt, daß auch ihr diese Vorstellung vertraut ist:

> K 6/79: Er hat in Tanz und Bewegung die Partnerübungen sehr genießen können, die mit Harmonie zu tun haben, wo es um ein Wiegen geht, oder ein Sich Einlassen geht, hat sich da auch gerne auffangen lassen.

Wieder finden wir das "weiche" Bild des "Genießens", verbunden mit Harmonie; wir finden weiter, daß "Sich Einlassen" mit dem Bild des "Wiegens" durch ein additiv-anfügendes "oder" gleichgesetzt wird. Dann zeigt sich eine Ergänzung und Ausgestaltung dieser imaginativen Szene äußerst prägnant: P habe sich "gerne auffangen" lassen. Das ist erkennbar nicht wörtlich gemeint, dieser Patient fällt nicht buchstäblich, sondern er läßt sich metaphorisch in den Kontakt fallen. Damit "Einlassen" - nach den beschriebenen Vorstufen - möglich wird, muß der Kontakt nicht nur als "umfassender" wahrgenommen werden, was mit dem Risiko der Selbst-Verkleinerung verbunden ist. Er muß nicht nur in irgendeiner Weise als "nährend" vorgestellt werden können. Das umfassendere Kontaktangebot muß auch die Sicherheit gewähren, einen Sturz in die "Tiefe" des dreidimensionalen Kontaktgefäßes "auffangen" zu können, und das ist eine Leistung, die dem Patienten von seinem Therapeuten oder seiner Therapeutin angeboten werden muß. Der Patient mag sie, sofern er Kontakt in diesem Szenario imaginiert, erwarten. Aber er sucht auch in den vorangehenden Stufen die Risiken zu ermitteln, um die Gewißheit zu haben: Wenn er sich "einläßt", wird er "aufgefangen".

Stufe 5a: Ausgang als Wandlung

Wie auch in den anderen bereits beschriebenen Szenarien kommt es hier zu einem Bifurkationspunkt. Im Szenario der schrittweisen Annäherung haben wir zwischen "Liebe" und "Gewalt" als möglichen Ausgängen unterschieden. Hier finden wir, daß ein positiver Ausgang als Wandlung von den Patienten selbst beschrieben wird. Sie "fallen" nach einer Risikoabschätzung "in" den Kontakt und verlassen ihn verändert. Die Aufnahme "psychischer Nahrung", die Erfahrung, nicht "abgestürzt", sondern "aufgefangen" worden zu sein, ermöglicht diesen Wandel, der seinerseits sehr tiefgreifend zu sein scheint.

> P 12/18: und habe aber gesagt, daß ich mich trotzdem darauf einlassen will. Und - ja, in diesem Prozeß, das waren ja sechs Wochen oder acht Wochen geht das ja, da hat sich eine Wandlung auch vollzogen in der Darstellung meiner Bilder, die sind mehr vom abstrakten, sind die immer gegenständlicher geworden

Mit dem "trotzdem" überwindet P Bedenken und Zweifel, und nachdem sechs oder auch acht Wochen vergangen sind seit dem "Einlassen", findet er sich wieder mit der Selbstbeoachtung einer Wandlung. Seine Bilder sind gegenständlicher geworden, und das zeichnet er als Forschritt aus. Dieser Prozeß ist vergleichbar der Darstellung im folgenden Zitat.

> P 11/10: Ja, da ist so das Kreative in mir etwas erwacht. So irgendein Thema zu haben und sich da einfach drauf einlassen und dann was zu Papier zu bringen oder mit Ton was. Und da ist mehr Kreatives bei mir entstanden und auch so mit der Gruppe dann, da sind auch einige Sachen, wo ich dann so ein Gedankengut bekommen habe zum Nachdenken.

Diese Patientin beschreibt ihren Wandlungsprozeß etwas anders akzentuiert. Das „Erwachen“ des Kreativen weist darauf hin, daß sie ihre Kreativität als schlummerndes Potential denkt, das nur aktualisiert zu werden brauchte. Aber auch dazu war es notwendig, daß sie sich auf den Prozeß „einließ“. Wir können hier vorgreifend darauf hinweisen, daß der ungünstige Ausgang des Wandlungsprozesses in einer Art Deformierung besteht. Diese verneint die Patientin, indem sie „das Kreative in mir“ als bereits vorhandene Fähigkeit und nicht als etwas gänzlich Neues oder Fremdes anspricht. Das Eigene gewinnt Gestalt. Das Kreative, das „erwacht“, wird metaphorisch als eine eigene Person beschrieben; sie wird zwar beobachtet dabei, wie sie erwacht, und wäre damit „self-as-object“. Aber gemeint ist auch das Gegenstück: Das Kreative hat die Subjektfunktion übernommen. Der therapeutische Prozeß, in den die Patientin sich eingelassen hat, kann mit der bekannten Metapher als „Hebammenkunst“ gedeutet werden: die Patientin wird zur „Mutter“, die das „Kind“ ihrer Kreativität geboren hat. Es handelt sich um einen Produktionsvorgang, der auf seiten der Patientin Passivität erforderte; man kann nichts „machen“ (self-as-agent), man kann nur geschehen lassen („self-as-object“), und dennoch entsteht ein neues Subjekt. Was künstlerisch in der Arbeit mit Papier oder Ton geschaffen wird, kommt dann gegenständlich zur Anschauung und wird ein Stimulans, ein "Gedankengut zum Nachdenken". Die künstlerische Arbeit am Material ist zugleich Selbsthervorbringung.

In der Arbeit am Material stellt sich Selbstreferenz in der Form der Fremdreferenz her.

Was als „Einlassen“ auf ein von anderen zur Verfügung gestelltes Kontaktgefäß begonnen hat, erweist sich am Ende als „Einlassen“ auf sich selbst. Dieser Vorgang wird im Deutschen mit dem Wort „Besinnung“ bezeichnet:

> P 19/15: und wurde dann auch zunehmend ruhiger und habe mich wieder darauf eingelassen, also auch wieder auf mich besinnen.

Die Wandlung vollzieht sich am eigenen Selbst, in einer Rückbesinnung auf sich selbst; sie hat Ruhig-Werden zur Voraussetzung. Damit ist erneut das zeitliche, aber auch das passivische Moment angesprochen. P 11 und P 12 benutzen für die Wendung zum eigenen Selbst die Möglichkeiten materialer Veranschaulichungen, P 19 kommt ohne solche gegenständlichen Hilfen aus.

Man muß sich die Unterschiede zu den anderen Kontaktszenarien vor Augen führen, um die besondere Qualität dieses Kontaktszenarios zu erfassen. In allen anderen ging es um den Kontakt "mit" oder "zu" anderen Personen. Es ging um schrittweise Annäherung und resultierte in Liebe oder Gewalt; es ging um Verbindungen zwischen Personen in Form von Drähten oder Fäden. Der Kontakt ist dann "da" oder nicht; er kann gefestigt werden oder abreißen. Hier aber geht es um ein "Sich Einlassen" in ein Kontaktgefäß, aus dem die Person verändert hervorgeht. Als Mitarbeiter eines Krankenhaus, das sich "Tiefenbrunn" nennt, wird man es uns vielleicht nachsehen, wenn wir in diesem Zusammenhang auf den Hintersinn dieses Namens verweisen.

Stufe 5b: Ausgang als "Reinfall"

Allerdings kann ein "tiefer Brunnen" auch einmal zu wenig Wasser enthalten. Dann müßten sich Bilder eines "harten Aufpralls" finden.

> P 8/3: Und daß ich immer wieder ausgeschlossen wurde, weil ich in der Gruppe nicht mitgehalten habe, da ich sehr oft quer geschlagen habe, eben auch, weil ich meine eigene Meinung vertrete und sie auch kundtue, und ja das paßt diesem Umkreis, ja diesem Umfeld dann auch nicht, weil das kann den Gruppenkonsens nicht fördern.

Dieser Patient sieht sich durch Ausschluß daran gehindert, sich einzulassen. Er befindet sich in einem "Umkreis", in einem "Umfeld", wo das Vertreten der eigenen Meinung mit dem Gruppenkonsens kollidierte. Der Patient sieht die anderen Gruppenmitglieder im "Umkreis" des Gruppenkonses "enthalten" (contained), nicht aber sich selbst. Dementsprechend kann er nicht "weich" und "flüssig" werden, sondern verdichtet sich umgekehrt zu einem Geschoß: er schlägt quer. Das Umfeld bzw. der Umkreis ist seine Metapher für das Umfassendere, das

"Querschlagen" die für die Kollision. Wir sehen, wie hier mit manifest anderen, aber funktional äquivalenten Metaphern dieselbe imaginative Szene aufgebaut wird. Das Fehlen einer Flüssigkeit provoziert Verletzungsrisiken - nach Aussage des Patienten wird er hier jedoch nicht selbst verletzt, sondern stört seinerseits den "Gruppenkonsens". Dabei ist er unverkennbar stolz darauf, seine "eigene Meinung" vertreten zu haben. Die allgemeinere Frage taucht dann auf, ob er sich nicht eingelassen hat und deshalb „hart" blieb und dieses als Ausgeschlossenwerden rationalisiert oder ob für ihn umgekehrt der Mut, die eigene Meinung zu behaupten, den Wandel ausmachte; das macht seinen Stolz erklärlich. Aus dieser Textstelle allein ist hier kein Entscheid möglich.

Interessant ist, wenn auch Therapeuten die Erfahrung eines harten Aufpralls beschreiben, denn auch sie müssen sich einlassen:

> T 10/24: und noch nach der Entlassung habe ich irgendwelche Dinge erfahren über ihn, von Gerichten und von Mitpatienten, all so Dinge, die ich nicht wußte und im Grunde, daß es alles noch viel schlimmer war, als er es mir jemals gesagt hat und ich jemals vermutet hatte, ich also auch so ein bißchen äh..., wie ich einfach doch auf ihn reingefallen bin

Dieser Patient hat seinen Therapeuten offenbar getäuscht. Nach der Entlassung kommen Dinge zur Sprache, von denen der Therapeut bislang nichts wußte. "Im Grunde", so sagt er, war "alles noch viel schlimmer", und auf *diesen* Grund ist er offenbar aufgeschlagen und damit "reingefallen". Wir verstehen umgangssprachlich das Moment der Täuschung problemlos, obwohl der Therapeut darüber nicht explizit spricht. Vielmehr baut er eine imaginative Szene für die Beschreibung seines Erlebens auf, die nur verständlich wird, wenn der Kontakt als Gefäß metaphorisch konzeptualisiert wird, über dessen Inhalt und Füllung der Patient ihn im Unklaren gelassen hatte. Wenn man sich "einläßt", ohne genügend zu prüfen, worauf und worein, kann es auch für Therapeuten zu harten Abstürzen kommen.

In milden Varianten kann der Zusammenstoß mit den Wänden des Kontaktgefäßes auch wie im folgenden Zitat beschrieben werden

> P 15/3: Das ist mir hier wieder deutlich geworden, daß ich, seitdem ich in der Beziehung bin, wir sind nicht verheiratet, daß ich eigentlich viele Kontakte zu Freunden aufgegeben habe und das war irgendwo ein Fehler, sage ich so im Nachhinein. Das habe ich eigentlich vorher schon erkannt und ich wünschte mir, daß ich doch so einen, höchstens zwei Freunde doch wieder hätte vom eigenen Geschlecht. Und da wünsche ich mir schon, daß sich da eine Veränderung ergibt.

P ist hier "in" einer Beziehung eingeschlossen, nicht verheiratet, die ihn aus anderen Beziehungen ausschließt. Vielleicht könnte man sie metaphorisch als eine Art Gefängnis beschreiben. Das ist die Gefahr des Sich-einlassens. P bemerkt sie erst, als er gleichsam überall an die Wände dieses Gefäßes stößt. Viele Kontakte zu Freunden wurden aufgegeben, und eben diese Einengung will P aufgeben und sich "auf den Weg machen" zu Freunden, auch vom eigenen Geschlecht. Nur wenn das Kontaktgefäß auch wieder verlassen werden kann, ist das Szenario des Sich-einlassens vollständig „durchlaufen". Wir beenden deshalb unsere Darstellung dieses Szenarios mit einer graphischen Zusammenfassung des gesamten Ablaufs:

Das Szenario der Wandlung in graphischer Darstellung

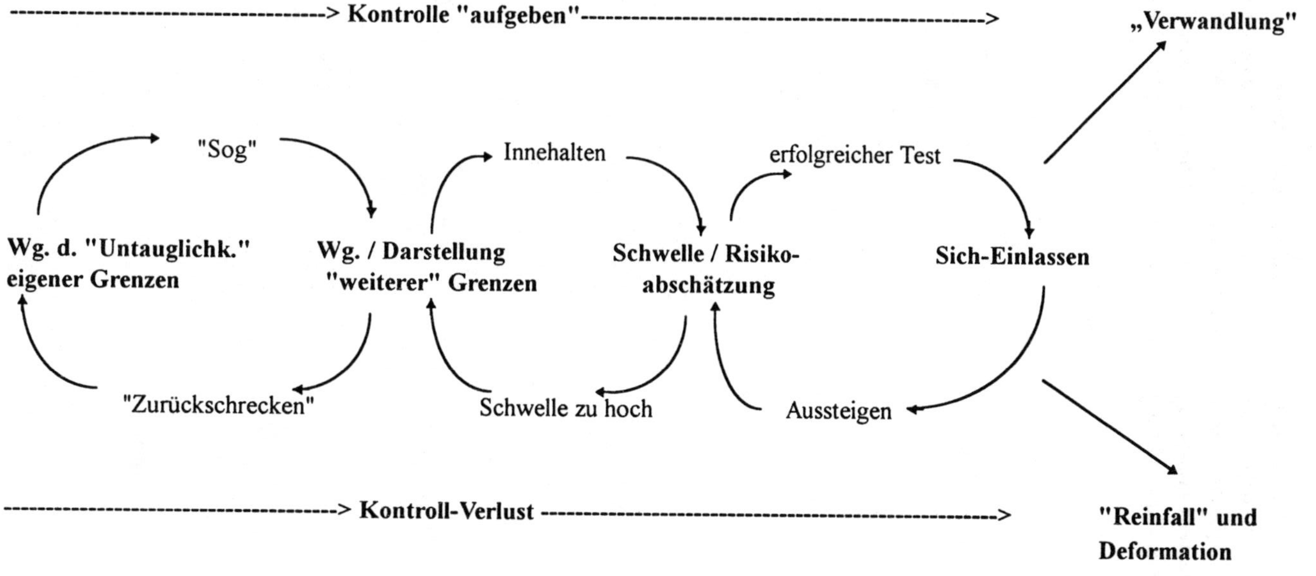

Abschließende Diskussion

Wir haben schon beschrieben, welche Leistungen die Behandler erbringen müssen, damit Patienten und sie selbst auch "sich einlassen" können. In der Tat: sich einzulassen stellt ein riskantes Kontaktunternehmen dar. Es gibt Gefahren: die alten Hemmungen könnten sich hinderlich auswirken, Beschämungen müssen ausgehalten werden, man muß sich verkleinern, eigene Grenzen verformen oder verformen lassen. Das Risiko von Verletzungen und/oder Deformierungen muß deshalb antizipierend abgeschätzt werden. Kontaktobjekte sind dabei nicht nur andere Menschen, sondern auch Materialien, insofern sich an ihnen das eigene Selbst fremdreferentiell veranschaulicht. An ihnen operiert die gleiche szenische Imagination.

Anders als in einem juristischen Kontext können Behandler die "Einlassung" nicht machtvoll fordern. Sie bieten den Kontakt, auch hilfreiche Kontaktmedien, differenziert an. Die Einlassung kann nicht erzwungen, sie kann nur vorbereitet und abgewartet werden. Auch "Sich Einlassen" benötigt deshalb wiederum Zeit. Behandler dokumentieren das in Wendungen wie z.B. "da konnte sie sich darauf einlassen". Es braucht aber nicht nur abgewartet, es kann auch dazu aufgefordert werden. Solche Aufforderung kann nur in Form einer Ermutigung explizit formuliert werden, sonst muß sie als stillschweigende Erwartung mitschwingen.

Damit ist der therapeutische Kontakt als *neue* Erfahrung thematisch, aber als neue ist sie auch riskant. Die therapeutische Bereitstellung des "Kontaktgefäßes" übt eine Art Sogwirkung aus, ist eine Verlockung - zur Selbstverkleinerung und zur Aufgabe der Kontrolle. Patienten stellen ausdrücklich dar, wie sie ihre Kontrolle aufgeben müssen und wieviel Zeit dieser Prozeß braucht. Therapeuten nehmen dies ihrerseits wahr und akzeptieren es. Eine Art Kompromiß zwischen dem dreidimensional "tiefen" Einlassen und den zu bewältigenden Risiken ist es, wenn der Kontakt als zweidimensional konzeptualisiert wird. Dann wird die konzeptuelle Metapher KONTAKT IST EIN TERRITORIUM generiert. Auf solches Territorium können sich die Kontaktpartner dann von zwei Seiten aus "einlassen". Charakteristischerweise ist die Rede dann von der Präposition "auf" ("sich auf einen Kontakt einlassen", "sich drauf begeben"), während im Fall der dreidimensionalen Imagination die Präposition "in" ("sich in den Kontakt einlassen", "sich hineinbegeben", "sich in eine Beziehung einlassen") die konzeptuelle Metapher KONTAKT IST EIN GEFÄß generiert und dokumentiert.

Dem Einlassen geht ein "Innehalten" voraus, in dem das Risiko noch einmal abgeschätzt wird. Erst wenn dieser Test erfolgreich oder befriedigend verläuft, läßt man sich ein. Therapeuten bieten dazu verschiedene Hilfen an. Sie operieren ihrerseits in der dreidimensionalen Imagination des Kontakts: sie "fangen auf", bieten - insbesondere in den gestaltungstherapeutischen Verfahren - Mittel der vertiefenden Selbstveranschaulichung, gestatten sowohl im Gespräch wie in der Körpertherapie, "weicher" oder "flüssig" zu werden und reflektieren diese Erfahrungen begleitend mit verbal-diskursiven Mitteln.

Haben Patienten "sich eingelassen", dann besteht die therapeutische Aufgabe darin, das richtige Maß regulieren zu helfen. Patienten dürfen im Kontakt weder zu "flüssig" noch zu "fest" werden, sie dürfen nicht "davondriften" oder ihre "Konturen verlieren". Der Kontakt kann aber auch als einengend wahrgenommen werden. Nicht nur Patienten, sondern auch Therapeuten können "reinfallen".

Wir wollen abschließend die Frage sondieren, was es mit diesem zentralen Risiko, zu fallen, auf sich hat. Dazu knüpfen wir noch einmal an die obigen Überlegungen an. Als präkonzeptuelles Vorbild der "Geborgenheit" haben wir in psychoanalytischer Tradition die Mutter-Kind-Situation genannt. Sie enthält die hier immer wieder gefundenen Elemente des "größeren" und "umfassenderen" Kontakts, zusammen mit einer "kleinen" Person. Zu dieser Szene der Mutter-Kind-Interaktion würden die Worte vom "Auffangen" und die Qualität des Weichen und Verflüssigten gut passen; ebenso aber auch die Angst, zu fallen oder fallen gelassen zu werden. Werden kleine Kinder in die Luft geworfen oder ziehen Eltern die Arme unter ihnen weg (um sie dann gleich wieder aufzufangen), löst dies den sog. Moro-Reflex aus: die Luft wird hörbar scharf eingezogen, die Augen sind schreckhaft geweitet, die Arme strecken sich nach oben. Dies alles ist begleitet von einem deutlichen Angstaffekt, der sich in Wonne im Augenblick des Auffangens umwandelt. Es ist vielleicht keine zu große Spekulation, wenn wir vermuten, daß es eben diese Angst ist - und die noch-Unsicherheit, ob die Behandler "auffangen" können - , die die Patienten bei der Risikoabschätzung sondieren. Kommt diese Einschätzung zu einem positiven Ergebnis, können sie "weich" und "genießerisch" sich in den Kontakt fallen lassen, und das entspricht präzise der körperlichen Entspannung, die den Moro-Reflex aufhebt. Wir sehen hier, daß dies Szenario eine körperliche Grunderfahrung wiedergibt. Der Körper spricht; aber seine Erfahrung wird nicht einfach wiederholt, sondern auf das psychische Gebiet metaphorisch projiziert, und dann finden sich tatsächlich alle Elemente - allerdings nicht körperlich konkretisiert, sondern metaphorisch umgewandelt. Das ist die Chance einer Psychotherapie, die auf Sprechen als Medizin setzt, und wir haben gesehen, wie Behandler diese Chance nutzen. Patienten können sich dann "trotzdem" einlassen, sie gehen Risiken ein und wagen den "Sprung" in ein Kontaktgefäß, welches dann auch ein Sprung aus der einen Dimension (z.B. der "Realität", wie es in einem Zitat hieß) in eine andere Dimension ist. Sie springen in die Tiefe, ihr Erleben ist "intensiv", und wenn sie das Kontaktgefäß verlassen, ist manchmal das Kreative in ihnen "erwacht". Jedenfalls kehren sie nicht einfach wieder "in" die alte Dimension, in die alte Realität zurück. Ihre eigene Veränderung verändert auch die ge- und erlebte Realität - und diese, vielleicht nur passagère Aufhebung konventioneller Unterscheidungen zwischen der Person und ihrer Welt ist wahrscheinlich das Entscheidende an einem therapeutischen Kontakt.

Kommt es zu einem "harten Aufprall", zu einem Zusammenstoß mit der Realität, werden hingegen alte Grenzen bestätigt. Das wird von Patienten wie Behandlern als schmerzhaft - und bei dieser Metapher sehen wir wieder die Übertragung vom Körperlichen auf das Psychische - beschrieben. Im Fall der Wandlung jedoch ist beides, die Veränderung der Realität und die des Patienten, schwer unterscheidbar geworden und diese temporäre Aufhebung der konventionellen Differenzierung zwischen beiden ermöglicht eine neuen Grenzziehung.

Das Szenario der Wandlung ist krisenhaft. Es muß kunstvoll, kann aber nicht dauerhaft installiert werden, da dies die Ressourcen aller Beteiligten überfordern würde. Man kann sich nicht unentwegt krisenhaft wandeln, es braucht Perioden der Ruhe. Kontaktgefäße können aber auch deshalb nicht zu einem dauerhaften Ort des Wandels werden, weil sie gegen Außenreize abgeschirmt sind. Das übertragene Kind stirbt an seinen eigenen Abfallprodukten. Die „Rückkehr in den Mutterleib" ist nicht real zu haben, auch wenn manche Patienten sich das buchstäblich wünschen mögen. Entscheidend im therapeutischen Kontakt ist der Erwerb eines Sinns für solche metaphorischen Wünsche bzw. die Umwandlung solcher Wünsche, wenn sie als buchstäbliche bestehen, in metaphorische. Hier wollen wir noch einmal darauf hinweisen, daß wir davon gesprochen hatten, Denken sei nicht nur Probehandeln, sondern bestehe in der Umwandlung eines unlösbaren Problems in eine lösbare Situation. Die therapeutische Lösung besteht darin, buchstäbliche Wünsche in Metaphern für den Kontakt zu transformieren. Das geht dann, wenn man die Vorstellung verabschiedet, solche Wünsche seien „früh", „archaisch", oder „primitiv". Dann können sie nicht umgewandelt, sie müssen vielmehr frustriert und es muß Verzicht auf sie gefordert werden.

Als Metapher für lebensgeschichtlich einzuleitende Wandlungsprozesse sind sie jedoch nicht „archaisch". Wir verstehen dann gut, weshalb therapeutische Kontakte auch als sozialer Uterus beschrieben worden sind.

Synopsis: Die Kontaktszenarien in der Interaktion

Im Rahmen einer metaphernanalytischen Darstellung der Kontaktszenarien dürfte es nicht überraschen, wenn wir eine tabellarisch-bildhafte Darstellung der Imaginationen des Kontakts wagen. Denken mit dem Bild, wie es in einem Zitat hieß, das scheint die eigentümliche Leistung der Metapher als einer kognitiven Strategie zu sein, und so wollen wir die entwickelten Kontaktszenarien im Überblick darstellen:

Körperschema	**von**		**neg. Ausgang**	**pos. Ausgang**
PFAD	Anzeige	===>	"Gewalt": Eindringen	"Liebe": Öffnen
KRAFT	Energiestrom	===>	Devitalisierung: Isolation, "Funkstille"	Vitalisierung: "Zünden"
LINK	Anknüpfen	===>	Labilisierung: Abreißen oder sich Verwickeln	Stabilisierung: "reißfestes Tau"
CONTAINER	Wahrnehmung eines Kontaktgefäßes	===>	Deformation/ Erstarrung, Reinfall	Neuformation: Wandlung

Wir wollen hier, außer der Absicht zusammenzufassen, auf einen weiteren Gesichtspunkt aufmerksam machen. Die Metapher ist, wie Paul Ricoeur (1986) einmal formulierte, nicht das Problem; sie ist die Lösung eines Problems. Wir meinen, die Richtigkeit dieses Satzes zu bestätigen und zu vertiefen, wenn wir sagen: nicht die einzelne konzeptuelle Metapher, sondern das Szenario ist die *Lösung* eines interaktiven Problems. Indem wir hier so fokussieren, wollen wir noch einmal auf die Frage zurückkommen, warum überhaupt Metaphern und Szenarien des Kontakts verwendet werden? Warum sagt man nicht einfach direkt, was man will?

Wir haben gesehen, daß die Szenarien als Ablaufmuster subtile Abstimmungen zu organisieren, mitzuteilen und zu formulieren gestatten. Man reagiert sensibel auf die Art der Beantwortung und setzt den Kontakt über verschiedene Stufen zu den möglichen Ausgängen fort. Wir haben weiter gesehen, daß die Szenarien, gerade wegen ihrer graduellen Abstufungen, vielfache Möglichkeiten zur Darstellung, zur Modulierung *und* zur therapeutischen Beeinflussung von Kontaktschwierigkeiten bieten. Welches allgemeine Problem eigentlich wird so gelöst?

Um diese Frage zu beantworten, verknüpfen wir die dokumentierten konzeptuellen Metaphern mit dem Grundproblem der *doppelten Kontingenz* (Luhmann 1984) des Sozialen. Damit ist gemeint, daß alles, was innerhalb einer sozialen Interaktion geschieht, nicht einseitig determinierbar ist. Wer Kontakt will, ist immer abhängig davon, daß er auch gewährt wird. Eine wie immer geartete "Kontaktanzeige" kann kontingent von den Umständen anders gesehen, sie kann immer auch anders interpretiert werden. Damit zu "rechnen", daß der Andere immer anders interpretieren kann, und dies als Erwartung ins eigene kommunikative Kalkül einzubauen, beschreibt schon einen Aspekt von interaktiver Kompetenz. Der Andere kann dann diese Erwartung erwarten und muß seinerseits damit operieren. Diese beidseitige Kompetenz erlaubt, die dauernde Instabilität jedes Kontakts erträglich zu reduzieren, obwohl man nie ganz sicher sein kann. Wir meinen, daß die Funktion der gewissermaßen „vorformulierten" Szenarien in diesem komplexen Kontext ist, daß die Kontaktpartner sich wechselseitig in höchst ökonomischer Weise indizieren können, welche weiteren Schritte sie erwarten. Damit bietet die Verfügbarkeit von Szenarien eine kaum zu überschätzende Möglichkeit, Unsicherheit zu reduzieren. Man stelle sich einmal vor, es gäbe keine vorformulierten Szenarien: Wie käme je Kontakt oder noch mehr: Kontaktentwicklung zustande, wenn man sich nicht nur zum Kontakt, sondern diesen auch noch selbst immer erst verabreden müßte?

Ein damit zusammenhängendes Problem hatte MacIntyre als *indefinite Reflexivität* angesprochen. Es bedarf der Ratifizierung des je Anderen, damit der Kontakt sich entwickeln kann. Er kann nämlich mit seinen Äußerungen auch vorangehenden Äußerungen von Ego *rückwirkend* andere Bedeutungen geben. Wir hatten dies als *Nichtlinearität* sozialer Interaktionen beschrieben. Wenn aber nichts am Kontakt schon feststehende Bedeutung hat, wenn der Kontakt ein "leeres Konzept" ist, wird es umso wichtiger, Prozeduren zur Verfügung zu haben, welche die Bedeutungsgebungen so leisten, daß *Fest*stellungen wenigstens vorübergehend getroffen und Orientierungen möglich werden können. Sie werden dann ein fixer Punkt, von dem aus die Entwicklung weitergehen kann[98].

---

[98] In praktischen Verständigungen impliziert das oft die Täuschung, der fixe Punkt sei nicht selbst Teil der Kommunikation, sondern "außerhalb" von ihr. In dem Augenblick, wo sol-

Ein schönes literarisches Beispiel für die Probleme der doppelten Kontingenz, der indefiniten Reflexivität und der Nichtlinearität hat Henning Boetius in seinem Roman über Arthur Rimbaud gegeben. Der Roman ist als Ich-Erzählung geschrieben. Eine kleine Szene daraus (Boetius 1995, S. 32):

> "Ich zog den Vorhang vor Henrikas Wagenfenster und legte mich zu ihr. 'Weißt du', sagte ich damals, 'es fällt mir schwer, von meinem Leben der Reihe nach zu erzählen, Vielleicht weil ich damals älter war als heute. Ich habe manchmal rückwärts gelebt. Jetzt lebe ich vorwärts.'
> 'Ich lebe auf der Stelle', sagte Henrika. 'Ich glaube, das ist eine Fähigkeit, die du dir wünschst, weil du sie so entbehrst..."

Rimbaud wird als "vorwärts" und "rückwärts" lebend vorgestellt, und in dem Moment, wo er eben dies kommuniziert, erfährt er kontingent, daß Henrika es anders macht; sie lebt "auf der Stelle". Beide müssen zur Kenntnis nehmen, daß weder das eine richtig noch das andere falsch, sondern die biographische Zeit eine Konstruktion ist, die kontingent durch den Kontakt geändert bzw. zur Disposition gestellt werden kann, oder daß die Andere sie anders konstruiert mit eben demselben Recht. Sie können das kommunizieren durch die Möglichkeit der metaphorischen Projektion der Zeitvorstellung in einen Raum, in welchem ein Körper sich vorwärts oder rückwärts drehen und wenden oder auf der Stelle stehen kann. Diese metaphorische Projektion ist hier erkennbar kein Problem, sondern Lösung - für die Verständigung über sonst unvereinbare Konstruktionen biographischer Zeit. Sie entlastet Kommunikation von solchen Dispersionen wie Nichtlinearität, doppelter Kontingenz oder infiniter Reflexivität. Kontakt produziert Unschärfen, Zerstreuungen und Ungenauigkeiten, und deshalb muß überhaupt (weiter) kommuniziert werden. Kommunikation muß aber auch ihre Produktion entsorgen und eine Antwort auf den selbsterzeugten kommunikativen Lärm, auf ihre eigenen „Abfallprodukte" finden. Eine Antwort, wie zwischen „Wertvollem" und „Abfall" unterschieden wird, ist die Hervorbringung von Szenarien des Kontakts. Sie sind flexibel genug, um den Ausdruck persönlicher Individualität zu erlauben, und zugleich stabil genug, um den Kontakt nicht ständig mit seiner Neu-Erfindung belasten zu müssen. Szenarien des Kontakts sind gleichsam kommunikative Gattungen, die relativ unabhängig von den konkreten Personen existieren, aber dennoch nur deshalb anschlußfähig sind für solche konkreten Personen, weil sie ihren körperlichen Schematisierungsvorgaben entsprechen. Wir wollen nicht die Kommunikation vor dem Körper privilegieren und formulieren deshalb scheinbar entgegengesetzt: Es ist der Körper als

---

che Fest-Stellungen in Frage gestellt oder angegriffen werden, zerfällt die stabilisierende Täuschung, der fixe Punkt muß verlassen werden. Man muß, wie die Metapher dafür lautet, Positionen räumen. Wir kennen das aus Streitigkeiten zwischen Paaren. Die Kommunikation sucht sich alsbald andere Fixierungen - denn sie kann nicht anders.

„Bedeutungsgenerator", der die Szenarien des Kontakts durch metaphorische Projektion seiner Schemata in die Sprache hervorbringt und so die Szenarien erzeugt. Wir setzen also Körper und Kommunikation als gleich-ursprünglich für das Kontaktgeschehen an. Szenarien des Kontakts werden von den körperlich fundierten Schemata erzeugt *und* von der Kommunikation zur Verfügung gestellt. Sie bringen entlastende Stabilisierungen hervor und ermöglichen dennoch individuelle Gestaltungen. Das ist eine integrative Leistung, deren Wert man nicht hoch genug veranschlagen kann. Wie das geschieht, zeigen die Szenarien, die auch noch Möglichkeiten für die Darstellung von Kontaktstörungen bereitstellen. Sie ruhen in ihrer sequentiellen Logik auf der Körpererfahrung auf. Berühren kann erst nach dem (metaphorischen oder wörtlichen) „Zugehen" stattfinden. Aber die sprachliche Kommunikation kann sich in einem gewissen Umfang von der Körpererfahrung emanzipieren; sie kann z.B. zeitliche Abläufe als reversibel vor- und darstellen.

Doppelte Kontingenz mit ihrer in die Interaktion "eingebauten" Möglichkeit zur Erzeugung rückwirkender Effekte hat mit dem Problem zweier Rahmungen für die Zeit - wie der Dialog zwischen Rimbaud und Henrika schon zeigte - fertig zu werden. Einmal wird Zeit "objektivierend" kontextualisiert. Hier ist sie chronologisch und linear ohne "Zurück" und "Voraus". Dann aber gibt es die "Zeit der Interaktion", in welcher ein Ereignis präsent werden kann, dessen Zeit schon abgelaufen ist, oder ein anderes Präsenz erlangt, das noch nicht eingetreten ist. Diese doppelte Rahmung der Zeit finden wir auch in den Szenarien und wollen dies im einzelnen noch einmal verdeutlichen.

So muß im Szenario der schrittweisen Annäherung die Kontaktanzeige zunächst einseitig erfolgen. Ein *interaktives* Ereignis aber wird sie erst auf der Stufe der Wahrnehmung - und damit stellen sich nicht nur zeitliche Verzögerungen, sondern auch rückwirkende Effekte ein. Wird eine Kontaktanzeige nicht wahrgenommen, so läuft sie einfach leer und wird kein interaktives Ereignis. Wird sie hingegen erkennbar wahrgenommen und bleibt dennoch unbeantwortet, dann hat sich ihr Charakter bereits verändert: sie ist eine "abgewiesene" Kontaktanzeige geworden. Die strukturelle Abhängigkeit vom "Entgegenkommen" des Anderen ist durch das Szenario der schrittweisen Annäherung subtil darstellbar. Das, was sich zuvor ereignete, wird in der Zeit der Interaktion rückwirkend qualifiziert.

Dennoch kann sich der Kontakt nur in der chronologischen Zeit realisieren, denn seine Realisierung braucht mitlaufende Abstimmungsprozeduren und Synchronisierungen. Wird diese Chronologie, wie wir gesehen haben, unabgestimmt beschleunigt, wird dies als "überrennen" (oder mit anderen funktional äquivalenten Metaphern) thematisch. Umgekehrt imponieren zeitliche Verzögerungen als "Hemmung" und finden so ihre Metaphern. Solche Metaphern konstatieren, daß die Struktur der interaktiven Zeit nicht ohne Kosten außer Kraft zu setzen ist.

Die wechselseitige Abhängigkeit der Kontaktobjekte von Einigungen in der "chronologischen Zeit" wird verräumlicht und damit sowohl darstellbar als auch kommunizierbar. Die Metapher löst hier das Problem der gleichzeitigen Darstellung verschiedener Zeithorizonte.

Anders verhält es sich mit der Zeit beim Szenario der elektromagnetischen Kontaktkräfte, welches die Kontaktentwicklung auf einen Moment verdichtet. Die vielfach vorgefundene Formulierung, den Kontakt "abzuschalten", impliziert, daß er auch angeschaltet werden könne; in einer Sekunde ist er da. Eine solche Imagination, von uns als "on/off-pattern" beschrieben, gehört zur inneren Dimension des Kontakts. Diese Metaphorik hat, wie wir gesehen haben, einen hochgradig limitierenden Effekt sowohl auf die Kontakterfahrung selbst wie auch auf die Kontaktobjekte und -medien. Wir haben gesehen, daß einige unserer Interviewpartner über Personen sprechen, mit denen sie beispielsweise zum Essen gehen, aber das gilt ihnen nicht als Kontakt, denn da war "keine Wellenlänge" da. Die Imagination des Szenarios ist gleichsam angetrieben von der Suche nach einem Kontakt, der sich "von selbst" ergibt. Es formuliert eine tiefe menschliche Sehnsucht nach Unabhängigkeit von der Zeit und den Problemen der doppelten Kontingenz und schließt zugleich die Idee der zeitverbrauchenden Arbeit (am Kontakt) aus. Die im Szenario der schrittweisen Annäherung stets mitimaginierte Notwendigkeit der Abstimmung erscheint hier geradezu als überflüssig. Kontakte, die in der einen oder anderen Form erarbeitet werden müßten, werden geringgeschätzt; sie gelten nicht einmal als "Kontakt". Daß diese menschliche Sehnsucht mit einer technischen Metaphorik formuliert wird, ist ein Beispiel für deren Einbettung in einen weiteren kulturellen Code, wonach menschliche Hoffnungen mit technischen Mitteln realisierbar erscheinen.

Die beiden letzten Szenarien implizieren wiederum eine sequentielle Logik. Die Vorstellung, einen Kontaktfaden aufzunehmen und mit dem eines anderen zu verknüpfen, versucht mit anderen Metaphern für Handlungsbeschreibungen das Problem der doppelten Kontingenz zu beantworten. Die metaphorische Konzeptualisierung ist hinsichtlich der wechselseitigen Abstimmung vergleichbar der Kontaktanzeige und der "Wahrnehmung" im Szenario der schrittweisen Annäherung. Zugleich aber erhellt aus unseren Analysen, daß Kontakt hier stets mit jemandem "aufgenommen" wird, zu dem er durch den gemeinsamen Bezug auf Kontaktmedien virtuell schon besteht; der gemeinsame Bezug entlastet von der Notwendigkeit personaler Abstimmung. Dies deutet an, daß dieses Szenario ein besonderes Potential hat, den Kontakt bei bestehender sozialer Distanz metaphorisch zu konzeptualisieren. Es ist der Kontakt, der "aufgenommen", "verknüpft", "fallen gelassen", oder "zerrissen" wird. Es ist der Kontakt, der sich verändert, nicht die Person. Man geht nicht auf eine Person zu und verändert dabei den eigenen Standort, sondern man nimmt Kontakt auf - und kann dabei "stehen bleiben". Das eine zielt imaginativ auf die Person, das andere auf den Kontakt. Hier löst die Metaphorisierung den Konflikt zwischen Stabilität und Flexibiltät. Wird ein Faden aufgenommen, dann flexibilisiert man das ganze Netz mit allerdings schwer einschätzbaren Folgen für Dritte und weitere Beteiligte. Läßt man es sein, erhält man die Stabilität, aber der Kontakt entwickelt sich nicht. Das Faden-Szenario zeigt so eine fast paradoxe Möglichkeit zur Lösung an: Entwicklung (des Kontakts) ohne Veränderung (der Person).

Das Szenario der Wandlung konzeptualisiert eine ganz andere Imagination. Die Suche richtet sich nicht auf eine andere Person, auf die man zugeht oder zu der man einen Draht hat. Es geht auch nicht darum, einen Kontaktfaden anzuknüpfen, es geht darum, sich "einzulassen" in ein größeres Kontaktgefäß, um im Kontakt eine Tiefe zu erfahren, die anders nicht vorgestellt werden kann. Es geht um ein "Jenseits des Kontakts" - durch den Kontakt. Das "Sich Einlassen" erfolgt aber stets nur passagèr, es wird als ein vorübergehendes Ereignis imaginiert. Die "Zeit der Interaktion" erscheint vorübergehend aufgehoben innerhalb eines durch die chronologische Zeit gesetzten Rahmes. Die Abhängigkeit von der Fähigkeit des Anderen, ein Kontaktgefäß bereit zu stellen und zu halten und "Abstürze" auch "auffangen" zu können, ist unvergleichlich gesteigert. Die doppelte Kontingenz wird vorübergehend zu einer einfachen Kontingenz zurückgenommen. Das geschieht auch auf seiten der Behandler. Auch für sie ist es nicht immer leicht, sich einzulassen. Sie können auch selbst "deformiert" werden, nach dem und durch den "Reinfall". Von allen Szenarien des Kontakts hat dieses in der Therapie eine exquisite Bedeutung.

Die antizipative Struktur der Szenarien

Wir haben die Nichtlinearität von Interaktionen einleitend beschrieben und fanden dafür reiche Evidenz. Alle Szenarien haben eine eigentümlich antizipative Struktur: Sie sind imaginativ von ihren Endpunkten her organisiert. Wer auch immer auf einen Kontakt "eingeht", sich auf ihn "einläßt", ihn "ankúpft" oder wartet, daß es "funkt", hat schon zu Anfang dessen Ende und Ziel vor Augen - auch, wenn dies nicht immer erreicht wird. Dies vor Augen - das motiviert Versuche der Beschleunigung oder Verzögerung der Szenarien. Man kann Stufen überspringen oder auf einer verharren; aber wir haben gesehen, daß das Probleme aufwirft, die klinisch als Kontaktstörungen imponieren.

Wir wollen dies noch einmal an einem Beispiel illustrieren: Männer untereinander gehen im Szenario der schrittweisen Annäherung bis zur Stufe des Berührens. Was dann geschieht, wird kompromißhaft als „Sich Reiben" beschrieben. Sowohl eine zartere Form der Berührung als auch die Stufe des „Eindringens“ ist wegen der homoerotischen Komponente tabuisiert. Solches Vermeiden wird vom Endpunkt des Szenarios her konstruiert. Das Endziel wird antizipiert, seine Vermeidung von hier aus imaginiert, und so wird die Abbremsung des Kontakts mit Folgen für die Verlangsamung der "Zeit der Interaktion" motiviert. Der Kontakt geht dann nicht weiter. Im Faden-Szenario kann man Kontakte aufnehmen, knüpfen und halten - und dann ebenfalls vermeiden, sie sich zu den übrigen Stufen entwickeln zu lassen, wenn "Verstrickung" sich ankündigt. Die gleiche antizipative Struktur findet sich beim Szenario der Wandlung; wir haben ausführlich gesehen, wie genau unsere Interviewpartner die Risiken abschätzen, „weich“ und „flüssig“ zu werden - weil sie das ganze Szenario imaginativ präsent halten. Wer sich einlassen will, muß andere adaptive Leistungen gegenüber einem imaginierten und antizipierten Ziel erbringen als einer, der wartet, ob "es funkt".

Die Metaphern des Kontakts und seine Szenarien sind je verschieden metaphorisierte Lösungen der Probleme von Interaktion: zwischen Einsamkeit und den Gegebenheiten doppelter Kontingenz, zwischen Sehnsucht und den Nöten ihrer Realisierung, zwischen verstrickender Stabilität und verunsichernder Flexibilität, zwischen vorauslaufender Antizipation und rückwirkenden Effekten und schließlich zwischen der imaginierten Vorstellung, dem Versuch der Darstellung und dem Hinnehmen dann erfolgender Feststellungen.

Die Szenarien erlauben, diese Gegensätze zu prozessieren, ohne sie aufheben zu können. Ohne daß der Kontakt von Szenarien vorformuliert wäre, würde die Kontakterfahrung chaotisch und gar nicht zustande kommen; ohne die imaginative Antizipation des Endziels könnte das Szenario nicht vielgestaltig und individualisiert arrangiert werden. Die eigentliche kommunikative Leistung ist die Balancierung zwischen diesen Polen der Chaotisierung und der Schablonisierung. Wo die Schablone dominiert, wird die innere Dimension der Kontakterfahrung verkürzt, wo imaginativ das Chaos überwiegt, droht das Risiko, daß der Kontakt gar nicht zustande kommt, weil der Andere sich nicht anschließen kann.

Aber immer ist solche Balancierung zwischen den Polen nicht Leistung einer Person allein, sondern erfordert eine Synchronisierung des Kontakts von mindestens zwei Personen. Solche Abstimmungen erfolgen in der Interaktion nicht nur verbal, sondern durch Blicke und Gesten, Körperhaltung und Stimmlagen. Aber es ist, wie wir meinen, doch außerordentlich beeindruckend zu sehen, wie genau unsere Interviewpartner ihre nonverbalen Erfahrungen verbal mitteilen können; Erfahrungen, von denen meist angenommen wird, sie lägen - weil sie eben nonverbal sind - unterhalb der Bewußtseinsschwelle und seien deshalb nicht mitteilbar. Wir können demgegenüber darauf verweisen, daß in unserem Material vielfältige sinnlich-anschauliche Metaphern der körperlichen "Präsentation im Kontakt" zur Sprache kommen.

Kontakttriaden - Kontaktszenario und Ergebnis der Behandlung

Wir möchten nun wissen, ob Behandler und Patienten ihre Kontaktszenarien auch konzeptuell-kognitiv aufeinander abstimmen, wie sie das tun und ob eine Beziehung zwischen einer möglichen Angleichung der Kontaktmetaphern und dem Behandlungsergebnis abgeschätzt werden kann? Damit wenden wir uns der Frage der "Passung" (Strauß und Burgmeier-Lohse 1995) bzw. des "matching" zwischen Therapeut und Patient (Kantrowitz et al. 1989, Kantrowitz 1995) zu.

Bislang haben wir unser Material als homogen behandelt; es dokumentierte uns das Vorhandensein von Kontaktszenarien in der therapeutischen "Ethnie" unserer Klinik. Nun wollen wir aber die Unterschiede zwischen Patienten, Einzel- und Komplementärtherapeuten nicht weiter ignorieren, sondern sondieren, ob eine gelingende Abstimmung der Kontaktszenarien mit therapeutischem Erfolg quittiert wird oder nicht.

Das Tiefenbrunner Abschlußinterview (Schöttler und Buchholz 1993) endet mit einer Aufforderung an die Interviewpartner, den Behandlungserfolg auf einer Likert-Skala von -3 bis +3 einzuschätzen. Alle Interviewten müssen das tun. Dabei wird zwischen "Zufriedenheit" und "Nutzen" unterschieden. „Zufriedenheit" bezieht sich auf die Einschätzung des gesamten Aufenthaltes; hier gehen Bewertungen der äußeren Rahmenbedingungen wie z.B. das Gelände, Essen und Verpflegung, die Unterbringung ebenso ein wie Momente eines längeren Krankenhausaufenthaltes, die nicht in einem engen Sinne zur psychotherapeutischen Behandlung gehören. "Nutzen" dagegen bezieht sich auf die Behandlung selbst im engeren Sinn.

Diese beiden Dimensionen werden noch einmal differenziert bezüglich der verschiedenen Elemente der Behandlung (Wie wird Nutzen/Zufriedenheit des Kontakts zum Pflegepersonal, die Beschäftigungstherapie, die Visite, die Parkmöglichkeiten, die Mitpatienten etc.) eingeschätzt. Neben dieser differenzierenden Bewertung wurden unsere Interviewpartner zu einer Gesamtbeurteilung ihres Aufenthaltes aufgefordert.

Wir wollen diese Daten hier nicht statistisch aufbereitet mitteilen. Die Erhebung solcher Daten in einem Interview ist "wachsweich", man weiß weder genau, was man erhoben hat, welche Bedeutung bei der Einschätzung von Nutzen und Zufriedenheit der zum Interview-Termin gegenwärtige Kontext der Entlassung bzw. Verabschiedung/Trennung spielt, noch scheinen sich unsere Interviewpartner besonders sicher. In fast jedem Interview spielt sich deshalb ein "Eiertanz" um diesen Teil der Befragung ab, von dem wir ein Beispiel geben wollen, um unsere

Zurückhaltung bei der statistischen Aufarbeitung zu illustrieren. Wir vermuten, daß sich vergleichbare Schwierigkeiten auch bei anderen Datenerhebungen solcher Art zeigen müßten, und wir genieren uns daher nicht, hier offen darüber zu sprechen.

Nachdem die Interviewerin die Art der Skala und die Bedeutung der Werte als eine Art "Notengebung" erklärt hat, sagt ein Patient:

> P: Ja, es ist schwer. Ich kann nicht sagen, daß ich zufrieden bin. Na ja, eher ein wenig, nicht ganz zufrieden. +1 wäre schon - es sieht besser aus, als es geschrieben steht.
>
> Int.: Also würde es eher zu 0 tendieren? Oder geht es in den negativen Bereich?
>
> P: Ja, eigentlich mehr unzufrieden.
>
> Int.: Und wie stark unzufrieden?
>
> P: Ich wollte es nicht ganz abwerten, ich würde -2 nehmen. Ein paar Wochen später könnte ich sagen, im Endeffekt hat es mir doch einiges gebracht..
>
> Int.: Das wäre dann ein anderer Akzent. Deswegen unterscheide ich auch zwischen zufrieden und was Ihnen genützt hat. Das ist noch mal ein Unterschied.
>
> P: Ein wenig. Nicht ganz zufrieden würde doch mehr passen.

Zwar kommen alle Interviewpartner irgendwann zu einer Festlegung auf einen numerischen Wert - der soeben wiedergegebene Patient entscheidet sich für eine Beurteilung von Nutzen und Zufriedenheit mit dem Wert -1. Aber wir haben den Eindruck gewonnen, daß der "Eiertanz" davor das im Grunde interessantere Phänomen darstellt. Es läßt sich in der zitierten Passage nicht mehr unterscheiden, wie und was der Patient bewertet, welchen Einfluß die Fragen der Interviewerin hier nehmen, auf welchen inneren Maßstab der Patient sich bezieht oder wie groß die Rolle des Zeitpunktes der Befragung ist („ein paar Wochen später könnte ich sagen, im Endeffekt..."). Würde man solche Daten durch einen Fragebogen erheben, erhielte man sie zweifellos in einer klarer scheinenden Version - aber gerade die Interviewfassung macht erkennbar, wie außerordentlich komplex der Prozeß der Bewertung einer Behandlungserfahrung ist. Der Patient gibt eine Note, aber wenn man über den Notenschlüssel dazu nicht verfügt, wird man auch kaum die Melodie vernehmen können.

Unsere therapeutischen Interviewpartner lassen deutlich erkennen, daß sie einen Zusammhang zwischen der Erfolgsbewertung der Behandlung und der Kontakterfahrung sehen:

> K 15 (antwortet auf die Frage nach der Zufriedenheit): Ich schwanke zwischen -1 und +1, also gar nicht zwischen 0 und -1, ich bin also eher ein wenig zufrieden, also dieses 'eher ein wenig - nicht so ganz' ist wirklich, kommt so durch dieses, wie wird es, wenn der wirklich draußen ist mit den Kontakten, schafft der das, die Grenzen zu

> ziehen, oder wenn sich auch jemand einläßt auf ihn, schafft er das dann, wenn wirklich eine engere Beziehung ansteht?

Deutlich wird hier der Behandlungserfolg von den zukünftigen Erfahrungen und den zukünftigen, aber schwer einschätzbaren Kontakten abhängig gemacht. Eine Therapeutin hilft sich aus dieser Schwierigkeit mit der Metapher von der Deckungsgleichheit der Beurteilung:

> T 15 (antwortet unmittelbar auf die Frage nach seiner Einschätzung von Zufriedenheit und Nutzen): Ich könnte mir vorstellen, daß wir deckungsgleich wären bei +1, sowohl von seiten des Patienten als auch von meiner Seite

Hier schimmert eine andere Idee vom Erfolg durch: Der Behandlungserfolg besteht nicht in einer möglichst hohen "Note", sondern eher in der Übereinstimmung zwischen den Beurteilenden. Behandlungserfolg kann demnach in zweifacher Weise definiert werden: als maximaler „outcome" beim Patienten allein oder als „Übereinstimmung" zwischen Behandler und Patient. Beide Erfolgsdefinitionen wenden wir im folgenden an, wenn wir uns dem Problem der Passung von Kontaktszenario und Behandlungsergebnis (zwischen Patient und Behandlern) zu nähern versuchen.

Wir entschieden uns zu diesem Zweck für die Methode des Extrem-Vergleichs von Interviewtriaden nach den beiden genannten Erfolgsdefinitionen. Wir haben tabellarisch die Gesamt-Bewertung der Behandlung bezüglich Zufriedenheit und Nutzen, dargestellt durch Patienten und Behandler, aufgelistet. Diese Tabelle diente uns dazu, jene Interviewtriaden auszuwählen, die hinsichtlich der beiden Erfolgsdefinitionen die Extreme darstellten. So wählten wir die beiden Interviewsets aus, in denen die Patienten selbst maximalem Mißerfolg bzw. maximalen Erfolg beurteilt hatten, um die Kontaktszenarien beider Interviewsets weiter analysieren zu können.

Definiert man Erfolg als Übereinstimmung der verschiedenen Beurteiler, dann wird das Kriterium der Auswahl von Interviewsets die Differenz der Beurteilung zwischen Patienten und Behandlern. Da die Erfolgsdaten so "wachsweich" sind, wollten wir hier die Bedingung einführen, daß als Diskordanz nicht nur eine Differenz um einen oder zwei Punktwerte ausschlaggebend sein könne, sondern zusätzlich die Richtung der Beurteilung sich unterscheiden müsse: Wo einer der Befragten einen Erfolg sieht, muß der andere einen Mißerfolg sehen. Dasjenige Interviewset mit größter Übereinstimmung zwischen den Beurteilern bezeichneten wir als „konkordante Bedingung".

Demnach wollen wir hier vier Interviewsets bezüglich der beschriebenen Kontaktszenarien miteinander vergleichen.

Maximaler Mißerfolg

Patient 4 bewertet Nutzen und Zufriedenheit seiner Behandlung insgesamt jeweils mit -1. Dies ist das negativste Ergebnis in unserem Material. Der Einzeltherapeut bewertet das Gesamtergebnis mit 1,5; aus dem komplementärtherapeutischen Bereich wird die Zufriedenheit mit 0, der Nutzen der Behandlung mit +1 bewertet. Wir wählen dieses Interviewset wegen der Perspektive des Mißerfolgs aus, sehen aber auch gleichzeitig die Diskordanz-Bedingung in der Beurteilung erfüllt. Es handelt sich aber nicht um die von uns später zu analysierenden Interviews mit extremer Diskordanz. Vielleicht ist es dennoch kein Zufall, daß der Patient mit dem überhaupt subjektiv schlechtesten Behandlungsergebnis auch nicht mit seinen Therapeuten übereinstimmt. Sehen wir uns einige Zitate an:

Die Metaphorisierungen des Patienten

Der Patient metaphorisiert seine Kontakterfahrung häufiger als quantifizierbare Substanz, spricht von Kontakten als „mehr oder weniger". Die Qualität des Kontakts selbst bleibt leer:

> "Ja, ich kann nicht sagen, daß mir das Pflegepersonal, daß das was geschadet hat, aber großartig was gebracht hat's mir auch nicht. Ja gut, sagen wir mal, 'n bißchen, weil, die sind, die müssen ja auch da sein. Also es ist schon gut, wenn jemand da ist, daß man mit denen sprechen kann, aber großartiger Kontakt war eigentlich kaum"

> "ich wohne allein und es ist herb. Also ich habe mir zwar ein soziales Feld so entwikkelt, daß ich schon so meine Kontaktpersonen habe, wo ich mich wohlfühlen kann, aber so im großen und ganzen muß ich es allein machen."

Der Kontakt mit dem Pflegepersonal ist nicht "großartig". Er beschränkt sich darauf, daß Personen da sind. Hiermit konstatiert er das Vorhandensein äußerer Kontakte. Hinsichtlich der inneren Kontaktdimension läßt sich lediglich erschließen, daß sie „großartig" sein müssten, um für ihn Bedeutung zu gewinnen. Damit verwendet er implizit das Szenario der elektromagnetischen Kontaktkräfte: Wir hatten bei diesem Szenario beschrieben, daß der Kontakt nach dem „on/off-pattern" bestimmt wird. Der Patient gibt keine positive Bestimmung des Kontakts, sondern charakterisiert ihn implizit als abwesend: „kaum großartig". Weiter sehen wir das völlige Fehlen der Idee einer Kontakt*entwicklung*, was nur für das Szenario der elektromagnetischen Kontaktkräfte zutrifft und schließlich die Feststellung, daß es zwar Schilderungen des „Daseins" von anderen Menschen gibt, aber innere Beziehungen zu ihnen stellen sich nicht her. Die Kontakte bleiben Ereignis, werden nicht zum Erlebnis. Dasselbe Szenario wird instantiiert, wenn er von seinem „sozialen Feld" spricht. Er „hat" dort zwar Kontaktpersonen, wo er sich „wohlfühlen kann". Das ändert aber für ihn nichts daran, daß er es „im großen und ganzen allein machen“ muß. Sowohl mit dem Pflegepersonal als auch mit seinen häuslichen Kontaktpersonen im "sozialen Feld" gelingt es ihm nicht, einen inneren Kontakt zu *schließen*.

Dem korrespondiert, daß der Patient die Möglichkeit, zu seinen Bekannten zu Hause telefonisch Kontakt zu halten, wenig nutzt; vielmehr stellt er die Schwierigkeiten, sie zu erreichen, als unüberwindbar dar.

> "...Und viele sind ja erst abends da. Wie soll ich die erreichen? Ich halte hier den Kontakt für ziemlich verloren durch dieses Krankenhaus."

Das hier mit angesprochene Telefon, welches die Fortsetzung von Kontakten zu den Bekannten am Heimatort ermöglicht, wird an dieser Stelle allerdings nicht als Metapher verwendet, sondern konkret. An weiteren Zitaten können wir jedoch feststellen, daß der Patient über eine gewisse metaphorische Kompetenz verfügt und Kontakte zu den Bekannten am Heimatort mit dem Fadenszenario darstellt:

> "Was soll ich zuhause? Ja, sie müssen doch aber sehen, daß sie den Kontakt zu Hause nicht abreißen lassen"

> "Da ist erst das Problem, daß man den Kontakt einfach nicht aufrechterhalten kann. Außerdem muß man sich hier arg ins Zeug legen."

Auch in diesen Zitaten wird Kontaktentwicklung im Sinne einer Festigung von Kontakten verneint. Vielmehr wird das Fadenszenario nur dazu verwendet, das Verschwinden von Kontakten zu thematisieren. Der Kontakt reißt ab, kann nicht aufrechterhalten werden. Damit nutzt der Patient die Möglichkeiten, die das Fadenszenario bietet, nur partiell. Er wählt von dessen konzeptuellen Möglichkeiten nur diejenigen aus, die in einer Ausdünnung von Kontakten enden. Wir sehen das Zusammenspiel von kulturell vorformuliertem Szenario und dessen individuell motiverter Verwendung in einer besonderen Ausprägung. Das konkrete Hindernis, seine Bekannten zu Hause telefonisch nicht erreichen zu können, führt für ihn quasi automatisch dazu, auch den inneren Kontakt zu ihnen zu verlieren. Dies läßt uns vermuten, daß seine Fähigkeit, Kontakte auch metaphorisch zu konzeptualisieren, begrenzt ist. Wir wollen diese Vermutung erläutern:

Das konkret vorhandene Telefonnetz eignet sich grundsätzlich als imaginativer Ursprungsbereich für metaphorische Konzeptualisierungen, sowohl im Szenario der elektromagnetischen Kontaktkräfte als auch im Faden-Szenario, aber diese Eignung muß auch durch die „Bewußtseinslage der doppelten Bedeutung“ aufgegriffen werden. Dieser Patient tut genau dies nur sehr spärlich. Konkrete und metaphorische Bedeutungen fallen für ihn in eins auf eine solche Weise, daß der imaginative Raum sich nicht öffnet. Wenn die konkrete Telefonverbindung nicht zustande kommt, reißt für ihn auch der innere Kontakt ab.[99]

Der Patient sieht, daß die Kontaktfäden zu seinem Heimatort abreißen oder nicht gehalten werden könnten. Er ist einsam und hat in der Klinik seinen Wunsch nach „großartigen" Kontakten nicht realisieren können.

Die Metaphorisierungen des Einzeltherapeuten

Der Therapeut seinerseits schildert seinen Kontakt mit diesem Patienten überwiegend im Szenario der schrittweisen Annäherung mit einer individuellen Besonderheit. Er verwendet zweimal die manifeste Metapher einer „Kontaktschiene" im Zusammenhang mit dem Wunsch des Patienten nach wiederholter körperlicher Untersuchung[100]. Wir ergänzen nun, daß man auf einer Kontaktschiene gleiten kann und nicht selber gehen muß. Wechselseitige Synchronisierungen müssen nicht mehr situativ ausgehandelt werden, und die individuelle Aktivität beschränkt sich auf ein Minimum. Der Therapeut beschreibt den Kontakt seines Patienten zu den Mitpatienten dann weiter so:

> "Also er war sehr wohl in der Lage, Kontakte aufzubauen"
>
> "daß er relativ fähig in der Kontaktaufnahme ist, daß er aber schwer, es nicht so leicht ist für ihn, Kontakte durchzuhalten"
>
> "Und durch dieses Verhalten er dann die wenigen Kontakte sich dann auch noch verprellt"

Diese Schilderungen beschreiben die Kontakterfahrungen innerhalb der Klinik, während des stationären Aufenthaltes, metaphorisch. Wir verstehen, was der Therapeut meint, aber es formt sich kein kohärentes Bild einer Entwicklung des Kontakts. Zwar behauptet der Therapeut zunächst, daß der Patient „sehr wohl in der Lage war, Kontakte aufzubauen", und verwendet damit die Metapher KONTAKTE SIND BAUWERKE, um diese Vorstellung aber gleich anschließend wieder zu relativieren und zu „demontieren": Der Patient baut nicht auf, sondern „nimmt auf" und kann die Kontakte dann „in schwierigen Situationen nicht durchhalten". Das eine gehört zu den räumlichen Imaginationen des Kontakts, das andere zum Faden-Szenario. Und weiter diagnostiziert der Therapeut prozessual eine erhöhte Chance des Ausgangs der Kontakte dieses Patienten in "Gewalt"; er „verprellt" andere.

---

[99] Dieses Phänomen ist für psychosomatische Patienten in der Literatur vielfach unter den Stichworten der Alexithymie oder mangelnder Symbolisierungsfähigkeit beschrieben worden. Unsere metaphernanalytischen Befunde sind damit gut vereinbar.

[100] Vgl. die entsprechenden früher schon genannten Zitate.

Wir vermuten, daß die inkohärente Kontakt-Metaphorik für diesen Patienten in den Darstellungen des Therapeuten damit zu tun hat, daß das Fehlen „großartiger“ Kontakte innerhalb der Klinik eine Kontaktentwicklung überhaupt behinderte; wo der Kontakt keine Gestalt gewinnt, kann er auch nicht metaphorisch dargestellt werden.

Die Inkohärenz verschwindet allerdings dort, wo der Therapeut die Kontakte dieses Patienten außerhalb der Klinik, zu seinen Bezugspersonen zu Hause, beschreibt. Dann wechselt er überraschend kohärent in seiner metaphorischen Darstellung zum Faden-Szenario:

> "Der Vater ist tot, und er hat sich während der Behandlung entschlossen, Kontakt zur Mutter aufzunehmen, die ja alkoholkrank ist und zu der der Kontakt abgerissen ist."

> "Er will den Kontakt wieder aufnehmen, um sich zu versöhnen mit ihr"

Direkt nach der Entlassung dieses Patienten kam es wegen noch zu erledigender Formalitäten zu einem Telefonat des Patienten mit seinem Therapeuten, und aus dieser Episode gibt der Therapeut den Patienten im metaphorischen Zitatformat mit den Worten wieder:

> "Aber es ginge ihm einigermaßen gut, und er hätte 'ne Fülle von Kontakten, die er hier geknüpft habe, weiterführen können"

Auch dieses Zitat gehört zum Faden-Szenario, wo diesmal entsprechend dessen sequentieller Logik zwei Stufen indiziert werden: erst knüpfen, dann weiterführen. Wir sehen den bemerkenswerten Unterschied, daß der Therapeut die *therapeutischen* Kontakte dieses Patienten inkohärent darstellt, hingegen die des Patienten zu Personen außerhalb der Klinik relativ einheitlich im Faden-Szenario; dies gilt sogar für die Mitpatienten, nachdem er die Klinik verlassen hatte. Nicht nur mit den Kontaktobjekten wechselt die Darstellung der Szenarien, sondern auch mit der räumlichen Distanz.

Je weiter weg der Patient von den Kontaktobjekten ist, desto kohärenter die Darstellung. In der unmittelbaren Begegnung hingegen desorganisiert sich der Kontakt, was sich im Fehlen einer kohärenten Konzeptualisierung zeigt: Eine Entwicklung des Kontakts findet nicht statt, weder real noch sprachlich konzeptualisiert. Die Brüche in der metaphorischen Konzeptualisierung des Kontakts konnten offenbar nicht oder nur unzureichend „repariert“ werden; wir wollen abgekürzt von *inkohärenter Kooperation* sprechen. Die Metaphern des Kontakts entstehen im Kontakt über den Kontakt. Hier bleiben die Bildgebungen entweder arm und leer oder untereinander nicht anschlußfähig; es bildet sich keine integrierte Verlaufsgestalt. Dieses interaktive Phänomen bezeichnen wir als Produktion von „Inkohärenz“; weil der therapeutische Kontakt dennoch fortgesetzt wurde, sprechen wir aber auch von „Kooperation". In der therapeutischen Interaktion ist es offenbar nicht gelungen, die Leere des Kontakt(konzept)s und -erlebens dieses Patienten metaphorisch zu füllen. Das wirkt sich ohne Zweifel auf die Bewertung des Behandlungsergebnisses aus.

Divergieren Bildgebungen zu sehr, kann es zwar zu einer beobachtbaren Interaktion und sogar zu deren Fortsetzung kommen; aber es kommt zu keiner „Interaktion der Bilder", nicht zu einer Kontaktentwicklung, und damit stagniert auch die Therapie.

Die Metaphorisierungen der Komplementärtherapeutin

Wir stellen einige Zitate der Gestaltungstherapeutin voran:

> "Ja, so das war so mehr der Punkt für ihn, daß er in der Gestaltung Kontakt mit den andern herstellen wollte."

> "Er hat dann auch so über die Rumalberei Kontakt aufgenommen".

> "Hat ihm auch noch Kontakt über die Stunden hinaus ermöglicht, dadurch daß sie oft auch mit den anderen aus der Gruppe sich im Nachhinein über die Sachen unterhalten haben. Da wurden dann auch noch so Verbindungen hergestellt, ich glaube, er hat zu einigen aus der Gruppe, die ihm auch ganz wichtig waren einen besseren Kontakt bekommen über die Gestaltung."

Die Gestaltungstherapeutin benutzt das Faden-Szenario („Verbindungen herstellen") in guter Übereinstimmung mit unseren Ausführungen über die Bedeutung der Kontaktmedien. Wir finden zwei Medien: Die Gestaltungstherapie selbst und das „Rumalbern", über welches der Patient den Kontakt aufgenommen habe. Wir hatten beschrieben, daß die Kontaktmedien ambivalent sind. Sie stellen Kontakt her und erlauben zugleich, ihn zu vermeiden. Kongruent mit den Darstellungen des Einzeltherapeuten werden so vorwiegend die Kontakte des Patienten mit dritten Personen, hier mit den Mitpatienten außerhalb der Gestaltungstherapie, beschrieben. Die Beschreibung der Kontakterfahrungen *innerhalb* des von ihr angebotenen therapeutischen settings und zu ihr als Person jedoch bleiben wiederum eigentümlich leer. Wir sehen die Sinngebung der Gestaltungstherapeutin, wenn sie das "Rumalbern" trotzdem als Kontaktaufnahme interpretiert. Allerdings erfahren wir darüber hinaus nicht, wie sie dieses Kontaktangebot ihrerseits aufgegriffen und beantwortet hat. Es bleibt offen, welche Darstellung sie ihrerseits ihrem Bild des Kontakts geben würde; es als Kontaktaufnahme zu interpretieren, ist für diesen Patienten noch nicht genug.

Wollen wir zu einer Synopse dieser drei Blickwinkel auf den Kontakt innerhalb der stationären Behandlung kommen, dann dürfte klar sein, daß wir die metaphorischen Konzeptualisierungen des Kontakts und seiner Szenarien nicht als *den*, aber als *einen* wichtigen Beitrag für die „therapeutische Beziehung" ansehen.

Wir ziehen vorsichtig den Schluß, daß die negative Beurteilung, die dieser Patient seinem Aufenthalt gibt, hinsichtlich des Kontakts aus mehreren Komponenten gespeist ist:

- Er sieht den Krankenhausaufenthalt als Behinderung seines sozialen Netzwerkes. Dessen Kontaktfäden sind nicht reißfest, sie werden durch seine behandlungsbedingte Abwesenheit zu sehr strapaziert.
- Ihm fehlt die "Landkarte" des Szenarios der schrittweisen Annäherung. Deshalb ist er in den Anfangsphasen "fähig", weiß aber offenbar nicht, wie weiter?
- Der Patient kann zwar Kontakt-Medien nutzen und auch selbst anbieten, reduziert jedoch deren Ambivalenz, indem er persönlichen Kontakt zu den Mitarbeitern zugleich vermeidet.
- Die therapeutischen Mitarbeiter haben keinen Anschluß an die Faden-Metaphorik des Patienten finden können, sie wurden kein Teil seines Netzwerks. Aber es wurde sorgfältig registriert, daß und wie der Patient Kontaktfäden zu Personen außerhalb des therapeutischen Rahmens anknüpft. Das Personal kann umgekehrt die „Landkarte" des Faden-Szenarios für die Konzeptualisierung des Kontakts zu ihnen selbst nicht nutzen bzw. es kreativ modifizieren. Sie präferieren das Szenario der schrittweisen Annäherung oder das des Sich-Einlassens für den therapeutischen Prozeß.
- Auf diese Weise kommt es zum Muster einer inkohärenten Kooperation in den therapeutischen Beziehungen. Die therapeutische Arbeit wird fortgesetzt, aber die Metaphorisierungen des Kontakts schließen nicht aneinander an, es kommt nicht zu einer Interaktion der Bilder.

Die Hypothese wäre zu überprüfen, ob „guter Kontakt" auch dadurch definiert werden kann, daß die beteiligten Personen wechselseitig in den Bildern des Anderen vorkommen. Wir wenden uns der Interviewtriade des Gegenstücks, des maximalen Erfolgs, zu.

Maximaler Erfolg

Die Patientin 11 bewertet Zufriedenheit und Nutzen mit jeweils +3; ihre Einzeltherapeutin bewertet beides konkordant mit +2, während die Komplementärtherapeutin Nutzen und Zufriedenheit der Patientin mit jeweils -1 bewertet.

Hier wird für die Psychotherapie die Bedingung der Konkordanz, für die Komplementärtherapie die der Diskordanz erfüllt.

Die Metaphorisierungen der Patientin

Es handelt sich um jene Patientin, bei der das Kreative "erwacht" ist, als sie sich "da einfach drauf einlassen" konnte. Sie sagt im Interview:

> "Irgendwie, ich weiß auch nicht, wie ich das so richtig beschreiben soll das Gefühl. Das war eigentlich nur - endlich hier, endlich hier und endlich weg und Gott sei Dank. Jetzt kann ich nur auf mich gucken und dann habe ich mich auch ziemlich schnell darauf eingelassen - auf die Ruhe - also das hat mir sehr gut getan dann auch."

> "Schwierig war es eigentlich nicht für mich, irgendwie bin ich hier her gekommen und habe gedacht, ich werde mich auf alles einlassen".

Diese Patientin kann man sich unschwer als hoch motiviert zur Behandlung vorstellen. Sie brachte eine hohe Bereitschaft mit, sich auf die gesamte Behandlung und damit auf einen inneren Wandlungsprozeß „einzulassen". Den Kontakt mit einem anderen Kontaktobjekt, ihrem Körper, der durch Bäder und Massagen intensiviert worden sei, konzeptualisiert sie allerdings durch das Szenario der schrittweisen Annäherung:

> "Ich denke, das hat so angefangen mit meinem Körperempfinden dann auch. Und da ist dann die Atemgymnastik dann mit reingelaufen - noch dazu und irgendwie habe ich erst mal gemerkt, daß ich meinen Körper eigentlich gar nicht kenne, daß der eigentlich ganz weit weg ist."

Wenn der Körper metaphorisch weit weg ist, muß man sich ebenso metaphorisch auf ihn zu bewegen. Diese Patientin verwendet die Metapher der "Stufen" , die wir von ihr entlehnt haben, und dokumentiert damit ihr implizites, aber differenziertes Wissen um die sequentielle Logik des Szenarios.

> "Das war natürlich auch wieder so eine Stufe gewesen zum Körpergefühl hin"

Die Distanz zum eigenen Körper zu verringern, ist eines ihrer Anliegen für die Behandlung. Sie behandelt den eigenen Körper im Grunde wie eine andere, fremde Person, der sie sich nähert. Im Alltagsverstand ist das ein Paradox, denn man ist dem eigenen Körper immer schon körperlich nah. Dies Paradox wird durch das metaphorische Verstehen aufgelöst. Zunächst erscheint ein Gefühl für den eigenen Körper als nicht vorhanden, sie kennt ihn nicht. Indem die Patientin dann davon spricht, ihr Körper sei ganz weit weg, benutzt sie das imaginative Szenario der schrittweisen Annäherung als Lösung. Damit gelingt ihr die Umwandlung eines unlösbar scheinenden Verhältnisses zum eigenen Körpergefühl in ein lösbares Problem. Wird der eigene Körper im Wissen darum, daß das eine Metapher ist, *wie* eine andere Person verstanden, dann kann man sich innerhalb einer so metaphorisch erzeugten seelischen „Landschaft“ stufenweise sich selbst nähern.

Die Differenzierung zwischen "nah“ und „distanziert“ nutzt sie bezüglich konkreter Personen flexibel und integriert verschiedene Szenarien zur Darstellung ihrer Kontakte:

> "Ich habe schon so Freundschaften geschlossen hier und das muß ich sagen, hat mir auch sehr gut getan, so die verschiedenen Leute hier und auf der anderen Seite wieder zu anderen Distanz, einfach diese Unterschiede zu sehen, wer mir liegt und wer nicht, mit wem ich besser kann und mit wem nicht."

Ihre Integrationsleistung besteht hier darin, das Szenario der elektromagnetischen Kontaktkräfte („Freundschaften schließen“) mit dem der schrittweisen Annäherung zu verbinden. Damit teilt sie das Vorhandensein innerer Kontakte zu Einzelnen mit, ohne eine Kontaktentwicklung ausschließen zu müssen. Die Integration beider Szenarien mündet in die Erfindung einer originellen Metapher, die sie kurz nach dem letzten Zitat verwendet:

> "Ja, also das ist schon sehr bewußt und es sind auch ganz wenig, früher waren es unheimlich viel und jetzt sind es nur so bestimmte, ich habe das auch *auskristallisiert.*"

Die Bildgebung des Auskristallisierens ist ein chemischer Vorgang. Sie benutzt diese Metapher, um das Entstehen von etwas Neuem aus Vorhandenem darzustellen. Das Neue ist gut, der Kristall etwas Wertvolles. Wir sehen in dier hier getroffenen Unterscheidung zwischen den "Vielen" und den "Bestimmten" ein schönes Beispiel für die Reflexion der Patientin auf den von uns abstrakt beschriebenen Vorgang, daß und wie Kommunikation sich selbst von ihren Nebenprodukten, ihrem "Abfall", entsorgt.

Über eine Kontakterfahrung mit einer Frau, die sie während eines Arbeitsversuchs kennengelernt hat, sagt sie in den Metaphern des Faden-Szenarios:

> "ich habe da eine Frau kennengelernt, mit der werde ich auch den Kontakt noch halten".

Diese Patientin verfügt über alle der von uns beschriebenen imaginativen Szenarien, mittels derer sie ihre Kontakte kontextsensibel darstellt. Sie kommt mit der Bereitschaft, sich "einzulassen" (Szenario der Wandlung), nähert sich ihrem Körper, der vorher "weit weg" war (Szenario der schrittweisen Annäherung), unterscheidet zwischen Personen, die ihr „liegen“ oder nicht (elektromagnetische Kontaktkräfte), und knüpft Kontakte zu einer fremden Frau (Faden-Szenario). Mit den verschiedenen Kontaktobjekten (eigener Körper, die Behandlung, Mitpatienten, die Frau beim Arbeitsversuch) wechselt sie auch flexibel die Szenarien.

Diese stehen aber nicht unverbunden nebeneinander, sondern interagieren ihrerseits in einer spezifischen, hochgradig individualisierten Weise. Sie kann aber nicht nur zwischen den Szenarien wechseln und diese modifizieren, sondern die Szenarien selbst auch intern differenzieren. Für diese interne Differenzierung findet sie wiederum eine eigene Metapher ("Stufen").

Auch bei dem Patienten mit maximalem Mißerfolg fanden wir mehrere Szenarien. Das macht also nicht den Unterschied zwischen den beiden Extremen aus. Vielmehr unterscheiden sich beide in drei anderen Aspekten: im Grad der internen Differenzierung der einzelnen Szenarien, im Grad der Vollständigkeit des dargestellten Ablaufmusters und hinsichtlich der Fähigkeit, flexibel zwischen den Szenarien zu wechseln und diesen Wechsel zugleich in neuer Metaphorik zu integrieren. Wie solche Integration gelingt und wie es zur Erfindung guter Metaphern kommt, können wir im Rahmen dieser Untersuchung nicht weiter verfolgen. Aber es scheint wichtige und weiter klärungsbedürftige Zusammenhänge zwischen solchen kreativen Fähigkeiten und der interaktiven Dimension der Kontaktgestaltung zu geben.

Die Metaphorisierungen der Einzeltherapeutin

Als Behandlungsanlaß formuliert die Therapeutin gleich zu Anfang des Interviews:

> "Ja, also die Patientin kam ja mit dem Anliegen, in ihrer Ehesituation mehr Klarheit zu gewinnen, mehr Abstand zu bekommen. Ich denke auch, daß sie ja deswegen auch hierher geschickt worden ist von dem behandelnden Arzt, um eben einen räumlichen Abstand zu bekommen."

Das ist erkennbar im Szenario der schrittweisen Annäherung formuliert. "Abstand" wird dabei zunächst als Metapher verwendet, denn er wird mit dem Ziel "mehr Klarheit zu gewinnen" gleichgesetzt. Folgen wir unserem Verfahren und konstruieren eine konzeptuelle Metapher. Wir erhalten dann ABSTAND IST KLARHEIT. Die nicht näher beschriebene "Ehesituation" der Patientin ist der Behandlungsanlaß, sie bedarf der Klärung. Entsprechend dem uns schon bekannten Muster leitet der behandelnde Arzt die stationäre Behandlung mit der Vorstellung ein, daß ein Rückgang auf die Stufe des "Wahrnehmens" eine Krise des ehelichen Kontakts zu "reparieren" vermag. Erst von der Stufe des "Wahrnehmens" aus, so die anvisierte therapeutische Chance, kann man entweder erneut aufeinander zugehen und sich berühren oder sich trennen. Als Bedingung für den erforderlichen metaphorischen Abstand wird hier vom Arzt wie selbstverständlich der konkrete "räumliche Abstand" vorgeschlagen. Auch der Arzt arbeitet mit dem

Szenario. Wir wollen nun wissen, wie der geschaffene metaphorische Abstandsraum während des stationären Aufenthalts genutzt wurde.

Auch die Einzeltherapeutin verwendet zur Beschreibung der Kontakte dieser Patientin während der stationären Behandlung eine Palette verschiedener, zugleich intern differenzierter Szenarien:

> "sich eben daran gemacht hat und daß es ihr möglich war, auch eben, daß sie hier so Kontakte zu anderen aufgenommen hat, jetzt keine sexuellen, aber so Liebesbeziehungen waren das hier."

> "das war auch ein intensives Thema, welche Männer sie anziehen, welche sie attraktiv findet, welche sie nicht attraktiv findet, worauf sie Wert legt".

> "Das war so in der ersten Zeit, als es sehr viel Ärger und Kontakte mit dem Mann gab, als es ... sie haben sich auch schwer getrennt hier - er kam häufig hierher, häufige Anrufe."

Erkennbar geht es in allen drei Zitaten um die Beziehungen der Patientin zu Männern, die deshalb plastisch werden, weil auch die Therapeutin verschiedene Metaphern differenziert verwendet. Zu ihnen nimmt die Patientin Kontakte auf (Faden-Szenario). Damit indiziert die Therapeutin auch, daß die Patientin das Sexualtabu nicht durchbrochen habe ("keine sexuellen..."). Andererseits habe die Patientin sich durchaus mit dem "Thema" der männlichen Anziehungskraft "intensiv" beschäftigt. Sie fühlte sich hingezogen (Szenario der elektromagnetischen Kräfte). Die Therapeutin wiederholt dabei die Unterscheidung zwischen den Männern (attraktiv/nicht attraktiv), die die Patientin auf eine andere, dem Sprachgebrauch, wenn auch nicht der Imagination nach weniger verfängliche, Weise ihrerseits schon getroffen hatte (liegen/nicht liegen). Dies hatte Folgen: "Ärger und Kontakte mit dem Mann", der nun seinerseits den verordneten räumlich-konkreten Abstand nicht einhielt: "er kam häufig hierher".

Die Therapeutin verwendet mehrere Szenarien, aber sie verfolgt damit auch einen gleichsam strategischen Zweck. Sie unterstützte ihre Patientin in der Exploration ihrer Kontakte zu anderen Männern - unter Beachtung der Tabus. Die Szenarien ermöglichen eine diplomatische Sprache. Gleichwohl fällt auf, daß weder in den Zitaten der Patientin noch in denen der Therapeutin ihre Beziehung zueinander dargestellt wird. Indem die Patientin sich "einläßt", verschwindet die Therapeutin als konkrete Person; sie wird zur Rahmenbedingung der Kontakterfahrung, sie ist das personifizierte Kontaktgefäß.

Wir ziehen insgesamt einen vorsichtigen Schluß. Offenbar bieten die Fähigkeiten

a) zur internen Differenzierung der verschiedenen Stufen eines Szenarios,

b) zur Differenzierung zwischen verschiedenen Szenarien und

c) diese Differenzierungen selbst zu metaphorisieren (Klarheit, kristallisieren, Stufen),

außerordentlich günstige Voraussetzungen für einen erfolgreichen Therapie-Kontakt. Sie können genutzt werden, wenn auch die Therapeutin ihrerseits über solche Differenzierungen verfügt und resonant darauf reagieren kann. Dies vollzieht sich in dieser Behandlung aber nicht als „Spiegeln" sensu Verwendung der gleichen Metaphorik, sondern im Sinne der von beiden geteilten Fähigkeit, zwischen verschiedenen Szenarien zu oszillieren und jeweils anschließen zu können. So konnten sie sich über Dritte verständigen, wobei ihre Beziehung zueinander, jedenfalls in unseren Interviews, nicht direkt Thema war. - Hier ist auf eine mögliche Kritik einzugehen, die lautet, daß "gute" Patienten immer "gut" bei der Beurteilung wegkommen. Tatsächlich, das ist so. Es gibt Patienten, die unter beinahe allen Umständen aus ihrer Therapie einen Erfolg machen; man weiß jedoch nicht genau, warum. Mit unserer metaphernanalytisch gewonnenen Liste "guter" Patienteneigenschaften haben wir vielleicht einen kleinen Beitrag für die Beschreibung der patientenseitigen Fähigkeiten geliefert, die allerdings einen synergetischen Effekt nur in der Zusammenarbeit mit einer guten Therapeutin erzeugen.

Aus dem komplementärtherapeutischen Interview

Es ist nun außerordentlich bemerkenswert, daß sich im Interview mit der Komplementärtherapeutin *keine* Codierungen für "Kontakt" gefunden haben; der entsprechende Code ist leer. Das bedeutet, daß im Interview mit der Komplementärtherapeutin das Wort Kontakt oder seine von uns in den Suchstring aufgenommenen Synonyme nicht vorkommen. Wir haben dieses Interview, weil die Beschäftigungstherapeutin ja eine diskordante negative Beurteilung (-1) abgab, daraufhin noch einmal "von Hand" durchgesehen und finden ein offenherziges Bekenntnis zu Anfang des Interviews:

> "also ihr Thema war ja, daß sie zu sich selber finden wollte oder ihren eigenen Weg finden wollte, und das habe ich dann auch erstmal genommen als Thema, also da hatte ich irgendwie keine, habe ich, glaube ich keine Vorstellung gehabt"

Es ist überraschend oder sogar irritierend, wenn Therapeuten zu der Absicht von Patienten, einen "eigenen Weg finden" zu wollen, "keine Vorstellung" entwickeln. Wir wollen überlegen, ob es dafür Gründe geben könnte.

Erkennbar wird, daß die Komplementärtherapeutin sich aus dem Szenario der schrittweisen Annäherung ("den eigenen Weg finden") ausgeschlossen fühlte; die Patientin wollte "zu sich selber". Ihr Kontaktziel galt nicht der Komplementärtherapeutin, die Kontaktanzeige war nicht an sie "adressiert". Wir können hier sehen, wie der imaginative Gehalt der konzeptuellen Metapher die Kontakterfahrung organisiert. Die Komplementärtherapeutin sieht sich als Person durch die Person der Patientin "verdrängt"; es kommt zu keiner Ratifizierung der wechselseitigen Wahrnehmung. Es fehlt damit gewissermaßen der interaktive Anreiz, sich die antizipatorische Struktur der Szenarien zunutze zu machen und den Kontakt auszuphantasieren. Der Kontakt bleibt damit nicht "leer", aber die Therapeutin von ihm ausgeschlossen; die Komplementärtherapeutin entwickelt keine "Vorstellung", keine eigene Perspektive. Wenn die Imagination verweigert und die Vorstellung nicht angeregt wird, kommt es zu einem Stillstand, zu einer Fest-Stellung, die auch den realen Kontakt, nicht nur das metaphorische Konzept des Kontakts, stagnieren läßt.

Da die Idee, einen "eigenen Weg" finden zu wollen, zu den prototypischen therapeutischen Formeln gehört, gehen wir das Interview weiter "von Hand" durch, den beschriebenen Verdrängungs- und Ausschließungsprozeß nachvollziehend. Die Verweigerung der Imagination des Kontakts ist selbst Resultat einer negativen Kontakterfahrung mit dieser Patientin und bestimmt nun rückwirkend die Darstellung des Kontakts. Im Interview heißt es:

> "Also, was ich ja schon sagte, sie war mir ziemlich unsympathisch. Also am Anfang ging es noch, es ging erst so im Laufe der Gruppe, daß sie mich, ja immer mehr genervt hat".

Hier wird eine negativ eskalierende Entwicklung beschrieben, die wir etwas weiterverfolgen wollen. Die Komplementärtherapeutin schildert uns eine Gruppensituation, die ihre Reaktion verständlich machen soll:

> "Sie hatte so eine Art drauf, ich weiß noch eine Situation. Da war eine Mitpatientin und ein anderer Patient ging und hatte als Thema Abschied, und sie hat halt dieses Thema gestaltet, und dann hat diese andere Patientin, die sonst sehr wenig gesagt hat, hat dann irgendwie fast geweint und hat gesagt, ich kann also dazu kaum was sagen, das Thema Abschied betrifft mich sehr, macht mich sehr traurig, da ging es auch bei der um Trennung vom Elternhaus, endlich Abschied nehmen, solche Dinge, und dann hat die Patientin irgendwie, ist *furchtbar dazwischen gegangen* und hat dann gesagt, ja, aber das ist doch, *das muß man doch positiv sehen* und das ist doch gar nicht so schlimm und so nach dem Motto, nun *reiß Dich mal zusammen*, die Sonne doch draußen, und wir sind doch alle ganz fröhlich und das ist doch gar nicht so schlimm. Und das hat mich irgendwie unheimlich geärgert, weil ich dachte, nun hat diese Patientin endlich mal den Mut was zu sagen (unverständlich), und dann bin ich auch *sehr untherapeutisch und eher pädagogisch dazwischen* gegangen. Habe gesagt, also ich hätte das Gefühl, ich glaube, Frau M. hieß die andere, also hätte die überhaupt nicht verstanden, was die da gesagt hätte. Dann war sie sehr gekränkt und hat das dann auch noch mal in der Therapie (unverständlich), daß ich sie sehr mißverstanden hätte, und sie hätte doch nur aufbauen wollen, aber sie hat das wirklich mit einer Brecheisenmentalität gemacht.

Dem Kliniker ist diese Situation als die Schilderung einer Konkurrenz zwischen der Komplementärtherapeutin K und der Patientin P um den Kontakt zur Mitpatientin M verständlich, die dazu führt, daß beide Kontakte scheitern. Auffallend ist die Armut an manifest metaphorischen Schilderungen, sie sind wenig imaginativ ausgearbeitet, sondern werden nur angedeutet. Aus unserer Kenntnis der Szenarien können wir diese Andeutungen jedoch als Indizes verwenden und die Szenarien vervollständigen.

Mit manifesten Metaphern wird die konflikthafte Interaktion selbst als „Dazwischengehen" beschrieben und schließlich die „Art" von P vom Anfang des Zitats als „Brecheisenmentalität". Das ist ein sehr starkes Bild. Ein Brecheisen ist ein zu feiner Arbeit ungeeignetes Handwerksinstrument. Es dient zur gewaltsamen und auch illegalen Öffnung von etwas Verschlossenem. Was wird erbrochen? Aus Sicht von K hatte M ihre Bereitschaft, sich „einzulassen", angezeigt, sie ist weinend „flüssiger" geworden und hatte „Mut" gefunden - hier kündigt sich das Szenario der Wandlung mit seiner Überwindung der Schwellensituation an. Es würde K ermöglichen, genuin therapeutisch tätig zu werden. P allerdings versteht das Weinen von M als eine Art „Zusammenbruch", weshalb sie auf die quasitherapeutische Idee verfiel, M „aufbauen" zu wollen. Mit dieser Vorstellung geht P „dazwischen", nämlich in den sich anbahnenden Wandlungskontakt zwischen P und M. Sie verunmöglicht damit aus Sicht von K, daß M „sich einlassen" kann. Es geht somit um zwei höchst unterschiedliche Konzeptualisierungen von therapeutischem Kontakt, die hier in Konflikt geraten. Wir sehen auch, daß auf das Szenario der schrittweisen Annäherung im „dazwischengehen" angespielt wird; aus Sicht von K können die Synchronisierungsbedingungen dieses Szenarios nicht eingehalten werden. P geht „zu schnell" auf M zu und geht zugleich dazwischen; sie stört deren Kontakt mit K. Deshalb beschreibt K, daß P mit einem metaphorischen Brecheisen „einzudringen" versucht, und der damit realisierte Anspruch der Übernahme einer therapeutischen Rolle für P wird als illegitim bedeutet. P ist eine „Einbrecherin" in den Kontakt zwischen M und K - aus Sicht von K. Beide Szenarien können sich nicht entfalten, und soweit sie es tun, stören sie sich und führen zu einer Desorganisation des Kontakts mit gewaltsamen Folgen. K wird interaktiv aus ihrer therapeutischen Rolle „verdrängt". Sie reagiert darauf mit der gleichen Maßnahme wie zuvor P: sie geht ihrerseits "sehr untherapeutisch und eher pädagogisch dazwischen". P reagiert darauf gekränkt; wir wissen nicht, ob sie den Widerspruch zwischen ihrer erklärten Absicht, M "aufbauen" zu wollen und dem "Brecheisen", mit dem sie dann de facto handelt, verstanden hat.

Wir können in gewissem Umfang verstehen, welche Kontaktschwierigkeiten es in der Komplementärtherapie dieser Patientin gegeben hat. K fühlte sich offenbar als Therapeutin im Kontakt von P nicht angesprochen und wurde darüber hinaus von P an der Ausübung ihrer therapeutischen Funktion auch mit anderen Patienten behindert. Für diese Situation hatte K als Antwort nur den Sinnentzug auch von ihrer Seite aus zur Verfügung, und deshalb entwickelt sie „keine Vorstellungen“. Hier ist eine derjenigen Stellen, wo unsere Untersuchung Hinweise für Fortbildungsmaßnahmen im komplementärtherapeutischen Bereich ergibt. Man kann ja nicht ohne weiteres erwarten, daß Komplementärtherapeutinnen auf den Sinnentzug aus sich heraus kreativ und imaginativ reagieren; es könnte ihnen die Notwendigkeit, Deutungsschemata für solche Situationen zu entwickeln, vor Augen geführt werden.

Dort, wo es "keine Vorstellungen" gibt, haben aggressive Formen eine gute Chance, die interaktive Szene zu bestimmen. Wir haben oben das Muster der inkohärenten Kooperation beschrieben; hier würde es naheliegen, von einer kollidierenden Kooperation zu sprechen; es wird zwar weiter gemacht, aber das hat nur die Eskalation des Konflikts zur Folge. Alltagssprachlich würden Interaktionsteilnehmer nicht mehr von "Kontakt" sprechen, sondern von "Auseinandersetzungen". Die Vielfalt der Szenarien allein kann also nicht Erfolg oder Mißerfolg erklären, sondern entscheidend wird deren Einbindung in ein interaktives Muster. Unsere Unterscheidung zwischen Kohärenz, Inkohärenz und Kollision (der therapeutischen Kooperation) versucht diesen Zusammenhang zu skizzieren. So, wie das Kontakt-Ereignis - von der metaphorischen Ausarbeitung angeleitet - sich zum Erlebnis wandelt und damit das Ereignis selbst rückwirkend verändert, so formt auch die Interaktion rückwirkend beide. Hier deutet sich der Übergang zu einem weiteren Untersuchungsfeld an, das aber jenseits unseres derzeitigen Themas liegt. Imagination gewinnt auch für die Interaktion eine gewaltmindernde, jedenfalls gestaltende Funktion.

Das mag genügen, um die negative Beurteilung dieser Behandlung durch die Komplementärtherapeutin nachvollziehen zu können. Aber wir wollen auch darauf hinweisen, daß solche offenherzigen und zugleich selbstkritischen Beurteilungen sowohl für die Interviewführung sprechen als auch für die Fähigkeit unserer Interviewpartner, Behandlungen nicht „schön zu reden“, sondern realistisch darzustellen. Denn es sind solche komplizierten Mehrpersonenbeziehungen in therapeutischen Gruppen, die Kontakte „schwierig" machen. Und wir können auch sehen, daß therapeutischer Kontakt tatsächlich ein interaktives Geschehen ist; mit dem einen so, mit dem andern so.

Konkordanz der Beurteilung

Obwohl das Thema der unterschiedlichen Beurteilungen schon eine Rolle gespielt hat, wählen wir nun weitere Interviewsets aus. Diese Auswahl orientiert sich jetzt jedoch nicht am Erfolg oder Mißerfolg, sondern an Konkordanz oder Diskordanz der Beurteilung des Behandlungsergebnisses. Trotz der unterschiedlichen Auswahlstrategie stoßen wir auf verwandte Thematisierungen.

Wir wählen für die Konkordanz-Bedingung das Interviewset 22, in welchem die Patientin Zufriedenheit mit und Nutzen der Behandlung jeweils mit +2 beurteilt; sie stimmt in dieser Beurteilung genau mit ihrem Einzeltherapeuten überein. Die Komplementärtherapeutin beurteilt den Nutzen ebenfalls mit +2 und weicht hinsichtlich der Zufriedenheit um einen Punkt nach oben ab. Die Zufriedenheit der Patientin schätzt sie mit + 3 ein.

Die Metaphorisierungen der Patientin

Wir beginnen mit einem Zitat, in welchem die Patientin ihre Auffassungen über die Behandlung zu deren Beginn metaphorisch illustriert:

> und ich wende mich jetzt einfach mal an die Spezialisten, die werden mir schon sagen, wo denn mein Gedankenfehler liegt. Ja. So bin ich hierher gekommen und dachte, die werden mir schon helfen, das irgendwie zu entknoten, und ich werde das dann auch verstehen.

Die Behandlung wird metaphorisch als "Entknotung von Gedankenfehlern" konzeptualisiert. Obwohl diese Darstellung nicht unmittelbar mit dem Kontakt-Thema zu tun hat, zitieren wir sie hier, um ein leichteres Verständnis der Kontakt-zitate zu ermöglichen. „Gedankenfehler" bilden für diese Patientin einen Gegensatz zu den Gefühlen, und wir können gleich sehen, daß Gedanken und ihre Fehler im „Kopf" lokalisiert werden. Über ihre Kontakterfahrungen sagt sie nämlich:

> war nicht so, daß man mir sagte, ja, sehen Sie, mit ihrem Kopf sind Sie auch nicht weit gekommen, so, ne, nun müssen Sie mal gucken, ob es da sonst noch was gibt, ja, und so ist mir bewußt geworden, daß ich, ja, Probleme habe, mit meinen Gefühlen in Kontakt zu treten.

Hier wird das Szenario der schrittweisen Annäherung auf das neue Kontaktobjekt "Gefühle" angewendet. Gefühle werden "außerhalb des (metaphorischen) Kopfes", d.h. "außerhalb des Verstandes", lokalisiert. Weil man sie deshalb über den Kopf nicht erreichen kann, ist ein neuer „Weg" erforderlich, um mit ihnen „in Kontakt zu treten", zumal, wenn man mit dem Kopf „nicht weit" kommt. So fährt sie fort:

> Ich bin nun mal auch sonst so in den Gesprächen eher sehr kopflastig, da auch sehr viel über den Kopf gelaufen ist, bin ich da so mit Gefühlen in Berührung gekommen.

Wieder finden wir das Bewegungsbild des Laufens, der bisherige Weg „über den Kopf“ wird als Irrweg beschrieben und ein neues Ziel, mit den Gefühlen in "Berührung" zu "kommen", formuliert. Dabei ist eine interessante Bedeutungsverschiebung, ein reframing, der Kopf-Metapher zu registrieren. Der Kopf ohne die Gefühle produziert „Gedankenfehler“. Er kann denken, aber auch abwehrend intellektualisieren. Dann ist er eine „Last“. Wir bilden das System der metaphorischen Gleichungen hier ab:

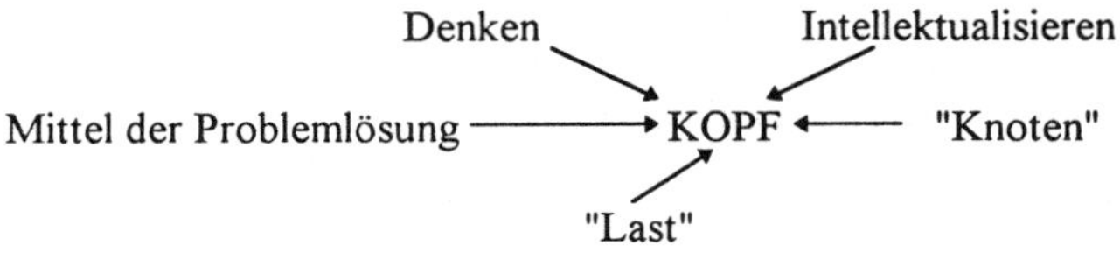

Den "Kopf", Metapher für Denken und Intellektualisieren, benutzte die Patientin zuerst als Mittel der Problemlösung, dann erzeugte er aber "Knoten" und wurde schließlich eine Last, die auf dem Weg zu den Gefühlen mitgetragen werden muß.

Mit der Strategie der verräumlichenden Darstellung beschreibt die Patientin auch ihre Kontakte außerhalb der stationären Behandlung:

> "also wie ich mich verhalte, wenn ich eine unerwartete oder unerwünschte Reaktion bekomme, z.B., mich ins hinterste Eckchen zurückziehe und die Stimme so leise wird, daß niemand mehr was hört."

Diese Darstellung setzt das Szenario der schrittweisen Annäherung voraus, sie spielt darauf an und nutzt die Äquivalenz zwischen körperlichem Verhalten und metaphorischer Dimension. Wenn auf ihre Kontaktanzeige eine unerwünschte Reaktion folgt, zieht sie sich im metaphorischen Sinne in die hinterste Ecke eines Raumes zurück und nimmt auch ihre Möglichkeiten der Kontaktanzeige soweit zurück, daß "niemand mehr was hört". Das ist wörtlich zu verstehen, ihre Stimme wird „so leise“. Aber sie benutzt die Inszenierung des Körpers gleichzeitig, um ihr inneres Erleben darzustellen. Die Formel von der „leisen Stimme“ ist - wie die vom "hintersten Eckchen" - nicht nur wörtlich, sondern auch metaphorisch gemeint: Sie beschreibt die innere Dimension des Kontakts. Andere werden sie im akustischen Sinne möglicherweise noch hören, aber ihr Erleben teilt sie im Kontakt nicht mehr mit. Das körperliche Darstellungsmittel des inneren Erlebensvorgangs ist die Stimme. Wir erkennen die konzeptuelle Metapher: KONTAKT IST SPRECHEN; und das heißt umgekehrt: NICHT-SPRECHEN IST NICHT-KONTAKT. Wenn nicht gesprochen werden kann, zieht sie sich zurück und nutzt dann den metaphorischen Rückzugsraum als selbst geschaffenen „container“, der aber ohne präsenten Anderen noch keine Wandlung ermöglicht. Der „container“

ist geschlossen, so daß sie weder andere mit der „leisen Stimme“ erreichen noch selbst erreicht werden kann.

Die Metaphorisierungen des Einzeltherapeuten

Sehen wir nun wieder, wie der Einzeltherapeut die Kontakterfahrung mit dieser Patientin beschreibt:

> so im Kontakt eher zugewandt, aber sehr, also es war am Anfang so ein bißchen versteckt, gar nicht so leicht, sofort zu merken, was eigentlich los war.

Über das Verhältnis zur Herkunftsfamilie:

> also da hatte sie am Anfang, wenn ich das richtig erinnere, so vorübergehend einen Kontaktabbruch, also sie wollte mit denen erstmal gar nicht reden.

Über die Erfahrungen mit Mitpatienten:

> also daß sie jetzt Freundinnen auf der Station hatte und da auch mehr Nähe zugelassen hat, sich nicht so ganz alleine eingegraben hat wie sonst mit einem Buch auf die Couch

Wenn die Patientin davon spricht, daß sie sich ins "hinterste Eckchen" zurückzieht, dann findet der Therapeut funktional äquivalente Metaphern. Die Patientin war am Anfang "versteckt", oder sie hat sich "eingegraben". Mit einem Buch auf der Couch erzeugte sie sich einen Schutz- und Rückzugsraum selbst. Man könnte darin den Versuch sehen, vom Szenario der schrittweisen Annäherung zu dem der Wandlung zu wechseln, aber dieser Versuch mißlingt notwendigerweise. Indem sie den „container“ selbst erzeugt, begibt sie sich gerade nicht in ein Kontaktgefäß, das ein Anderer für sie bereit „halten“ müßte, sondern sie zieht sich aus jedem Kontakt überhaupt zurück. Hier muß die "versteckte" Patientin erst "gefunden" werden, wie Balint (1967) die therapeutische Aufgabe in einer Metapher formulierte[101].

Wir finden unsere Vermutung bestätigt, daß die konkordante Beurteilung des Behandlungsergebnisses einhergeht mit einer Kohärenz der verwendeten Bilder; deren Anschlußfähigkeit schafft den „guten“ therapeutischen Kontakt. Die Patientin zieht sich zurück ins “hinterste Eckchen“, der Therapeut beobachtet, daß

---

[101] Wir sehen hier, wie die psychoanalytische Theorie der Behandlung Anschluß findet an die alltagstheoretischen Vorstellungen. Als Erweiterung des Szenarios der Wandlung formulierte Balint die Idee, daß der Therapeut als container selbst aktiv wird, um den Patienten aus dem Schutzraum des Selbst-Verstecks in den Wandlung ermöglichenden, bergenden Raum der therapeutischen Beziehung „lockt“. Gelingt dies, kann der Patient den Rückzug aufgeben und dennoch „Bergung“ innerhalb einer lebendigen Beziehung erfahren.

sie sich „versteckt". Imaginativ formulieren beide das gleiche, aber die Bildgebung des Therapeuten erlaubt einen kommunikativen Anschluß. Wer sich versteckt, will (oder kann doch wenigstens) gefunden werden. Auch hier erfolgt, bei gleicher Imagination, durch den Therapeuten eine Sinngebung, die das therapeutische Operieren in Gang zu setzen gestattet. Die Gleichsinnigkeit der gemeinsamen therapeutischen Bemühungen resultiert nun zwanglos aus den gleichen Imaginationen, aber hinzu kommt durch den Therapeuten ein kleiner „Dreh", eine Verschiebung, die etwas Neues in der Interaktion ermöglicht.

Wir sehen diese Konkordanz nicht nur bei den manifesten Metaphern („versteckt" oder „ins Eck"), sondern auch bei den konzeptuellen. Auch im Interview mit dem Einzeltherapeuten findet man wie im Interview mit der Patientin die *gleiche* konzeptuelle Metapher für den Kontakt am Beispiel der Herkunftsfamilie. Sie heißt KONTAKT IST REDEN - und das fällt dieser Patientin, deren Stimme dann "leise" wird, nicht leicht. So erläutert der Therapeut den „Kontaktabbruch" damit, daß sie mit denen „nicht reden" wollte. Es gäbe, wie wir schon gesehen haben, auch andere Möglichkeiten, einen Kontaktabbruch darzustellen.

Wir können somit festhalten: Therapeut und Patientin "diagnostizieren" die Kontaktstörung prozessual gleich; zwar verwenden sie etwas unterschiedliche manifeste Metaphoriken, aber nur, um damit die gleiche Imagination darzustellen. Das Szenario ist gleich, die manifesten Metaphoriken funktional äquivalent. Hier hat sich eine *kohärente Kooperation* im Kontakt hergestellt. Die Kohärenz der Kontaktdarstellung geht auch mit einer gleichgerichteten und vollständig gleichwertigen Einschätzung des Behandlungserfolges einher.

Die Metaphorisierungen der Komplementärtherapeutin

Im Interview mit der Körpertherapeutin taucht das Wort "Kontakt" nur ein einziges Mal auf; hier aber steht es am Ende einer langen und ausführlichen narrativen Schilderung der Behandlungserfahrung. Ersatzweise wird statt vom Kontakt vom "Bezug zum Körper" immer wieder gesprochen. Wir fassen diese lange Beschreibung etwas zusammen:

Zunächst wird ein wichtiges biographisches Detail mitgeteilt: "daß sie ihre ganze Kindheit hindurch ein Korsett getragen hat" und dies Detail wird von der Körpertherapeutin sofort als Organisator ihres Verstehens genutzt: Sie, die Patientin, habe intellektuell sein müssen, weil sie immer gegen die Überzeugung anzukämpfen hatte, daß der Körper nicht in Ordnung ist - das macht die Betonung des „Kopfes" nachvollziehbar.

In den Anfangsphasen der Körpertherapie, als "Sensibilisierung" bezeichnet, hatte die Körpertherapeutin "immer den Eindruck, sie ist auch wieder nicht da".

Das ist erkennbar auf die innere Dimension des Kontakts bezogen. Die funktional äquivalente Imagination hatte der Therapeut als "Versteck" formuliert, die Patientin sprach von ihrer "leisen Stimme". Dann heißt es weiter im Interview mit der Körpertherapeutin:

> Also sie läßt sich nicht so richtig ein, sie versucht, so die Aufgaben zu erfüllen, wenn was in irgendeiner Form wirkte, dann war es das, daß sie einschlafen konnte. Dann schlief sie zwischendurch mal so ein und sackte weg, und da fing eigentlich schon in der Beziehung ein Punkt an, der, glaube ich, wichtig war, wo ich ihr so deutlich machte, ja, wenn Sie einschlafen wollen, können Sie ruhig einschlafen. Das war für sie also eher neu. Sie dachte, das wäre was Verbotenes, was sie jetzt da, also, versuchte, das auch ständig unter Kontrolle zu kriegen.

Wir erhalten einen sehr interessanten Einblick in die körpertherapeutische Arbeitsweise. Die Bilder des Rückzugs (ins Eckchen zurückziehen, sich verstecken, sich eingraben) erhalten eine Bestätigung durch den Wunsch der Patientin, einzuschlafen. Zugleich aber ist das eine außerordentliche expressive Steigerung: es ist jetzt manifeste körperliche Reaktion, was vorher Metapher war. Diesen Rückzug hatte die Patientin selbst zunächst als "Problem" typisiert. Die Körpertherapeutin gestattet ihn und stellt sogleich fest, das sei für die Patientin "neu" gewesen, sie habe sogar gedacht, das "wäre was Verbotenes". Hier, in der Körpertherapie, dominiert das Szenario der Wandlung. Die Patientin schafft sich im Einschlafen ein Kontaktgefäß, "in" das sie sich zurückzieht, und *zugleich* ist eine Kontaktperson, die diesen Rückzug nicht bekämpft, sondern gestattet, anwesend.

Wir sehen hier deutlich die operative Funktion der konzeptuellen Metapher, die den Verlauf und den Wandel abbildet: Operiert anfänglich die konzeptuelle Metapher RÜCKZUG IST EIN PROBLEM, dann impliziert dies, daß der Rückzug bekämpft werden muß. Durch die Erlaubnis zum Rückzug aber wird eine andere konzeptuelle Metapher in den therapeutischen Kontakt installiert: RÜCKZUG IST PROBLEMLÖSUNG; dies hat andere (Be-)Handlungsmöglichkeiten zur Folge. Diese Neuinstallation einer anderen konzeptuellen Metapher geschieht nicht umstandslos: zunächst reagierte die Patientin, wie wir das im Szenario der Wandlung nicht mehr anders erwarten, mit Versuchen, die Kontrolle aufrecht zu erhalten.

Die Erlaubnis, einschlafen zu dürfen, hat eine paradoxe Wirkung:

> Ja, und was dann auch interessant war, daß in dem Moment, hatte ich so den Eindruck, wo ich es nochmal so betonte, daß das in Ordnung ist, schlief sie gar nicht mehr ein also nach einer Weile. Sie schlief nicht mehr ein und konnte so mit der Konzentration dabei bleiben, aber auch sich mehr auf die Übungen konzentrieren und dabeibleiben. Dann kam so eine Phase, wo ich merkte, daß sie so ein Stück immer innerlich auch bewegt mir erschien bei wahrnehmenden Übungen, auch mal mit Partnern

Daß die Installierung der neuen konzeptuellen Metapher gelingt, ist der „Beweis", daß die Patientin sich eingelassen hat. Der therapeutische Kontakt ändert sich nachhaltig. Das ist Wandlung: die Patientin muß sich nicht mehr „aus" dem Kontakt „in" den Schlaf begeben, sondern kann sich konzentrieren und "dabeibleiben". Nachdem uns auf diese eindrückliche Weise geschildert wird, was im therapeutischen Kontakt-Container geschieht, geht es weiter: es wird eine neue Stufe des Szenarios der Wandlung mit dem Wort von der "Phase" indiziert:

> da war sie, hat sich, da hatte ich schon das Gefühl, sie läßt sich ein, und da passiert was, aber sie kann das hier in der Gruppe irgendwie nicht austauschen, sie möchte es hier nicht ansprechen.

Jetzt hat die Patientin ihre Risikoeinschätzung vorgenommen mit dem Ergebnis, sich einzulassen; die konzeptuelle Metapher KONTAKT IST REDEN (oder AUSTAUSCHEN) ist zwar installiert, aber noch nicht interaktiv realisiert. Dann registriert die Körpertherapeutin präzise den Übergang:

> Ja, und dann kam wirklich so eine Phase, wo sie dann anfing, dadrüber zu sprechen, wo sie sehr berührt war, was so geschieht in der Körperwahrnehmung

Dieser Übergang wird erneut als „Phase" gekennzeichnet; die Patientin fängt an zu sprechen. Im Interview erfährt man auch weiter wovon: "von der Mutterbeziehung" ist die Rede, "es hätte angefangen an dem Punkt, wo sie das Korsett gekriegt hat", und viele andere biographische Themen, die wir hier nicht weiter verfolgen, da sie außerhalb unseres Themas vom Kontakt liegen. Schließlich geht die Körpertherapeutin in ihrer Darstellung behutsam zum Szenario der schrittweisen Annäherung über: die Patientin, die ja anfänglich "nicht da" (= versteckt, leise) war, zeigt sich mit ihrem Körper und als Person und erlaubt dadurch der Körpertherapeutin, sie als Berührte wahrzunehmen und sich ihrerseits als Wahrnehmende zu zeigen. Das Spiel der wechselseitigen Synchronisierungen kann beginnen:

> ich merkte so, Mensch, ist mutig, mutig und gleichzeitig merkte ich so, Mensch, toll, daß sie sich so zeigt ...und also, ich hatte den Eindruck, sie kam viel mehr so als die Person, die sie war und traute sich so mit ihrem Körper sozusagen zu zeigen und damit umzugehen.

Die Anzeige der Patientin, auch in ihrer körperlichen Präsentation, wird von der Körpertherapeutin voller Freude („mutig, mutig") begrüßt und so „kommt" die Patientin immer mehr "als die Person, die sie war", im Kontakt auf die Therapeutin zu. Hier erweist sich noch einmal und wieder der Wert der Sensibilisierung für die Metaphern. Nimmt man nämlich diese letzte Aussage *wörtlich*, dann hätte sich die Patientin aus der Sicht ihrer Körpertherapeutin gerade nicht geändert; sie wäre die Person geblieben, die sie war. Das aber ist offensichtlich nicht gemeint. Mit dieser Äußerung indiziert die Körpertherapeutin vielmehr ein ganzes Modell therapeutischen Wandels, welches der Logik des "Werde, der Du bist!" folgt und ihr ein „auch für andere“ hinzufügt. Die Patientin hat sich aus Einengungen, die im Interview an anderer Stelle als Leistungsprinzip angesprochen werden und in der Korsetterfahrung begründet waren, befreit, und nach dieser Befreiung tritt sie als "die *Person,* die sie (schon immer) war", hervor. Und es ist für unsere Auffassung von der Körperfundiertheit der Schemata, von der sinnlich-anschaulichen Qualität der Metapher natürlich eine erwünschte Bestätigung, wenn diese Befreiung *sowohl* konkret körperlich als Befreiung aus dem Korsett *als auch* im metaphorischen Sinn verständlich wird. Die Körpertherapeutin hat ein hier zumindest deskriptiv unbewußtes Verlaufsschema von der Wandlung ihrer Patientin: es beginnt damit, daß die Patientin „versteckt“ ist, dann ist sie sichtbar, aber äußert sich nicht, schließlich kann sie sprechen und laufen - es ist das Schema der "Geburt der Person".

Wir sehen hier die Beschreibung der Neuinstallation von therapeutisch operativen Metaphern durch den vorübergehenden Wechsel zwischen verschiedenen Szenarien. Beginnend mit dem Rückzug aus dem Kontakt führt der therapeutische Prozeß zum Sich-Zeigen-im-Kontakt. Aber nicht direkt, sondern vermittelt über die Imagination des „containers“. Erst die intersubjektive Bestätigung des Rückzugs der Patientin ermöglichte ihr, sich „einzulassen“. Ihr Rückzugsraum wurde als legitimes „Versteck“ anerkannt, und diese Anerkennung kreierte einen neuen, jetzt aber zwischenmenschlichen container, aus dem sie dann, als ihr dies möglich war, gewissermaßen „auftauchte“, um sich sich im Kontakt auch anderen darstellen und zeigen zu können.

Wir sehen weiter, wie konkordant alle drei Beteiligten die Kontakterfahrung mit dieser Patientin beschreiben. Solche Konkordanz der metaphorischen Konstruktionen des Kontakts trägt mit großer Wahrscheinlichkeit zum Behandlungserfolg bei.

Diskordanz der Beurteilung

Wir wollen das Beschriebene nun am letzten Interviewset überprüfen und wählen dafür das Interviewset Nr. 10. Der Patient beurteilt Zufriedenheit der stationären Behandlung mit +3, den Nutzen mit +1. Sein Einzeltherapeut beurteilt seine Zufriedenheit mit der Behandlung mit -2, den Nutzen mit 0. Ein Interview aus dem komplementärtherapeutischen Bereich liegt hier nicht vor. Wir wählen dennoch dies Interviewset, weil hier die größte Diskordanz zu finden war.

Die Metaphorisierungen des Patienten

Wir finden im Interview des Patienten längere Zitate zum "Kontakt".

> Ja, ich war, ich hatte ein paar Kontakte mit Frau (Sozialarbeiterin), em, bin ich hm, ja sagen wir so, hat mir nichts gebracht. Es liegt aber nicht an ihr als Person, sondern ich sehe ein, oder besser noch, ich habe anfangs einen schweren Fehler gemacht, ich habe gedacht, so diese lästige Realität, die bei mir also ganz bedrohlich ist aufgrund meiner wirtschaftlichen Situation, verbunden mit jede Menge Gläubigern, die also unbedingt Geld von mir sehen wollen, was ich denen nicht bieten kann, das mußte draußen, mußt Du draußen lassen. Und das hat halt mit, viele Wochen gedauert, bis ich so eigentlich gemerkt habe, das muß parallel laufen, du mußt auch das, das gehört dazu, dieses Ding halt auch zu bekämpfen oder dich darum zu kümmern.

Über die Kontakte mit der Sozialarbeiterin sagt er an anderer Stelle:

> Und insofern die Kontakte, die ich mit ihr hatte, beschränkten sich eigentlich darauf, daß sie, wie auch natürlich das Therapeutenteam gesagt haben, ja, lassen Sie sich darauf ein oder kümmern Sie sich um das, und das habe ich ihr, anfangs habe ich gedacht, Menschenskinder, laßt mich doch bloß damit in Ruhe, em, ja, und dann, ja das war so am Anfang, und dann ist so gekommen, na Mensch, eigentlich haben die recht, die müssen, das gehört dazu, und daß ich mir dann aber irgendwie auch konkrete Hilfe davon erwartet habe, wie die ausgesehen hätte, kann ich Ihnen nicht sagen, und die habe ich dann aber, und dann habe ich versucht, sie zu kriegen und habe sie aber nicht bekommen.

Über die Kontakte zu einer Freundin teilt er mit:

> Auch in den Zeiten, wenn wir uns am Wochenende gesehen haben, wesentlich unwichtiger, da war das beherrscht vom miteinander reden und da war halt so Nähe, einander in den Arm nehmen, ja das war wesentlich wichtiger als miteinander schlafen. Das haben wir eigentlich gebraucht oder so.

Wir finden eine ungewöhnliche Vielfalt von Satzreparaturen, angefangenen Sätzen, die nicht zu Ende geführt werden, und außerdem eine auffallende Redeform: dieser Patient redet vielfach "per Du" mit sich. Es ist, als ob er von einem Standpunkt außerhalb von sich spricht, von dort aus einen "schweren Fehler", den er gemacht habe, "einsieht" oder dem therapeutischen Team recht geben muß. Er urteilt. Zugleich entlastet er z.B. die Sozialarbeiterin, indem er anfügt, es habe nicht an ihr als Person gelegen, wenn die "paar Kontakte" mit ihr "nichts gebracht" haben.

In den beiden ersten Zitaten beschreibt er einen prozeßhaften Ablauf, indem er das, was anfangs war, abhebt, gegen das, was dann folgte. „Anfangs" hat er gedacht, er müsse die „lästige Realität" (der Schulden) „draußen" lassen - nämlich aus der damit von ihm als CONTAINER konzeptualisierten Therapie. Was mag dieser Container enthalten haben? Klar ist nur, daß er die „lästige Realität" zunächst nicht enthielt. Der Patient trennte zwischen „Realität" und „Therapie" mit der Folge, daß die Probleme der „lästigen Realität" innerhalb der Psychotherapie nicht erscheinen konnten. Diese Trennung erscheint ihm jetzt im Rückblick als „schwerer Fehler", aber noch ist sie nicht aufgehoben, sondern er kam zur Auffassung, „das muß parallel laufen". Gemeint ist offenbar ein pas de deux von Schuldenhilfe und therapeutischer Hilfe. Seinen eigenen Part beschreibt er dann mit zwei metaphorischen Handlungsverben: „bekämpfen" oder „sich darum kümmern".

Wenn wir uns bei unserer Analyse der Konzeptualisierungen auf den Zielbereich der Therapie beschränken, dann muß unser Augenmerk auf die widersprüchliche Konzeptualisierung der Prozeßphantasie des Patienten, artikuliert in seinen Handlungsverben, gerichtet werden. Etwas zu „bekämpfen" impliziert, daß das „Ding" ein GEGNER ist. Wir erhalten die konzeptuelle Metapher SCHULDEN SIND GEGNER. Gegner erfordern in der Regel „Abwendung"; wenn man mit ihnen nicht fertig wird, braucht man Hilfe und „Hilfe" heißt dann UNTERSTÜTZUNG IM KAMPF. Sich um etwas kümmern hingegen beruht auf einer ganz anderen Konzeptualisierung. Evoziert wird die Vorstellung einer Pflanze, eines Kindes, allgemein eines der Pflege und „Annahme" bedürftigen Objekts, wie wir sie kurz in bezug auf zu pflegende Kontakte dargestellt haben. Die konzeptuelle Metapher heißt dann SCHULDEN SIND ZUWENDUNG ERFORDERNDE OBJEKTE.

Für die Rekonstruktion des therapeutischen Prozesses stellt sich nun die Frage, welches der beiden Konzepte von Schulden in den Therapie-Container hineingekommen ist, nachdem der „Fehler", sie „draußen" zu lassen, vom Patienten bemerkt wurde? Die Antwort findet sich im zweiten Zitat, wo der Patient die Metapher des Therapeuten-Teams: „Lassen Sie sich darauf ein" mit seiner eigenen Vorstellung gleichsetzt, sich „darum zu kümmern". Hier sieht es zunächst so aus, als würden die Schulden in der Gestalt des „zuwendungserfordernden Objekts" in die Therapie hinein kommen. Es gibt jedoch noch eine andere Lesart.

Dem Appell, sich "einzulassen" - den wir als Teil des Szenarios der Wandlung kennen - gibt der Patient nämlich eine interessante Wendung: Seine erste Reaktion „laßt mich doch bloß damit in Ruhe" kam dem Impuls, die Schulden „draußen zu lassen" gleich. Das Motiv, sich unmittelbar abzuwenden, erscheint erneut. Erst später gab er den Therapeuten „recht": „das gehört dazu". Die Frage, mit welchem Konzept die Schulden in den Therapie-Container hineingewandert sind, erhält hier nun zur Antwort: es blieb latent beim Konzept SCHULDEN SIND GEGNER, obwohl er den Therapeuten wörtlich „recht" gibt. Kohärent damit formuliert der Patient seine Erwartung an „konkrete Hilfe" und deren Enttäuschung. Die Worte „kriegen" und „bekommen" verweisen kontextbedingt auf eine Phantasie der finanziellen Unterstützung, wodurch sein KAMPF gegen die

Schulden erleichtert (weil mehr oder weniger überflüssig) würde. Ohne die Annahme eines solchen latenten Konzepts bliebe die Enttäuschung, nachdem der Patient den Therapeuten „recht" gegeben hatte, unverständlich.

Der bislang analysierte Antagonismus bezieht sich auf Handlungen: Kämpfen oder Sich-Kümmern. Wir finden aber noch weitere Antagonismen, wenn man die Frage stellt, wer es (in der aus dem Text erschlossenen Vorstellung des Patienten) ist, der eigentlich kämpfen soll? Zunächst deutet die Enttäuschung über das Ausbleiben der „konkreten Hilfe" ja schon an, daß es die Therapeuten waren, die hätten kämpfen sollen und dadurch den Patienten von seiner „lästigen Realität" entlasten. Auch die Formel „sich darauf einlassen" vertieft durch das angefügte "oder kümmern Sie sich um das" den Antagonismus: Im „Szenario der Wandlung" braucht der, der sich einläßt, einen anderen, der sich kümmert, der als „größer" imaginiert wird. Müßte der Patient hingegen sich selbst kümmern, könnte er sich nicht gleichzeitig „einlassen" - er müßte den anderen, den „größeren" Part des Zwei-Personen-Szenarios spielen. Dieses Dilemma steuert die therapeutische Interaktion. Es ist gewissermaßen für den Patienten nicht klar, wer kämpft? Wer kümmert sich? Wer ist der Kleine, wer der Große?

Der Patient liefert anschaulich ein Modell des von ihm erlebten therapeutischen Prozesses, den er in drei Phasen ablaufen sieht: Erst sind die Schulden „draußen", dann „läuft es parallel" und schließlich „gehören sie dazu". Der therapeutische Kontakt wird als CONTAINER einheitlich bestimmt, doch das Konzept der Schulden als GEGNER nicht aufgegeben. Dieses unthematisierte Konzept fungiert, nachdem es in den Therapie-Container „eingewandert" ist, wie ein malignes Introjekt - so könnten wir in einer klinischen Sprache formulieren. Das behandlungstechnische, den Antagonismus noch einmal von der anderen Seite her beschreibende Problem, wird dann so formulierbar: Der Therapie-Container enthält sowohl den Patienten als auch dessen GEGNER. Das ist keine „haltbare" Situation. Während die Therapeuten erwarten, daß der Patient seine Gegnerschaft zu seinen Schulden aufgibt, erwartet der Patient, daß sie ihn davon befreien. In beiden Fällen wäre erst dann ein „containing" möglich; der Patient könnte sich erst dann in ein Kontaktgefäß „einlassen", wenn nicht gleichzeitig ein GEGNER drin ist. Der Gegner muß sich entweder verwandeln oder entfernen. Solange das nicht geschieht, gibt es eigentlich nur die Möglichkeit, daß der Patient seinerseits den Therapie-Container ver- und den Therapeuten seinem GEGNER überläßt.

Wir können nicht sagen, daß diesem Patienten ein Modell des „containing-contained" vollkommen gefehlt habe, denn im dritten Zitat ist er sowohl im Umarmungs-Container seiner Freundin der „kleinere" Part als auch umgekehrt als Umarmender der „größere". Aber dieses Modell konnte nicht auf die therapeutische Situation „übertragen" werden.

Versuchen wir, darüber etwas mehr aus der Perspektive des Therapeuten zu erfahren.

Die Metaphorisierungen des Therapeuten

Über die nicht-therapeutischen Kontakte dieses Patienten teilt der Therapeut mit:

> Das ist auch unverändert geblieben, und die Kontakte zum anderen Geschlecht auch. Zum eigenen Geschlecht muß man aber ergänzen, zum eigenen Geschlecht hatte er immer nicht so schrecklich viel Kontakt gehabt, während er die Frauen besonders gut konnte (lacht) - es hat sich im Grunde wenig geändert.

Diese Beschreibung der außertherapeutischen Kontakte stimmt mit der des Patienten gut überein.

Wir wollen sehen, wie der Therapeut die Qualität des therapeutischen Kontakts beschreibt:. Hier müssen wir ein Zitat wiederholen. Der Therapeut berichtet über seinen Kontakt:

> und noch nach der Entlassung habe ich irgendwelche Dinge erfahren über ihn, von Gerichten und von Mitpatienten, all so Dinge, die ich nicht wußte und im Grunde, daß es alles noch viel schlimmer war, als er es mir jemals gesagt hat und ich jemals vermutet hatte, ich also auch so ein bißchen ä..., wie ich einfach doch auf ihn reingefallen bin

Dieses ist das einzige Zitat zum Zielbereich therapeutischer Kontakt, das sich in diesem Interview findet. Es bezieht sich auf eine Aufklärung, die *nach* der Behandlung erfolgt ist. Wir haben dieses Zitat und die Metapher vom "reinfallen" schon im Zusammenhang des Szenarios der Wandlung analysiert. Im Kontext der Behandlung, die auf seiten des Patienten von den beschriebenen Antagonismen operativ gesteuert war, läßt sich diese Erfahrung des Therapeuten verständig nachvollziehen. Das Zitat formuliert beinah wörtlich die Szene, die wir aus den Patienten-Äußerungen metaphorisch erschlossen haben: Der Patient hat sich entfernt, der Therapeut ist mit den schuldnerischen und nachfolgend juristischen Problemen des Patienten befaßt. Dasjenige therapeutische Mittel, das sonst greift, die metaphorische Aufforderung "sich einzulassen", hat in der beschriebenen Weise einen paradoxen Effekt gehabt. Die operative Funktion bzw. in diesem Fall: Fehlfunktion der Metapher hat der Therapeut in seiner pessimistischen Beurteilung des Behandlungsergebnisses registriert.

Der Therapeut konnte auf den Antagonismus des Patienten nicht rechtzeitig reagieren, da ihm unklar geblieben war, daß der Patient seine Schulden nicht als Zuwendung fordernde Objekte, sondern immer noch als Gegner betrachtete. Darüber fühlt sich der Therapeut offenbar nicht nur ent-, sondern sogar getäuscht und er verwendet für den Ausdruck dieser Enttäuschung das starke Bild vom „reinfallen". Jeder Enttäuschung geht eine Erwartung voraus, und wir vermuten, es war auf seiten des Therapeuten die, sich auf den performativen Akt des Patienten, den Therapeuten „recht" zu geben, verlassen zu können. Er nahm es als Signal, daß das therapeutische Arbeitsbündnis schon installiert sei. Dieses imaginierte er offenbar seinerseits als eine Art Container, in den sich dann beide hätten „einlassen" können - denn nur, wenn man die Dinge so bildhaft sieht, wird verständlich, daß von einem doch schmerzlich gemeinten „Rein-Fall" die Rede ist, der doch nur dann eintreten kann, wenn das Kontaktgefäß die zu erwartende Flüssigkeit nicht enthält. Am Ende jedoch hat sich eine andere Situation gestaltet. Der Patient ist dem Therapeuten die Einlösung seines „Rechtgebens" schuldig geblieben. Damit hat sich der Therapeut in einen metaphorischen GLÄUBIGER verwandelt, dem der Schuldner davon gelaufen ist. In klinischer Sprache: Das maligne Introjekt hat die Herrschaft über die therapeutische Arbeitsbeziehung gewonnen.

Die Metaphernanalyse zeigt an dieser Stelle, daß eine Analyse der Sprechakte für therapeutische Dialoge oft nicht hinreichend ist. Hinzukommen muß die Imagination. Gerade wenn man nicht unterstellt, daß der Patient absichtsvoll und bewußt täuschen wollte, wird es wertvoll, seine unterschiedlichen metaphorischen Problemkonzeptualisierungen genauer zu betrachten. Dann ergibt sich als behandlungstechnische Empfehlung, nicht nur die Probleme, sondern auch die Metaphern des Patienten für seine Probleme - hinsichtlich der daraus resultierenden Handlungen, Erwartungen und Einstellungen - zu analysieren. War es nicht Wittgenstein, der von den Beulen sprach, die sich der Verstand beim Anrennen an die Grenzen der Sprache holt? Jedenfalls holen sich auch Therapeuten manchmal seelische Prellungen bei metaphorischen „Reinfällen". Wir wären zufrieden, wenn ein Ergebnis der Lektüre unserer Untersuchung wäre, die Wirkmächtigkeit der in den Metaphern enthaltenen Imaginationen nicht zu unterschätzen.

Epilog - nicht nur für die Theorie

Wir haben unsere Daten nicht statistisch aufbereitet; die Gründe dafür dürften nachvollziehbar geworden sein. Wir wissen bei einfachen Übersetzungen in numerische Codes nicht, was ein Patient oder was ebenso gut ein Therapeut "gemeint" hat, wenn er diese oder jene Benotung des Behandlungsergebnisses abgibt. Im letzten Kapitel haben wir jedoch gezeigt, daß und wie numerische Beurteilungen und metaphorische Passung kovariieren bzw. ineinander greifen. In einer stationären Behandlung geschieht natürlich außer „Kontakt“ noch sehr viel mehr; aber wir haben etwas dazu beitragen wollen, wie der anerkannt „kurative Faktor“ einer „guten therapeutischen Beziehung“ verstanden werden kann. Nun wollen wir abschließend einige Bemerkungen zum Nutzen einer solchen Untersuchung für die therapeutische Praxis machen.

Wir haben mit einer Darstellung der Darstellungstechniken in den von uns durchgeführten Interviews begonnen. Dabei haben wir insbesondere dem metaphorischen Zitatformat Aufmerksamkeit gewidmet. Dann haben wir Kontakt strukturell in Kontaktziele, -objekte und -medien differenziert, und mit diesem Rüstzeug konnten wir eine Vielzahl konzeptueller Metaphern und dann verschiedene Szenarien des Kontakts in unserem Material ausfindig machen. Schließlich haben wir das Zusammenspiel der Szenarien in der therapeutischen Beziehung, soweit diese aus Interviews erschlossen werden kann, analysiert und meinen, zu einigen wichtigen Einsichten bezüglich der „Passung“ von Therapeuten und Patienten gekommen zu sein. Diese Passung bezog sich nicht auf Persönlichkeitsmerkmale, sondern auf die metaphorisch-imaginativ mitgeteilten konzeptuellen Entwürfe des Kontakts.

Ohne "Kontakt" wären therapeutische Bemühungen vergeblich. Aber es gibt sehr unterschiedliche Kontaktszenarien. Es sind individuelle und zugleich soziale Formate der Konzeptualisierung von Kontakt. Kontakt wird gleichermaßen imaginiert und interaktiv realisiert. Kommt es zu einer Synchronisierung der Szenarien oder zur Entwicklung von aneinander anschlußfähigen konzeptuellen Metaphern des Kontakts, dann ist der therapeutische Erfolg zwar nicht gewiß, aber er hat doch eine gute Chance. Können umgekehrt die Kontaktpartner nicht szenisch-imaginativ aneinander anschließen, dann leidet darunter auch die Behandlung.

Wir haben interessante Neuinstallierungen von Metaphern durch den therapeutischen Dialog verfolgen können, wenn die Interaktion zwischen frame und Fokus sich durch ein neues „framing“ verschiebt. Ein Rückzug, der vorher ein *Problem* war, wird als Problem*lösung* typisiert; ein "Kopf", der zunächst als intellektuelles Mittel der Problembewältigung erschien, wird zu einer "Last". Unser Material betrachtet einen gesamten therapeutischen Prozeß in der Rückschau mehrerer Beteiligter und so können wir naturgemäß nur wenig darüber sagen, *wie* solche Neuinstallierungen im therapeutischen Prozeß sich selbst mikrostrukturell einpendeln. Um das analysieren zu können, wären Transkripte ganzer Therapieverläufe erforderlich. Aber gerade die Rückschau des Abschluß-Interviews nötigte unsere Interviewpartner zu einer verdichtenden *Dar*stellung ihres Kontakterlebens. Damit konnte die Imagination des Kontakts sichtbar gemacht und dessen interaktive Realisierung durch die Kontrastierung mit den anderen Interviews des jeweiligen Sets erschlossen werden.

Wir haben in Übereinstimmung mit anderen Untersuchungen, über die wir am Anfang dieser Arbeit berichtet haben, feststellen können, daß Metaphernreichtum eher ein Indiz für psychische Gesundheit ist. Manche Patienten verfügen über eine erstaunliche Vielfalt von Metaphern und wir haben die Vermutung ausgesprochen, daß dies zu ihrer Wahrnehmung als "gute" Patienten beiträgt. Sie sind solche, von denen die Psychotherapieforschung annimmt und schon vielfach bestätigt gefunden hat, daß sie auch unter suboptimalen Therapiebedingungen gedeihen werden. Sie sind in der Lage, nicht nur zwischen den imaginativen Szenarien des Kontakts kontextsensibel zu wechseln, sondern darüber hinaus selbst neue und kreative Metaphern zu erfinden. Sie können dann sogar formulieren, was sich in den „Zwischenräumen“ der Interaktion, des eigenen Denkens, beim Wechsel der Szenarien ereignet. Sie können nicht nur das leere Konzept "Kontakt" reichhaltig und differenziert füllen; sie können darüber hinaus noch metaphorisch angeben, *wie* sie das tun.

Anderen Patienten ist schon wesentlich damit geholfen, wenn sie auf Therapeutinnen und Therapeuten treffen, die nicht auf einem bestimmten Kontakt-Szenario bestehen, sondern flexibler verschiedene Konzeptualisierungen anbieten können. Offenbar bevorzugen Therapeuten das Szenario der Wandlung, aber auch in anderen Szenarien kann sich ein produktiver therapeutischer Kontakt gestalten, z.B. im Szenario der schrittweisen Annäherung mit seiner differenzierten Regulierung von Nähe und Distanz.

Therapeuten, die zu solcher Flexibilität in der Lage sind, haben eine gute Chance, erfolgreiche Therapien zu machen. Für den therapeutischen Alltag könnte man daraus eine Anregung entnehmen, die sich auf die Formel bringen ließe: *Von der Reduktion zur kreativen Imagination*. Üblicherweise werden Therapeuten nur im ersten Teil dieser emotional-kognitiven Bewegung geschult; sie lernen, die Mitteilungen ihrer Patienten in ihre Beobachtungsraster einzuordnen und sie in ihre Theoriesprache zu übersetzen. Das ist im wesentlichen eine Kategorisierungsleistung, die wir im Zusammenhang mit unserer Diskusssion diagnostischer Fragen kritisch diskutiert haben. Therapeutisch produktiv aber wird diese Bewegung nur in ihrer Fort-Führung: Wir haben von der Bild*gebung* gesprochen.

Dort, wo das nicht geschieht, droht die therapeutische Interaktion zu stagnieren oder zu entgleisen.

Wir haben nicht nur gesehen, daß die Fähigkeit von Therapeuten, ihrerseits das leere Konzept zu füllen, d.h. den Kontakt durch ihre Imagination zu bereichern, mit dem Behandlungsergebnis kovariiert. Wir haben auch gesehen, daß sie dies manchmal tun müssen, weil und soweit die Patienten ihrerseits dazu nicht in der Lage sind. Dies haben wir mit einer weiteren Formel, *auf Sinnentzug mit Sinngebung zu reagieren,* zu fassen versucht. Mit diesen und anderen Beobachtungen konnten wir einige Aspekte professionellen Handelns beschreiben. Wir hatten professionelles Handeln von wissenschaftlichem Handeln unterschieden. An eine Theorie des professionellen Handelns kann nun eine ganz wesentliche Forderung gestellt werden: Sie muß so formuliert, so „gebaut" sein, daß sie Platz dafür läßt, Patienten und sich selbst nachhaltig überraschen zu können. Zuordnung von Patientendaten zu vorgegebenen Kategorien entspricht dieser professionstheoretischen Anforderung nicht, wohl aber normal-wissenschaftlichen und administrativen Erfordernissen. Die Beschäftigung mit der Metapherntheorie ist deshalb aus unserer Sicht so faszinierend, weil sie die Möglichkeit bietet, das Potential zu überraschen und Neues zu kreieren, an einer systematischen Stelle „einzubauen".

Nachhaltig beeindruckt haben uns die Fähigkeiten der Mitarbeiterinnen und Mitarbeiter aus den komplementärtherapeutischen Bereichen, metaphernbildend zu wirken. Ihre Fähigkeiten, den Körper einzubeziehen, ihr Reichtum an Bild- und Sinnbildgebungen ist bislang, zumindest in der Literatur, unterschätzt worden. Dieser Befund unserer Untersuchung bestätigt, daß im Zentrum der stationären Psychotherapie nicht allein die Einzelgespräche mit dem *Psycho*therapeuten stehen. Offenbar tragen die Therapeutinnen und Therapeuten der anderen Bereiche zur Schaffung und Aufrechterhaltung eines therapeutischen Milieus ganz wesentliches bei, vielleicht nicht zuletzt deshalb, weil ihre Arbeit konzeptuelle Metaphern *inszeniert.* Das zeichnet möglicherweise die besondere Arbeitsweise der *stationären* Psychotherapie mehr aus, als wir es bislang gewürdigt fanden. Die synoptische Anlage unserer Untersuchung gibt darüber hinaus Anregungen und Hinweise, wie der besondere *integrative* Aspekt der stationären Behandlung sowohl praktisch gestaltet als auch weiter erforscht werden kann. Wir formulieren metaphorisch: *Die Metaphern* (des Kontakts, der Krankheit usw.) *fungieren als Synapsen im Netz der stationären Behandlungsorganisation.* Wir können uns vorstellen, daß ein Behandlungsfokus in Form konzeptueller Metaphern formuliert werden kann. Die Ausrichtung der therapeutischen Bemühungen von Mitarbeitern auf einen einheitlichen Bezugspunkt, die Synchronisierung der Behandlungsleistungen in unterschiedlichen therapeutischen Kontexten ist ein wohl beschriebenes, bislang aber kaum gelöstes Problem stationärer Psychotherapie. Hier können unsere Befunde praktische Nutzanwendung finden.

Wir sehen den Wert dieser qualitativen Untersuchung des therapeutischen Prozesses auch darin, daß hier erstmalig eine relevante Dimension der Behandlung, Kontakt, mit einer neuen Methode, der Metaphernanalyse, untersucht worden ist. Für die Methode gibt es bereits ein nachhaltiges und sich ausbreitendes Interesse und bezüglich anderer Aspekte des Behandlungsprozesses auch bereits Ergebnisse (z.B. Schmitt 1995, Buchholz 1996, Najavits 1994, Pollio et al. 1977). Unseres Wissens gibt es jedoch keine Untersuchung, die einen synoptischen Blick auf den stationären Behandlungsprozeß versucht. Deshalb sind dieser Erstmaligkeit manche Mängel geschuldet, für die wir um Nachsicht bitten.

Insbesondere wüßten auch wir gerne, ob sich die Kontaktszenarien nosologischen Krankheitseinheiten zuordnen lassen oder ob hier eine genuin interaktive Dimension zum Tragen kommt, die sich nur einer prozessualen Diagnostik erschließt. Wir vermuten sehr stark das letztere, aber zu prüfen wäre dies nur durch Untersuchungen an nosologisch homogenen Patientenpopulationen.

Wir wüßten weiter gerne, was die Fähigkeit mancher Patienten und Therapeuten zum Bilderreichtum in ihrer Entwicklung befördert oder blockiert hat - aber sind Beförderung und Blockierung schon die richtigen Metaphern? Ist Entwicklung immer „ein Weg“? Und: muß man sich nicht manchmal „unterwegs“ über den Weg einigen, so daß das aktuelle interaktive Zusammenspiel eine entscheidendere Rolle spielt? Auch: Wer einem über den Weg läuft?

Wir haben zeigen können, daß und wie konzeptuelle Metaphern des Kontakts therapeutische Interaktionen steuern. Hier hoffen wir natürlich, daß klinische Leser den Wert dieser Untersuchung v.a. darin sehen, sich für die feinen Zwischentöne der Mitteilungen ihrer Patienten, aber auch der eigenen Äußerungen, zu sensibilisieren. Manchmal hatten wir in unserer Auswertungsarbeit den Eindruck, Metaphernanalyse - das ist eigentlich nichts anderes als eine gute Art zuzuhören, genau zu sein, wörtlich zu nehmen dort, wo wir uns im klinischen Alltag vielleicht mit bekannten Schemata der Deutung allzu schnell zufriedengeben. Metaphernanalyse ist so gesehen eine weitere qualitative Strategie, die weißen Flecken auf unserer klinischen Landkarte auf eine bestimmte Weise zu beschreiben. Wir denken, daß die Metaphernanalyse, so wie wir sie theoretisch verstehen und an unserem Material vorgeführt haben, sich am ehesten an die Methodologie der mikrostrukturellen Erforschung von Interaktionen anschließen könnte, etwa an die ethnomethodologische Konversationsanalyse oder an die objektive Hermeneutik, und daß sie in der Lage ist, manche Probleme, die dort auftauchen, vielleicht nicht zu lösen, aber doch zu erhellen. Auch metaphernanalytische Interpretation verfährt ohne feste Regeln, es gibt nur "rules of the thumb". Dies hat sie mit der Konversationsanalyse (Wolff und Meier 1995) oder anderen interpretativen Verfahren gemeinsam. Es unterscheidet sie aber von jenen Verfahren, die die Arbeit des Interpretierens den ratern aufbürden und diese „ausbeuten“, ohne deren Fähigkeiten selbst zu explizieren. Wir haben in jedem Fall nur „rules of the thumb" - und das ist kein Nachteil des metaphernanalytischen Verfahrens. Dessen Wert bemißt sich darin, daß das Analysieren von Metaphern Zusammenhänge entdeckt, die man vielleicht immer schon gewußt hat, aber so bisher nicht hat aussprechen können. Wir halten das für eine Entdeckung.

Bezogen auf die Psychoanalyse - als *der* großen Leitfigur der Psychotherapie unseres Jahrhunderts - schließen wir uns mit unserer Arbeit an den Paradigmenwechsel von der Ein- zur Zwei- und Mehrpersonenpsychologie an. Psychotherapeutische Prozesse können nicht nur am Patienten allein untersucht werden, entscheidend wird die Umstellung des Untersuchungsinteresses auf die Praxis der Interaktion. Als professionelle hat solche Interaktion immer Wissenschaft - und vieles mehr - "zur Seite" (Stein 1979). In Interaktionen stellen Subjekte sich dar, wie sie sich und den anderen vorstellen; dabei stellen sie ihre Therapie her und sind insofern immer Konstrukteure ihrer Welten. Solche Konstruktionen sind hilfreich oder behindernd, schädigend, reichhaltig oder kontrovers - aber nirgendwo zeigt sich Subjektivität, die doch der zentrale Topos der Psychoanalyse ist, mehr, als in solchen interaktiven Akten der Selbst- und Welterzeugung. Die zentrale Stellung, die die Begriffe „Übertragung" und „Gegenübertragung" in der psychoanalytischen Theorie der Behandlungstechnik haben, formuliert diesen Zusammenhang ahnungsvoll. Bedauerlicherweise jedoch sind diese Konzepte zu begrifflichen Klischees erstarrt, die manchmal auch mehr verbergen als erhellen können. Löst man sie aber aus dem Korsett fragwürdig gewordener Annahmen, z.B. daß die Übertragung eine „falsche Verknüpfung" sei und deshalb „die Realität" nur „verzerrt" wiedergebe, dann kann man leicht Anschluß an konstruktivistische Positionen finden, die zur Differenzierung und Klärung theoretischer wie klinischer Fragen einen erheblichen Zugewinn beitragen. Es wäre eine eigene Diskussion wert, die Frage zu prüfen, ob nicht konstruktivistische Positionen diese primäre Intuition der Psychoanalyse vom Menschen als Schöpfer *und* Zerstörer seiner Welten artikulieren helfen könnten.

Die Metaphernanalyse kann deutlich machen, wie solche Konstruktionen operieren, wie Welt- und Selbsterfahrungen limitiert werden und dabei auch die transzendente Funktion der Metapher ex negativo aufzeigen. Vieles, was wir wissen, können wir nicht sagen, sondern nur in Bildern darauf anspielen - in verschiedenen Bildern und in solchen, in denen der Körper spricht und mitspricht. Mit ihnen gilt es, in Kontakt zu bleiben.

Literatur

Anzieu D (1991) Das Haut-Ich. Suhrkamp, Frankfurt

Arlow JA (1969) Phantasie, Erinnerung und Realitätsprüfung. Psyche 23: 881

Aronson E, Carlsmith JM (1968) Experimentation in Social Psychology. In: Lindzey G, Aronson E (Hrsg) The Handbook of Social Psychology (2nd ed.). Harvard Univ. Press, Mass.

Austin JL (1989) Zur Theorie der Sprechakte (How to do things with Words). Deutsche Bearbeitung von Eike von Savigny, 2. Auflage. Reclam, Stuttgart

Bachrach H M ua (1991) On the efficacy of psychoanalysis. J. Amer. Psychoanal. Assn. 39: 871-916

Balint M (1967) Therapeutische Regression, Urform der Liebe und die Grundstörung. Psyche 21: 713

Bateson G (1981) Ökologie des Geistes.. Suhrkamp, Frankfurt/M.

Bauer R, Modarressi T (1977) Strategies of Therapeutic Contact Working With Children With Severe Object Relationship Disturbance. American Journal of Psychotherapy 31: (Heft Nr. 4), 605-617

Bergmann JR (1987) Klatsch. Zur Sozialform der diskreten Indiskretion. de Gruyter, Berlin/New York

Bergmann JR (1992) Veiled morality: notes on discretion in psychiatry. In: Drew P, Heritage J (Hrsg) Talk at Work. Interaction in institutional settings. University Press, Cambridge

Berlin I (1982) Die Trennung der Natur- und Geisteswissenschaften. In: Wider das Geläufige. Aufsätze zur Ideengeschichte. Europäische Verlagsanstalt, Frankfurt

Berlin RM, Olson ME, Cano CE, Engel S (1991) Metaphor and Psychotherapy. Amer.J.Psychotherapy 45: (Heft Nr. 3), 359-366

Bion WR (1992) Lernen durch Erfahrung. Suhrkamp, Frankfurt

Black M (1954) Die Metapher. In: Haverkamp A (Hrsg) Theorie der Metapher. Wiss. Buchgesellschaft, Darmstadt 1983

Black M (1977) Mehr über die Metapher. In: Haverkamp A (Hrsg) Theorie der Metapher. Wiss. Buchgesellschaft, Darmstadt 1983

Blumenberg H (1960) Paradigmen zu einer Metaphorologie. In: Haverkamp A (Hrsg) Theorie der Metapher. Wiss. Buchgesellschaft, Darmstadt 1983

Blumenberg H (1979) Ausblick auf eine Theorie der Unbegrifflichkeit. In: Haverkamp A (Hrsg) Theorie der Metapher. Wiss. Buchgesellschaft, Darmstadt 1983

Blumenberg H (1979) Schiffbruch mit Zuschauer. Paradigma einer Daseinsmetapher. Suhrkamp, Frankfurt

Brockmann J (1995) Liefert die empirische Psychotherapieforschung relevante Ergebnisse für die Praxis des Psychoanalytikers? Über Wirkfaktoren psychoanalytisch orientierter Psychotherapie. Forum Psychoanal 11: 348-364

Brodbeck H (1995) The Psychoanalyst as Participant and Observer in the Psychoanalytic Process: Some Thoughts on Countertransference from a Constructivist Perspective. Psychoanalysis and Contemporary Thought 18: 531-558

Brown RD, FRCP(c), Krausz R (1984) The Patient's Unconscious Perceptions of the Therapist's Disruptions. In: Raney J (Hrsg) Listening and Interpreting. The Challenge of the Work of Robert Langs. Jason Aronson, New York/London

Brown R H (1976) Social Theory as Metaphor. Theory and Society 3: 169-198

Brown T (1994) Man Is Not a Machine, but Neither Are Machines Organisms. Psychological Inquiry 5: 241-244

Bruner J (1987) Life as Narrative. Social Research 54: 11-32

Bruner J, Feldman CF (1990) Metaphors of consciousness and cognition in the history of psychology. In: Leary DE (Hrsg) Metaphors in the History of Psychology. Cambridge University Press, Cambridge

Brühmann H (1996) Metapsychologie und Standespolitik. Die Freud/Klein-Kontroverse. Luzifer-Amor 9: (Heft Nr. 17), 7

Buber M (1923) Ich und Du. In: Buber M (Hrsg) Das dialogische Prinzip (4. Auflage 1979). Lambert Schneider, Heidelberg

Buchholz MB (1988) Die therapeutische Situation. Forum Psychoanal. 4: 273-291

Buchholz MB (1990) Die unbewußte Familie. Psychoanalytische Studien zur Familie in der Moderne (2. Auflage 1995 im Pfeiffer-Verlag). Springer, Berlin/Heidelberg/New York

Buchholz MB (1993) Probleme und Strategien qualitativer Psychotherapieforschung in klinischen Institutionen. Psyche 47: 148-179

Buchholz MB (1993) Dreiecksgeschichten - Eine klinische Theorie psychoanalytischer Familientherapie. Vandenhoeck & Ruprecht, Göttingen

Buchholz M B (1993) Metaphern in der "talking-cure" - die Rhetorik der "Arbeit am Widerstand". In: Buchholz M B (Hrsg) Metaphernanalyse. Vandenhoeck & Ruprecht, Göttingen171-207

Buchholz MB (1996) Metaphern der `Kur'. Studien zum therapeutischen Prozeß. Westdeutscher Verlag, Opladen

Buchholz MB (1997) Psychoanalytische Professionalität. Andere Anmerkungen zu Grawes Herausforderung. Forum Psychoanal 13: 75-93

Buchholz MB, Hartkamp N (Hg) (1997) Supervision im Fokus - Polyzentrische Analysen einer Teamsupervision. Westdeutscher Verlag, Opladen

Buchholz MB, Kleist Cv (1995) Metaphernanalyse eines Therapiegespräches. In: Buchholz MB (Hrsg) Psychotherapeutische Interaktion - Qualitative Studien zu Konversation und Metapher, Geste und Plan. Westdeutscher Verlag, Opladen

Buchholz MB, Reiter L (1996) Auf dem Weg zu einem empirischen Vergleich epistemischer Kulturen in der Psychotherapie. In: Bruns G (Hrsg) Psychoanalyse im Kontext. Soziologische Ansichten der Psychoanalyse. Westdeutscher Verlag, Opladen

Buchholz MB, Seide L (1995) Aspekte einer prozessualen Diagnostik - Der äußere und der innere Kontext der familientherapeutischen Behandlungssituation. System Familie 8: (Heft Nr. 4), 197-216

Buchholz MB, Streeck U (1994) Psychotherapeutische Interaktion: Aspekte qualitativer Prozeßforschung. In: Buchholz MB, Streeck U (Hrsg) Heilen, Forschen, Interaktion. Psychotherapie und qualitative Sozialforschung. Westdeutscher Verlag, Opladen

Buchholz M B (Hrsg) (1993) Metaphernanalyse. Vandenhoeck & Ruprecht, Göttingen

Bude H (1985) Der Sozialforscher als Narrationsanimateur. Kritische Anmerkungen zu einer erzähltheoretischen Fundierung der interpretativen Sozialforschung. KZfSS 37: 327-336

Bude H (1989) Der Essay als Form der Darstellung sozialwissenschaftlicher Erkenntnisse. Kölner Zeitschrift für Soziologie und Sozialpsychologie 41: 526-539

Bude H (1990) Was sagt der Anfang eines offenen Interviews über die Lebensthematik einer Rheumakranken?. In: Jüttemann G (Hrsg) Komparative Kasuistik. Asanger, Heidelberg

Burke P (1993) Der Aufstieg des buchstabengetreuen Denkens. Freibeuter (Heft Nr. 57), 19-36

Bühler K (1927) Die Krise der Psychologie (Nachdruck 1978). Ullstein, Frankfurt/Berlin/Wien

Caparrotta L (1989) Some Thoughts About the Function of Gaze-Avoidance in Early Infancy: A Mother-Baby Observation. Psychoanalytic Psychotherapy 4: 23-30

Carveth DL (1993) Die Metaphern des Analytikers. Eine dekonstruktionistische Perspektive. In: Buchholz MB (Hrsg) Metaphernanalyse. Vandenhoeck & Ruprecht, Göttingen

Casement PJ (1982) Some pressures on the analyst for physical contact during the relieving of an early trauma. Int. Rev. Psychoanal. 9: 279-286

Cassirer E (1923) Philosophie der symbolischen Formen. Erster Teil: Die Sprache (Sonderausgabe 1994, Nachdr. d. 2. Auflage von 1953). Wissenschaftliche Buchgesellschaft, Darmstadt

Cassirer E (1924) Philosophie der symbolischen Formen. Zweiter Teil: Das mythische Denken (Sonderausgabe 1994). Wissenschaftliche Buchgesellschaft, Darmstadt

Closs-Traugott E (1985) "Conventional" and "Dead" Metaphors Revisited. In: Paprotté W, Dirven R (Hrsg) The Ubiquity of Metaphor. Metaphor in Language and Thought. Benjamins, Amsterdam/Philadelphia

Cooper S (1996) Facts all come with a point of view. Int. J. Pscho-Anal. 77: 255

Cox M, Theilgaard A (1987) Mutative Metaphors in Psychotherapy. The Aeolian Mode. Tavistock Publications, London/New York

Cox M, Theilgaard A (1994) Shakespeare as Prompter. The Amending Imagination and the Therapeutic Process. Jessica Kingsley Publishers, London and Bristol,Pennsylv.

Cushman P (1990) Why the self is empty: Towards a historically situated psychology. American Psychologist 45: 599-611

Dalferth M (1988) Visuelle Perzeption, Blickkontakt und Blickabwendung beim frühkindlichen Autismus. Zur Rekonstruktion einer ängstigenden Erfahrung und ihrer Manifestation im Autismussyndrom. Prax. Kinderpsychol. Kinderpsychiat. 37: 69-78

Danziger K (1990) Generative metaphor and the history of the psychological discourse. In: Leary DE (Hrsg) Metaphors in the History of Psychology. Cambridge University Press, Cambridge

Danziger K (1990) Constructing the Subject. Historical Origins of Psychological Research. Cambridge University Press, New York

Debatin, B (1995) Die Rationalität der Metapher. Eine sprachphilosophische und kommunikationstheoretische Untersuchung. Walter de Gruyter, Berlin/New York

Donnellon A, Gray B, Bougon MG (1986) Communication, meaning and organized action. Admin. Sci. Quart. 31: 43-55

Duijker HCJ (1957) The initial stages of social contact. Rencontre/Encounter/Begegnung. Contributions à une psychologie humaine, dédiées au Professeur F.J.J. Buytendijk; Utrecht (Spektrum)

Eckert R, Hahn A, Wolf M (1989) Die ersten Jahre junger Ehen. Verständigung durch Illusionen. Campus, Frankfurt/New York

Edelson JT (1983) Freud's Use of Metaphor. Psychoanal. Stud. Child 38: 17-60

Fengler C, Fengler T (1980) Alltag in der Anstalt. Wenn Sozialpsychiatrie praktisch wird. Eine ethnomethodologische Untersuchung. Psychiatrie-Verlag, Rehberg-Loccum

Fenichel O (1945) The Psychoanalytic Theory of Neurosis. Norton, New York

Fiumara GC (1995) The Metaphoric Process. Connections between Language and Life. Routledge, London

Fivaz-Depeursinge E, de Roten Y, Corborz-Warnery A, Métraux J-C, Ciola A, (1994) Identifying a Mutual Attending Frame: A Pilot Study of Gaze Interactions Between Therapist and Couple. Psychotherapy Research 4: 107-120

Freimuth J (1992) Nur ein Augen-Blick? Die Bedeutung des Blickkontaktes in kommunikativen settings. Gruppendynamik 23: 297-309

Freud S (1905) Der Witz und seine Beziehung zum Unbewussten. G.W., Bd. 6. S.Fischer, Frankfurt

Freud S (1910) Über Psychoanalyse. G.W., Bd. 8, S.1. S.Fischer, Frankfurt

Freud S (1923) Das Ich und das Es. G.W., Bd. 13, S.235. S. Fischer, Frankfurt

Freud S, Breuer J (1895) Studien über Hysterie. Neuausgabe 1970, S.Fischer, Taschenbuch-Verlag, Frankfurt

Freytag R (1990) 10 Jahre Kontaktgruppe für Selbstmordgefährdete. In: Freytag U (Hrsg) Grenzgänge zwischen Selbstzerstörung und Selbstbewahrung. Georg Olms, Hildesheim182-197

Friedman L (1988) The Anatomy of Psychotherapy. Lawrence Earlbaum, Hillsdale, NJ

Ganzarain R (1991) Extra-Analytic Contacts: Fantasy and Reality. Int. J. Psycho-Anal. 72: 131-140

Garfinkel H (1967) Studien über die Routinegrundlagen von Alltagshandeln. In: Steinert H (Hrsg) Symbolische Interaktion. Arbeiten zu einer reflexiven Soziologie. Klett-Cotta, Stuttgart (1973)

Garfinkel H (1967) Studies in Ethnomethodology (Auflage von 1984). Polity Press, Cambridge
Gay E, Hyson M (1976) Blankets, bears and bunnies: Studies of children's contact with treasured objects. Psychoanal. Contemp. Science 5: 271-316
Gekle H (1992) Dummer August. Freuds "Traumdeutung" als Kritik der traditionellen Vernunft. Psyche 46: 897-922
Gentner D, Gentner DR (1982) Flowing Waters or Teeming Crowds: Mental Models of Electricity. In: Gentner D, Stevens AL (Hrsg) Mental Models. Lawrence Earlbaum, Hillsdale, NJ
Gentner D, Grudin J (1985) The Evolution of Mental Metaphors in Psychology: A 90-Year Retrospective. American Psychologist 40: 181-192
Gergen KJ (1990) Die Konstruktion des Selbst im Zeitalter der Postmoderne. Psychologische Rundschau 41: (Heft Nr. 4), 191-199
Gergen KJ (1990) Metaphor, metatheory and the social world. In: Leary DE (Hrsg) Metaphors in the History of Psychology. Cambridge University Press, Cambridge
Ghent E (1992) Paradox and Process. Psychoanalytic Dialogues 2: 135-159
Ghent E (1995) Interaction in the Psychoanalytic Situation. Psychoanalytic Dialogues 5: 479-491
Goffman E (1969) Wir alle spielen Theater. Die Selbstdarstellung im Alltag. Piper, München
Goffman E (1977) Rahmen-Analyse. Ein Versuch über die Organisation von Alltagserfahrungen. Suhrkamp, Frankfurt
Goldberg A (1990) The Prisonhouse of Psychoanalysis. The Analytic Press, Hillsdale, NJ
Goodman N (1984) Weisen der Welterzeugung. Suhrkamp, Frankfurt
Gottman JM, Markman HJ (1978) Experimental designs in psychotherapy research. In: Garfield SL, Bergin AE (Hrsg) Handbook of Psychotherapy and Behavior Change. John Wiley, New York
Grabowski J (1994) Kommunikative Unschärfen - Zur Rezeption und Produktion von Richtungspräpositionen am Beispiel von "vor" und "hinter". In: Kornadt H-J, Grabowski J, Mangold-Allwin R (Hrsg) Sprache und Kognition - Perspektiven moderner Sprachpsychologie. Spektrum Akademischer Verlag, Heidelberg/Berlin/Oxford
Greenberg J (1994) Psychotherapy Research: A Clinician's View. In: TalleyPF, Strupp HH, Butler SF (Hrsg) Psychotherapy Research and Practice. Basic Books, New York
Habermas J (1981) Theorie des kommunikativen Handelns. 2 Bde., Suhrkamp, Frankfurt/M.
Habermas J (1985) Die neue Unübersichtlichkeit. Suhrkamp, Frankfurt/M.
Haesler L (1991) Metapher, metaphorische Struktur und psychoanalytischer Prozeß. Zeitschr. f. psychoanal. Theorie und Praxis 6: 79-105
Hahn A, Jacob R (1994) Der Körper als soziales Bedeutungssystem. In: Fuchs P, Göbel A (Hrsg) Der Mensch - das Medium der Gesellschaft. Suhrkamp, Frankfurt
Harré R, Clarke D, De Carlo N (1985) Motives and Mechanisms. An Introduction to the Psychology of Action. Methuen, London/New York
Hartlaub GH, Martin GC, Rhine MW (1986) Recontact with the Analyst following termination: A survey of seventy-one cases. J. Amer. Psychoanal. Assoc. 34: 897-912
Havens L L (1986) Making Contact: Uses of Language in Psychotherapy. Harvard University Press, Cambridge, Mass.
Heisenberg W (1972) Physik und Philosophie. Hirzel, Stuttgart
Heisenberg W (1981) Der Teil und das Ganze. dtv, München
Helmchen H (1991) Der Einfluß diagnostischer Systeme auf die Behandlungsplanung. Fundamenta Psychiatrica 5: 18-23
Heritage J (1984) A change-of-state token and aspects of its sequential placement. In: Atkinson JM, Heritage J (Hrsg) Structures of Social Action. Cambridge University Press (Auflage von 1992), New York
Hesse M (1995) Models, Metaphors and Truth. In: Radman Z (Hrsg) From a Metaphorical Point of View. A Multidisciplinary Approach to the Cognitive Content of Metaphor. de Gruyter, Berlin

Hesse MB (1970) Models and Analogies in Science. University of Notre Dame Press, Notre Dame, Indiana
Hildenbrand B (1988) Probleme bei therapeutisch organisierten Ablöseprozessen Schizophrener aus ihren Familien - am Beispiel der therapeutischen Übergangseinrichtung. System Familie 1: 160-171
Hillman J (1983) Healing Fiction. Station Hill Press, Barry Town, NY
Hobson RF (1985) Forms of Feeling. The Heart of Psychotherapy. Tavistock/Routledge, London/New York
Hochschild A R (1983) The managed heart: The commercialization of human feeling. University of California Press, Berkeley
Hoffman I Z (1991) Discussion: Toward a Social-Constructivist View of the Psychoanalytic Situation. Psychoanalytic Dialogues 1: 74-105
Hoffman IZ (1992) Some practical implications of a social-constructivist view of the psychoanalytic situation. Psychoanal. Dial. 2: 287-304
Hoffman RR (1980) Metaphor in science. In: Honeck RP, Hoffman RR (Hrsg) Cognition and figurative language. Erlbaum, Hillsdale, NJ
Holenstein E (1980) Von der Hintergehbarkeit der Sprache. Kognitive Unterlagen der Sprache. Suhrkamp, Frankfurt
Holenstein E (1994) Menschliche Gleichartigkeit und kulturelle Mannigfaltigkeit. Information Philosophie 22: (Heft Nr. 2), 5-15
Holton G (1995) Metaphors in Science and Education. In: Radman Z (Hrsg) From a Metaphorical Point of View. A Multidisciplinary Approach to the Cognitive Content of Metaphor. de Gruyter, Berlin
Hopf W (1991) Regelmäßigkeiten und Typen. Das Durchschnittshandeln in Max Webers Methodologie. Zeitschr. für Soziologie 20: 124-137
Hutterer R (1996) Kritische Perspektiven zu Psychotherapieforschung und -praxis. In: Pritz A (Hrsg) Psychotherapie - eine neue Wissenschaft vom Menschen. Springer, Wien/New York
Jaeggi E (1994) Die problematische Beziehungen zwischen Psychotherapeuten und Psychotherapieforschung. In: Buchholz MB, Streeck U (Hrsg) Heilen, Forschen, Interaktion. Psychotherapie und qualitative Sozialforschung. Westdeutscher Verlag, Opladen
Jantsch E (1982) Die Selbstorganisation des Universums. dtv, München
Johnson M (1981) Introduction: Metaphor in the Philosophical Tradition. In: Johnson M (Hrsg) Philosophical Perspectives on Metaphor. University of Minnesota Press, Minneapolis
Kantrowitz J L (1993) The uniqueness of the patient-analyst pair: Approaches for elucidating the analyst's role. Int. J. Psycho-Anal. 74: 893-904
Kantrowitz J L (1995) Outcome Research in Psychoanalysis: Review and Reconsiderations. In: Shapiro T, Emde R N (Hrsg) Research in Psychoanalysis: Process, Development, Outcome. Int. Universities Press, Madison
Kantrowitz J L (1995) The Beneficial Aspects of the Patient-Analyst Match. Int. J. Psycho-Anal. 76: 299-313
Kantrowitz J L, Katz A L, Greenman D A, Morris H et al (1989) The Patient-Analyst Match and the Outcome of Psychoanalysis: A Pilot Study. J. Amer. Psychoanal. Assn. 37: 893-919
Keller EF (1986) Liebe, Macht und Erkenntnis. Männliche oder weibliche Wissenschaft. Hanser, München/Wien
Keller H, Zach U (1991) Entwicklungskonsequenzen frühen Blickkontaktverhaltens. Acta Peadopsychiatrica 54: 1-8
Kind J (1992) Suizidal. Die Psychoökonomie einer Suche. Vandenhoeck & Ruprecht, Göttingen
Kitcher P (1992) Freud's Dream. A Complete Interdisciplinary Science of Mind. A Bradford Book, The MIT Press, Cambridge London
Klein W (1994) Keine Känguruhs zur Linken - Über die Variabilität von Raumvorstellungen und ihren Ausdruck in der Sprache. In: Kornadt H-J, Grabowski J, Mangold-Allwin R

(Hrsg) Sprache und Kognition - Perspektiven moderner Sprachpsychologie. Spektrum Akademischer Verlag, Heidelberg/Berlin/Oxford

Kleist Cv (1984) Zur Metaphorik psychischen Leidens - Eine Analyse therapeutischer Erstgespräche. (unveröffentlichte Diplomarbeit im FB Philosophie und Sozialwissenschaften der FU), Berlin

Kleist Cv (1987) Zur Verwendung von Metaphern in den Selbstdarstellungen von Psychotherapieklienten. In: Bergold JB, Flick U (Hrsg) Ein-Sichten. Zugänge zur Sicht des Subjekts mittels qualitativer Forschung.

Knorr Cetina K (1995) Metaphors in the Scientific Laboratory: Why are they there and what do they do?. In: Radman Z (Hrsg) From a Metaphorical Point of View. A Multidisciplinary Approach to the Cognitive Content of Metaphor. de Gruyter, Berlin

Krause R (1992) Die Zweierbeziehung als Grundlage der psychoanalytischen Therapie. Psyche 46: 588-612

Kuhn TS (1979) Metaphor in Science. In: Ortony A (Hrsg) Metaphor and Thought. Cambridge University Press, Cambridge/London/New York

Kurz G (1982) Metapher, Allegorie, Symbol (3. Auflage 1993). Vandenhoeck & ruprecht, Göttingen

Kühnlein I (1993) Langfristige Effekte stationärer Psychotherapie: Erklärungs- und Umsetzungsformen der Erfahrung von Psychotherapie im Alltag. PPmP Psychother. Psychosom. med. Psychol. 43: 341-347

Kühnlein I (1995) Wiederherstellung von biographischer Koninuität nach Abschluß einer stationären Psychotherapie. Psychotherapeut 40: 239-245

Kächele H, Fiedler I (1985) Ist der Erfolg einer psychotherapeutischen Behandlung vorhersagbar? Erfahrungen aus dem Penn-Psychotherapy-Projekt.. Psychother. Med. Psychol. 35: 201-206

Kövecses Z (1995) The "Container" Metaphor of Anger in English, Chinese, Japanese and Hungarian. In: Radman Z (Hrsg) From a Metaphorical Point of View. A Multidisciplinary Approach to the Cognitive Content of Metaphor. de Gruyter, Berlin

Lakoff G, Turner M (1989) More than cool reason: A field guide to poetic metaphor. University of Chicago Press, Chicago

Lather P (1986) Research as Praxis. Harvard Educational Review 56: 257-277

Lear J (1990) Love and Its Place in Nature. Farrar, Straus & Giroux, New York

Leary DE (1990) Psyche's muse: the role of metaphor in the history of psychology. In: Leary DE (Hrsg) Metaphors in the History of Psychology. Cambridge University Press, Cambridge

Lenke N, Lutz H-D, Sprenger M (1995) Grundlagen sprachlicher Kommunikation. Mensch - Welt - Handeln - Sprache - Computer. Wilhelm Fink (UTB), München

Levenson E (1991) The Purloined Self. Interpersonal Perspectives in Psychoanalysis. Contemporary Psychoanalysis Books, New York

Lincoln YS, Guba EG (1990) Judging the Quality of Case Study Reports. Qualitative Studies in Education 3: 53-59

Linden J (1985) Insight Through Metaphor in Psychotherapy and Creativity. Psychoanal. Contemp. Thought 8: 375-406

Lorenzer A (1985) Der Analytiker als Detektiv, der Detektiv als Analytiker. Psyche 39: 1

Luborsky L (1994) The Benefits to the Clinician of Psychotherapy Research: A Clinican-Researchers View. In: TalleyPF, Strupp HH, Butler SF (Hrsg) Psychotherapy Research and Practice. Basic Books, New York

Luborsky L, Luborsky E (1995) The Era of Measures of Transference: The CCRT and Other Measures. In: Shapiro T, Emde R N (Hrsg) Research in Psychoanalysis: Process, Development, Outcome. Int. Universities Press, Madison

Luhmann N (1984) Soziale Systeme. Grundriß einer allgemeinen Theorie. Suhrkamp, Frankfurt

Luhmann N (1985) Die Autopoiesis des Bewußtseins. Soziale Welt 36: 402-446

Luhmann N (1986) Ökologische Kommunikation. Westdeutscher Verlag, Opladen

Luhmann N (1990) Die Wissenschaft der Gesellschaft. Suhrkamp, Frankfurt

Luhmann N (1995) Die Kunst der Gesellschaft. Suhrkamp, Frankfurt

Lutz C A (1988) Unnatural Emotions. The University of Chicago Press, Chicago

Mahler MS, Pine F, Bergman A (1978) Die psychische Geburt des Menschen. Fischer, Frankfurt

March J, Olsen J (1989) Rediscovering Institutions. Free Press, Glencoe, Ill.

Markworth R, Wunder B (1991) Die Bedeutung von Psychiatrie in Lebensläufen von Patienten. Sozialpsychiatrische Informationen 21: 21-25

Massow M (1983) Selbsthilfe für Arbeitslose. Ideen, Vorschläge, Informationen, Kontaktadressen. Kösel, München

McGuire MT (1979) Stephen Pepper, world hypotheses and the structure of metapsychology. Int. Rev. Psychoanal. 6: 217-230

McGuire WJ (1983) A Contextualist Theory of Knowledge: Its Implications for Innovation and Reform in Psychological Research. Adv. Exp. Soc. Psychol. 16: 1-47

Meltzer D (1986) On first impressions. Contemp. Psychoanalysis 22: 467-470

Mishler EG (1990) Validation in Inquiry-Guided Research: The Role of Exemplars in Narrative Studies. Harvard Educational Review 60: 415-442

Mitchell St A (1988) Relational Concepts in Psychoanalysis. An Integration. Harvard University Press, Cambridge

Montagu A (1982) Körperkontakt. Die Bedeutung der Haut für die Entwicklung des Menschen. Klett-Cotta, Stuttgart

Moon S, Dillon DR, Sprenkle DH (1990) Family Therapy and Qualitative Research. J. Marital and Familiy Therapy 16: 357-373

Myerson PG (1979) Issues of technique where patients relate with difficulty. Int. Rev. Psychoanal. 6: 363-376

Nabokov V (1995) Erinnerung, sprich. Rowohlt, Reinbek

Najavits L M (1993) How Do Psychotherapists Describe Their Work? A Study of Metaphors for the Therapy Process. Psychotherapy Research 3: 294-299

Nasser A G (1994) Psychoanalysis After Representation: The Philosophical Framework. Psychoanalysis and Contemporary Thought 17: 179-214

Nestmann F (1988) Die alltäglichen Helfer: Theorien sozialer Unterstützung und eine Untersuchung alltäglicher Helfer aus vier Dienstleistungsberufen. de Gruyter, Berlin/New York

Nöth W (1985) Semiotic Aspects of Metaphor. In: Paprotté W, Dirven R (Hrsg) The Ubiquity of Metaphor. Metaphor in Language and Thought. Benjamins, Amsterdam/Philadelphia

O'Flaherty WD (1980) Inside and Outside the Mouth of God: The Boundary between Myth and Reality. Daedalus 93:

O'Neill J (1990) Die fünf Körper. Medikalisierte Gesellschaft und Vergesellschaftung des Leibes. Wilhelm Fink, München

Ornstein A (1977) Die Herstellung des Kontaktes mit der inneren Welt des Kindes. Familiendynamik 2: 282-315

Otabe T (1995) From "Clothing" to "Organ of Reason: An Essay on the Theories of Metaphor in German Philosophy in the Age of Enlightenment. In: Radman Z (Hrsg) From a Metaphorical Point of View. A Multidisciplinary Approach to the Cognitive Content of Metaphor. de Gruyter, Berlin

Overton W F (1994) The Arrow of Time and the Cycle of Time: Concepts of Change, Cognition, and Embodiment. Psychological Inquiry 5: 215-237

Paprotté W (1985) Metaphor and the First Words. In: Paprotté W, Dirven R (Hrsg) The Ubiquity of Metaphor. Metaphor in Language and Thought. Benjamins, Amsterdam/Philadelphia

Paprotté W, Dirven R (Eds) (1985) The Ubiquity of Metaphor. Metaphor in Language and Thought. Benjamins, Amsterdam

Phillips A (1994) On Flirtation. Faber & Faber, London/Boston

Plaut F (1993) Analysis analyzed. When the Map becomes the Territory. Routledge, London

Plaßmann R (1986) Prozeßphantasien: zur Technik der systemischen Einzeltherapie. Familiendynamik 11: 90-108

Pohlen M, Bautz-Holzherr M (1991) Eine andere Aufklärung. Das Freudsche Subjekt in der Analyse. Suhrkamp, Frankfurt

Pollio HR, Barlow JM, Fine HJ, Pollio MR (1977) Psychology and the Poetics of Growth. Figurative Language in Psychology, Psychotherapy and Education.. Lawrence Earlbaum, Hillsdale

Pollner M (1975) "The very coinage of your brain". The Anatomy of Reality Disjunctures. Philosophy of the Social Sciences 5: 411-430

Pollner M (1976) Mundanes Denken. In: Weingarten E, Sack F, Schenkein J (Hrsg) Ethnomethodologie. Beiträge zu einer Soziologie des Alltagshandelns. Suhrkamp, Frankfurt

Pollner M, McDonald-Wikler L (1985) The Social Construction of Unreality: A Case Study of a Family's Attribution of Competence to a Severely Retarded Child. Family Process 24: 241-254

Pollner M, Wikler L (1979) "Cognitive Enterprise" in einem Fall von Folie à Famille. In: Soeffner HG (Hrsg) Interpretative Verfahren in den Sozial- und Textwissenschaften. J.B. Metzler, Stuttgart

Putnam H (1981) Reason, truth and History. Cambridge University Press, Cambridge

Putnam H (1993) Von einem realistischen Standpunkt. Schriften zu Sprache und Wirklichkeit. Rowohlt, Reinbek

Pylyshyn ZW (1979) Metaphorical Imprecision and the "Top-Down" Research Strategy. In: Ortony A (Hrsg) Metaphor and Thought. Cambridge University Press, Cambridge/London/New York

Quinn N (1982) "Commitment" in American marriage: A cultural analysis. American Anthropologist 9: 775-798

Radman Z (1995) How to Make Clear Our Ideas with Metaphors. In: Radman Z (Hrsg) From a Metaphorical Point of View. A Multidisciplinary Approach to the Cognitive Content of Metaphor. de Gruyter, Berlin

Raue P J, Putterman J T, Goldfried M R, Wolitzky D L (1995) Effect of Rater Orientation on the Evaluation of Therapeutic Alliance. Psychotherapy Research 5: 337-342

Reddy M (1979) The Conduit Metaphor - A Case of Frame Conflict in Our Language about Language. In: Ortony A (Hrsg) Metaphor and Thought. Cambridge University Press, Cambridge/London/New York

Reiter L (1991) Wissenschaftlicher Status und Zitiergewohnheiten in deutschsprachigen Zeitschriften der Familientherapie und systemischen Therapie. System Familie 4: 178-179

Reiter L (1994) Wissenschaft als praxisbezogener Selektionsprozeß. Eine bibliometrische Studie. Z.system.Ther. 12: (Heft Nr. 1), 13-21

Reiter L (1995) Das Konzept der klinischen Nützlichkeit. Theoretische Grundlagen und Praxisbezug. Z.f.syst. Therapie 13: 193-211

Reiter L, Steiner E (1996) Psychotherapie und Wissenschaft. In: Pritz A (Hrsg) Psychotherapie - eine neue Wissenschaft vom Menschen. Springer, Wien/New York

Reiter L, Steiner E (1996) Psychotherapie und Wissenschaft. Beobachtungen einer Profession. In: Pritz A (Hrsg) Psychotherapie - Eine neue Wissenschaft vom Menschen. Springer, Wien

Richman J (1979) The Family Therapy of Attempted Suicide. Family Process 18: (Heft Nr. 2), 131-142

Ricoeur P (1986) Die lebendige Metapher. Wilhelm Fink, München

Rigotti F (1986) Metaphors of Time. Et cetera. A Review of General Semantics 23: 157-168

Rigotti F (1990) Politische Metaphorik. Eine historisch-begriffliche Untersuchung der Bilder der politischen Sprache im neuzeitlichen und zeitgenössischen Europa. unv. Habilitationsschrift, Göttingen

Rigotti F (1995) The House as Metaphor. In: Radman Z (Hrsg) From a Metaphorical Point of View. A Multidisciplinary Approach to the Cognitive Content of Metaphor. de Gruyter, Berlin

Rohde-Dachser C (1990) Weiblichkeitsparadigmen in der Psychoanalyse. Psyche 44: 30-52

Rohde-Dachser C (1993) Geschlechtsmetaphern im Diskurs der Psychoanalyse. In:. Buchholz M B (Hrsg) Metaphernanalyse. Vandenhoeck & Ruprecht, Göttingen208-228

Roiphe J (1995) The Conceptualisation and Communication of Clinical Facts: A Consideration of the 75th Anniversary Edition IJPA. Int. J. Psycho-Anal. 76: 1179-1190

Rosenbaum R, Dyckman J (1996) Die Integration von Selbst und System: Eine leere Schnittstelle?. Familiendynamik 21: 346-382

Rosenwald GC (1986) Why Operationism Doesn't Go Away: Extrascientific Incentives of Social-Psychological Research. Phil.Soc.Sci. 16: 303-330

Rudolf G (1991) Die Beziehung zwischen Psychotherapieforschung und psychotherapeutischer Praxis. In: Buchheim P, Cierpka M, Seifert T (Hrsg) Psychotherapie im Wandel. Lindauer Texte zur Fort- und Weiterbildung. Springer, Berlin/Heidelberg/New York

Rümke HC (1952) Der phänomenologische Aspekt des affektiven Kontaktes. Psyche 6: 121-143

Sacks H (1984) On doing `being ordinary'. In: Atkinson JM, Heritage J (Hrsg) Structures of Social Action. Cambridge University Press (Auflage von 1992), New York

Sacks H (1984) Notes on methodology. In: Atkinson JM, Heritage J (Hrsg) Structures of Social Action. Cambridge University Press (Auflage von 1992), New York

Sader M (1992) Blickkontakt ist schädlich und sollte ganz gemieden werden. Gruppendynamik 23: 311-313

Sammet G (1993) Vom Nerv der Dinge. Der Weg der Maschinenmetapher vom 18. ins 19. Jahrhundert. In: Buchholz MB (Hrsg) Metaphernanalyse. Vandenhoeck & Ruprecht, Göttingen

Sandler J (1983) Die Beziehung zwischen psychoanalytischen Konzepten und psychoanalytischer Praxis. Psyche 37: 577

Schachter J (1990) Post-Termination Patient-Analyst Contact: I. Analyst's Attitudes and Experience; II. Impact on Patients. Int. J. Psycho-Anal. 71: 475-486

Schachter J (1992) Concepts of termination and post-termination patient-analyst contact. Int. J. Psycho-Anal. 73: 137-154

Schegloff EA (1987) Analyzing single episodes of interaction: An exercise in conversation analysis. Social Psychology Quarterly 50: 101-114

Schlesinger H J (1992) What Does Psychoanalysis Have to Contribute to the Understanding of Character?. Psychoanal. Study Child 47: 225-234

Schlesinger H J (1995) Facts is Facts - or is they?. Int. J. Psycho-Anal. 76: 1167-1177

Schmidt S, Strauß B (1996) Die Bindungstheorie und ihre Relevanz für die Psychotherapie. Teil 1. Grundlagen und Methoden der Bindungsforschung. Psychotherapeut 41: 139-150

Schmitt RO (1995) Metaphern des Helfens. Beltz, Weinheim

Schneider M (1993) Die Inquisition der Oberfläche. Kleist und die juristische Kodifikation des Unbewußten. In: Behrens R, Galle R (Hrsg) Leib-Zeichen. Körperbilder, Rhetorik und Anthropologie im 18. Jahrhundert. Königshausen & Neumann, Würzburg

Schneider M (1994) Liebe und Betrug. Die Sprachen des Verlangens. dtv, München

Schneider W, Freyberger H J (1990) Diagnostik in der psychoanalytischen Psychotherapie unter besonderer Berücksichtigung deskriptiver Klassifikationsmodelle. Forum Psychoanal. 6: 316-330

Schon D (1979) Generative Metaphor: A Perspective on Problem-Setting in Social Policy. In: Ortony A (Hrsg) Metaphor and Thought. Cambridge University Press, Cambridge/London/New York

Schütze F, Meinefeld W, Springer W, Weymann A (1973) Grundlagentheoretische Voraussetzungen methodisch kontrollierten Fremdverstehens. In: Arbeitsgruppe Bielefelder Soziologen (Hrsg) Alltagswissen, Interaktion und gesellschaftliche Wirklichkeit, Bd. 1, Symbolischer Interaktionismus und Ethnomethodologie. Rowohlt, Reinbek

Schütze Y, Lang F R (1993) Freundschaft, Alter und Geschlecht. Zeitschrift für Soziologie 22: 209-220

Schön D A (1983) The Reflective Practitioner. How Professionals think in Action. Basic Books, New York

Schön DA, Rein M (1994) Frame Reflection. Toward the Resolution of Intractable Policy Controversies. Basic Books, New York

Schön D A (Hrsg) (1991) The Reflective Turn. Case Studies In and On Educational Practice. Teachers College, Columbia University, New York London

Schöttler B, Buchholz MB (1993) "Haltung", "Prozeßphantasie" und "Fortschrittsvorstellung" nach stationärer Psychotherapie. PPmP - Psychotherapie, Psychosomatik, medizinische Psychologie 43: 140-149

Sennett R (1995) Fleisch und Stein. Der Körper und die Stadt in der westlichen Zivilisation. Berlin-Verlag, Berlin

Shanon B (1989) Metaphors for Language and Communication. Revue Internationale de Systémique 3: (Heft Nr. 1), 43-59

Shengold L (1995) Soul Murder. Seelenmord - die Auswirkungen von Mißbrauch und Vernachlässigung in der Kindheit. Brandes & Apsel, Frankfurt

Siegelman E (1990) Metaphor and meaning in psychotherapy. The Guilford Press, New York/London

Smith JK, Heshusius L (1986) Closing Down the Conversation: The End of the Quantitative-Qualitative Debate Among Educational Inquirers. Educational Researcher / Amer. Educ. Res. Ass. 15: 4-12

Sommer M (1990) Lebenswelt und Zeitbewußtsein. Suhrkamp, Frankfurt

Sontag S (1977) Krankheit als Metapher. Fischer (Aufl. 1989), Frankfurt

Soskice JM, Harré R (1995) Metaphor in Science. In: Radman Z (Hrsg) From a Metaphorical Point of View. A Multidisciplinary Approach to the Cognitive Content of Metaphor. de Gruyter, Berlin

Spence D P, Mayes L C, Dahl H (1994) Monitoring the Analytic Surface. J. Amer. Psychoanal. Assn. 42: 43-64

Stein H (1979) Psychoanalytische Selbstpsychologie und die Philosophie des Selbst. Anton Hain, Meisenheim am Glan

Stiles WB (1993) Quality Control in Qualitative Research. Clin. Psychol. Rev. 13: 593-618

Stiles WB (1994) Views of the Chasm between Psychotherapy Research and Practice. In: TalleyPF, Strupp HH, Butler SF (Hrsg) Psychotherapy Research and Practice. Basic Books, New York

Stiles W B (1995) Stories, Tacit Knowledge, and Psychotherapy Research. Psychotherapy Research 5: 125-127

Stiles WB, Shapiro DA (1989) Abuse of the Drug Metaphor in Psychotherapy Process-Outcome Research. Clinical Psycholoy Review 9: 521-543

Stolorow R D, Atwood G E (1991) The Mind and the Body. Psychoanalytic Dialogues 1: 181-195

Stolorow RD, Brandchaft B, Atwood GE (1996) Psychoanalytische Behandlung. Ein intersubjektiver Ansatz. Fischer, Frankfurt

Straub J, Sichler R (1989) Metaphorische Sprechweisen als Modi der interpretativen Repräsentation biographischer Erfahrungen. In: Alheit P, Hoerning EM (Hrsg) Biographisches Wissen. Beiträge zu einer Theorie lebensgeschichtlicher Erfahrung. Campus, Frankfurt/New York

Strauss A (1991) Grundlagen qualitativer Sozialforschung. Datenanalyse und Theoriebildung in der empirischen soziologischen Forschung. Wilhelm Fink, München

Strauß B, Burgmeier-Lohse M (1995) Merkmale der "Passung" zwischen Therapeut und Patient als Determinante des Behandlungsergebnisses in der stationären Gruppenpsychotherapie. Zsch. psychosom. Med. 41: 127-140
Strean HS (1981) Extra-analytic contacts: Theoretical and clinical considerations.. Psychoanal. Quart. (Heft Nr. 50), 238-259
Streeck J (1991) Sprachanalyse als empirische Geisteswissenschaft. Von der "philosophy of mind" zur "kognitiven Linguistik". In: Flick U, vKardorff E, Keupp H, vRosenstiel L, Wolff S (Hrsg) Handbuch Qualitative Sozialforschung. PsychologieVerlagsUnion, München
Streeck S (1989) Die Fokussierung in Kurzzeittherapien. Westdeutscher Verlag, Opladen
Streeck U (1983) Abweichungen vom "fiktiven Normal-Ich": Zum Dilemma der Diagnostik struktureller Ich-Störungen.. Zschr. psychosom. Med (Heft Nr. 29), 334-349
Streeck U (1986) Hintergrundannahmen im psychoanalytischen Behandlungsprozeß, Forum Psychoanal. 2: 98-11o
Streeck U, Dally A (1995) Inszenierungen, Interaktion und Kontextualisierungen im psychotherapeutischen Dialog. In: Buchholz MB (Hrsg) Psychotherapeutische Interaktion - Qualitative Studien zu Konversation und Metapher, Geste und Plan. Westdeutscher Verlag, Opladen
Streeck U, Weidenhammer B (1987) Zum Redeverhalten des Analytikers im Übertragungsgeschehen, Psyche 41: 60-75
Strohner H (1995) Kognitive Systeme. Eine Einführung in die Kognitionswissenschaft. Westdeutscher Verlag, Opladen
Strotzka H (Hrsg) (1975) Psychotherapie: Grundlagen, Verfahren, Indikationen. Urban und Schwarzenberg, München/Berlin/Wien
Strupp H H (1996) Nachhaltige Lektionen aus der psychotherapeutischen Praxis und Forschung. Psychotherapeut 41: 84-87
Stählin W (1914) Zur Psychologie und Statistik der Metaphern. Arch.Psychol. 31: (Heft Nr. 3/4), 297-425
Sucharowski W (1996) Sprache und Kognition. Neuere Perspektiven in der Sprachwissenschaft. Westdeutscher Verlag, Opladen
Talley PF, Strupp HH, Butler SE (Eds) (1994) Psychotherapy Research and Practice. Basic Books, New York
Tickle-Degnen L, Rosenthal R (1990) The Nature of Rapport and Its Nonverbal Correlates. Psychological Inquiry 1: 285-293
Veblen T (1957) The Higher Learning in America: A Memorandum on the Conduct of Universities by Business.. Hill and Wang, New York
Velleman JD (1989) Practical Reflection. Princeton University Press, New Jersey
Viemerö V (1991) The Effects of Somatic Disability or Progressive Illness on Psychological and Social Well-Being. Psychother Psychosom 55: 120-125
Wagner J (1994) Kinderfreundschaften. Wie sie entstehen. Was sie bedeuten.. Springer-Verlag, Berlin Heidelberg New York
Wehrspaun M (1989) Kommunikation, öffentliche Ordnung und das projektive Selbst. Die Bedeutung von Erving Goffmans Ökologie der sozialen Situation für die Analyse der Moderne. Zeitschrift für Soziologie 18: 329-345
Weingarten E, Sack F (1976) Ethnomethodologie. Die methodische Konstruktion der Realität. In: Weingarten E, Sack F, Schenkein J (Hrsg) Ethnomethodologie. Beiträge zu einer Soziologie des Alltagshandelns. Suhrkamp, Frankfurt
Weiss J, Sampson H and the Mount Zion Psychotherapy Research Group (1986) The Psychoanalytic Process. Theory, Clinical Observations, and Empirical Research. The Guilford Press, New York, London
Weizsäcker CF v (1981) Die Einheit der Natur. Hanser, München
Wilke St (1992) Die erste Begegnung. Eine konversations- und inhaltsanalytische Untersuchung der Interaktion im psychoanalytischen Erstgespräch. Asanger, Heidelberg

Wilshire B (1982) Role-playing and Identity: the Limits of Theatre as Metaphor. Indiana University Press., Bloomington
Winner E (1988) The Point of Words. Children's Understanding of Metaphor and Irony. Harvard University Press, Cambridge/London
Winnicott D W (1973) Vom Spiel zur Kreativität. Klett, Stuttgart
Winnicott DW (1974) Reifungsprozesse und fördernde Umwelt. Kindler, München
Winnicott DW (1979) Vom Spiel zur Kreativität. Klett-Cotta, Stuttgart
Wirth K (1990) Die Bedeutung des Regelansatzes für die Ätiologie des Kontaktekzems. In: Jüttemann G (Hrsg) Komparative Kasuistik. Asanger, Heidelberg279-284
Wolff S (1994) Innovative Strategien qualitativer Sozialforschung im Bereich der Psychotherapie. In: Buchholz MB, Streeck U (Hrsg) Forschen - Heilen - Interaktion. Psychotherapie und qualitative Sozialforschung. Westdeutscher Verlag, Opladen
Wolff S, Meier C (1995) Das konversationsanalytische Mikroskop: Beobachtungen zu minimalen Redeannahmen und Fokussierungen im Verlauf eines Therapiegesprächs. In: Buchholz MB (Hrsg) Psychotherapeutische Interaktion - Qualitative Studien zu Konversation und Metapher, Geste und Plan. Westdeutscher Verlag, Opladen
Worbs M (1983) Nervenkunst - Literatur und Psychoanalyse im Wien der Jahrhundertwende. EVA, Frankfurt
Wright KJT (1976) Metaphor and symptom: A study of integration and its failure. Int. Rev. Psychoanal. 3: 97-109
Wälte D, Kröger F, Petzold E (1996) Simultandiagnostik in der Psychosomatik. Psychotherapeut 41: 36-44

BIBLIOTHEK DER PSYCHOANALYSE

Rosemarie Eckes-Lapp und
Jürgen Körner (Hg.):

Psychoanalyse im sozialen Feld

Prävention – Supervision

Erscheinungstermin: Oktober 1997 · ca. 250 S.
ca. 38,– DM, sFr 35,–, öS 277,–
ISBN 3-932133-18-8

Thema dieses Buches ist die Mitwirkung von Psychoanalytikerinnen und Psychoanalytikern in der Prävention und Bearbeitung seelischer und psychosozialer Störungen. Diese Arbeit im sozialen Feld geht über die therapeutische Praxis hinaus: Mehr als bekannt ist, befassen sich Psychoanalytiker auch mit Erwachsenenbildung, Sozialarbeit, beraten und supervidieren in Berufsfeldern wie Schulen, Kindergärten, Sozial- und Jugendämtern, in forensischen, klinischen und betrieblichen Bereichen.

In der Nachkriegszeit wandte sich die Psychoanalyse mehr der individuellen Geschichte seelischen Leids und der Verfeinerung der psychoanalytischen Theorie und Behandlungstechnik zu. Die Psychoanalyse wurde in das Gesundheitswesen mit allen materiellen Vorteilen, aber auch mit den Einengungen des Kassenwesens eingegliedert.

Während einer kurzen Zwischenblüte in den 60er und 70er Jahren prägte die Psychoanalyse als gesellschaftskritische Theorie die Studentenbewegung und ›außerparlamentarische Opposition‹ und beeinflußte die Sozial- und Geisteswissenschaften wie Ethnologie, Soziologie, Pädagogik und Philosophie. Doch dieser Einfluß verringerte sich wieder. Die interessierte Öffentlichkeit wandte sich enttäuscht ab, weil die Idealisierung der Psychoanalyse zu einer allumfassenden Theorie und zu einem Allheilmittel nicht trug. Dennoch drang sie, bis heute anhaltend, in das Alltagsverständnis und in die Medien ein, wenn auch teilweise verwässert, kritisiert oder als ›neue‹ Therapiemethode vereinfacht.

Heute, in einer Zeit der Massenabfertigung und der Rationalisierung, erscheint sie manchen unzeitgemäß, anderen hingegen notwendig, mit ihrer Betonung des individuellen Subjekts, seiner Entwicklungsgeschichte, seiner unbewußten Psychodynamik und seinen Übertragungsmustern. Sie fordert außerdem Zeit für individuelle Entwicklungsprozesse. (Allerdings stellt sie denen, die wenig Zeit haben, auch kürzere analytische Therapieverfahren mit begrenzter Zielsetzung zur Verfügung.) Mit der modernen Säuglingsforschung und mit ihrer Auffassung vom Selbst und der personalen Beziehung macht die Psychoanalyse – oft schmerzlich – klar, was in uns Menschen an Entwicklungspotential zum Ausdruck drängt und bei den heutigen Lebens- und Arbeitsbedingungen so schwer nur verwirklicht werden kann.

PSV

Psychosozial-Verlag · Friedrichstraße 35 · 35392 Gießen
Telefon: 0641/77819 · Telefax: 0641/77742